Friedemann Regner
„Paulus und Jesus" im neunzehnten Jahrhundert

Studien zur Theologie und Geistesgeschichte
des Neunzehnten Jahrhunderts

Band 30

Forschungsunternehmen „Neunzehntes Jahrhundert"
der Fritz Thyssen Stiftung

FRIEDEMANN REGNER

„Paulus und Jesus" im neunzehnten Jahrhundert

Beiträge zur Geschichte des Themas
„Paulus und Jesus"
in der neutestamentlichen Theologie

GÖTTINGEN · VANDENHOECK & RUPRECHT · 1977

CIP-Kurztitelaufnahme der Deutschen Bibliothek

Regner, Friedemann
„Paulus und Jesus" im neunzehnten Jahrhundert: Beitr. zur
Geschichte d. Themas „Paulus und Jesus" in d. neutestamentl.
Theologie. — 1. Aufl. — Göttingen: Vandenhoeck & Ruprecht,
1977.
(Studien zur Theologie und Geistesgeschichte des neunzehnten
Jahrhunderts; Bd. 30)
ISBN 3-525-87485-5

Vorwort

Die vorliegende Untersuchung geht, leicht überarbeitet, auf meine Dissertation zurück. Sie ist im Sommer 1975 vom Fachbereich Evangelische Theologie der Eberhard-Karls-Universität Tübingen angenommen worden.

Als ich vor einigen Jahren mit der theologiegeschichtlichen Arbeit an der Thematik „Paulus und Jesus" begann, hatte ich mich schon eine Weile mit der Religionsgeschichtlichen Schule beschäftigt. Dieser letzten Gestalt der liberalen Theologie sollte das Augenmerk auch jetzt gelten. Ich war nämlich überzeugt, daß in der Religionsgeschichtlichen Schule wie an vielen Punkten so auch hier nur herauskam, was es mit dem theologischen Liberalismus des neunzehnten Jahrhunderts überhaupt auf sich hatte. Aber die Beschränkung erwies sich schon bald als unmöglich. Selbst die pointiertesten Aussagen der Religionsgeschichtler zur Frage „Paulus und Jesus" ließen sich erst im Zusammenhang mit der vorangehenden Entwicklung verstehen und richtig gewichten. So wurde der Blick nach und nach weiter zurück geführt, von der Religionsgeschichtlichen Schule hin zu Albrecht Ritschl und zur nachbaur'schen freien Theologie, von da weiter zurück zu Ferdinand Christian Baur selbst und schließlich auf die Vorgeschichte des Problems „Paulus und Jesus" in der Aufklärung.

Dabei haben sich die Gewichte verschoben. Und noch etwas hat sich verändert. Die Einzeluntersuchung ist wichtig geblieben. Fast noch wichtiger ist es mir jedoch geworden, Zusammenhänge herauszuarbeiten, Linien nachzuziehen und Gelenkstellen sichtbar zu machen. Denn darüber war bisher so gut wie nichts bekannt. Eine solche Geschichte des Themas „Paulus und Jesus" ließ sich allerdings nicht schreiben, ohne auch einmal etwas zu konstruieren. Die vorsichtige und begründete Konstruktion gehört meines Erachtens zur historischen Aufgabe. Lieber wollte ich die Anfechtbarkeit derartiger Konstruktionen in Kauf nehmen als darauf verzichten, die Geschichte zu verstehen. Auf diese Weise ist die vorliegende Geschichte des Themas „Paulus und Jesus" zugleich eine skizzenhafte Geschichte der liberalen neutestamentlichen Theologie des neunzehnten Jahrhunderts geworden.

Kann man die Geschichte des theologischen Themas „Paulus und Jesus" schreiben, ohne die exegetische Problematik ausdrücklich darzulegen? Ich habe mich bewußt dafür entschieden. Albert Schweitzer ist übrigens bei seiner „Geschichte der Paulinischen Forschung" ganz ähnlich verfahren. Daß das, wie ich meine, möglich ist, könnte auch ein Licht auf die besprochene Theologiegeschichte werfen. Diese Untersuchung ist eine historische Arbeit. Das hat weder mit Gleichgültigkeit gegen systematische Konsequenzen noch mit irgendeinem Desinteresse gegenüber der gegenwärtigen neutestamentlichen Forschung das Geringste zu tun.

Die Anregung zu der Untersuchung verdanke ich Herrn Prof. Dr. Klaus Scholder, Tübingen. Er hat meine Arbeit mit Rat, Hilfe und Ermutigung begleitet. Dafür danke ich ihm. Die Studienstiftung des deutschen Volkes hat mich während dieser Zeit großzügig unterstützt. Die Fritz Thyssen Stiftung ermöglicht nun die Drucklegung. Beiden Stiftungen gilt mein aufrichtiger Dank.

Reutlingen, den 10. März 1977   Friedemann Regner

Inhalt

Vorwort 5
Einleitung 9
§ 1. Die Themen „Jesus" und „Paulus" und das Thema „Paulus und
Jesus" 9

Erster Hauptteil

Die Vorgeschichte des Themas „Paulus und Jesus"

§ 2. Die Schrift als die Bibel 13
§ 3. Der irdische Jesus als das Maß des Christus 20
§ 4. Die Unterscheidung zwischen Religion und Theologie 26
§ 5. Zusammenfassung und Ausblick auf die Geschichte des Themas
„Paulus und Jesus" 39

Zweiter Hauptteil

Zur Geschichte des Themas „Paulus und Jesus" von der Aufklärung bis zur Religionsgeschichtlichen Schule

A. Das Thema „Paulus und Jesus" in der Zeit seiner Vernachlässigung (Von
der Aufklärung zur zweiten Phase der freien Theologie) 43

§ 6. „Paulus und Jesus" in der kirchlich-konservativen Theologie des
neunzehnten Jahrhunderts 43
§ 7. „Paulus und Jesus" in der Aufklärung und im Rationalismus 47
§ 8. „Paulus und Jesus" in der Theologie Ferdinand Christian Baurs 53
§ 9. „Paulus und Jesus" in der zweiten Phase der freien Theologie 71
§ 10. Zur Geschichte des Themas „Paulus und Jesus" in der Zeit seiner
Vernachlässigung – Zusammenfassung und Zwischenbilanz – 99

B. Das Thema „Paulus und Jesus" in der Zeit größerer Beachtung (Von
Lagardes Antipaulinismus zur Religionsgeschichtlichen Schule) 103

§ 11. „Paulus und Jesus" im Antipaulinismus Paul de Lagardes 103
§ 12. Von der Vernachlässigung zur Beachtung des Themas „Paulus und
Jesus" 121
§ 13. „Paulus und Jesus" wird zum Thema der Theologie 133
§ 14. „Paulus und Jesus" in der Religionsgeschichtlichen Schule von 1888
bis 1903 147

§ 15. „Paulus und Jesus" in William Wredes „Paulus" (1904) 174

§ 16. „Paulus und Jesus" am Ausgang der ersten Epoche der historisch-kritischen Theologie 188

§ 17. „Paulus und Jesus" im neuen „Rationalismus" — Eine Randbemerkung — 198

§ 18. Rückblick auf die Geschichte des Themas „Paulus und Jesus" in der Zeit größerer Beachtung — Schluß — 202

Literaturverzeichnis 206

Personenregister 217

Einleitung

§ 1. Die Themen „Jesus" und „Paulus" und das Thema „Paulus und Jesus"

Von den Tagen der Aufklärer zu denen der Religionsgeschichtlichen Schule, von Semler und Reimarus zu Wrede und seinen Freunden spannt sich der Bogen einer Geschichte. In der Religionsgeschichtlichen Schule erreichte eine Epoche historischer Bemühung um das geschichtliche Verständnis des Christentums ihren Höhepunkt — und damit endete sie auch. Im Blick auf diese Geschichte der neutestamentlichen Forschung urteilt Albert Schweitzer[1]: „Wenn einst unsere Kultur als etwas Abgeschlossenes vor der Zukunft liegt, steht die deutsche Theologie als ein größtes und einzigartiges Ereignis in dem Geistesleben unserer Zeit da".

Aus der Fülle ihrer Themen hat Schweitzer selbst zwei herausgegriffen und ihre Erforschung beschrieben. Im Jahre 1906 erschien aus seiner Hand „Eine Geschichte der Leben-Jesu-Forschung", 1911 folgte die „Geschichte der Paulinischen Forschung" nach[2]. Beide Arbeiten forderten nach eineinhalb Jahrhunderten Geschichte der neutestamentlichen historisch-kritischen Forschung zur Verständigung über die entscheidenden Probleme auf[3].

Das Thema „Jesus" bestätigte sich als das beherrschende Thema: keine Zeit, die dazu nicht Wichtiges beigetragen hatte. Ein Gutteil der zahllosen verhandelten Einzelfragen hatte ihm gedient und von ihm Sinn und Notwendigkeit empfangen. Es hatte die meiste Arbeit gekostet, aber sie hatte sich gelohnt. Hier konnte Schweitzer loben[4]: „die größte Tat der deutschen Theologie ist die Erforschung des Lebens Jesu [...]. Sie stellt das Gewaltigste dar, was die religiöse Selbstbesinnung je gewagt und getan hat".

Mit der „Geschichte der Paulinischen Forschung" erging es ihm anders. Ihre Bilanz fiel unbefriedigend aus. Diese Geschichte war offenbar nicht, trotz Irrtum und Zaudern, von Einsicht zu Einsicht weitergeschritten wie die der Leben-Jesu-Forschung. Nicht einmal die bedeutenden Außenseiter hatte es gegeben, die in der Leben-Jesu-Forschung von Zeit zu Zeit einen Schritt vorweggenommen hatten. Für die Paulus-Forschung konnte Schweitzer außer in Einzelheiten nur ein Nacheinander beobachten; er sah da keinen Fortschritt. So gut wie nichts schien

---

1 *Albert Schweitzer:* Geschichte der Leben-Jesu-Forschung. Bd. 1 u. 2. Nachdruck d. 6. Aufl. v. 1950. München u. Hamburg 1966. (= Siebenstern Tb. 77/78, 79/80). Die Seiten beider Bde. sind durchgezählt, weshalb ich den Bd. künftig nicht nenne. Zit. S. 45
2 Ders.: Von Reimarus zu Wrede. Eine Geschichte der Leben-Jesu-Forschung. Tübingen 1906. Ders.: Geschichte der Paulinischen Forschung von der Reformation bis auf die Gegenwart. Tübingen 1911.
3 Die Vorgeschichte ist hier mit eingeschlossen.
4 *Schweitzer,* GdLJF S. 45.

ausgemacht. Generationen von Theologen hatten am Thema „Jesus" Ausdauer, Scharfsinn, auch Mut bewiesen; und am Thema „Paulus" sollten sie seltsam und letztlich nicht erklärbar versagt haben. Immer wieder spricht ein ärgerliches Staunen aus dem Bericht. „Man ging mit einer fast unbegreiflichen Planlosigkeit vor und wollte Lösungen bieten, ehe man sich über das Problem klar geworden war", heißt es im Rückblick[5]. Das enttäuschte Resümee beginnt mit den Worten[6]: „Die paulinische Forschung stellt nicht eben eine Glanzleistung der Wissenschaft dar. Gelehrsamkeit wurde reichlich aufgewandt; aber es fehlte am Denken und Überlegen".

Der Berichterstatter über eine Epoche hatte das eigene Urteil zum Maßstab genommen und zwei Themen als die bedeutendsten ausgewählt[7]. Doch als er das zweite erforscht hatte, stand am Ende Verdrossenheit. Es war eine Verdrossenheit, die nichts erhellte. Schweitzer hatte den Zusammenhang der Geschichte außer acht gelassen; er hatte die Paulus-Forschung genauso isoliert für sich besprochen, wie es ihm mit der Leben-Jesu-Forschung geglückt war. Das war aber der falsche Weg. Die bestimmende Bedeutung des Themas „Jesus" ließ sich nicht außer Kraft setzen; es war verkehrt, so zu tun, als ob es das Thema „Paulus" überhaupt für sich gebe. Wer die Geschichte der paulinischen Forschung von der Aufklärung bis zur Religionsgeschichtlichen Schule schreiben will, muß ihren Zusammenhang beachten; er muß über die Geschichte des Themas „Paulus und Jesus" schreiben.

Das Verhältnis „Paulus und Jesus" war von Anfang an das verborgene Problem der kritischen Wissenschaft vom Neuen Testament. Ohne volles historisches Verständnis hatte Schweitzer nicht nur sachlich, sondern auch historisch gut gewählt: Die Geschichte der Erforschung des apostolischen Zeitalters war im wesentlichen sowohl „Geschichte der Leben-Jesu-Forschung" wie Geschichte der Erforschung des Urchristentums, und die ließ Schweitzer zu Recht durch die „Geschichte der Paulinischen Forschung" vertreten. Es wäre zu wenig gewesen, nur eine von beiden zu behandeln. Allein ihr Wechselspiel kam bei Schweitzer zu kurz.

Das Thema „Jesus" beherrschte seit der Aufklärung die Arbeit der neutestamentlichen Theologie. Es rückte immer mehr in den Mittelpunkt; es spornte zu großen exegetischen Leistungen an. Aber gerade seine glänzende Herrschaft und ihre Ausbreitung provozierten Konflikte. Die Überlieferung und die gegenwärtige Verkündigung des Christentums boten mehr und anderes als Nachrichten vom irdischen Jesus. Das war auf die Dauer nicht zu übersehen. Immer besser erfaßte man den Menschen Jesus in seiner Unverwechselbarkeit; das gelang nur, indem man ihn immer genauer vom Urchristentum unterschied. Gewissermaßen neben-

---

5 *Schweitzer,* GdPaulF S. 185.

6 Ebd.

7 Vgl. ebd. S. V. Zu Schweitzers Forschungsberichten s. *Walter Sachs:* Schweitzers Bücher zur Paulus-Forschung. In: Albert Schweitzer. Sein Denken und sein Weg. Hrsg. v. Hans Walter Bähr. Tübingen 1962, S. 178–183. *Werner Georg Kümmel:* Albert Schweitzer als Jesus- und Paulusforscher. In: Albert Schweitzer als Theologe, zwei akademische Reden von Werner Georg Kümmel und Carl-Heinz Ratschow. Marburg 1966, S. 9–27.

bei ergab sich auf diese Weise auch dessen Eigenart deutlicher. Spannungen konnten nicht ausbleiben. Zu groß war die Unsicherheit, wie weit man Jesus und das erste Christentum voneinander unterscheiden oder auseinanderrücken dürfe, ohne schweren Schaden anzurichten. Die Exegese stand vor einer ganz neuen Aufgabe. Von nun an mußte jeder Bearbeiter der neutestamentlichen Theologie wenigstens mit ein paar Strichen den Übergang von Jesu Predigt zur christlichen Verkündigung zeichnen. Jeder Fortschritt der historischen Differenzierung erschwerte diese Aufgabe. Daraus entstand ein Zwiespalt. Er hemmte, bereitete Verlegenheit und trieb die Theologie in Ausflüchte. Hier zeigte sich eine Empfindlichkeit der neutestamentlichen Exegese.

Das Urchristentum hatte in Paulus am markantesten Gestalt gewonnen. Paulus war außerdem durch die Reformation zu herausragendem Ansehen gelangt. Sein Glauben und seine Lehre galten im Protestantismus geradezu als Inbegriffe christlichen Glaubens und Lehrens. Paulus bot sich deshalb als das augenfälligste Gegenüber zu Jesus an, sobald man das „Neue" der christlichen Verkündigung gegenüber Jesu Predigt feststellen und werten wollte. So wurden die Konflikte in der Mitte des neunzehnten Jahrhunderts mit der Formel „Paulus und Jesus" zusammenfassend umschrieben[8]. Sie stand für die aufdämmernde Frage: Welches Recht hatte der Schritt vom Verkündiger Jesus zur christlichen Verkündigung von Jesus Christus?

Es dauerte seine Zeit, bis die Formel „Paulus und Jesus" gefunden war. Und auch danach war „Paulus und Jesus" kein großes Thema der historischen Theologie. Erst die Religionsgeschichtliche Schule machte es unausweichlich. Jetzt begegnete die Epoche zwingend ihrem Problem – und hielt es nicht aus. Damals kam die Parole „Paulus oder Jesus" auf. Sie konnte sich in der Theologie allerdings nicht durchsetzen. Die Theologie tröstete sich in ihrem überwiegenden Teil über das Problem hinweg, während eine kleinere Gruppe zum Entweder–Oder auswich. Es erwies sich, daß niemand die Schärfe des Problems zu erkennen und es dennoch zu ertragen imstande war. Damit war die erste Epoche historisch-kritischer Theologie ans Ende ihrer Möglichkeiten gelangt. Sie war reif dafür, daß ihr ein Ende auch gesetzt wurde, als sie nun sachlich ihr Ende erreicht hatte. Die Dialektische Theologie hob das Problem „Paulus und Jesus" im seitherigen Sinn auf. Sie beendete durch ihren Neuanfang eine Geschichte; sie hatte von der Aufklärung zur Religionsgeschichtlichen Schule gereicht.

Im Folgenden wird diese Geschichte von ihren Anfängen bis zu ihrem Ende skizziert. Ich beschränke mich auf die Geschichte des Themas „Paulus und Jesus". Dieses Problem kam erst spät voll zutage. Dementsprechend verteilen sich die Gewichte der Untersuchung. Sie beginnt mit Überlegungen, wie das Problem

---

8 Vielleicht noch häufiger begegnet die Wendung „Jesus und Paulus". Die Wortfolge „Paulus und Jesus" scheint mir aber angebrachter, weil sie in ihrer Kürze die Struktur des Problems besser bewahrt. Es handelt sich ja um „Das Verhältnis von Paulus zu Jesus [...]"; s. *Eberhard Jüngel:* Paulus und Jesus. Eine Untersuchung zur Präzisierung der Frage nach dem Ursprung der Christologie. 3., durchges. Aufl. Tübingen 1967 (= HUTh 2). Zit. S. 5.

überhaupt entstehen konnte (erster Hauptteil). Darauf folgt ein Abriß der Geschichte seiner historisch-theologischen Erforschung (zweiter Hauptteil). Er gliedert sich in zwei Teile. Der erste handelt über die Phase der Vernachlässigung des Themas „Paulus und Jesus" (Teil A). Dieser lange Zeitraum wird mehr im Überblick betrachtet. Danach kam eine Zeit größerer Beachtung des Themas „Paulus und Jesus" (Teil B). Sie wird ausführlicher und detaillierter untersucht. Eine wichtige Rolle in dieser Geschichte des Themas „Paulus und Jesus" spielen die Gründe für seine lange Verborgenheit und sein schließliches Hervortreten.

Die Geschichte des Themas „Paulus und Jesus" hat bisher noch kaum Interesse gefunden[9]. So ist außer gelegentlichen Notizen und Andeutungen bis jetzt nur wenig darüber bekannt. Das reizt und verpflichtet zwar umso mehr, sich diese Geschichte einmal vorzunehmen. Es erschwert die Aufgabe aber zugleich erheblich, weil Vorarbeiten fehlen. Deshalb ist mir insgesamt nur ein Überblick möglich. Ich habe mich dafür oft auf Hinweise der Sekundärliteratur verlassen müssen, weniger im Detail als für die größeren Zusammenhänge. Angesichts des weiten Zeitraums von über eineinhalb Jahrhunderten habe ich auch meine Lektüre zum einzelnen enger beschränkt, als mir eigentlich lieb wäre. Manche der historischen Linien, die ich gesehen habe, muß bei näherem Zusehen vielleicht etwas anders gezogen werden.

Die vorliegende Untersuchung will die Themen „Jesus" und „Paulus" theologiegeschichtlich aus der Verschlossenheit lösen, in die sie bei Schweitzer geraten sind. Sie soll insofern eine Lesehilfe für Schweitzers Forschungsberichte sein.

---

9 Das gilt, wenn ich recht sehe, trotz der umfangreichen und gewichtigen neutestamentlichen sowie systematisch-theologischen Arbeit, die in den letzten zwanzig Jahren zur Thematik „Paulus und Jesus" geleistet worden ist. Diese Forschung wird hier einzig und allein deshalb kaum beachtet, weil unsere Fragestellung durchaus historisch ist. — Für die neuere Forschung sei verwiesen auf *E. Earle Ellis* u. *Erich Gräßer* (Hrsg.): Jesus und Paulus. Festschrift für Werner Georg Kümmel. Göttingen 1975.

ERSTER HAUPTTEIL

Die Vorgeschichte des Themas „Paulus und Jesus"

§ 2. Die Schrift als die Bibel

Die Theologiegeschichte des neunzehnten Jahrhunderts begann im achtzehnten[1]. Um die Mitte des achtzehnten Jahrhunderts gab es das Thema „Paulus und Jesus" noch nicht. Es hatte damals zwei Gründe gegen sich. Hätte sich einer der beiden behauptet, dann hätte das Thema „Paulus und Jesus" wohl keine Zukunft gehabt. Sie gingen bei aller Gegensätzlichkeit auf eine gemeinsame Voraussetzung zurück: Sie setzten die Einheit des Neuen Testaments voraus. An der Frage nach dieser Einheit schieden sich die theologisch-philosophischen Strömungen der Zeit augenfällig.

Eine Gruppe wollte das Neue Testament als eine Einheit verstehen, weil es als Ganzes die vermittelte Offenbarung Gottes sei. Für sie war es die *heilige Schrift* des Neuen Testaments[2]. Das Neue Testament hatte darin seine Einheit, daß es eine einzige große Wohltat Gottes war, ein göttliches Liebeswerk *für die Menschen*. So dachten die späten Orthodoxen der Lessingzeit. Eine andere, kleinere Gruppe hielt das Neue Testament ebenfalls für eine Einheit, obwohl sie keinen entsprechenden formalen und materialen Grund für es wußte. Sie meinte aber, das ganze Neue Testament sei in die Ferne des Altertums gerückt. Nach ihrem Urteil bestand seine Einheit in diesem Vergangen-sein. Sie faßte es als den zweiten Teil der Bibel auf, das hieß, als ein geschichtliches Dokument wie andere auch. Dieses

---

1 Das bestätigt die Konzeption so unterschiedlicher Werke wie *Karl Barth:* Die protestantische Theologie im 19. Jahrhundert. Ihre Vorgeschichte und ihre Geschichte. 2., verbess. Aufl. Zollikon/Zürich 1952; *Emanuel Hirsch:* Geschichte der neuern evangelischen Theologie im Zusammenhang mit den allgemeinen Bewegungen des europäischen Denkens. 4. Aufl. 5 Bde. Gütersloh 1968; *Horst Stephan:* Geschichte der deutschen evangelischen Theologie seit dem deutschen Idealismus. 2., neubearb. Aufl. v. Martin Schmidt. Berlin 1960 (= Samml. Töpelmann I,9). Es bestätigt sich auch bei *Werner Georg Kümmel:* Das Neue Testament. Geschichte der Erforschung seiner Probleme. 2., überarb. u. ergänzte Aufl. Freiburg u. München 1970 (= Orbis accademicus III,3). Auf diese Arbeiten stütze ich mich durchweg, auch wo das nicht ausdrücklich vermerkt ist. Ich sehe davon ab, regelmäßig darauf hinzuweisen, wenn *Kümmel* eines der Werke erwähnt oder zitiert, auf das auch ich zu sprechen komme. Wenig Hilfe bedeutete für mich *Heinrich Hermelink:* Das Christentum in der Menschheitsgeschichte von der französischen Revolution bis zur Gegenwart. 3 Bde. Tübingen u. Stuttgart 1951 (I), 1953 (II) u. 1955 (III).
2 Ich folge bei dieser Unterscheidung den Überlegungen von *Gerhard Gloege:* Bibel III. Dogmatisch. RGG³ I, Sp. 1141–1147. „,,B.[ibel]' ist ein historisch-literarischer, ,Schrift' ein theologisch-normativer Begriff" (Sp. 1141f.).

Dokument stand *den* nachgeborenen *Menschen gegenüber.* Als Glaubensgesetz benützt, war es eine menschliche Zumutung. So dachte etwa Hermann Samuel Reimarus (1694–1768), Vertreter eines deutschen Deismus[3].

Die einen erklärten die gegenwärtige Gültigkeit des ganzen Neuen Testaments, die
anderen verwiesen es ebenso streng als Ganzes in die Zufälligkeit der Vergangenheit. Auf beiden Seiten fehlte deshalb das theologische Interesse an der Erforschung der frühen christlichen Geschichte. Auch Reimarus war nur als Polemiker
zugleich ein hervorragender Historiker: Es gab für ihn keine philosophische Notwendigkeit, weshalb er sich auf die Geschichte hätte einlassen müssen. So hatten
beide Gruppen keinen Grund, sich an dem Problem „Paulus und Jesus" theologisch abzuarbeiten. Dieses Problem entstand nur dort, wo man die Lehre von
der Schrift bewahren und doch die Erforschung der Bibel betreiben wollte. Es
entstand in der Neologie. Wir wenden uns zunächst der Orthodoxie (A), danach
Reimarus (B) und zuletzt der Neologie (C) zu.

(A) Vertreten durch Gotthold Ephraim Lessing (1729–1781), geriet Reimarus
bekanntlich gerade noch an einen späten Vertreter der altprotestantischen Orthodoxie. Lessing gab ab 1774 nach und nach Proben aus der „Apologie oder
Schutzschrift für die vernünftigen Verehrer Gottes" heraus, verheimlichte aber
wohlweislich den verstorbenen Autor Reimarus[4]. In den Jahren 1777/78 entstand
daraus der „Fragmentestreit". Auf diese Weise geschah es, daß der Deist Reimarus und der Orthodoxe Johann Melchior Goeze (1717–1786) zusammenstießen[5].
Goeze war zwar schon zu des Reimarus Lebzeiten Hauptpastor in Hamburg, wo
auch Reimarus lebte; er wurde aber erst jetzt auf den unbekannten Apologeten
aufmerksam. In unserem Zusammenhang geht es nicht um Goeze und seinen
Streit mit Reimarus oder Lessing; es geht ausschließlich um die Orthodoxie, wie
sie Reimarus vor Augen hatte. Es kommt hier auf ihr Bild an, wie es sich Reimarus darstellen konnte, und nicht so sehr auf die tatsächliche Meinungsbreite ihrer
Dogmatik. Damit wäre dann gewissermaßen die Ausgangslage gefunden, aus der
heraus es hernach zur deistischen Polemik und zur neologischen Neubesinnung
kam. Ich stütze mich auf weiter zurückliegende Texte des frühen siebzehnten Jahrhunderts[6]. Sie galten auch damals noch.

---

3 Zur Person s. *Hans Hohlwein:* Reimarus, Hermann Samuel. RGG[3] V, Sp. 937f. (Literatur!).
4 *Hermann Samuel Reimarus:* Apologie oder Schutzschrift für die vernünftigen Verehrer Gottes. Im Auftrag d. Joachim-Jungius-Gesellschaft d. Wiss. Hamburg hrsg. v. Gerhard Alexander. Bd. 1 u. 2. Frankfurt a. M. 1972. Durch diese Ausgabe sind die seitherigen Teilab-
  drucke editorisch überholt, wenn auch nicht entbehrlich (s. Bd. 1, S. 9–38, Einleitung des
  Hrsg.). Lessings Textauszüge und Streitschriften finden sich in Bd. VII u. VIII bei *Gotthold
  Ephraim Lessing:* Gesammelte Werke in 10 Bänden. Hrsg. v. Paul Rilla. Berlin 1956. Die
  Lessing-Literatur ist Legion. Zur Person s. *Otto Mann:* Lessing, Gotthold Ephraim. RGG[3]
  IV, Sp. 327–330 (Lit.!).
5 Zur Person s. *Eberhard Hermann Pältz:* Goeze, Johan(n) Melchior. RGG[3] II, Sp. 1682f.
6 Das scheint trotz aller späteren „Ermäßigungen" berechtigt. Ich stütze mich hauptsächlich
  auf *Emanuel Hirsch:* Hilfsbuch zum Studium der Dogmatik. Die Dogmatik der Reformatoren und der altevangelischen Lehrer quellenmäßig belegt und verdeutscht. 4. Aufl. Berlin
  1964. Bei Zitaten folgt jeweils auf die Seitenzahl die Ordnungszahl. Über die „Grundzüge
  der hoch- und spätorthodoxen Zeit" unterrichtet ferner *Gottfried Hornig:* Die Anfänge der

Die altprotestantische Orthodoxie wußte, daß die Schrift „mancherlei Dinge, teils historische, teils dogmatische kundmacht"; das hielt sie nicht ab, die Schrift insgesamt als das göttliche Wort und die vermittelte Offenbarung Gottes zu verehren[7]. Allerdings hatte Gott Dinge zu wissen gegeben, aus denen sich keine Dogmen im eigentlichen Sinn münzen ließen (man denke beispielsweise an die geographischen Details biblischer Berichte). Im Grunde hatte Gott damit Dinge geoffenbart, die „ohne Verletzung des Glaubens [...] nicht gewußt" hätten werden müssen; sie waren entbehrlich und standen noch tiefer als die articuli fidei non fundamentales[8]. Die Fülle der historischen und moralischen Sätze der Schrift zählten daher nicht zum Fundament des Glaubens, das als himmlische Lehre galt. Trotzdem wurde die Ineinssetzung von Gottes Wort und heiliger Schrift nicht aufgegeben. Im Gegenteil, man zog ausdrücklich ihre Konsequenzen, sowohl für das Verständnis des Wortes Gottes wie für das der Schrift, und hielt sie in der Inspirationslehre zusammen[9].

So war das Neue Testament als die heilige Schrift des Neuen Testaments in die Einheit des Offenbarungshandelns Gottes hineingenommen. Überall hatte Gott gewirkt, ganz und gar er mit seinem Offenbarungswillen. Nichts am Neuen Testament war menschliches Werk und menschlicher Wille. Deshalb fiel es der Orthodoxie mit keinem Gedanken ein, nach dem Verhältnis des Menschen Paulus zu dem Menschen Jesus zu fragen. Eine solche Frage wäre ihr sinnlos erschienen, unnütz und unsachlich. Natürlich kannte sie die Überlieferungen über die einzelnen biblischen Schriftsteller. Doch daran lag theologisch gar nichts. Gott hatte sich geoffenbart. Daran hing ihr Verständnis der Bibel als heilige Schrift. Auch eine andere Frage kam ihr nicht in den Sinn, die man hypothetisch aufwerfen mag. Sie hätte den Offenbarungscharakter der Schrift anerkannt: Man hätte zwischen dem Leben Jesu und dem Zeugnis der Gemeinde unterscheiden können; es hätte dann eine Offenbarungsweise Gottes in Jesus Christus gegeben und eine andere Weise der Offenbarung im Zeugnis der Gemeinde. Daraus wäre die Frage nach dem Verhältnis dieser Offenbarungsweisen zueinander entstanden und vielleicht das Problem „Paulus und Jesus". Die Orthodoxie dachte nicht daran. Sie

---

historisch-kritischen Theologie. Johann Salomo Semlers Schriftverständnis und seine Stellung zu Luther. Göttingen 1961 (= FSThR 8). S. 40–55. Ein differenziertes Bild „der" orthodoxen Dogmatik ist angestrebt bei *Carl Heinz Ratschow:* Lutherische Dogmatik zwischen Reformation und Aufklärung. Tl. 1 u. 2. Gütersloh 1964, Tl. 1, u. 1966, Tl. 2. Trotzdem bestätigt seine Arbeit nicht wenige der herkömmlichen Vorstellungen über die Orthodoxie, so auch die hier vorgelegte Grobskizze.

7 *Hirsch,* Hilfsbuch S. 297, 471, nach Nikolaus Hunnius, Diaskepsis de fundamentali dissensu doctrinae Evangelicae-Lutherae et Calvinianae seu Reformatae, 3. Aufl. 1663 (1. Aufl. 1626).

8 *Hirsch,* Hilfsbuch S. 298, 472, nach Hunnius, ebd. Hunnius hatte die Einteilung der Glaubensartikel aufgebracht, s. *Hirsch,* Geschichte II, S. 347. Goeze mißbilligte diese Unterscheidung, s. *Friedrich Wilhelm Kantzenbach:* Protestantisches Christentum im Zeitalter der Aufklärung. Gütersloh 1965 (= Evangelische Enzyklopädie 5/6). S. 164. Offenbar empfand Goeze in der wesentlich gefährdeteren Situation seiner Zeit die Gefährlichkeit der Unterscheidung, die bei Hunnius etwas von einer Erleichterung hatte.

9 Vgl. *Hirsch,* Hilfsbuch S. 309f., 491 – S. 311, 494.

hielt streng am Zeugnis-Charakter der Schrift fest. Das Neue Testament stellte keine zweite Offenbarungsweise dar. Es war die beglaubigte Vermittlung der einen göttlichen Offenbarung in Jesus Christus[10]. Gott war für die Orthodoxie das Subjekt der Geschichte Jesu ebenso wie das der ganzen Schrift. Das verhinderte die Frage nach „Paulus und Jesus" in der Orthodoxie.

Die Orthodoxie hatte es mit der Geschichte zu tun, weil die Schrift von dem Gott handelte, der die Geschichte aufgesucht hatte. Dadurch lagen für die Orthodoxie an entscheidenden Punkten die historischen und dogmatischen Dinge unlösbar ineinander. Das machte sie unter veränderten Zeitumständen verletzbar für Angriffe durch die historische Arbeit. Ihre heftigen Ausfälle gegen deren Träger verrieten diese Empfindlichkeit. Die Orthodoxie war von Anfang an auch als Schutzwall in den Gefährdungen des Glaubens konzipiert worden[11]. Nun schickte sich historischer Scharfsinn an, ihr Schriftverständnis, und damit sie selbst, zu Fall zu bringen.

(B) Reimarus führte den Angriff, um die Theologie auf reine Metaphysik zurückzuschneiden. An eine spätere Wirkung seines Unternehmens dachte er ja doch, auch wenn er es zeitlebens vorsichtig verheimlichte[12]. Er erstrebte die Reduktion der Theologie auf eine theologia naturalis in einer Zeit, in der es theologische Mode war, die Zahl der articuli fidei mixti zu vermehren. Solche Versuche und zunehmende Regungen der Bibelkritik waren nicht mehr neu, als die Reimarus-Fragmente dann erschienen. Sogar die vernünftige Orthodoxie des achtzehnten Jahrhunderts war nicht jedem Zugeständnis abgeneigt[13]. Selbst Goeze wird von Lessing im vierten Beitrag des „Anti-Goeze" folgendermaßen zitiert[14]: „verständigen und gesetzten Männern kann es vergönnt bleiben, bescheidene Einwürfe gegen die christliche Religion und selbst gegen die Bibel zu machen". Viel war das nicht, vor allem sehr eingeschränkt und in der Zuversicht auf die Wertlosigkeit solcher Einwürfe zugestanden; doch deutete es auf einen allgemeinen Einbruch in die überkommene Lehre von der Schrift hin.

---

10 „Die christliche Theologie gründet sich auf das allergewisseste Erkenntnisprinzip, nämlich auf die göttliche Offenbarung, und zwar [...] auf die vermittelte göttliche Offenbarung, die in den Schriften der Propheten und Apostel enthalten ist", *Hirsch,* Hilfsbuch S. 310, 492, nach David Hollaz, Examen theologicum acromaticum, Bd. 1, 4. Aufl. 1725 (1. Aufl. 1707).

11 *Hermann Strathmann:* Die Krisis des Kanons der Kirche. J. Gerhards und J. S. Semlers Erbe. ThBl 20 (1941), Sp. 195–310. Die Erschütterungen des siebzehnten Jahrhunderts bespricht ausführlich *Klaus Scholder:* Ursprünge und Probleme der Bibelkritik im 17. Jahrhundert. Ein Beitrag zur Entstehung der historisch-kritischen Theologie. München 1966 (= FGLP 10, 33).

12 Reimarus arbeitete etwa seit den dreißiger Jahren bis zu seinem Tode (1768) an der „Apologie" und wünschte, daß sie in aufgeklärteren Zeiten gedruckt werde, s. *Reimarus,* Apologie I S. 41, 60 u. ö., zur Datierung ebd. S. 22–32 (Einleitung).

13 Zum Begriff „vernünftige Orthodoxie" s. *Wilhelm Maurer:* Aufklärung III. Theologisch-kirchlich. RGG³ I, Sp. 723–730.

14 *Gotthold Ephraim Lessing:* Anti-Goeze. D. i. Notgedrungener Beiträge zu den ‚Freiwilligen Beiträgen' des Hrn. Past. Goeze Vierter (1778). In: *Lessing,* Werke VIII S. 225–231. Zit. S. 230.

Trotzdem brachten die Reimarus-Fragmente den orthodoxen Goeze genauso
auf wie den bedeutendsten Theologen der Zeit, der einer freieren Theologie wei-
terhelfen wollte; gemeint ist Johann Salomo Semler (1725–1792)[15]. Lessing
nennt seine beiden ungleichen Widersacher Goeze und Semler in einem Atemzug, so sehr rücken sie in seinen Augen durch ihre Polemik gegen den Fragmenti-
sten zusammen[16]. Was an Reimarus erboste, war die beabsichtigte Bestreitung
einer biblischen Offenbarung überhaupt. Sie erst gab auch seiner Einzelkritik ihre
Absicht. Dadurch verwandelte sie jedes noch so kleine Argument in einen Gegen-
grund gegen die Lehre einer göttlichen Offenbarung in der Geschichte, sei es
zu einer bestimmten Zeit oder sei es in einem bestimmten Buch. Das einzelne
historische Argument des Reimarus hätte sich vielleicht bemeistern lassen; es
blieb aber nicht vereinzelt, denn die Absicht erhob es zu einem Indiz unter vielen anderen. Der Zusammenhang machte die Gefährlichkeit und das Ärgernis
aus. Heute liegt das ganze Werk mit dem Reichtum seiner Beobachtungen vor;
jetzt ist die Kraft des Anrennens gegen eine vermeintlich erkannte Entstellung
Gottes voll zu würdigen. Alles muß dem Kritiker davon Zeugnis ablegen, wie
verheerend und auch würdelos im Judentum zunächst und dann im Christentum
der Name Gottes mißbraucht worden sei[17].

In seinem Vorbericht gibt Reimarus selbst Auskunft, wie seine Zweifel am Glauben der Väter aufkamen. Danach wurde ihm zuerst der Gedanke an die Verlorenheit derer unerträglich, die zu ihrer Zeit oder an ihrem Ort unverschuldet die
besondere Offenbarung Gottes versäumten. „Ich muß es frey sagen, dieser Zweifel war der erste, welcher gleichsam unbewegliche Wurtzeln in meinem Gemüthe
schlug, die ich ungeachtet aller Versuche, nimmer habe bezwingen können [...]"[18].
Reimarus stößt sich daran, daß eine besondere geoffenbarte Offenbarung immer
Menschen und Zeiten voraussetze, die nichts von ihr wüßten oder nur durch die
trügerische Vermittlung anderer Menschen. Dabei handelt es sich für ihn im ge-
nauen Sinn um ein „Wissen", denn Offenbarung macht „dem Menschen durch eine wunderthätige Eingebung bekannt [...], was er durch den Gebrauch seiner
Naturkräfte unmöglich wissen konnte, und was ihm doch zu seiner ewigen Selig-
keit zu wissen nöthig war"[19]. Wie sollte Gott so handeln können! Reimarus verlangt also nichts anderes als die Möglichkeit der menschlichen Verwirklichung

---

15 Zur Person s. *Hans Hohlwein:* Semler, Johann Salomo. RGG³ V, Sp. 1696f. Außerdem
   Kümmel, Das NT S. 594 (Lit.). Zum Werk s. u. § 4. *Barth,* Prot. Theologie S. 148–150;
   Hirsch, Geschichte IV S. 48–89. Weiteres s. u.
16 *Gotthold Ephraim Lessing:* Brief an Johann Gottfried Herder vom 25. Jan. 1780. In:
   Lessing, Werke IX S. 852f. Vgl. auch ders.: Brief an Elise Reimarus vom 14. Mai 1779.
   Ebd. S. 832f.
17 Eine Würdigung schon in Kenntnis des ganzen Werkes unternehmen *David Friedrich*
   Strauß: Hermann Samuel Reimarus und seine Schutzschrift für die vernünftigen Verehrer
   Gottes. Leipzig 1862. Und *Schweitzer,* GdLJF S. 56–68. Wenig ergiebig bleibt *Rudolf*
   Schettler: Die Stellung des Philosophen Hermann Samuel Reimarus zur Religion. Phil.
   Diss. Leipzig. Leipzig 1904.
18 *Reimarus,* Apologie I S. 50.
19 Ebd. S. 183.

des Christentums oder der Religion; er verlangt, was auf anderen Wegen und mit milderen Worten seine Zeit allgemein wollte[20].

Gleichgültig, wie weit Reimarus auf schon begangenen Wegen ging, jedenfalls begegnete bei ihm zum ersten Mal in Deutschland mit großer Wortgewalt die Wendung gegen die christliche Religion aus Religion und verband sich mit historischem Scharfsinn und der Fähigkeit zu Konstruktionen[21]. Das eine war seine Proklamation einer wahren vernünftigen Religion, die Gott selbst allen Menschen schenken wolle; das andere und Dazugehörige war sein Kampf gegen die Lehre, als sei Gott irgendwann einmal so offenbar geworden, daß es anders den Menschen unerschwinglich gewesen wäre[22].

So rückte das Neue Testament insgesamt in die Ferne des Altertums. Es wurde wieder zu einem Buch alter Zeiten. Deren Ansichten und Behauptungen, Zeugnisse und Erzählungen konnten die Gegenwart bloß deshalb noch betreffen, weil sie bislang als Anachronismen Zwang ausübten. Grundsätzlich traten auch alle biblischen Gestalten in die Ferne zurück, selbst wenn Reimarus für Jesus eine gewisse Ehrfurcht bezeugt[23]. Die Gestalten der Bibel wurden für die Gläubigen der vernünftigen Religion samt und sonders zu Gestalten einer Vergangenheit, die so oder so vergangen blieb. Das schloß gelegentlichen Respekt nicht aus.

Reimarus hatte keinen Grund, sich dem Thema „Paulus und Jesus" anders als allenfalls polemisch zuzuwenden. Es hatte für ihn nur in der Polemik einen guten Sinn. Wie die ganze Beschäftigung mit der Bibel als bloßer Bibel kam es für ihn bloß in einem Zusammenhang in Frage; es gehörte zum opus alienum des wahren Gottesverehrers, nämlich das Christentum zu überwinden, Gott zur Ehre und den Menschen zur Freude. Das verhinderte ein theologisches oder philosophisches *Problem* „Paulus und Jesus" im Deismus des Reimarus.

(C) Das Problem „Paulus und Jesus" entstand aus der Neologie[24]. Die Neologie versuchte, *die Schrift als die Bibel* zu begreifen. Damit schuf sie die wichtigste Voraussetzung für das theologische und historische Problem „Paulus und Jesus". Die spätorthodoxe Dogmatik identifizierte die Bibel als die Schrift, so daß Gottes Wort gedruckt vorliegen sollte; der Deismus in seiner Ausgestaltung durch Reimarus entlarvte die Bibel als die bloße Bibel, so daß sie zu einem menschli-

---

20 Vgl. *Barth*, Prot. Theologie S. 60—114, bes. S. 80—83.
21 Zum englischen Deismus als Vorläufer auch des Reimarus s. *Hirsch*, Geschichte IV S. 144ff.
22 Die Wendung gegen das Christentum *aus Religion* zeichnet sich schon in dem frühesten Plan des Werkes ab (s. *Reimarus*, Apologie I S. 11—13, Einleitung). Danach sollte mit den Fragen eingesetzt werden, „Was Vernunft und vernünftig sey? was vernünftige Religion und Gottesdienst heisse, und wie dieselbe der Grund aller offenbahrten Religion seyn müsse" (S. 11).
23 S. u. § 11. Über den Anstoß am Abstand der Zeit s. *Barth*, Prot. Theologie S. 94f.
24 Zur Neologie ist als erste zu nennen die schöne Untersuchung von *Karl Aner:* Die Theologie der Lessingzeit. Halle a. Saale 1929. Sie liegt als fotomech. Nachdruck vor, ders.: Die Theologie der Lessingzeit. Hildesheim 1964. Ferner *Klaus Scholder:* Grundzüge der theologischen Aufklärung in Deutschland. In: Geist und Geschichte der Reformation. Festgabe Hanns Rückert zum 65. Geburtstag dargebracht. Hrsg. v. Heinz Liebing, Klaus Scholder u. a. Berlin 1966, S. 460—468 (= AKG 38). *Hirsch*, Geschichte IV, S. 1—119.

chen Machwerk wurde; die Neologie aber hielt an der Überzeugung fest, daß es „so etwas wie" die Schrift gebe, obwohl gerade ihr die Einsicht in die Historizität der Bibel mehr und mehr wuchs. Zuviel Wichtiges fand sie in der Bibel, zu viele gute Erfahrungen machte sie mit ihr. Sie hütete sich deshalb davor, die Frage nach der Bedeutung der Bibel theoretisch an ein Ende zu treiben. Sie schickte sich an, die Schrift als die Bibel verstehen zu lernen. Der Schwierigkeit des Unternehmens war sie sich allerdings begreiflicherweise nicht recht bewußt. Sie wollte sich an historischen Erkenntnissen freuen und sie nützen dürfen, ohne der Bibel ihre Würde als heilige Schrift abzusprechen. Anders bliebe es unerklärlich, daß sich die Neologie mit solchem Fleiß, solcher Ausdauer und derartigem Interesse der historischen Arbeit an der Bibel zuwandte; unbegreiflich wäre sonst auch, wie sie um das richtige Verständnis der Bibel rang und wie sie sich nicht bloß der Auseinandersetzung mit der vergehenden Orthodoxie stellte, sondern auch gerade mit den Gegnern des Christentums[25].

Die Neologie sah auf der einen Seite keinen guten Grund, weshalb sie sich historische Bemühungen um die Bibel versagen sollte; sie gewann sogar viel von ihrer Gelassenheit in dieser Arbeit (gegen die Orthodoxie). Die Bibel belegte ihr, wie recht sie mit ihren theologischen Bestrebungen hatte[26]. Auf der anderen Seite sah sie keinen triftigen Grund gegen ihre Befangenheit dafür, daß die Bibel von einer geschichtlichen Offenbarung Gottes zeuge (gegen Deismus, Naturalismus und Materialismus und anders als der kommende Rationalismus)[27]. Für die Neologie erwies sich die Bibel als ein gutes, ein praktikables Buch. Es schadete nichts, daß sie keine Einheit mehr war wie für die Orthodoxie oder den Deismus. Sie war es nicht. Wenn die Neologie von der Inspiration der Schrift redete, achtete sie trotzdem auf die biblischen Schriftsteller und die historischen Abstände der biblischen Bücher untereinander. Und wenn sie die zeitliche Ferne der Bibel empfand, wußte sie doch um die gegenwärtige Mächtigkeit des Bibelwortes, jedenfalls in den und jenen Stücken. Weder im einen noch im andern kannte sie die Art von Einheit des Neuen Testaments wie Goeze oder wie Reimarus.

Für die Orthodoxie fiel die Schrift als göttliches Selbstzeugnis mit Gottes Offenbarung selbst zusammen. Für Reimarus war das Neue Testament die betrügerische Werbeschrift des ersten Christentums; sie machte aus einer Angelegenheit eine Offenbarung, die nie eine war. Die Richtung der neologischen Gedanken dagegen ging dahin: Die Bibel sei ein menschliches, aber in diesen Grenzen gutes Zeugnis einer wahren geschichtlichen Offenbarung Gottes. Bei diesem menschlichen Zeugnis war Gott der Initiator. In dieser Doppelstellung zwischen Orthodoxie und Heterodoxie suchte die Neologie ihr Daseinsrecht. Zwischen dem unbe-

---

25 *Scholder*, Aufklärung, betont die Besonderheit der deutschen Aufklärung; sie liegt wesentlich auch in dieser Doppelstellung. Anscheinend nicht ganz ernst genommen wird die innere Verpflichtung der Neologie gegen die Schrift bei *Aner*, Lessingzeit S. 202–220, 311–325. S. auch *Hans Hohlwein*: Rationalismus II. Rationalismus und Supranaturalismus, kirchengeschichtlich. RGG³ V, Sp. 791–800.
26 Zur Bewertung s. *Barth*, Prot. Theologie S. 84.
27 Über die Haltung der Neologie zur Lehre von der Schrift s. *Maurer*, Aufklärung Sp. 726.

dachten bloß Hergekommenen und dem rücksichtslosen Neuen verstand sie sich als wahre Sachwalterin auch der Kirche[28].

Die Neologie erleichterte sich die Spannungen ihrer Gedankenwelt gerne, wo sie es konnte. Aber sie dachte nicht daran, in die eine oder andere Position der angebotenen Alternative (Orthodoxie oder Deismus) auszuweichen. Nur im Fortgang einer solchen Theologie konnte das Problem „Paulus und Jesus" entstehen. Nach wie vor sollte die Schrift für den gegenwärtigen Christen etwas gelten; zugleich war jedoch die Schrift als die Bibel anerkannt. Nach wie vor also sollte das paulinische Christuszeugnis Geltung besitzen; zugleich interessierte jedoch auch dieser Mensch Paulus und was er als unverwechselbare Person gedacht, hervorgebracht, erlebt hatte. Jetzt war es nicht mehr gleichgültig, daß über die biblischen Schriftsteller Traditionen vorlagen. Es war nun ähnlich selbstverständlich wie vormals nebensächlich, daß der Mensch Paulus und sein Tun mit Jesus Christus nicht zu verwechseln waren. Aus der Spannung zwischen Schrift und Bibel entstand das Problem „Paulus und Jesus". Wer die Schrift als die Bibel erforschen wollte, mußte in ein Problem geraten. So kam es auch zum Thema „Paulus und Jesus".

§ 3. Der irdische Jesus als das Maß des Christus

Seit der Reformation war es eine unantastbare Gewißheit protestantischer Theologie und Kirche: Im Zentrum der Schrift steht Jesus Christus. Auf ihn zu spricht das Alte Testament. Von ihm her bezeugt das Neue Testament die Heilstat Gottes. Und zugleich kommt das Alte Testament schon von ihm her und weist das Neue auf seine Zukunft hin. Jede Veränderung des Schriftverständnisses mußte das betreffen, was von Jesus Christus gesagt wurde. Wenn die Schrift das Zeugnis von Jesus Christus war, waren neue Gedanken über die Schrift unvermeidlich auch neue Gedanken über Jesus Christus. Aus den Veränderungen im Schriftverständnis kam es zum Problem „Paulus und Jesus". Wir wenden uns einem anderen Aspekt dieser Veränderungen zu, wenn wir im Folgenden das neue andere Reden von Jesus Christus besprechen. Wieder gehen wir von der Orthodoxie (und der reformatorischen Theologie) aus (A), beobachten dann Reimarus (B) und enden bei der Aufklärungstheologie (C).

(A) Bereits die Reformatoren beriefen sich in kontroversen Fragen auf den Jesus ipse. Ein gutes Beispiel dafür bietet die Sakramentslehre. So schreibt Ernst Kinder[1]: „Die *Reformation* bestritt die Siebenzahl der Sakramente und ließ nur Taufe und Abendmahl als solche gelten [...], weil nur diese von Christus eingesetzt seien". Man könnte diesen Vorgang so verstehen, als ob die Reformation der Anfang einer theologischen Denkbewegung gewesen sei, die alle protestantische Theologie vom irdischen Jesus her zu orientieren versuchte. Aber diese dogmengeschichtliche Erinnerung wäre falsch. Die Begründungen der „Confessio Augusta-

---

28 Die Kirchlichkeit der Neologie spiegelt sich in den Lebensläufen von Neologen wider, s. etwa *Aner*, Lessingzeit S. 61–143; *Kantzenbach*, Aufklärung S. 193–209.
1 *Ernst Kinder:* Sakramente I. Dogmengeschichtlich. RGG³ V, Sp. 1321–1326.

na" oder der „Apologia Confessionis Augustanae" für die Sakramentslehre zeigen ein anderes Bild. Natürlich wußte und lehrte man, daß Taufe und Abendmahl durch Jesus Christus eingesetzt seien. Doch verhielt es sich damit ähnlich wie mit dem Wissen der Orthodoxie, daß die Paulusbriefe von Paulus, die Evangelien von Matthäus, Markus und den anderen verfaßt seien. Darauf kam es nur in einem sehr abgeleiteten Sinn an. Im Vordergrund der Sakramentslehre stand das Bekenntnis: Die Sakramente verdanken sich Gottes Heilswillen. „Si sacramenta vocamus ritus, qui habent mandatum Dei et quibus addita est promissio gratiae, facile est iudicare, quae sint proprie sacramenta", lehrt die „Apologia Confessionis Augustanae"[2]. Auch in der Polemik und Apologetik zogen sich die Reformatoren nicht auf einen „historischen Jesus" zurück, sondern beriefen sich auf den Willen Gottes. Als beispielsweise Melanchthon die Kindertaufe gegen die Wiedertäufer in Schutz nahm (1528 und 1536), verließ er sich nicht auf eine Kombination der einschlägigen Aussprüche Jesu[3]. Er argumentierte vielmehr hauptsächlich mit Gottes bekundetem Heilswillen. In der reformatorischen Lehre lag also alles Gewicht darauf, daß Gott selber das Subjekt des sakramentalen Geschehens sei; und wenn Jesus Christus die Sakramente gestiftet hatte, dann eben gerade nicht als „historischer Jesus", sondern als Jesus Christus, Gott von Gott. Dementsprechend wurde m.W. zwischen der Art der Einsetzung des Abendmahls (irdischer Jesus) und derjenigen der Taufe (erhöhter Jesus Christus) kein Unterschied gemacht. Das Beispiel der Sakramentslehre verdeutlicht, was es mit der Berufung auf den Jesus ipse auf sich hatte. Wer sich auf ein Wort Jesu berufen konnte, hatte Gottes eigenes Wort für sich. Nur das war wichtig.

Was für die Reformation galt, galt in diesem Fall erst recht auch für die Orthodoxie. Sie dachte nicht entfernt daran, einen „historischen Jesus" vom erhöhten Jesus Christus zu unterscheiden und ihm dann vorzuziehen. Gott hat in Jesu Christi ganzer Geschichte gehandelt, lautete der Grundsatz. Die Verbalinspiration der Schrift schloß jeden Gedanken aus, besondere Worte Jesu vom Ganzen abzulösen und mit irgendeiner höheren Vollmacht auszustatten als das sonstige Zeugnis der Schrift. Auf der Einheit der Schrift beruhte ja ihre göttliche Würde und Verläßlichkeit[4]. So hätte weder die Reformation noch die altprotestantische Orthodoxie jene Unterscheidung verstanden, die in der Formel „Paulus und Jesus" vorausgesetzt ist. Weder am Menschen Paulus noch am historisch ermittelten Menschen Jesus lag etwas. Es gab sie gewissermaßen noch nicht einmal. Also gab es das Problem „Paulus und Jesus" noch nicht.

---

2 *Die Bekenntnisschriften* der evangelisch-lutherischen Kirche. Hrsg. im Gedenkjahr d. Augsburgischen Konfession 1930. 5., durchges. Aufl. Göttingen 1963. Zit. ist Apologie XIII, S. 292, 3. Vgl. auch CA VIII u. XIII.
3 *Philipp Melanchthon:* Adversus anabaptistas iudicium. 1528. In: Melanchthons Werke in Auswahl. Hrsg. v. Robert Stupperich u.a. Bd. 1. Gütersloh 1951, S. 272–295. Ich beziehe mich bes. auf S. 281–291. Ders.: Verlegung etlicher unchristlicher Artikel, welche die Widerteuffer fürgeben. 1536. In: Melanchthons Werke S. 301–322. Ich beziehe mich bes. auf S. 315–320.
4 Vgl. *Barth,* Prot. Theologie S. 95.

(B) Eines Tages wurde zum ersten Mal so zwischen dem irdischen Jesus und dem himmlischen Christus unterschieden, daß der erhöhte Christus als eine menschliche Deutung des irdischen Jesus ausgegeben wurde. Jetzt galt der irdische Jesus als sicherer als jener Christus. Leider ist anscheinend bis heute noch nicht entdeckt, wo diese Unterscheidung zuerst vollzogen wurde. Es kann jedenfalls erst geschehen sein, nachdem der reformatorische Glaubensbegriff entstellt war, oder dort, wo er nie gegolten hatte. Manches spricht dafür, die Anfänge im englischen Deismus zu suchen. In Deutschland aber war Reimarus ein pointierter Verfechter dieser Unterscheidung.

Reimarus stieß sich ohnehin, sozusagen von außen her, an den Unzulänglichkeiten und der Unmoral des Alten Testaments. Für das Neue Testament aber weiß die „Apologie" einen immanenten Maßstab. An ihm muß sich alles messen lassen. Es sind dies die Absichten Jesu. Reimarus versucht die Rekonstruktion des historischen Jesus. Er steht am Anfang der Leben-Jesu-Forschung. „Die gantze Theologia positiva ist historisch und Exegetisch. Es kommt auf rem facti [d.i. die Tatsache] an, was die Stifter einer neuen Sekte gesagt und geschrieben haben, und wie ihre Worte zu verstehen sind. Jesus hat zwar selbst nichts geschrieben [...]. Wir haben [aber] seine eigenen Worte nicht allein von den Evangelisten gesammelt, sondern auch besonders herausgesucht im Drucke. Darin müssen wir das Lehrgebäude, was Jesu eigen war, wo es anders noch zu finden ist, suchen; darin finden wir auch seine übrige Verrichtungen beschrieben, und können uns also von seinem gantzen Zweck eine richtige Idee daraus machen"[5]. Dieser „Zweck" Jesu erfüllte sich allerdings nicht, und auch die Hoffnung der Gemeinde auf Jesu Wiederkunft und die schließliche Erfüllung der Absichten Jesu wurde enttäuscht. Deswegen wäre es für Reimarus ein Unding zu glauben, was die Christen über Jesus zu sagen und zu schreiben begannen. Jesus war nach seinen eigenen Maßstäben gescheitert; die Vertuschungen der Gemeinde konnten daran nichts ändern. Was in Wahrheit an Jesus rühmenswert war, war bloß natürliche, vernünftige Religion[6].

Reimarus führte seinen Stoß also nicht nur gegen ein bestimmtes Bild der Geschichte Jesu, so weitreichend das allein schon war. Sondern er wollte alles abtun, was die christliche Theologie von den frühesten Tagen der Urgemeinde an über das hinaus vorbrachte, was Jesus selbst an Allgemeingültigem gesagt und gelebt hatte[7]. So wurde bei Reimarus die Berufung auf Jesus zum Werkzeug des Zweifels. Auch zuvor gab es sie schon, wie wir gesehen haben, aber anders und in vollem Vertrauen zum Zeugnis der ganzen Schrift. Reimarus hat nurmehr die Bibel vor sich. Sie ist für ihn ein historisches Quellenbuch. Die Betrachtung der

---

5 *Reimarus,* Apologie II S. 21f.
6 Soweit sich Jesus nicht bloß als Reformator des Judentums betätigen wollte, erkennt Reimarus in seinen „allgemeinen Vorschriften" eine höchst „vernünftige, lautere erhabene, heilige und praktische Religion", ebd. II S. 27.
7 „„Wir haben Grund, dasjenige, was die Apostel in ihren Schriften vorbringen, von dem, was Jesus in seinem Leben selbst ausgesprochen und gelehrt hat, gänzlich abzusondern'", läßt *Schweitzer,* GdLJF S. 59, Reimarus sagen. Ich konnte das Zit. nicht verifizieren, doch trifft es Plan und Vorgehen des Reimarus genau.

Bibel als bloßer Bibel führt ihn dazu, die historische Verläßlichkeit der Bibel zu prüfen, wie man eben historische Quellen zu prüfen gewohnt war. Er geht auf die Suche nach der historischen Wirklichkeit Jesu. Hinter den Texten des Neuen Testaments will er sie aufspüren. Er findet, daß Jesus nicht der Christus gewesen sei, von dem die Christen sprachen. Reimarus trennt das historische Faktum „Jesus" und seine Deutung als „Christus" streng voneinander. Nirgends verwechselt er die Worte „Jesus" und „Christus", wie es doch noch gut ein Jahrhundert lang in der Theologie gang und gäbe war. Er sagt konsequent „Jesus", so lange er die historische Rekonstruktion betreibt; und er sagt „Christus", sobald er den Titel und die Deutung meint, die Jesus eigentlich nicht gebührten. Das Fazit ist: Die christliche Rede vom „Christus" machte sich einen verkehrten Reim auf Jesus. Das ist für Reimarus das Ergebnis, sobald man die Bibel als das nimmt, was sie ist.

Reimarus sondert sein Jesusbild peinlich genau von den Meinungen und Behauptungen über Jesus ab. Sie hält er fast durchweg für unberechtigt. Er scheut sich nicht, mit üblen Fälschungen und Lügen der ersten Christen zu rechnen. In diesem Zusammenhang kommt er auch zum Thema „Paulus und Jesus". Als entschiedener Feind des überkommenen Christentums bemerkt er sehr wohl, welch überragende Rolle die Christologie und Soteriologie bei Paulus spielten. Darin läßt er sich durch die Aufklärungstheologie nicht beirren. Er äußert sich sehr scharf zum Thema „Paulus und Jesus". Diese Teile seiner Untersuchung blieben jedoch damals unveröffentlich. Zunächst konnten sie sich also nicht auswirken. Es war, als gäbe es sie nicht[8]. Wir gehen deshalb hier darüber hinweg und kommen später darauf zurück[9]. Noch etwas ist zu berücksichtigen: Reimarus rührt wohl das *historische Thema* „Paulus und Jesus" an; das *theologische Problem* „Paulus und Jesus" stellt sich für ihn aber nicht. Er hat von vornherein eine radikale Lösung zur Hand, und alles geht glatt auf. Reimarus nimmt das Thema unproblematisch. Wäre es nach ihm gegangen, so wäre das Thema „Paulus und Jesus" rasch und ein für allemal erledigt gewesen. Ein theologisches Problem „Paulus und Jesus" mußte seinen Anfang in der Theologie selbst haben. Weder die Orthodoxie noch der Deismus kamen dafür in Frage.

(C) „Die Frage nach dem Unterschied zwischen dem geschichtlichen Jesus und dem Christusbild der Evangelien wurde als theologische Aufgabe erkannt, als G. E. Lessing [...] die Abhandlung des H. S. Reimarus ‚Vom Zwecke Jesu und seiner Jünger' anonym herausgab"[10]. In der Auseinandersetzung um die Reimarus-Fragmente erwies sich das Unvermögen der Aufklärungstheologie, die Unterscheidung zwischen „Jesus" und „Christus" abzuweisen. Eine der folgenreichsten Veränderungen des theologischen Denkens trat ein. Damals wurde erstmals die Vorstel-

---

8 Erst 1862 wurde durch David Friedrich Strauß' Reimarus-Monographie einiges darüber bekannt, s. o. § 2, Anm. 17.

9 S. u. § 11.

10 *Werner Georg Kümmel:* Bibelwissenschaft II. Bibelwissenschaft des NT. RGG³ I, Sp. 1236–1251. Zit. Sp. 1240.

lung von gewissen historischen Heilstatsachen im Sinne von Heils-Fakten proklamiert.

Reinhart Staats hat diese Vorgänge in einem Beitrag zur Geschichte des Begriffs „Tatsache" analysiert[11]. Er ermittelt eine symptomatische Veränderung im Sinngehalt des neuen deutschen Wortes „Tatsache". Erst jetzt, in der Abwehr gegen Lessings Reimarus-Edition, erhielt das Wort „Tatsache" 1777 bei dem Aufklärungstheologen Johann Daniel Schumann (1714–1787) den Sinn des Begriffs „Faktum". In dieser Bedeutung wurde es zu einem Schlüsselbegriff für das Verständnis der göttlichen Geschichte mit den Menschen[12]. „Hier, in einer aus rationalistischer Schulung stammenden, norddeutschen Apologetik hat sich ein für die Folgezeit verhängnisvoller Historismus der Theologie angedient, ist der Glaube fides historica geworden"[13]. Zuvor waren die Tatsachen nur die höchste Stufe des Wahrscheinlichen, und so lange waren die bisherigen Tatsachenbeweise für das Christentum nur Wahrscheinlichkeitsbeweise; sie ließen dem Glauben an die Offenbarung Raum. Nun aber sollten Tatsachen eine unbezweifelbare höchste Gewißheit besitzen. Das veränderte die Qualität dieses Tatsachenbeweises. Schumann fordert für eine Tatsache „einen zweifelsfreien, blinden Glauben; wer sich darauf verlasse, ‚setzt nichts in Gefahr, braucht gar nicht zu wagen, alle Bedenklichkeit dagegen würde für Torheit erklärt werden'"[14]. Wo dieser Schritt zum Verständnis der Geschichte als einer Abfolge von Tatsachen getan war, war auch die Unterscheidung zwischen „Jesus" und „Christus" auf Dauer nicht zu vermeiden.

Bei aller begriffsgeschichtlichen Bedeutung Schumanns war die Zeit selbst für diese Wendung reif. Deshalb redete sogar der Orthodoxe Goeze dem Aufklärer Schumann nach und mußte sich prompt von Lessing die Unverträglichkeit der Tatsachengläubigkeit mit der wahren Orthodoxie vorhalten lassen[15]. Die Spätorthodoxie hatte aber das Schriftzeugnis schon zu lange in die starre Unantastbarkeit der Verbalinspiration gerückt. Darum mußte sie das Zeugnis der Schrift als Bezeugung von Tatsachen behaupten, sobald einmal Sachverhalte von höchster Gewißheit als „Tatsachen" galten. Sie konnte diese neue Würde nicht ausgerechnet der göttlichen Offenbarung versagen. Es durfte keine höchste Gewißheit in Sachen der Religion geben, die Gottes Offenbarung, niedergelegt in der Schrift, nicht erreicht hätte. Also hatte es die Schrift fort und fort mit Tatsachen zu tun[16].

Wenn selbst die Orthodoxie diesen Historismus aufnahm, wie hätte da die Aufklärungstheologie die Bedenklichkeit des Vorgangs bemerken sollen? Sie brachte

---

11 *Reinhart Staats:* Der theologiegeschichtliche Hintergrund des Begriffes „Tatsache". ZThK 70 (1973), S. 316–345. Ich beziehe mich vor allem auf S. 329–338.

12 S. ebd. S. 330–336.

13 Ebd. S. 335, Anm. 50.

14 Ebd. S. 334. Vgl. S. 320–334. S. 325f. findet sich eine Zusammenfassung dessen, was sich über den ursprünglichen Sinn des Wortes „Tatsache" feststellen läßt.

15 Ebd. S. 329–333.

16 Das scheint mir ergänzend auch zu *Staats*, „Tatsache" S. 329ff., gesagt werden zu müssen. Staats hebt die Unvereinbarkeit zwischen Orthodoxie und Tatsachengläubigkeit hervor. Dieser andere Aspekt kommt dafür etwas zu kurz.

nur den Historismus zum Ausdruck, der sich verborgen schon in der Orthodoxie angebahnt hatte. In der Auseinandersetzung um die Reimarus-Fragmente fehlten ihr deshalb die Mittel, jene Unterscheidung zwischen dem „tatsächlichen" Jesus und seiner bloß hinzugekommenen Deutung als Christus zurückzuweisen. Reimarus provozierte das Fehlurteil: Die neutestamentliche Botschaft von Jesus Christus will als historischer Bericht verstanden werden (wobei er meinte: unlauter und betrügerisch). Er suchte offenbar bereits vor Schumann historische „Tatsachen" als Grundlagen des Christentums, und zwar Tatsachen in jenem neuen Sinn[17]. Die Theologie der Lessingzeit ging darauf ein. Sie war selbst auf dem Weg zur Erkundung der „Tatsache" Jesus. Schon vor der Veröffentlichung der Reimarus-Fragmente legte von 1768 bis 1772 Johann Jakob Heß (1741–1828) eine mehrbändige „Geschichte der drei letzten Lebensjahre Jesu" vor[18]. Und als dann die Fragmente erschienen waren, antwortete ihnen sehr rasch der Neologe Franz Volkmar Reinhard (1753–1812) mit einem „Versuch über den Plan, welchen der Stifter der christlichen Religion zum Besten der Menschheit entwarf" (1781)[19]. Einige andere „Leben Jesu" schlossen sich an. Schnell wurden sie zu einer beliebten theologisch-erbaulichen Lektüre der Zeit und fanden in immer neuen Auflagen weite Verbreitung. Die theologische Leben-Jesu-Forschung fing an. Das hieß keineswegs, daß der Versuch aufgegeben werden sollte, die Schrift als die Bibel zu verstehen. Immer noch bestand diese Spannung; auch jetzt sollte die Bibel nicht einfach zur bloßen Bibel herabsinken. Vorerst blieb es bei mehr oder minder geschickten Paraphrasen der Evangelien. Die Neuigkeit lag in ihrer Aufbereitung zu einer Lebensgeschichte Jesu und vor allem in diesem neuen Interesse am Menschen Jesus. Man könnte von einem christologischen Mißverständnis sprechen[20]: Denn „das ist allen im Lauf der Entwicklung auftretenden Abwandlungen [der ‚Leben-Jesu'] gemeinsam geblieben, daß für sie die geschichtliche Person Jesu Christi, so wie sie sich dem unbefangenen Erforscher der Evangelien darstellt, mehr und mehr an die Stelle rückt, an der die Entscheidung über Sinn und Wahrheit des christlichen Glaubens fällt".

Der Mensch Jesus und die Umstände seines Lebens wurden zur theologisch-historischen Aufgabe ersten Ranges. Daraus erklärt sich die Vorherrschaft der Leben-Jesu-Forschung in der neutestamentlichen Wissenschaft, von der Neologie an bis hin zur Religionsgeschichtlichen Schule. Von nun an schien es der sicherste Weg zum Verständnis Christi zu sein, den historischen Jesus treu zu erfassen. Im Ge-

---

17 Er spricht nur von „res facti", soviel ich bemerke. Wenn er diesen Begriff mit dem des „factum" gleichsetzt, kann das vielleicht dem Sprachgebrauch seiner deistischen und gewiß auch antideistischen englischen Lektüre nachgesprochen sein. Im Englischen wechselten anscheinend die Begriffe "fact" und "matter of fact" (?), s. *Staats*, „Tatsache" S. 318, Anm. 8.

18 Vgl. zu diesen ersten „Leben-Jesu" der Theologie *Schweitzer*, GdLJF S. 69–78. Über Heß s. *Hirsch*, Geschichte IV S. 192–203, u. *Martin Schmidt:* Heß, 2. Johann Jakob. RGG³ III, Sp. 288f.

19 S. *Hirsch*, Geschichte IV S. 161–164. Zur Person s. *Erich Beyreuther:* Reinhard, Franz Volkmar. RGG³ V, Sp. 946.

20 *Hirsch*, Geschichte IV S. 163. Die Grundzüge der Leben-Jesu-Forschung sind prägnant festgehalten bei *Barth*, Prot. Theologie S. 505f.

gegenzug zu Reimarus glaubte man, im irdischen Jesus selbst den gewissesten und sieghaftesten Bürgen für die christliche Theologie zu finden. Zunächst geschah das noch unkritisch und im Vertrauen auf die auch historische Verläßlichkeit der Bibel. Noch stand ja die Evangelienforschung in den Anfängen, und so ergab sich beispielsweise eine Fülle soteriologischer und christologischer Aussprüche Jesu. Fast hatte es den Anschein, jetzt könne sich die christliche Dogmatik erst recht zuverlässig begründen. Sie würde zwar ermäßigt und bereinigt aus dieser Prüfung am irdischen Jesus hervorgehen, im großen und ganzen aber unversehrt[21].

Weder die Orthodoxie noch die Reformation bemerkte das theologische Problem „Paulus und Jesus". Sie waren dazu außerstande. Umgekehrt sah der Deist Reimarus das Thema „Paulus und Jesus" durchaus. Nur war er zu schnell mit der Geschichte und so mit dem Thema „Paulus und Jesus" fertig, um überhaupt das Problem darin zu erfassen. Die Neologie aber dachte anders. Sie traute es der Bibel zu, daß sie die heilige Schrift sei; zugleich wagte sie es, diese heilige Schrift als die Bibel auszulegen. Weil sie die Schrift nach wie vor ehrte, hatte sie die Beruhigung, die Leben-Jesu-Forschung beginnen zu dürfen. Und weil sie die Bibel erforschen wollte, hatte sie die Freiheit zur Leben-Jesu-Forschung. Die ersten „Leben-Jesu" hatten nichts von einem bewußten Angriff auf die Lehre von der Schrift an sich. Die Neologie war arglos genug, um die Leben-Jesu-Forschung ohne Schaden für die Würde der Schrift betreiben zu wollen. Sie war zugleich listig genug, daß sie ihre antidogmatischen Neigungen damit befriedigte. Wie sie nun mehr und mehr ein historisches Bild von Jesus gewann und wie die Leben-Jesu-Forschung Fortsetzer und Schrittmacher fand, da trieb diese Arbeit unvermeidlich auf das Problem „Paulus und Jesus" zu. Es war nur eine Frage der Zeit, bis dieses Problem ans Licht kam. Die Proklamation der Tatsache Jesus verlangte eine Antwort darauf, wie es mit der christlichen Deutung dieser Tatsache stehe. Und keiner ihrer Deuter war so bekannt wie Paulus. Deshalb konnte man nicht problemlos zugleich von der Schrift sprechen *und* den historischen Jesus suchen. Man mußte schließlich zum Problem „Paulus und Jesus" gelangen.

§ 4. Die Unterscheidung zwischen Religion und Theologie

Die Theologie der Lessingzeit entdeckte in einem neuen Sinn die Tatsachen der Geschichte. Sie trieb die Exegese des Neuen (und Alten) Testaments um ein großes Stück voran und gewann beachtliche historische Einsichten. Vor allem machte sie sich auch auf die Suche nach der unbestreitbaren Tatsache Jesus. Im Fortgang dieser Historisierung der Bibel und der Gestalt Jesu kam es zum Problem „Paulus und Jesus". In der Orthodoxie war es selbstverständlich, worum es sich in der Schrift handle: Sie war Offenbarung, niedergeschrieben nach Gottes Willen. Ebenso selbstverständlich ging es bei Jesus und Paulus ausschließlich um Gottes Offenbarung. Die Aufklärungstheologie aber stand vor der Aufgabe,

---

21 S. *Hirsch*, Geschichte IV S. 163.

neu zu sagen, was es mit der Bibel auf sich habe. Jetzt gab es statt der Einheit der Schrift ein Vielerlei biblischer Texte. Da waren vermeintliche Quellenschriften über den irdischen Jesus und daneben eine ganz andersartige Briefliteratur, eine Geschichte der Apostel und eine Apokalypse. Worum handelte es sich bei diesem Nebeneinander, das sich historisch herausstellte? Mehr noch, jetzt ließen sich allerlei menschliche Rücksichten und Befangenheiten in den einzelnen biblischen Schriften auffinden; selbst Jesus hatte sich anscheinend nach dem Denk- und Fassungsvermögen seiner Zeitgenossen gerichtet. Worum also handelte es sich im Neuen Testament, wirklich um Offenbarung im alten vollen Sinn? Und wenn nun Jesus das Maß des Christlichen sein sollte, wie ließt sich das Zeugnis der Gemeinde nennen, das zu dieser Tatsache Jesus hinzugetreten war? Diese Frage galt auch für Paulus[1].

In der Beantwortung solcher Fragen wurde die Unterscheidung zwischen Religion und Theologie von Wichtigkeit. Auch in der späteren Diskussion um „Paulus und Jesus" spielte sie eine bedeutende Rolle. Man benützte sie früh. Am meisten aber wurde sie gebraucht, als das Problem im letzten Viertel des neunzehnten Jahrhunderts größere Aufmerksamkeit fand. Mit der Unterscheidung zwischen Religion und Theologie legte man sich das Verhältnis „Paulus und Jesus" klar. Die Rolle dieser Unterscheidung für das Gespräch um „Paulus und Jesus" läßt sich im Vorgriff so skizzieren: Mit der Unterscheidung von Religion und Theologie wurde zweierlei erreicht. Erstens bot sie eine Deutung und Benennung für den Unterschied zwischen Jesu Verkündigung und der Predigt des Paulus; bei Jesus trat dem Betrachter „Religion" entgegen, bei Paulus „Theologie". Dieses Begriffspaar zeigte zugleich einen Unterschied an und hielt doch an einem Verhältnis fest. Denn immer galt, daß Religion und Theologie in aller Unterschiedlichkeit aufeinander bezogen seien. Zweitens war mit der Unterscheidung zwischen Religion und Theologie ein Deutungsweg für den Paulinismus gefunden. Als bloße Theologie ließ sich der Paulinismus nur schwer mit Jesu Predigt ins Spiel bringen, die nichts als Religion brachte. Nach jener Unterscheidung jedoch konnte man in und hinter der paulinischen Theologie wiederum eine Religion des Paulus aufspüren. Das milderte die Spannung zwischen Jesus („Religion") und Paulus („Theologie") herab und machte die beiden eher vergleichbar; beidemal hatte es sich in Wahrheit letztlich um „Religion" gehandelt. Dieser zweite Punkt kam erst wesentlich später zum Tragen als der erste.

Wegen ihrer Auswirkung auf die Geschichte des Themas „Paulus und Jesus" beschäftigen wir uns im Folgenden mit der neuen Unterscheidung zwischen Religion und Theologie. Der Zusammenhang des Problems „Paulus und Jesus" mit dieser Neuerung ist nicht so einsichtig wie der mit dem veränderten Verständnis der Schrift oder der Erscheinung Jesu. Trotzdem gehört sie in die Vorgeschichte des Themas „Paulus und Jesus". Das Problem „Paulus und Jesus" ist also selbst

---

1 *Jüngel*, Paulus und Jesus S. 4, weist die Unterscheidung zwischen Tatsache und Bedeutung als irreführend zurück, wenn man das Problem „Paulus und Jesus" verstehen wolle. Historisch freilich hat gerade dieses Muster die theologische Erfassung des Problems „Paulus und Jesus" über ein Jahrhundert land lang geprägt.

der Anlaß, wenn wir es jetzt scheinbar für eine Weile vernachlässigen. Wir besprechen zunächst eine Entwicklung, die man als Abstieg der Theologie bezeichnen
könnte (A), und beobachten dann ihr Gegenstück, den Aufstieg der Religion in
der Aufklärungstheologie (B). Anschließend wird die Unterscheidung von Theologie und Religion untersucht, wie Johann Salomo Semler sie eingeführt hat (C).

(A) Die Besinnung auf den irdischen Jesus fiel in eine Zeit, in der sich die Theologie und das Verständnis von „Theologie" veränderten. Im achtzehnten Jahrhundert hörte „Theologie" auf, der Begriff für systematische Theologie als die Theologie schlechthin zu sein. Nun teilte sich die eine Theologie in zwei Arten von
Theologie auf. Zwei unterschiedene theologische Disziplinen gingen aus ihr hervor, die systematische oder dogmatische einerseits und die historische andererseits. Zunächst hatte, noch innerhalb der Hochorthodoxie, eine Reformbestrebung
auf eine „Biblische Theologie" als Neugestalt der Dogmatik hingearbeitet. Zuletzt aber kam es zur Proklamation einer eigenen historischen theologischen Disziplin durch Johann Philipp Gabler (1753–1826); das geschah im Jahr 1787[2].

Um die Größe der Veränderung zu ermessen, muß man sich die orthodoxe Auffassung der Theologie vergegenwärtigen. Für sie war die Theologie die Darlegung
der geoffenbarten wohltuenden himmlischen Lehre selbst. Reimarus etwa ist indirekt ein Zeuge dafür, wenn er über seine allerersten Zweifel an der Bibel als
Offenbarungsbuch berichtet. Es bestürzte ihn, erzählt er, als er die Bibel keineswegs als ein so wohlgeordnetes Lehrbuch kennen lernte, wie er sie erwartet hatte. Die Katechismen und Kompendien hatten falsche Vorstellungen geweckt.
Waren sie bloß Darlegungen der göttlichen Offenbarung, so würde die Offenbarung selbst kaum wesentlich anders aussehen. Die Enttäuschung war groß[3]:
„Warum hat doch Gott, da er uns eine Offenbarung geben wollte, nicht auf ein
mal, und an einem Orte, alles so kurz, ordentlich, verständlich und zusammen-
hangend vorgetragen, als es ja Menschen thun können?" Die Erwartung des Reimarus entsprach seiner Erziehung im Geist der Orthodoxie. Die Schrift hieß
Quelle und Grund der theologischen Lehre. Vermeintlich war sie das so streng,

---

2 Es handelt sich um Gablers berühmte „Oratio de iusto discrimine theologiae biblicae et
  dogmaticae regundisque utriusque finibus". Sie findet sich übersetzt abgedruckt bei *Otto
  Merk:* Biblische Theologie des Neuen Testaments in ihrer Anfangszeit. Ihre methodischen
  Probleme bei Johann Philipp Gabler und Georg Lorenz Bauer und deren Nachwirkungen.
  Marburg 1972 (= Marburger Theol. Studien 9). S. 273–284. Übersetzte Auszüge bei *Kümmel,*
  Das NT S. 115–118. Zur Person s. ebd. S. 580f. (Lit.). Zur Geschichte der „Biblischen
  Theologie" s. *Gerhard Ebeling:* Was heißt „Biblische Theologie"? In: Wort und Glaube. 3.
  Aufl. Tübingen 1967, S. 69–89. Ders.: Theologie I. Begriffsgeschichtlich. RGG³ VI, Sp.
  754–769. Vorzügliche Abrisse der Geschichte der entstehenden neutestamentlichen Theolo-
  gie bieten *Ferdinand Christian Baur:* Vorlesungen über neutestamentliche Theologie. Hrsg.
  v. Ferdinand Friedrich Baur. Leipzig 1864. S. 1–44. Neuerdings liegt ein fotomech. Nachdruck vor; ders.: Vorlesungen über neutestamentliche Theologie. Hrsg. v. Ferd. Fried. Baur.
  Mit einer Einf. v. Werner Georg Kümmel. Darmstadt 1973. Außerdem *Rudolf Bultmann:*
  Theologie des Neuen Testaments. 5., erw. Aufl. Tübingen 1965 (= Neue theol. Grundrisse).
  S. 589–599.
3 *Reimarus,* Apologie II S. 641. Das „ja" ist in der Handschrift für ein anfängliches „doch"
  gesetzt.

daß sich die orthodoxe Dogmatik inhaltlich mit der heiligen Schrift selbst gleich-
setzte[4]. Das wirkte wieder auf das Bild der Bibel zurück, wie es sich einem jungen Studenten nach Schilderung des Reimarus bot. Er mußte sich die Schrift
als Dogmatikbuch denken, so lange er sie mit der Theologie als eine Sammlung
von dicta probantia einschätzte und nicht „in einer Schnur mit Überlegung" las[5].
Aus der Gleichsetzung von Schriftinhalt und theologischer Lehre leitete sich der
hohe Anspruch der orthodoxen Dogmatik ab. Sie kannte keinen Unterschied
zwischen Kerygma und Dogma. Sie legte selber die credenda vor.

Allein schon der Gedanke einer „Biblischen Theologie" enthielt Ansätze, die für
dieses Verständnis von Theologie gefährlich waren[6]. Er war allerdings zunächst
nur auf die *Form* der herrschenden altprotestantischen Scholastik gemünzt. Sie
sollte sich wieder enger an die biblischen und reformatorischen Texte anschließen.
Darin lag aber der Vorwurf einbeschlossen, sie habe diese Beziehung zu wenig in
Acht genommen. Gablers Proklamation einer eigenen historischen *Disziplin* „Biblische Theologie" war dann zugleich die Erklärung, daß es mit der Gleichsetzung
von Schriftinhalt und theologischer Lehre doch nicht so gut bestellt sei. Immerhin sollte sich eine gesonderte Erforschung der Bibel jetzt theologisch lohnen.
In der Orthodoxie hatte die rechte Lehre genauso verläßlich geschienen wie die
Schrift selber. Eine neue Disziplin „Biblische Theologie" konnte daher nicht
einfach zur herkömmlichen schriftgemäßen Dogmatik hinzutreten; sie mußte deren Würde und Einschätzung betreffen. „Es konnte sich also nur um ein außer-
ordentlich problemgeladenes Nebeneinander handeln, bei dem nicht nur das
Verhältnis beider dauernd umstritten war, sondern auch um dieses Streites willen sowohl die neue Disziplin der ‚Biblischen Theologie' als auch die traditionel-
le Disziplin der Dogmatik in eine rapide Entwicklung und Veränderung hinein-
gerissen wurde [...;] seit der Aufklärung [liegt] die eigentliche Schwierigkeit und
Not der Theologie in dem methodischen Problem der Dogmatik"[7].

Mit dieser Erschütterung der Stellung „der" Theologie ging eine andere zeitlich
Hand in Hand. Pietismus und Aufklärungstheologie erhoben gemeinsam die Betätigung des Glaubens zum eigentlichen Ziel der göttlichen Offenbarung. „Kurz,
der christliche Bürger unserer Zeit erfand [...] die Theorie von der Unfruchtbar-
keit, ja Gefährlichkeit der theologischen *Theorie*"[8]. Was so lange im Vordergrund
der theologischen Arbeit und Kämpfe gestanden hatte, rückte ins zweite Glied.
All die rechte Lehre hatte gegen die Verrohung und Verwüstung des Lebens im
siebzehnten Jahrhundert wenig genützt. Und nun sehnte man sich nach einem
wohlgeordneten, friedlichen und versittlichten Leben. Hatte die christliche Lehre
allein das nicht erreicht, dann mußte sich eben die moralische Haltung der Menschen ändern. So verschob sich der Schwerpunkt des theologischen Interesses.

---

4 *Ebeling*, „Biblische Theologie?" S. 76.
5 *Reimarus*, Apologie I S. 46.
6 Vgl. zum Ganzen *Ebeling*, „Biblische Theologie?".
7 Ebd. S. 79.
8 *Barth*, Prot. Theologie S. 73. Insgesamt S. 71–79. Vgl. auch *Scholder*, Aufklärung S. 468–
   471 („Entwertung der Dogmatik") u. S. 471–476 („Praktisches Verständnis der Schrift").

Das Geschäft des dogmatischen Systembaus und der dogmatischen Belehrung verlor an Anziehungskraft. Statt die Menschen durch Lehren und Lehrstreit vielleicht gar miteinander zu entzweien und jedenfalls ihre Herzen leer zu lassen, wollte man lieber alles tun, um sich selbst und andere zu gottgefälligen ehrbaren Menschen zu verändern. Auch die neologische vernünftige Theologie trat im großen ganzen nicht als konkurrierendes Gegenüber der orthodoxen Offenbarungstheologie hervor. Was Pietismus und Aufklärungstheologie taten: sie verweigerten der orthodoxen Beschäftigung mit der Lehre den letzten Respekt. Sie sahen die Offenbarung in einem neuen Licht. Sie meinten, die Lehre sei erst dann ans Ziel gelangt, wenn sie das Leben der Menschen erreicht habe. Um diesen Weg der Lehre zum Leben hin kümmerten sie sich. Auch so beschädigte die Wendung zur praxis pietatis den Rang, den sich die orthodoxe Dogmatik beigemessen hatte. Die Theologie sank von ihrer hohen Stellung herab[9]. Es wurde ein Brauch der Aufklärungstheologie, „zu Begriffen wie ‚theologische Wahrheiten‘, ‚theologische Sätze‘, ‚Lehrbestimmungen‘ oder ‚Lehrpunkte‘ das Wörtchen ‚bloß‘ hinzuzufügen".

Die Installierung einer „Biblischen Theologie" und die Relativierung der seitherigen dogmatischen Theologie verbanden sich bald sachlich miteinander. Als beispielsweise 1675 Philipp Jakob Spener (1635–1705) das Reformverlangen einer „Biblischen Theologie" für den Pietismus in seine „Pia Desideria" aufnahm, schrieb er[10]: Die Theologie muß zur „einfalt Christi und seiner Lehr" zurückgebracht wertden. In dieser Sehnsucht nach der Einfachheit schwang schon die Hoffnung auf ein Christentum mit, das der theologischen Spitzfindigkeiten und Weisheiten genug sein lassen würde – um den Glauben zu leben.

Die Orthodoxie dachte, daß Theologie und Offenbarung „nicht grundsätzlich und strukturell voneinander unterschieden sind"[11]. Für sie war Gottes eigenes Wort Theologie und also die Schrift ein theologisches Werk Gottes[12]. Im achtzehnten Jahrhundert verlor jedoch die Theologie ihr altes Ansehen. In Bezug auf die Schrift konnte sich das zweifach auswirken. Entweder mußte in ihr eine andere Dimension erkannt werden; denn Theologie war ja nun nicht mehr so zweifelsfrei der Vollsinn der Offenbarung. Oder man blieb bei dem Begriff „Theologie" dafür, „worum es eigentlich in der Bibel geht"[13]. Dann konnte die Bibel leicht in den Abstieg der Theologie mit hineingeraten.

Diese Konsequenz verbindet den Abstieg „der" Theologie mit der Geschichte des Themas „Paulus und Jesus". Solange die Offenbarung selbst Theologie war, schadete der theologische Charakter des Paulinismus seiner Würde als Offenbarung nicht im geringsten. Sobald aber Theologie zur bloßen Theologie wurde, war der Paulinismus gerade durch seinen theologischen Charakter belastet. Andererseits

---

9 *Scholder,* Aufklärung S. 470.
10 *Philipp Jacob Spener:* Pia Desideria. Hrsg. v. Kurt Aland. Berlin 1940 (= KIT 140). S.
    27, 2. Zur Person s. *Martin Schmidt:* Spener, Philipp Jakob. RGG³ VI, Sp. 238f.
11 *Ebeling,* „Biblische Theologie?" S. 85.
12 Vgl. ebd.; s. auch *Hirsch,* Hilfsbuch S. 301, 480 – S. 303. *Ratschow,* Dogmatik I S. 32.
13 S. o. Anm. 11.

hat es sich nie eingebürgert, von einer Theologie Jesu zu sprechen. Jesus war, anders als Paulus, von der Belastung durch den Abstieg der Theologie ausgenommen. Deshalb ging diese Veränderung das Verhältnis „Paulus und Jesus" an. Sie problematisierte es.

(B) Während das Unternehmen der Theologie an Ansehen verlor, stieg das menschliche Vermögen zur Religion zu desto höherer Bedeutung auf. Ursprünglich war „Religion" nach der Reformation ein vorwiegend rechtlicher Begriff[14]. Der Begriff der „Religionspartei" erlaubte dem Reichsrecht, die tatsächlichen Unterschiede der tolerierten Konfessionen zu ertragen; damit gelang es nämlich, „die Fiktion der religiösen Einheit des Reichs als dessen metaphysischen Daseinsgrund aufrechtzuerhalten"[15]. Der Gedanke der gemeinsamen „Religion" bot die verbindende Klammer. In der Jenenser Orthodoxie des siebzehnten Jahrhunderts aber wurde der Begriff „Religion" anders, nämlich zur „Kennzeichnung der mit dem Menschen gegebenen Gottesverehrung verwendet [...]"[16]. Dieser Sprachgebrauch setzte sich durch. Von da an umschloß der Begriff „Religion" auch die nichtchristlichen Religionen.

Diesen Begriff von Religion übernahm die Aufklärung. Sie fand darin einen Namen für das, was sie selbst erstrebte, nicht bloß reine Lehre und das Wissen davon, sondern eine gelebte Beziehung zu Gott. Bei ihren Auseinandersetzungen mit dem Deismus einerseits und mit der Orthodoxie andrerseits ging es in vieler Hinsicht immer wieder um das menschliche Vermögen „Religion"[17]. Im Hin und Her des theologischen Meinungsstreites schien wenigstens ausgemacht, daß „Religion" der angemessene Begriff für das rechte menschliche Verhältnis zu Gott sei. Diese gemeinsame Voraussetzung tasteten auch die Auseinandersetzungen um die gültige Verwirklichung solcher „Religion" nie an. Mochte man der menschlichen Vernunft mehr zutrauen oder weniger, mochte man der besonderen oder der natürlichen Offenbarung Gottes den Vorrang geben, immer wurde von der „Religion" mit großem Respekt gesprochen. Die scharfen Urteile über ihre Entstellungen und Verdunklungen waren nur die andere Seite des Eifers für sie. Gott selbst hatte es von Anfang an auf die Religion des Menschen abgesehen. Immer schon wollte Gott die Religion des Menschen, längst bevor es das Christentum gab. Das menschliche Unternehmen der Theologie war durch seine orthodoxe Ausführung in ein ungünstiges Licht geraten. Die menschliche Möglichkeit und Pflicht zur Religion fand desto größere Beachtung.

Der Aufstieg der Religion wirkte sich langfristig auch auf das Verhältnis „Paulus und Jesus" aus. Die Aufmerksamkeit auf die Religion lenkte den Blick auf den jeweiligen Menschen, der „Religion" verwirklichte. Beispielsweise im Vergleich

---

14 *Ratschow,* Dogmatik I S. 60–62. Ders.: Religion IV B. Theologisch. RGG³ V, Sp. 976–984. Bes. Sp. 979f.

15 *Siegfried Grundmann:* Kirchenverfassung VI. Geschichte der ev. Kirchenverfassung. RGG³ III, Sp. 1570–1584. Zit. Sp. 1578.

16 *Ratschow,* Religion Sp. 980. Zur Fakultät Jena s. *Irmgard Höss:* Jena, Universität. RGG³ III, Sp. 576–580 (Lit.).

17 Ich erinnere z. B. an die Anliegen des Deismus, s. *Hirsch,* Geschichte I S. 292–344.

der verschiedenen Religionen der Menschheit ergaben sich die Unterschiede aus den unterschiedlichen Gedanken und Verhaltensweisen der Menschen. Religion konnte der Mensch „haben". Er unterschied sich von anderen Menschen darin, wie er sie hatte. Jetzt war es auf einmal von höchstem Interesse, daß die Menschen einer bestimmten Zeit diese und jene Religion gehabt hatten, andere Menschen zu anderer Zeit oder andernorts aber wieder eine andere. Gerade der Maßstab einer wahren vernünftigen Religion reizte dazu, den jeweiligen Abstand von diesem Ziel nachzumessen. Das geschah umso mehr, als sich die Aufklärungstheologie von *falschen* Ansprüchen der positiven Religion befreien wollte. So förderte das Streben nach der rechten Religion zugleich die historische Individualisierung und Differenzierung[18]. Die Sorge der Orthodoxie um die Ehre Gottes wies auf Gottes Wollen, Handeln und Vollbringen hin. Die aufklärerische Sorge um die wahre Religion wies auf den Menschen mit seinem Versagen und Gelingen hin.

Mit diesem Interesse am Menschen fand die entstehende Leben-Jesu-Forschung auch bei Jesus eine bestimmte Religion. Gleichzeitig übertrug sie etwas von der seitherigen Würde des Christus auf ihn. Sie meinte also zu bemerken, daß Jesu Religion die wahre Religion in edelster Gestalt war. Seine Religion wurde für sie geradezu zum Inbegriff der wahren und christlichen Religion. Ein einziger Satz Lessings soll die verborgenen möglichen Auswirkungen dieser Entwicklung für das Verhältnis „Paulus und Jesus" andeuten. Er ist für die Aufklärungstheologie nicht charakteristisch; er nimmt aber vorweg, welche Möglichkeiten in der neuen Rolle der Religion mitgesetzt waren. Lessing schreibt[19]: „Folglich sind die Religion Christi und die christliche Religion zwei ganz verschiedene Dinge". Die Sorge um die Religion machte den Menschen interessant und schärfte den Blick für die Unterschiede. Statt von Gottes Verhältnis zum Menschen war sie vom menschlichen Verhalten gegen Gott fasziniert. Daraus mußten sich Konflikte ergeben, sobald der fortschreitende Prozeß der Individualisierung und Differenzierung die Unterschiedlichkeit zwischen Jesu Religion und der Religion der Christen zutage förderte. Sobald einmal Lessings Einsicht in ihrem ganzen Gewicht empfunden wurde, war das Verhältnis „Paulus und Jesus" davon betroffen. Insofern ging die Erhöhung der Religion zur göttlichen Absicht mit den Menschen auch das Verhältnis „Paulus und Jesus" an. Sie problematisierte es ebenfalls.

(C) Die *Unterscheidung* zwischen Theologie und Religion ist mit dem Namen Johann Salomo Semlers verbunden[20]. Nach Semlers eigenhändiger Lebensbeschreibung war die zunehmende Erkenntnis dieses Unterschiedes einer der Antriebe zu seiner ganzen Lebensarbeit[21]. Sie erschien ihm jedenfalls als ein bedeu-

---

18 Zur Indivudualisierung s. *Barth*, Prot. Theologie S. 92–103.
19 *Gotthold Ephraim Lessing:* Die Religion Christi. (1780?). In: *Lessing*, Werke VIII, S. 538f. Zit. S. 538; erstmals 1784 veröffentlicht.
20 Vgl. *Ebeling*, Begriffsgesch. „Theologie" Sp. 767.
21 *Johann Salomo Semler:* Lebensbeschreibung von ihm selbst abgefaßt. Tl. 1 u. 2. Halle 1781 (Tl. 1) und 1782 (Tl. 2). S. beispielsweise I S. 96, 107f., 218f., II S. 125f., 163 u.ö. Sehr ausführlich widmet sich dieser Frage *Heinrich Hoffmann:* Die Theologie Semlers.

tender Fund. Trotzdem konnte er es auch wieder anders hinstellen: Im Grunde müsse ohnehin jeder vernunftbegabte Mensch einsehen, daß die Religion grundverschieden von der Theologie sei. Damit griff er auf jene beiden Entwicklungen zurück, von denen gerade die Rede gewesen ist. Doch erst Semler brachte die beiden Begriffe so miteinander ins Spiel, daß er die Theologiegeschichte nachhaltig beeindruckte. Er fand für die veränderte Wertschätzung eine einprägsame Formel und gab ihr eine positive Begründung. Außerdem verstand er es, sie mit Studien zur Geschichte des Kanons, der Kirche, der Dogmen und der Auslegung zu verbinden, und er untermauerte sie mit der eigenen Exegese. Deshalb durfte er sagen[22]: „ich kante niemand, der diese Frage so deutlich, so verständlich aufgeworfen hätte; als sie sich mir andrang“.

Semlers Selbstdarstellung von 1781/82 hat den Unterschied zwischen Religion und Theologie formelhaft geläufig zur Hand. Sie trägt ihn im Rückblick auch in die Werke Semlers zurück. In Wirklichkeit begegnet die Unterscheidung so erst in den späteren Arbeiten, vor allem in dem „Versuch einer freiern theologischen Lehrart“ von 1777 und der Abhandlung „Über historische, geselschaftliche und moralische Religion der Christen“ von 1786[23]. Wir beschäftigen uns damit nur unter zwei Gesichtspunkten, die auch das Thema „Paulus und Jesus“ betreffen[24]. Erstens führte Semler die Unterscheidung zwischen Theologie und Religion in die Betrachtung der Bibel ein (a). Und zweitens überging schon er die diesbezüglichen Einsichten gelegentlich verhängnisvoll (b). Im voraus muß davor gewarnt werden, Semler in dieser Sache (wie überhaupt) als Systematiker mißzuverstehen. Man kommt bei ihm mitunter über Eindrücke nicht hinaus[25].

(a) Semler beschränkt den Begriff „Theologie“ „auf den den Lehrern der christlichen Religion zur zweckmäßigen Ausübung ihres Berufs nötigen oder nützlichen Inbegriff von Wissen, Einsicht und Bildung“[26]. Die Theologie ist für ihn das Wandelbare im Christentum, denn Theologie muß sich unvermeidlich für „alle

---

Ev. Theol. Diss. Leipzig. Leipzig 1905. Bes. S. 41—50. Aufmerksamkeit schenkt ihr auch *Trutz Rendtorff:* Kirche und Theologie. Die Funktion des Kirchenbegriffs in der neueren Theologie. Gütersloh 1966. S. 27—49. Ich stütze mich außerdem allgemein auf *Hirsch,* Geschichte IV S. 48—89, *Barth,* Prot. Theologie S. 148ff., *Aner,* Lessingzeit S. 98—111, und *Wolfgang Schmittner:* Kritik und Apologetik in der Theologie J. S. Semlers. München 1963 (= ThEx NF 106); s. auch o. § 2, Anm. 6 u. 11.

22 *Semler,* Lebensbeschreibung II S. 163.

23 *Johann Salomo Semler:* Versuch einer freiern theologischen Lehrart, zur Bestätigung und Erläuterung seines lateinischen Buchs [d. i. Institutio ad doctrinam Christianam liberaliter discendam, 1774]. Halle a. S. 1777. Ders.: Über historische, gesellschaftliche und moralische Religion der Christen. Leipzig 1786.

24 Ich verzichte also darauf, Semlers bedeutendstes Werk heranzuziehen, die „Abhandlung von freier Untersuchung des Kanons“ (Auszüge bei *Kümmel,* Das NT S. 73—81). Die beiden genannten Werke stellen eine Zusammenfassung von Semlers Gedanken und Absichten dar, die uns genügen soll.

25 Es gibt zu denken, daß *Hoffmann,* Semler, kaum mehr zu zeigen vermag, als daß Semler Theologie und Religion unterschied; dabei will Hoffmann diese Unterscheidung als einen Grundgedanken Semlers zur Geltung bringen.

26 *Hirsch,* Geschichte IV S. 53. Im Original z.T. hervorgehoben.

gelehrte unzälige Abwechselung der Theorie" offenhalten[27]. Man könnte „gleich-sam eine Geographie der Theologie" schreiben, so sehr schließt sich die Theolo-gie an die Wechselfälle der historischen Bedingungen der Menschheit an[28]; Ort, Zeit, Lebensumstände und Kultur wirken sich aus. Dementsprechend ändert sich fortwährend der Reim, den sich die Theologie auf das Christentum macht. Immer wieder hat sie anderes zu sagen. Bei Semler ist also die statuarische Strenge des orthodoxen Theologiebegriffs wie verflogen. Semler wird nicht müde zu wieder-holen, wie sehr die Theologie eine menschliche Unternehmung sei, mit allem Lo-kalkolorit behaftet.

Mit dieser Einsicht wehrt sich Semler nicht bloß gegen jede theologische Bevor-mundung des einen Christen durch den anderen. Er wendet sie auch auf die christ-liche Lehrüberlieferung an, die das Werkzeug für solche Bevormundung abgibt. Er prüft damit die Dogmen und geht noch weiter, zur Betrachtung der Bibel. Die orthodoxe Theologie wollte sich streng auf die Schrift gründen, so daß sie von der theologia revelata reden konnte. Semler läßt es bei der orthodoxen Meinung, die Schrift bringe Lehre (gerade dort, wo sie am verehrungswürdigsten ist). Er fügt den entscheidenden Zusatz hinzu: ja, menschliche Lehre, menschliche Theologie. Die Bibel ist in die Relativität der Theologie mit hineingezogen. So „hat Sem-ler die Möglichkeit, artikulierte theologische Lehrsätze als von Gott geoffenbart aus der Schrift zu entnehmen, bewußt zerstört"[29]. Die Bibel wird für die histo-rische kritische Erforschung frei, die mit dem Lokalkolorit (im weitesten Sinn) rechnen muß, wenn sie Erfolg haben will.

Darin erschöpft sich aber nicht, was Semler von der Schrift zu sagen hat. Sonst wäre er grundsätzlich nicht weiter als Reimarus gelangt und hätte den Rahmen der Aufklärungstheologie verlassen. Die Schrift kommt für ihn noch anders in Be-tracht, und das hängt mit seinem Verständnis der Religion zusammen. Gott zielt auf die Religion des Menschen ab, lehrt er. Damit ist nicht die gesellschaftliche Religion gemeint; sie ist ein Ergebnis menschlicher Absprachen und lebt in hei-ligen Texten, Dogmen, Bekenntnissen und Gebräuchen: Das alles ist äußerlich und besagt für die gelebte Religiosität des Menschen so gut wie nichts[30]. Gott will die private, vollkommene und moralische Religion der „Gesinnung", die der ein-zelne als „innerliche" Religion „hat"[31]. Sie stützt sich auf „Erfahrungen", betrifft und verändert „Vorstellungen" und „Fähigkeiten" und eröffnet eine „neue mora-lische Existenz"; ihr verpflichtender Mentor ist nicht die berechtigte gesellschaft-liche Konvention und ihr Zwang, sondern das eigene „Gewissen"[32]. Die morali-

---

27 *Semler,* Lehrart, nicht paginiert (Vorwort, eig. Zähl. S. XXVI).
28 *Semler,* Lebensbeschreibung II S. 222.
29 *Hirsch,* Geschichte IV S. 59. Im Original z.T. hervorgehoben.
30 Vgl. *Semler,* Religion S. 213–216. Semler faßt hier seine Thesen zusammen.
31 Die hervorgehobenen Wörter sind Semlers Texten entnommen, aber nötigenfalls verändert; ich beziehe mich auf *Semler,* Religion, S. 8, 21, 210f. Zum Sinn des Wortes „moralisch" im achtzehnten Jahrhundert s. *Hirsch,* Geschichte IV S. 55, Anm. 1.
32 Ebd. S. 79, 169f. u.ö. *Aner,* Lessingzeit S. 150, spricht von der „psychologistische[n] Atmosphäre" der Zeit. Als Schicksal ist die veränderte Ausrichtung des menschlichen Den-kens verstanden bei *Jörg Baur:* Salus Christiana. Die Rechtfertigungslehre in der Geschich-

sche Religion bleibt mit sich gleich, so unterschiedlich sie von den verschiedenen Menschen je an ihrem Ort verwirklicht wird. Semler darf das behaupten, weil er die moralische Religion inhaltlich stark im Ungefähren beläßt; stattdessen rühmt er wieder ihre Wirkung – sie beglückt die Menschen und erfreut Gott. Diese unverkennbare Wirkung belegt die Identität der moralischen Religion durch die Zeiten hindurch.

Die moralische Religion allein ist Religion im Vollsinn. Semler bestimmt wiederholt das Wesen dieser moralischen Religion (und zwar eben durch ihre Wirkung); es ist das Wesen des Christentums[33]. Deswegen versucht er gar nicht erst eine Wesenbestimmung der gesellschaftlichen Religion; die hat im Grunde gar kein „Wesen", sondern ist ein Geschöpf des historischen Zufalls. Die moralische Religion ist also auch gemeint, wenn Semler ohne nähere Bestimmung Religion und Theologie voneinander unterscheidet. „Religion", das ist moralische Religion. Die gesellschaftliche, historische Religion gehört allenfalls auf die Seite der Theologie.

In der Schrift nun bekommt es der Hörer ebenso wie mit Theologie auch mit Religion zu tun. Worte der Schrift können im Hörer Religion wecken und fördern. Sie sind zwar von Menschen geschrieben, aber sie zeigen am Hörer eine Macht, die über die bloßer theologischer Lehraussagen hinausgeht. Deshalb „sieht er mit Recht Gott als den wahren Urheber dieser Gedanken an"[34]. Solche Schriftworte sind so mit Religion gefüllt, daß sie Offenbarung heißen dürfen. Weil ihr Schreiber von Gott mit Religion beschenkt wurde, vermag aus seinen menschlichen theologischen Aufzeichnungen wieder Religion zu entstehen. Das ereignet sich nicht für jeden Hörer, und es ereignet sich nicht zwingend mit dem und jenem Satz allemal. Daraus erwächst für die Theologie eine Aufgabe; sie soll alles tun, um aus den Sätzen der Bibel wieder die Schrift sprechen zu lassen. Sie muß der Schrift zu ihrer Wirksamkeit helfen[35]: „Da haben Lehrer und Prediger freilich eine wichtige schwere Arbeit vor sich; können nicht geradehin blos alle Theile und Perioden der Bibel herlesen und den Christen vorhalten, als ihre schon christliche geistliche Narung und Ordnung ihrer eignen Wohlfart".

Man könnte auch formulieren: Die heutige Theologie muß unter der Theologie der Bibel wieder die Religion aufspüren, oder: Sie muß die historische Religion der Bibel wieder zur moralischen Religion beleben. Semler fügt der Bezeichnung „gesellschaftliche Religion" ja nicht umsonst ein „historisch" hinzu. Er meint damit offenbar dies: Jede Fixierung oder Formulierung auch der privaten moralischen Religion gerinnt zur historischen Religion, sobald die Konstellation ver-

---

te des christlichen Heilsverständnisses. Bd. 1. Von der christlichen Antike bis zur Theologie der deutschen Aufklärung. Gütersloh 1968. S. 87, 109f. u.ö.
33 So *Semler*, Religion S. 50f., 54, 97f., 150 u. 231. Semler sprach als erster vom „Wesen des Christentums", berichtet *Carl Heinz Ratschow:* Christentum V. Wesen des Christentums. RGG³ I, Sp. 1721–1729. Neuerdings untersucht diese Frage *Hans Wagenhammer:* Das Wesen des Christentums. Eine begriffsgeschichtliche Untersuchung. Kath. Theol. Diss. Tübingen. Mainz 1973 (= Tübinger Theol. Studien 2).
34 *Hirsch*, Geschichte IV S. 57. Das ist allerdings im Hinblick auf den biblischen Schriftsteller selbst gesagt. Vgl. zum Ganzen ebd. S. 56–59, *Barth,* Prot. Theologie S. 97f.
35 *Semler,* Religion n. pag. (Vorrede, eig. Zählung. S. XVIIIf.).

geht, der sie entsprang[36]. Genauso verhält es sich mit den biblischen Zeugnissen. Wenn dann irgendwer irgendeine dieser Fixierungen dazu benützt, um den Glauben anderer Christen darauf festzulegen, dürfen diese mit Recht entgegnen: „Für mich ist das nichts als historische Religion". Statt dagegen anzukämpfen, hätte die Theologie eine große Aufgabe. Sie sollte die Überlieferungen durchdringen und umsetzen. Dann käme für die moralische Religion der heutigen Menschen wieder die moralische Religion der früheren zu Gehör; das könnte so überwältigend geschehen, daß es für sie zur Offenbarung Gottes würde. Die Überlieferung müßte aus dem Zustand historischer Religion zurückübersetzt werden in moralische gegenwärtige (weil zeitlose) Religion.

Semlers Unterscheidung zwischen Religion und Theologie hat demnach für die Lehre von der Schrift eine zweifache Konsequenz. *Einerseits* läßt sie sie ganz zur Bibel werden. Auf Schritt und Tritt beobachtet der Historiker die Bedingtheit dessen, was da zu lesen ist. Die Schriftsteller und die Gestalten der Bibel werden als einzelne Menschen mit ihren Besonderheiten erkennbar. Das wirkt sich auch auf Semlers Verständnis Jesu und des Paulus aus. Er bemerkt beispielsweise, daß und warum Paulus den Gegensatz des Christentums zum Judentum anders durchfocht als Jesus selber[37]. Und er verficht den Satz, man dürfe auch Jesus und seine Lehre nicht zum gesetzlichen Maß der eigenen Religion erheben[38]. Selbst Jesus konnte als Mensch nur eine bestimmte Ausprägung der wahren moralischen Religion leben und aussprechen. Es wäre wohl möglich, ebenso eine „Geographie" der Lehre Jesu zu schreiben wie eine „Geographie" aller Lehre. Durch diese „Theologisierung" des neuen Testaments machte Semler kräftig die Bahn dafür frei, daß die historische Theologie auf das Thema „Paulus und Jesus" stoßen konnte.

Andrerseits hält Semlers Unterscheidung zwischen Religion und Theologie die Möglichkeit offen, daß sich die Schrift als Schrift bewährt. Grundsätzlich denkt er daran, jedes Wort der Bibel könne wahre Religion erwecken und sich als Schriftwort beweisen. Er selbst und mancher andere Christ erlebt das zwar nicht mit jedem Bibelwort, doch ist niemandem die Möglichkeit dazu bestritten. Hier muß ein jeder volle Freiheit haben. Für seine Person hält Semler das Evangelium Jesu und die Briefe des Paulus für besonders erhabene Zeugnisse von Religion. Sie erweisen eine hervorragende Vollmacht, ihrerseits Religion zu erwecken und zu vertiefen. Diese Seite seiner Überlegungen läßt dem Neuen Testament die Würde der Schrift. Es kann sie sich gewissermaßen je und je neu erringen. Semler traut es ihm bedenkenlos zu. Außer allem Zweifel steht bei ihm, daß Paulus Verehrung und Dankbarkeit verdient. Seine Schriften gehören unter die bewährtesten Träger von Offenbarung. Damit erhält Semler die Hochschätzung des Paulus aufrecht, die im Protestantismus (auf andere Weise) üblich war. Je fester aber diese Hochschätzung gewahrt wurde, desto mehr mußte das Thema „Paulus und Jesus" zu einem Problem werden, sobald es differenzierter erfaßt war. Ein mißachteter Pau-

---

36 Vgl. ebd.
37 *Hirsch*, Geschichte IV S. 65.
38 Ebd. S. 65f. S. *Semler*, Religion S. 187, 195 u. ö.

lus hätte vielleicht von Jesu Religion abweichen dürfen; das zeigt Reimarus. Wie stand es dagegen mit einem Apostel, dessen Schriften so vielen Menschen zur Offenbarung geworden waren und noch wurden? Semler förderte die historische Unterscheidung gewaltig und trug zugleich die Hochschätzung für den Paulinismus weiter. So sorgte er unwissentlich auch für die spätere Problematisierung des Themas „Paulus und Jesus".

(b) Semler forderte die Unterscheidung zwischen Gottes Wort und der Bibel (oder Schrift)[39]. Sie liegt in der Konsequenz seiner besprochenen Historisierung oder Theologisierung der Bibel. Die ganze Bibel braucht die Umsetzung zur Schrift, und Gottes Wort zeigt sich erst durch seine Ankunft beim Menschen als Wort Gottes. Semler weicht jedoch immer wieder von dieser Einsicht ab. Nur ein Satz für viele[40]: „Wie lange wil man [...] unsre Christen täuschen mit solchen Larven, die Bibel seie *ganz* GOttes Wort!" Andernorts redet er davon, man solle doch endlich zugeben, daß *nicht alle* „Teile" oder „Stücke" der jetzigen Bibel das Wort Gottes seien[41].

Er erliegt seiner eigenen Kunst der historischen Abstufung. Da und dort hat er verschiedene Vewirklichungen der Religion beobachtet; er hat ihre Bedingungen durchschaut und hat Stufen daraus gemacht, die der Vollkommenheit nähersteigen; und nun scheint ihm zuletzt selbst, die höchste Stufe schlechthin sei tatsächlich die, die *er* in dieser Hierarchie als höchste Stufe erkennt. Sie ist in Wahrheit nur die höchste Stufe seiner Stufenleiter, aber er tut den scheinbar so kleinen Schritt und nennt sie vollkommen.

Er erliegt dem Vertrauen zur eigenen Teilhabe an der wahren moralischen Religion. Seine Lehre von der Schrift versetzt den jeweiligen Leser und Hörer der Schrift in die Rolle des Richters. Jeder sagt zumindest für die eigene Person verbindlich, was Offenbarung ist und was nicht. Das mag in aller Bescheidenheit und Dankbarkeit geschehen. Gleichzeitig vollzieht es sich doch mit einem solchen Pathos der Gewißheit, daß der einzelne eine unerhörte Autorität gewinnt, wenigstens vor sich selbst. Daß er sie von Gott geschenkt erhielt, ändert nichts daran, daß nun er sie hat und beansprucht[42]. Diese Autorität verleitet Semler dazu, gegen die eigenen prinzipiellen Erkenntnisse *Teile* der Bibel als Gottes Wort zu deklarieren.

Er tut das vor allem durch die Negation, nicht die ganze Bibel sei Offenbarung Gottes[43]. Er regt aber auch an, ob nicht vielleicht eine Auswahlbibel zu schaffen

---

39 *Hirsch*, Geschichte IV S. 58.

40 *Semler*, Lehrart n. pag. (Vorrede, eig. Zähl. S. XXVIII), Hervorhebung von mir.

41 Ebd. (Vorrede, eig. Zähl. S. XXVIII, XLVIII). Häufig zieht Semler etwas in die Relativität des Historischen hinein und entläßt es wieder daraus, relativiert und macht doch Ausnahmen und Einschränkungen. *Hoffmann*, Semler S. 57, nennt als den unaufgebbaren formalen Rest einer Beziehung nach rückwärts den Bezug auf Jesus, die ersten Christen und die Bibel.

42 Vgl. *Barth*, Prot. Theologie S. 97f.

43 Gewisse Teile der Bibel verfolgt er mit solch einem beständigen Zorn, daß er ihnen nicht zugetraut haben kann, auch nur ein wenig Religion zu wecken; es sind hauptsächlich erzählende alttestamentliche Stücke, z.B. das Buch Esther.

sei[44]. Damit wäre der ganzen Bibel die „Chance" genommen, sich als Schrift zu erweisen, wie immer es Gott gefällt. Semler selbst erarbeitete allerdings keine solche Bibel und hütete sich davor, so etwas wie den „Kern" des Kanons zu formulieren und das reine Evangelium mit Stellenangaben festzulegen[45]. Im einzelnen traut er sich die Unterscheidungsgabe schon eher zu. Was anderes ist seine Belebung der Akkomodationslehre als ein dauernder Schiedsspruch des theologischen Historikers[46]? Er beurteilt, was ewig gültig ist und was als zeitbedingt erledigt bleibt. Semler ruft keineswegs ständig deutlich in Erinnerung, daß selbst das Historisch-Zufällige sich nur für uns so darstellt und daß es sich einer anderen Erkenntnis vielleicht als Offenbarung öffnen könnte. Der historische Sinn der Aufklärung findet darin seine Grenze, daß er die göttliche Wahrheit im letzten doch nicht für geschichtlich hält. „In Wahrheit ist die Aufklärung den Weg der Orthodoxie konsequent zu Ende gegangen. Beide stimmen darin überein, daß sie den Unterschied von Theologie und Kerygma nicht sehen und den Glauben an das Kerygma mit der Anerkennung theologischer Sätze verwechseln. Diese theologischen Sätze haben für beide den Charakter allgemeiner, zeitloser Wahrheiten"[47]. Dem konnte sich auch Semler nicht ganz entziehen.

Semler schränkte die hermeneutische Aufgabe der Theologie praktisch wieder ein, kaum daß er sie ihr gestellt hatte. In diesen Einschränkungen lagen ebenfalls Möglichkeiten, die auf das Thema „Paulus und Jesus" weiterwirkten. Semler gelang es nicht, die alte Ineinssetzung von Bibel und Gotteswort völlig in ein neues Verständnis aufzuheben. Wer diese Züge seiner Arbeit aufgriff, durfte sich auf Semler berufen, wenn er hier und da in der Bibel Gottes Wort gedruckt vorfand. Damit war dem Historiker eine Freiheit eingeräumt, die über jene Freiheit zur historisch-kritischen Forschung hinausging: die Freiheit von der unablässigen Aufgabe, in der ganzen Bibel die Schrift erst immer wieder und immer besser zu entdecken. Auf diesem Weg konnte man mit Teilen der Bibel fertig sein und andere mit Gottes Wort identifizieren. Weder für Paulus noch für Jesus geschah das sofort in der Neologie. Es ereignete sich aber später in der „wiederkehrende[n] Neologie" der liberalen Theologie, als mancher mit Paulus fertig zu sein glaubte und den historischen Jesus in höchste Höhen erhob[48]. So betraf diese Wendung auch das Thema „Paulus und Jesus".

---

44 *Hornig,* Semler S. 112–116. Vgl. auch *Scholder,* Aufklärung S. 475.

45 *Strathmann,* Semler Sp. 304ff., sieht hinter diesem Zögern ein Unbehagen Semlers über die eigene Inkonsequenz. Man könnte auch umgekehrt anerkennen, daß Semler mit diesem Zaudern der Wahrheit Raum ließ, jedenfalls mehr als seine Zeitgenossen und Nachfolger, die Zeitloses und Ewiges unangefochten unterschieden und die Auswahlbibeln vorlegten. Vgl. auch *Schmittner,* Semler S. 58.

46 S. *Peter Cornehl:* Die Zukunft der Versöhnung. Eschatologie und Emanzipation in der Aufklärung, bei Hegel und in der Hegel'schen Schule. Ev. Theol. Diss. Mainz. Göttingen 1971. S. 38.

47 *Bultmann,* NT Theologie S. 591. Semler unterscheidet allerdings zwischen Kerygma und Dogma, z. B. *Semler,* Lehrart n. pag. (Vorrede, eig. Zähl. S. XXVI). *Heinrich Ott:* Kerygma II. Dogmatisch. RGG³ III, Sp. 1251–1254, fügt aber zu dieser Beobachtung hinzu (Sp. 1251): „freilich in einer vom heutigen Gebrauch differenzierenden Bedeutung".

48 *Aner,* Lessingzeit S. 364.

§ 5. Zusammenfassung und Ausblick
auf die Geschichte des Themas „Paulus und Jesus"

Das Thema „Paulus und Jesus" entstand, weil sich das Urteil über die Bibel veränderte. Die orthodoxe Einheit der Schrift ging verloren. Das Thema „Paulus
und Jesus" barg zugleich ein Problem, weil die Bibel nicht zur bloßen Bibel
wurde. Wo das geschah, war man freilich schnell damit fertig; Reimarus beweist
es. Die Neologie aber wollte die Schrift als die Bibel verstehen. Im Zusammenhang mit der neuen Betrachtung der Bibel entdeckte man den Unterschied zwischen „Jesus" und „Christus". Die entstehende Leben-Jesu-Forschung führte
darauf zu. Etwa zur gleichen Zeit setzte sich die Vorstellung von konstituieren-
den „Tatsachen" des christlichen Glaubens durch. Daraus wurde allmählich die
geläufigste Erklärung jenes Unterschiedes zwischen Jesus und Christus gewonnen.
Zur Tatsache „Jesus" sollte als bloße Deutung und Würdigung „Christus" hinzugetreten sein. Zunächst hatte auch diese Deutung noch die Würde der Schrift
für sich. Die Unterscheidung mußte jedoch zu Spannungen führen, sobald „Jesus"
und „Christus" allzu weit auseinander gerieten. Die Zweischneidigkeit der aufklärerischen Stellung zeigte sich bei Semler. Er trug die Unterscheidung zwischen
Theologie und Religion in die Lehre von der Schrift hinein. Damit öffnete er
weit die Tore für die historische Erforschung der Bibel; er erlaubte es, Sätze der
Bibel als bloße Theologie einzuschätzen. Gleichzeitig beteuerte er, daß die Bibel
sich als vollmächtiges Zeugnis von Religion und als Quelle für Religion zu erweisen imstande sei. So erhielt er die Spannung zwischen „Bibel" und „Schrift"
aufrecht; er löste sie nicht in eine Alternative auf. Beides förderte und problematisierte das Thema „Paulus und Jesus".

Vor dem Hintergrund unserer bisherigen Überlegungen bietet sich auch ein Ausblick auf die Geschichte des Themas „Paulus und Jesus" an. Er verdeutlicht noch
einmal den Zusammenhang zwischen der Vorgeschichte und der eigentlichen
Geschichte. Wir halten uns dabei wieder an die drei Punkte, wie sie bisher nacheinander abgehandelt worden sind, das veränderte Verständnis der Schrift (A),
die Benutzung des Jesusbildes als Maßstab für die Christologie (B) und die Unterscheidung zwischen Religion und Theologie (C).

(A) Eines Tages ist das Thema „Paulus und Jesus" tatsächlich gestellt worden.
Aber keine der Denkweisen hatte die andere restlos und überall zu überwinden
vermocht. Somit gab es drei verschiedene Ausgangslagen für das Thema „Paulus
und Jesus", je nach den Gedanken über die Schrift.

1. Wer die Urheberschaft Gottes für die ganze Schrift festhalten wollte, der
war kaum ein Freund des Themas „Paulus und Jesus". Für ihn stand die notwendige Einheit der Lebenstat Jesu und des Apostels von vornherein fest — um
Gottes als des Urhebers willen. Nun gab es das Thema „Paulus und Jesus"
aber doch, und wenigstens apologetisch mußte sich dieser Theologe dazu äußern.
Er konnte dann versuchen, die Verkündigung des Paulus aus dem Evangelium Jesu herkommen zu lassen. Oder umgekehrt, er konnte dieses in jene hineinmün-
den lassen. Dieser Versuch eines Beweises der Übereinstimmung war unvermeid-

lich ein historisches Unternehmen. Man wagte sich folglich zur Lösung des aufge-
drängten Problems an eine bedenkliche Verdoppelung der Beweisführung heran:
Glaubenssätze noch einmal als historische Sätze zu sagen.

2. Die Aufklärungstheologie gab die gewissermaßen „mechanische" Urheberschaft
Gottes für die Bibel auf. Trotzdem hielt sie daran fest, daß die Bibel sehr wohl
die Schrift und doch die Bibel sei. Inhaltliche Beobachtungen und eigene Erfahrungen bewiesen ihr das. Es ging also nicht an, die Bibel in zwei beziehungslose
Stücke zu zerteilen, in eine Quelle für Jesu Leben und Lehre und in eine Quelle
für die Glaubenszeugnisse der ersten Christenheit. So glatt fertig war man mit
der Bibel nicht, wie etwa Reimarus es wollte. Man meinte, das ganze neutestamentliche Schrifttum weise mit seinem Zeugnis von Jesus Christus auf den historischen
Jesus als Mittelpunkt zurück. Deshalb suchte man auch von Paulus zu Jesus zurück
Verbindungslinien. Wenn sich solche Verbindungslinien fanden, war einerseits der
Status der paulinischen Schriften als eines Stückes Schrift begründet. Was sich
nicht unmittelbar mit Jesus in Verbindung bringen ließ, erwies andererseits auch
dieses Stück Schrift als Bibel. Dieses Vorgehen in Sachen „Paulus und Jesus" war
die Suche nach einem Vergleich, im Doppelsinn des Wortes: Es ging sowohl darum,
zu unterscheiden und eine Beziehung zu klären, als auch um einen Ausgleich.
Anders als bei dem bloßen Hinüberführen oder Herleiten der konservativen Antwort auf die Frage „Paulus und Jesus" stellte sich hier das Problem der Veränderungen. Es äußerte sich beispielsweise darin, daß man nach einer Entwicklung
suchen oder Hinzufügungen im Vergleich zur Verkündigung Jesu herausfinden
konnte.

3. Für einige wenige war die Bibel nichts als die Bibel. Daraus ergab sich keine
bestimmte Haltung in der Frage „Paulus und Jesus". Diese Auffassung gab ihren
Verfechtern freie Hand.

(B) Das Thema „Paulus und Jesus" kam im Gefolge des neuen Interesses für den
Menschen Jesus auf. Dessen eigentliches Betätigungsfeld wurde die Leben-Jesu-
Forschung. Man wollte zuerst den irdischen Jesus ausfindig machen. Doch hatte
diese Arbeit auch Folgen für das Thema „Paulus und Jesus".

4. Der Rückgriff auf Jesus als historische Gestalt brachte es mit sich, daß ein
eventueller Vergleich ebenfalls historische Gestalten als Gegenüber Jesu aufbieten
mußte. Die Personalisierung, die man mit Jesus trieb, personalisierte leicht jeden
Vergleich. Auch deshalb wurde das Thema mit der Zeit auf die Formel „‚Paulus' und ‚Jesus'" gebracht und nicht auf die Formel „Die Urgemeinde und ‚Jesus'" oder „Jesu Predigt und die paulinische Lehre".

5. Wer in die Erörterung des Themas „Paulus und Jesus" eintrat, ließ sich bewußt oder unbewußt auf die Unterscheidung zwischen Jesus und Christus ein.
Es half ihm gar nichts, wenn er sie zurückwies. Für die alte Lehre war Gott allein
das handelnde Subjekt des Lebens und der Predigt Jesu (und dasselbe galt für
Paulus). Diese Selbstverständlichkeit war dahin; sonst hätte es das Thema „Paulus und Jesus" gar nicht gegeben. Der Zusammenhalt mußte erst fortgefallen
sein, der die Unterschiede vormals aufhob; und Paulus und Jesus mußten als Sub-

jekte ihrer jeweiligen eigenen Geschichte in den Blick getreten sein. Jesus wäre aber nie in diesem Sinn als das Subjekt seiner Geschichte betrachtet worden, wenn er nicht mehr und mehr zur historischen Gestalt geworden wäre. Im Zusammenhang der menschlichen Historie trug er jedoch zutreffend den Namen „Jesus". Der erhöhte „Christus" war für die historische Erforschung ein anderer. Wer sich auf „Paulus und Jesus" eingelassen hatte, hatte demnach jene Unterscheidung in Kraft gesetzt und historisches Gelände betreten.

In diesem Bezugsfeld bot sich nur ein einziger Weg zur Beantwortung der Frage „Paulus und Jesus". Man mußte Paulus durch den irdischen Jesus ins Recht setzen. Auf diesem Terrain hatte auch eine konservative Theologie keine andere Möglichkeit, so sehr sie vielleicht die paulinische Christologie zu rechtfertigen wünschte. Damit lieferte sie sich der Versuchung aus, „das christologische Problem durch eine historische Untersuchung zu bagatellisieren", als ob etwa irgendwelche Selbstdeutungen Jesu ihn als den Jesus Christus des Glaubens beweisen könnten[1]. Man behielt sich dann sozusagen vor, mit der rechten Hand Offenbarungstheologie zu betreiben; während die weniger geachtete linke dasselbe Stück anders spielte, nämlich historisch.

So gesehen ermäßigte sich der Unterschied zwischen einer Theologie, die sich auf geschriebene Offenbarung berief, und einer, die das Medium der Geschichte in Rechnung setzte. Er ermäßigte sich zu dem oft so unerquicklichen Unterschied zwischen einer konservativen und einer freieren historischen Theologie. Auch wenn beide Parteien getrennt gehen wollten, waren die Streitigkeiten doch nur die von Weggefährten auf ein und demselben Weg. Sie bestritten sich bloß gegenseitig die Kenntnis der richtigen Fahrspur.

(C) Im Rationalismus, im Idealismus und in der Romantik bemächtigte sich das außertheologische Denken vollends des Themas „Religion". Die Theologie war außerstande, es auf ihrem eigenen Feld zu halten. Sie hatte es an Verhältnisbestimmungen mangeln lassen und Theologie und Religion auseinander gerückt. Sie hatte sich zu lange über ihre Bruderschaft mit der Philosophie getäuscht. Jetzt lief sie Gefahr, auf den Bereich bloßer „Theologie" beschränkt zu werden, das heißt, auf historische Theologie. Höchstens war sie noch gewürdigt, aus fremden Händen verliehen zu bekommen, was darüber hinaus zu sagen war. Die Philosophie stieg auf zu blendendem Glanz. Die Theologie verlor dabei und mußte darauf sehen, überhaupt noch Anschluß zu gewinnen. Sichtlich war eine Umkehr geschehen.

Ich bin gezwungen, diese Entwicklung zu übergehen. Sogar Friedrich Schleiermacher lasse ich beiseite, obwohl er die Unterscheidung zwischen Religion und Theologie entscheidend vertieft hat[2]. Auch so läßt sich etwas über die Stelle sa-

---

1 *Jüngel*, Paulus und Jesus S. 4.
2 Ich traue mir einen Beitrag zu Schleiermacher nicht zu. Auch habe ich den Eindruck gewonnen, daß die Spuren von Schleiermachers Einfluß auf die Geschichte des Themas „Paulus und Jesus" so verwischt sind, daß es entschuldbar erscheint, Schleiermacher zu übergehen.

gen, an der sich die Unterscheidung zwischen Religion und Theologie für das Thema „Paulus und Jesus" auswirken konnte.

6. Mancher legte es darauf an, die Verkündigung Jesu in die Lehre des Paulus hinüberzuführen. Er brauchte die Unterscheidung zwischen Religion und Theologie nicht. Sie bot sich aber überall dort an, wo zwischen Jesu Predigt und des Paulus Verkündigung unterschieden und hernach ein Ausgleich gefunden werden sollte. Da verlangte das Unterschiedene Namen, die in der Unterscheidung doch auch ein Verhältnis aussprachen. Wie das im einzelnen gehandhabt wurde, sei dahingestellt. Es richtete sich danach, wofür die Namen „Jesus" und „Paulus" standen — für einen Lehrbegriff, einen Charakter, eine Person, einen Lebensgang.

ZWEITER HAUPTTEIL

Zur Geschichte des Themas „Paulus und Jesus"
von der Aufklärung bis zur Religionsgeschichtlichen Schule

Die Geschichte des Themas „Paulus und Jesus" hatte zwei große Phasen. In der ersten und längeren wurde es vernachlässigt (Teil A); erst verhältnismäßig spät fand es dann eher die verdiente Beachtung und wurde vollends ein Thema der Theologie (Teil B).

A. Das Thema „Paulus und Jesus" in der Zeit seiner Vernachlässigung (Von der Aufklärung zur zweiten Phase der freien Theologie)

§ 6. „Paulus und Jesus" in der kirchlich-konservativen Theologie des neunzehnten Jahrhunderts

Wie durch einen basso continuo ist die kritische Theologie des neunzehnten Jahrhunderts von einer „positiven" kirchlich-konservativen Theologie begleitet. Genauso geht neben der lebendigeren Geschichte des Themas „Paulus und Jesus" eine beharrendere einher. Die konservative Exegese erkannte schon recht bald, wie ihre Antwort auf die Frage „Paulus und Jesus" aussehen könne. Dieser Antwort blieb sie im Grunde treu. Trotzdem ging sie natürlich auf die Veränderungen der Fragestellung ein, wie sie nach und nach durch die freie Theologie erfolgten. Im Lauf dieser Untersuchung wird sich immer wieder Gelegenheit bieten, auf solche konservativen Vorschläge hinzuweisen. Vorerst beschränken wir uns auf ein Buch, das etwas von einem Kuriosum an sich hat, und doch ist es in manchem exemplarisch. Es bietet sich vor allem deshalb an, weil es eine sehr frühe Form der Gestaltung des Themas „Paulus und Jesus" festhält. Man erkennt hier noch die zögernde Abneigung, sich von der orthodoxen Schriftlehre her auf das Thema „Paulus und Jesus" überhaupt einzulassen.

Gemeint ist „Gottfried Büchners Biblische Real- und Verbal-Hand-Concordanz oder Exegetisch-homiletisches Lexikon"[1]. Schon der zweite Bearbeiter brachte

---

1 *Gottfried Büchners* Biblische Real- und Verbal-Hand-Concordanz oder Exegetisch-homiletisches Lexikon. Durchges. u. verbess. v. Heinrich Leonhard Heubner. 20. Aufl. Braunschweig 1890. Sämtliche Mitteilungen über die Geschichte dieses Buches verdanke ich den verschiedenen Vorreden, S. III–XVI. Gottfried Büchner (1701–1780) war seit 1725 akademischer Dozent in Jena und hernach Rektor der Schule in Querfurt; vgl. *Plitt:* Büchner, Gottfried. ADB 3, S. 490.

kaum mehr etwas über den Begründer dieser Arbeit in Erfahrung. Das Buch erschien erstmals 1740 in Jena und wurde rasch „ein äußerst gangbarer Artikel"[2].
Für die fünfte Auflage (1776) schien sich dann eine Überarbeitung zu lohnen;
dazu gab noch der greise Verfasser seinen Segen. Der Geist des Buches blieb gewahrt. August Wichmann übernahm das Geschäft der Überarbeitung mit dem bestimmten Vorsatz, nicht die wandelbaren Tagesmeinungen der (Aufklärungs-)
Theologie zu beachten; er erklärte, „der öffentlichen Lehre zu folgen für das
Nützlichste und Schicklichste" zu halten[3]. Aber das Unternehmen wurde zum
Mißerfolg. Inzwischen gab die Neologie den Ton an, und teils neben, teils nach
ihr kamen Rationalismus, Idealismus und Romantik auf. Das Buch ließ sich
nicht mehr verkaufen, so daß man schon überlegte, ob man es nicht am klügsten
einstampfen würde. Doch „bald nach errungenem Frieden fing, wie durch einen
Zauberschlag, Büchner's Concordanz wieder zu gehen an"[4]; Restaurationsgeist,
Supranaturalismus, Spätromantik und Erweckung taten das Ihre. 1837 endlich,
nach sechzigjähriger Pause, konnte das Werk zum sechsten Mal aufgelegt werden.
Diesmal besorgte Heinrich Leonhard Heubner (1780–1853) die notwendigen
Veränderungen, „,eine der einflußreichsten Persönlichkeiten in dem kirchlichen
Leben des vormärzlichen Preußen'"[5]. Heubner leitete das neubegründete Witten-
berger Predigerseminar, das als eine Eliteschule Preußens galt[6]. Durch diesen Bearbeiter gewann das Buch an Ansehen dazu. Jetzt war es in die Hände der ton-
angebenden Kirchenpartei gekommen. Ehemals hatte ihm die Beschränkung auf
die „öffentliche Lehre" geschadet. Jetzt aber erfreute es sich zunehmender Be-
liebtheit. Mit stattlichen Auflagen wurde es inhaltlich unverändert bis 1927 nachgedruckt (29. Auflage!)[7]. Volle neunzig Jahre lang sollte es in Heubners Fassung
genügen. An sie halten wir uns.

Bei seinen Ausführungen über die Bibel kommt das Lexikon indirekt auch auf
das Thema „Paulus und Jesus" zu sprechen. Es wendet sich gegen Einwände, die
die Zweckmäßigkeit der neutestamentlichen Schriften bezweifeln[8], und sagt[9]:
„Erst die einfache treue Darstellung des heiligsten, segensreichsten Lebens in der
Geschichte Christi, und dann die fortwirkende Kraft und die reinen Herzens-
ergießungen des Geistes Christi in der Apostelgeschichte und in den Briefen; wie
viel mehr wirkte das auf die Herzen als eine in wissenschaftlicher Form abgefaß-
te Schrift!" Formal setzt diese Überlegung eine Unterscheidung voraus: Da ist

---

2 Ebd. S. XIV.
3 Ebd. S. XI.
4 Ebd. S. XIf.
5 *Eberhard Hermann Pältz:* Heubner, Heinrich Leonhard. RGG[3] III, Sp. 305. Zit. ist Otto
  Dibelius, Das Königliche Predigerseminar zu Wittenberg, 1917. Ich habe das Zit. nicht
  überprüft. S. auch *Friedrich August Tholuck* u. *Georg Rietschel:* Heubner, Heinrich Leonhard. RE[3] VIII, S. 19–21.
6 *Wilhelm Rott:* Predigerseminar. RGG[3] V, Sp. 514–516.
7 *Gottfried Büchner:* Hand-Konkordanz. Biblische Real- und Verbal-Konkordanz. Exegetisch-
  homiletisches Nachschlagewerk. Durchges. u. verbess. v. Heinrich Leonhard Heubner. 29.
  Aufl. Leipzig 1927.
8 Ich erinnere an Reimarus, s.u. § 4.
9 *Büchner,* Lexikon S. 176.

auf der einen Seite der Bericht über Jesus[10], auf der andern sind die Schriften
der Apostel, und zwischen ihnen fungiert als vermittelndes Moment der Geist
Christi. Ein Zweierlei ist also zugestanden und eine Vermittlung gesucht. Damit
ist die logische Figur eines Vergleichs erfüllt. Die Grundfigur auch des engeren
Themas „Paulus und Jesus" ist die des Vergleichs[11].

Die inhaltliche Durchführung des Vergleichs zeigt allerdings einige Besonderheiten.
Der Sinn der Unterscheidung, von der jeder Vergleich lebt, ist stark beschnitten;
stattdessen entsteht der Eindruck einer bloßen Aufreihung („erst … und dann …").
An anderer Stelle des Lexikons wird die göttliche Urheberschaft für die ganze
Bibel betont beibehalten[12], und entsprechend sind hier die Unterscheidungen
im Neuen Testament wieder zurückgenommen in eine Einheit; sie werden als nur
äußerliche, lediglich formale Ordnungshilfen verharmlost. Das geschieht durch
den Verweis auf den Geist Christi. Sein Wirken gewährleistet, daß Christus selbst
in allen Schriften des Neuen Testaments das Wort hat, nicht nur in den Evangelien. Nicht die Apostel und ihre Schüler bürgen für die Rechtmäßigkeit ihrer
Schriften. Sie werden an der gerade zitierten Stelle nicht einmal ausdrücklich
erwähnt, wenn es heißt: „und dann die fortwirkende Kraft […] des Geistes
Christi in der Apostelgeschichte und in den Briefen […]". Die Apostel treten
ganz hinter ihre Schriften zurück, und die sind nicht als die ihren von Belang,
sondern als Taten des Geistes Christi (oder Jesu[13]). Christus handelte als der irdische in seinem Tun, seinem Leiden, und er handelte als der erhöhte, wenn die
Apostel ihre Schriften niederschrieben. Über die Frage nach dem Sinn dieser
Schriften eilt Büchners Konkordanz einfach hinweg und gibt schlicht ihre Zweckmäßigkeit an.

Unterschieden wird also, aber die Unterscheidung läßt keinen sachlichen Unterschied aufkommen[14]: Wahr sei vielmehr, „daß der Apostel Lehre JEsu Lehre, daß
der Unterschied [lies: die Unterscheidung?] zwischen einem ‚apostolischen und
christlichen [d.i. jesuanischen] Christenthum' ganz unstatthaft und dem Sinne
JEsu geradezu zuwider" sei.

In dieser Ausprägung des Vergleichs „Paulus und Jesus" ist das vermittelnde
Moment aufs äußerste ausgedehnt und völlig aus der Subjektivität der Menschen
herausgerückt. Ausgedehnt ist es insofern, als die Predigt und Lehre der Apostel
(und damit des Paulus) zwar von der Lebenstat Jesu unterschieden ist; sie kommt
aber angeblich nicht nur in einem Punkt oder einigen Punkten oder in der und

---

10 Die Evangelien zählen zu den historischen Büchern, vgl. ebd. S. 175–177 („Bibel") u. S.
764f. („Neu").
11 Diese engere Fragestellung begegnet nicht, weil Paulus uneingeschränkt unter die Apostel
gezählt ist; es könnte nur um „Die Apostel und Jesus" gehen, s. ebd. S. 780f. („Paulus").
12 Ebd. S. 175 („Bibel").
13 Man vgl. die oben zitierte Formulierung mit der folgenden (ebd. S. 764, „Neu"): In „den
Briefen finden wir die Herzensergüsse des reinen Geistes JEsu, wie er in den Aposteln
fortlebte […]". Wie nicht anders zu erwarten, sind „Jesus" und „Christus" hier noch Wechselbegriffe.
14 Ebd. S. 701 („Apostel").

jenen Beziehung mit Jesu Sein und Tun überein, sondern sie geht selbst auf diesen Jesus zurück. In den Worten der Apostel stimmte Jesus nur mit sich selbst
überein. Diese Übereinstimmung Jesu oder Christi mit sich selbst war das eigentliche Geschehen; deshalb entzog sich die innere Übereinkunft des Unterschiedenen jeder menschlichen Möglichkeit oder Unmöglichkeit, sie ihrerseits erst zu besorgen. Sie war von Gott gewährt und gewährleistet. Büchners Konkordanz prägt
das Thema „Paulus und Jesus" nur implizit aus, und zwar so, daß sie das in den
Bereich innergöttlichen Geschehens verlagert, was verglichen werden könnte[15].

Beides ist als Versuch verständlich, die Bibel streng als die Schrift zur Geltung zu
bringen. Gott verantwortet die ganze Bibel als Schrift. Zugleich entkommt „Büchner" damit auch der Unterscheidung zwischen Jesus und Christus; sie ist ihm bekannt, wie seine Polemiken verraten. Im Vergleich mit unserem Ausblick (s.o.
§ 5) ergibt sich zweierlei: Büchners Konkordanz läßt sich überhaupt nicht explizit
auf das Thema „Paulus und Jesus" ein, und sie vermeidet damit die erwartete
Verdoppelung der Argumentation.

Wenn sie sich damit begnügen würde, wäre das unter ihren Voraussetzungen folge-
richtig. Sie kennt aber ihr Gebiet nicht: Sie sucht auch den Anschein historisch
verläßlicher Urteile. So verfällt sie auf einen Vergleich, der die Sphäre des innergöttlichen Geschehens verläßt. In der Aussendung der Apostel durch Jesus z.B.
sieht sie den unabweisbaren Beleg dafür, daß man die Apostel „als authentische
glaubwürdige Interpreten seiner Lehre" anerkennen müsse[16]. Demnach haben wir
im Neuen Testament eine ursprüngliche Lehre Jesu und ihre Auslegung durch
die Apostel vor uns. Allerdings ist Jesu Auftrag an die Jünger noch ein vermeintlich sehr sicheres vermittelndes Moment. Trotzdem muß diese Aufgliederung
des Neuen Testaments die Historiker auf den Plan rufen. Wie wäre ihr Anspruch
abzuweisen, über die Lehre Jesu und die der Apostel und über die Mittelglieder
dazwischen ein Wort mitzureden? Dieser Vergleich gehört auf die Ebene der historischen Theologie. Offenkundig will Büchners Konkordanz doch zweispännig
fahren. So bestätigt sich schließlich auch unser Ausblick auf die Geschichte des
Themas „Paulus und Jesus" in der konservativen Theologie, sobald das Thema
unumgänglich geworden war. Gleichfalls erwartungsgemäß spielt hier die Unterscheidung zwischen „Theologie" und „Religion" überhaupt keine Rolle. Das Evangelium Jesu geht einfach in das der Apostel hinüber.

Büchners Konkordanz vertritt die konservative Exegese nicht annähernd erschöp-
fend. Deshalb wird davon bei Gelegenheit immer wieder die Rede sein[17]. Sie
zeigt aber, wie sich das Thema „Paulus und Jesus" implizit sogar dort Aufmerk-

---

15 Man darf wohl ausschließen, daß hier „Geist Christi" schon jenen „Geist" einer Persönlichkeit meint, wie es später auch in der Exegese üblich wurde. Auf das pietistisch-er-
weckliche Vokabular des Lexikons kann ich hier nicht eingehen.
16 *Büchner*, Lexikon, S. 69 („Apostel").
17 Trotzdem kommt in dieser Untersuchung die konservative Theologie sicher zu kurz. Ich
bin mir dieses Mangels bewußt, ohne ihn beheben zu können; allerdings habe ich begründete Zweifel, ob sich die geschichtlichen Entwicklungslinien dadurch nennenswert verändern
würden.

samkeit verschaffte, wo man es lieber übergangen hätte. Und sie zeigt, wie sich – trotz systematisch-theologischer Zurücknahme – der Vergleich als Grundfigur des (impliziten) Themas „Paulus und Jesus" durchsetzte. Auch belegt sie den Übergang von der orthodoxen zur konservativen Auslegung des Neuen Testaments: Sogar wer von Haus aus der historischen Kritik abgeneigt gegenüberstand, gab sich im neunzehnten Jahrhundert erst mit einer zumindest *auch* historischen Lösung zufrieden.

§ 7. „Paulus und Jesus" in der Aufklärung und im Rationalismus

Die Theologie der Aufklärung schaffte nicht bloß die Voraussetzungen für das Thema „Paulus und Jesus", sie nahm dieses Thema schon selbst wahr. Mit ihrer Erfassung und Lösung[1] der Frage wirkte sie bis ins erste Drittel des neunzehnten Jahrhunderts hinein. Beim Urteil über Paulus herrschte Einmütigkeit „von Herder bis zu den nüchternsten Rationalisten"[2]. Wir beschäftigen uns zuerst mit den Äußerungen zum Thema „Paulus und Jesus" (A); danach wenden wir uns den Entwicklungen zu, die allmählich die aufklärerischen und rationalistischen Antworten ungenügend machten (B).

(A) In den aufklärerischen Gedanken über Paulus nehmen „Lebensgang und Taten [...] den breitesten Raum ein, während die Lehre des Paulus kaum berührt wird"[3]. In dieser Beobachtung liegt auch ein Hinweis, worauf es der Aufklärung beim Thema „Paulus und Jesus" ankommt: Hier gibt beim Urteil über Paulus nicht das den Ausschlag, was er im Vergleich zu Jesus im einzelnen lehrte. Dafür findet es viel zu wenig Beachtung. Es geht stattdessen um die eine Frage, ob das Leben des Paulus letztlich darauf hinwirkte, worauf Jesus hinwirkte. Entscheidend ist deshalb vor allem, ob die Freiheit von äußerlicher Gesetzlichkeit und die Allgemeinheit der Religion bei Paulus zum Zuge kamen[4]. Diese Fragen werden von den Aufklärern unbedingt bejaht. Paulus wirkte mit seinem Reden und Tun auf den Bruch mit der jüdischen Religion hin, theologisch, indem er das Christentum „aus den jüdischen Schalen" löste (Freiheit), kirchlich-missionarisch, indem er es unter den Heiden ausbreitete (Allgemeinheit)[5]. Er zog in der Hauptsache vollends die Grundlinien der Verkündigung Jesu aus. Dadurch erst wurde allgemein sichtbar, daß sie sich mit denen des Judentums stießen. „So erblickte jene Zeit im *Antijudaismus* des Paulus sein Spezifikum und seine geschichtliche Bedeu-

---

1 Sooft im Verlauf dieser Untersuchung von „Lösungen" des Problems „Paulus und Jesus" die Rede ist, sind diejenigen Bestimmungen gemeint, bei denen sich eine Zeit jeweils beruhigte.
2 *Karl Aner:* Zum Paulusbild der deutschen Aufklärung. In: Harnack-Ehrung. Beiträge zur Kirchengeschichte, Adolf von Harnack zu seinem siebzigsten Geburtstage. Leipzig 1921, S. 366–376. Zit. S. 372, im Orig. z.T. hervorgehoben. *Klaus Scholder:* Paulus und die Aufklärung. In: De dertiende apostel en het elfde gebod. Paulus in de loop der eeuwen. Hrsg. v. G. C. Berkouwer u. H. A. Oberman. Kampen 1971, S. 124–134.
3 *Aner,* Paulusbild S. 371.
4 *Scholder,* Paulus S. 126f.
5 *Aner,* Paulusbild, S. 373.

tung [...]. Damit rettete er den *Charakter des Christentums als einer geistigen Religion* [...]"[6]. Mit dieser Hauptsache will sich die Theologie der Aufklärung beschäftigen, wenn sie auf Paulus schaut. Wohl bemerkt sie daneben manches Befremdliche, aber das ficht sie nicht an; sie kann es sich erklären (als Akkomodation); genauso dachte der Rationalismus auch[7]. „Es ist deutlich, daß Paulus [...] zum Träger eines Grundgedankens der Aufklärung wird, dem Gedanken von der einen und einfachen göttlichen Wahrheit, die für alle Völker und Zeiten gleichermaßen Gültigkeit besitzt. Diese eine und einfache Wahrheit bildet den Kern der Botschaft Jesu. Paulus aber verdanken wir es, dass er diese Wahrheit gegen alle jüdischen Einschränkungen in ihrer Universalität erkannt und formuliert hat"[8].

Die Aufklärung und der Rationalismus scheinen beim Thema „Paulus und Jesus" derjenigen Antwort überraschend nahezukommen, die wir für die konservative Theologie in Büchners Konkordanz gefunden haben (s.o. § 6): Das Evangelium Jesu wird schlicht in die Predigt der Apostel hinübergeführt. Auch die Aufklärer suchen noch diesen Weg. Trotzdem ist hier ohne viel Aufhebens die Grenzlinie zu einer anderen Auffassung überschritten.

In Wahrheit wollen Aufklärung und Rationalismus einen „Vergleich" im Sinn des Ausgleichs. Sie vermerken stillschweigend Unterschiede zwischen paulinischer Predigt und Jesu Evangelium und halten Übereinstimmendes und Abweichendes auseinander. Die Aufklärungstheologie ist grundsätzlich schon so weit, wie unproblematisch sich ihr Lösungsversuch auch gibt. Für die konservative Theologie ist es von Gott her gewährleistet, daß Paulus und Jesus völlig miteinander übereinkamen. Für Aufklärung und Rationalismus fällt diese Voraussetzung fort. Die Aufklärung steht dem zwar noch recht nahe, doch sieht sie neben dem Gemeinsamen bei Jesus und Paulus auf der Seite des Apostels auch „Überschießendes"[9]. Das schreibt sie nicht Gott zu, sondern rechnet mit Paulus als einem bestimmten Menschen in einer bestimmten Situation. Die paulinische Verkündigung kam nicht als ganze, aber immerhin im großen ganzen von Jesus her. Dieser Einschränkung messen die Aufklärer und Rationalisten selbst allerdings kein Gewicht zu. Desungeachtet kündigen sich schon die Ausgangspunkte für die künftigen Nöte mit dem Problem „Paulus und Jesus" an. Aufklärung und Rationalismus arbeiten den späteren Verlegenheiten vor: Sie fassen das Thema „Paulus und Jesus" personalisiert auf, sie führen es als Vergleich mit dem Ziel des Ausgleichs durch, und sie stellen dabei das Widerstrebende als situations- und zeitgebundene Denk- und Sprechweise auf die Seite.

Für diesen harmonischen Eindruck des Verhältnisses „Paulus und Jesus" gab es mehrere Gründe. Erstens hatten die Aufklärer und Rationalisten verständliche Schwierigkeiten, ihre neuen Einsichten erst einmal Schritt für Schritt zu fassen

---

6 Ebd. S. 375.

7 Ebd. S. 372f. Zum allgemeinen Unterschied zwischen Neologie und Rationalismus s. *Hohlwein*, Rationalismus u. *Hirsch*, Geschichte passim.

8 *Scholder*, Paulus S. 127.

9 Vgl. *Aner*, Paulusbild S. 372f.

und zu erproben. Unmöglich konnten sofort alle Folgerungen aus den neuen Denkansätzen gezogen werden, beispielsweise aus der Unterscheidung zwischen Jesus und Christus.

Zweitens freute sich die Aufklärung an der vermeintlichen Ferne der biblischen Literatur von aller theologischen Dogmatik. Das ist aus ihrer eigenen Entstehungsgeschichte begreiflich. Im Gegenzug gegen den herkömmlichen alten Schriftgebrauch entsprach ihrem Bild auch ein undogmatischer Paulus. Sie entdeckte gerne, daß Paulus allerlei durch seine Zeit, Situation, Herkunft und Wesensart Bedingtes sagte. Sie konnte ihn gerade dann für sich brauchen, wenn er große Grundgedanken, aber kein ausgeklügeltes Lehrsystem hatte[10]. Ihr lag verständlicherweise nichts daran, den Paulinismus erneut zu systematisieren. Erst allmählich wurden dann im neunzehnten Jahrhundert die einzelnen biblischen Theologien und Anschauungskreise erkannt.

Drittens war zunächst niemand da, der den Aufklärern die ganze paulinische Lehre als credendum aufzwingen konnte. Daran war gar nicht zu denken. In den Jahren zwischen 1780 und 1790 durfte sich die Neologie als Siegerin fühlen; sie spielte die führende Rolle in der Theologie, und viele ihrer Vertreter hatten leitende kirchliche Stellungen[11]. Das Scheitern des Wöllner'schen Religionsedikts von 1788 wirft ein bezeichnendes Licht auf die damalige Lage. Nach der kurzen Reaktion Friedrich Wilhelms II. setzte sich schon 1794 das Allgemeine Preußische Landrecht durch[12]. Erich Foerster urteilt 1905 über die kirchenrechtlichen Bestimmungen dieses Rechts[13]: „Es gab zweifellos in der Kirche mehr Ungebundenheit, als wir heute gewöhnt sind". Niemand konnte die Aufklärer in diesen Jahrzehnten bedrängen, zur ganzen paulinischen Theologie ja zu sagen. Also mußten sie auch keine kritischen Anhaltspunkte bei Paulus suchen, um sich vor solchen Ansprüchen zu retten. Nichts störte ernsthaft dabei, über „Paulus und Jesus" schiedlich und friedlich zu reden. Es blieb der deutschen Aufklärung erspart, in gefährliche Auseinandersetzungen hineinzugeraten. Vielleicht erklärt sich aus dieser Ungestörtheit auch, warum die Problemlösung hier anscheinend um das vermittelnde Moment überhaupt nicht verlegen war; die Aufklärer interessierten sich lebhaft für die Bekehrung, ohne daß man von Bedenken gegen sie hört[14]. Das Thema „Paulus und Jesus" enthielt für sie kein nennenswertes Problem.

(B) Diese Harmlosigkeit des Themas „Paulus und Jesus" hing an zu vielen Voraussetzungen, die nicht von Dauer sein konnten. Zwar genügte sie erstaunlich lange, aber dann war sie umso gründlicher diskreditiert. Schon die Wendung

---

10 Ebd.

11 Vgl. *Aner,* Lessingzeit S. 296, auch S. 305.

12 *Erich Foerster:* Die Entstehung der Preußischen Landeskirche unter der Regierung König Friedrich Wilhelms des Dritten nach den Quellen erzählt. Ein Beitrag zur Geschichte der Kirchenbildung im deutschen Protestantismus. Bd. 1. Tübingen 1905. Ich beziehe mich auf S. 23–43.

13 Ebd. S. 33.

14 *Aner,* Paulusbild S. 371. Angesichts der großen Milde der deutschen Aufklärung gegen Wunderberichte ist das keine Überraschung.

des Hauptstroms der Aufklärungstheologie zum Rationalismus lenkte auf Probleme mit dem Thema „Paulus und Jesus" hin. Jetzt erst wurde jene trockene Vernünftigkeit zum Leitbild, die später als Karikatur der Aufklärung diente. Der
Rationalismus entwickelte die Leben-Jesu-Forschung in seinem Sinn weiter.
Unter seinen Händen stellte sich vollends die Natürlichkeit und Menschlichkeit
der Geschichte Jesu heraus, und Schritt um Schritt wurde Jesu Leben ent-gött-
licht. Die Wunder, die so viel gegolten hatten, ließen sich nun allesamt ganz
natürlich erklären. Nun kam es zu den Scharfsinnigkeiten, die in romanhaften
„Leben Jesu" bis zur Annahme einer Geheimsekte führten: Sie sollte Jesu Leben und „Sterben" gelenkt und alles Wunderbare besorgt haben[15]. Jesu Tod
mußte irgendwie ein Scheintod, seine Auferstehung nur der Schein einer Auferstehung gewesen sein. Jesus war nicht mehr und nicht weniger als ein sehr ed-
ler Mensch, der die Religion der Vernunft lehrte. Dergleichen war nicht gegen
Paulus gesagt. Aber je besser sich die Abneigung gegen die bisherige Soteriologie
und Christologie auch historisch rechtfertigte, desto wahrscheinlicher mußte irgendwann der historische Abstand zwischen den „Tatsachen" des Lebens Jesu
und der paulinischen Verkündigung problematisch werden. Wer über Jesu Leben
und Tod so einleuchtend Bescheid wußte, konnte sich schließlich bei Gelegenheit auch sagen, daß sich Paulus allzu viele verkehrte Gedanken darüber gemacht
habe.

Vorerst vernachlässigte der Rationalismus die paulinische Theologie. Er setzte
das fort, was die Aufklärung begonnen hatte. Unter den Stichworten „Freiheit"
und „Allgemeinheit" der Religion reklamierte er Paulus für seine eigene Sache.
Die Hochschätzung für Paulus litt auch unter der vernünftigen Dogmenkritik
nicht. Nicht einmal die Anstößigkeit der herkömmlichen Rechtfertigungslehre
schadete ihr[16]. Der Rationalismus ließ sich in seiner guten Meinung über Paulus
so wenig beirren, daß ein gewisser Ludwig Wachler 1801 glattweg bestritt, daß das
Neue Testament überhaupt den Gedanken einer Rechtfertigung kenne[17]. Ähnliche
Absichten verfolgte beispielsweise Heinrich Eberhard Gottlob Paulus (1761–
1851); als einziger unter den Rationalisten wollte er „den Paulinismus als ge-
schlossenes System" begreifen[18]. Er erklärte es aber für unwahr, „daß die Briefe [des Paulus] von Sühneleiden und angerechneter Gerechtigkeit reden. Paulus
kann nicht der ‚Legalität' statt der ‚Moralität' gedient und eine ‚ungeläuterte'
Auffassung der Religion vertreten haben. Darum sind die ‚Hauptworte' ausschließlich moralisch zu deuten. Der Apostel will sagen, daß der ‚Glaube an Jesus' in
uns zum ‚Glauben Jesu' werden müsse"[19]. Man erkennt hier den deutlichen Wil-

---

15 S. *Schweitzer*, GdLJF S. 69–87. *Hohlwein*, Rationalismus Sp. 796, schreibt: „Im Mittelpunkt des Glaubens der neuen Generation stand Jesus und seine Lehre, vernunftge-
   mäß verstanden und dargeboten".
16 Über die Schicksale der Rechtfertigungslehre in der Aufklärung und im Rationalismus unterrichtet ausführlich *J. Baur*, Salus Christiana S. 111–172.
17 S. ebd. S. 168 (mit Beleg).
18 *Schweitzer*, GdPaulF S. 9. Über die Paulusforschung von Aufklärung und Rationalismus
   insgesamt s. S. 2–9. Zur Person von H. E. G. Paulus s. *Hans Hohlwein:* Paulus, Heinrich
   Eberhard Gottlob. RGG³ V, Sp. 192.
19 *Schweitzer*, GdPaulF S. 8f.

len, Paulus zu bejahen und als Bürgen für das eigene Denken zu gewinnen. Und man muß anerkennen, daß Aufklärung und Rationalismus mit dem Gedanken der Freiheit durchaus etwas vom Paulinismus begriffen hatten.

Man schrieb aber inzwischen das Jahr 1831, als H. E. G. Paulus den „ganzen" Paulus für den Rationalismus beanspruchte, und das war „um zwei oder drei Jahrzehnte zu spät"[20]. Es war zu spät, weil der Rationalismus unterdessen nicht mehr damit zu retten war, daß er die paulinische Theologie begründeter und durchdachter für sich in Beschlag nahm. Er war zu lange sachlich nicht weiter gekommen. Er hatte der erstarkenden Leben-Jesu-Forschung keine sorgfältige, darauf bezogene Paulusforschung zur Seite gestellt[21]. Dementsprechend empfing er von daher keine Impulse. Er wußte über eine Thematik nichts Wesentliches zu sagen, die im Protestantismus lebendiger war, als er dachte. Stattdessen verwies er die Christen einseitig auf ihre eigene Moralität und Vernünftigkeit[22]. Von seinen Voraussetzungen her fehlte ihm das Bewußtsein, daß Soteriologie und Christologie noch viel vitalere christliche Probleme aufbewahrten, als seiner Vernünftigkeit einleuchtete. So war der Rationalismus gerade dort nicht genug zur Stelle, wo er es hätte sein müssen: Im Kirchenregiment nahm er zwar manche günstigen Positionen ein und hatte in den theologischen Fakultäten seinen Platz, ihm fehlte aber der breite Rückhalt in den Gemeinden[23].

Aus Impulsen der Gemeindefrömmigkeit heraus fanden seine Gegner unter echter oder vermeintlicher paulinischer Thematik zueinander. „Über die wieder ernst genommene Rechtfertigungsfrage nahmen der wiedererwachte Pietismus und diese neue Orthodoxie [des Supranaturalismus] miteinander Fühlung auf"[24]. Der Rationalismus hatte versäumt, das ganze Gebiet der christlichen Lehre gut zu besetzen; jetzt machten ihm seine Gegner das Feld von einer der vernachlässigten Provinzen her streitig. Diese Verbündeten wurden durch die Zeitumstände verschiedentlich gefördert und wuchsen langsam zu einer Macht heran. Sie begannen im ersten Drittel des neunzehnten Jahrhunderts, den Rationalismus zu überwinden. H. E. G. Paulus kam zu spät, als er 1831 Paulus als Bundesgenossen gewinnen wollte. Diese Provinz war zu wenig gehütet worden; so hatte der Gegner sie sich genommen.

Nun war ein Stand der Dinge erreicht, wo auch die alte Toleranz zurückging und der eine oder andere Kirchenmann wohl durchaus bereit gewesen wäre, jedermann den „ganzen" Paulus nach seinem Kopf aufzudrängen. Der Rationalismus kam in seiner Bedrängnis nicht mehr dazu, darauf mit einer Neubesinnung

20 Ebd. S. 9.
21 *Schweitzer*, GdPaulF, hält die Leistungen von Aufklärung und Rationalismus auf diesem Gebiet für kaum der Rede wert, abgesehen von literarkritischen Einsichten. Nicht ganz recht hat *Stephan/Schmidt*, Geschichte S. 71, wenn er schreibt: „im NT überging oder bekämpfte er [d.i. der ‚reine Rationalismus'] den Paulinismus".
22 S. z.B. *J. Baur*, Salus Christiana S. 146 (über Wilhelm Abraham Teller): „Die vollkommeneren Christen haben die Gnade hinter sich und die Gerechtigkeit bei sich".
23 Vgl. *Hohlwein*, Rationalismus Sp. 798.
24 *Erich Beyreuther:* Erweckung I. Erweckungsbewegung im 19. Jh. RGG³ II, Sp. 621–629. Zit. Sp. 623.

auf das Problem „Paulus und Jesus" zu antworten. Er war außerstande, jetzt noch eine Revision seiner wesentlichsten Gedanken vorzunehmen. Auf der Gegenseite war die Bereitschaft zu historischer Kritik recht gering, und überhaupt drohte mit der Niederlage des Rationalismus auch ein Rückschlag der kritischen historischen Exegese. Weder vom Rationalismus noch von seinen supranaturalistischen oder erweckten Gegnern war eine Wendung in der Geschichte des Themas „Paulus und Jesus" zu erwarten.

In dieser Zeit wechselte der Impuls zum Thema „Paulus und Jesus" von der entstellten Fortsetzung der Aufklärung durch den Rationalismus hinüber zu einem neuen Träger. Es war der Teil der Theologenschaft, der für die vielfältigen bedeutenden Einflüsse der Zeit offen geblieben war. Er bewahrte auf seine Weise das Erbe der Aufklärung und vertiefte es durch Gedanken des deutschen Idealismus und der Romantik. Wo künftig das Thema „Paulus und Jesus" auf diesem Hintergrund erfaßt wurde, konnte das keine bloße Fortsetzung der aufklärerischen Antwort sein.

Die ersten Versuche einer „Biblischen Theologie" solcher Art waren noch recht bescheiden. Ihre Verfasser versuchten, das historische Interesse mit ihren jeweiligen, manchmal widerstreitenden theologischen Absichten auszugleichen[25]. Unter diesen Ausgleichsversuchen hatte in der Regel die historische Folgerichtigkeit erheblich zu leiden. Ferdinand Christian Baur (1792—1860) schreibt über die Arbeiten jener Jahre[26]: „Das Äusserste, was man auf diesem Standpunkt zugeben kann, bleibt immer die [...] Einheit und Mannigfaltigkeit der neutestamentlichen Lehre", und an anderer Stelle[27]: „Hier bleibt bei aller Mannigfaltigkeit und Verschiedenheit alles immer wieder dasselbe. Man will es zu keinem realen Unterschied kommen lassen". Auch diese Bemühungen waren vom Argwohn der streng konservativen Kräfte begleitet.

Was die Aufklärer an einer genaueren Erfassung des Problems „Paulus und Jesus" gehindert hatte, war vorüber. Wir haben drei Gründe für die Harmlosigkeit des Themas „Paulus und Jesus" in der Aufklärung genannt. Der erste war der, daß sie nur allmählich die Konsequenzen ihrer Gedanken erfassen konnte. Im Rationalismus zog sie diese Konsequenzen auf bestimmte Weise, und er bekam von seinen Gegnern deutlich gesagt, daß er sich jedenfalls mit einem paulinischen Christentum nicht vertrage. Der zweite Grund war die Freude an einem undogmatischen Paulus. Der Rationalismus erlebte zuletzt, daß ihm Paulus dadurch als gewichtiger Gewährsmann verloren ging. Wenn H. E. G. Paulus den Paulinismus noch 1831 für den Rationalismus zurückgewinnen wollte, gestand er indirekt ein rationalistisches Versäumnis ein. Der dritte Grund für die Harmlosigkeit lag in der Gunst der Zeit. Inzwischen aber hatte der Wind scharf umgeschlagen, und es zeigte sich, daß Paulus auch als Kronzeuge gegen die rationalistische Lehre benutzt

---

25 Ich erinnere nur an den verdienstvollen Exegeten Wilhelm Martin Leberecht de Wette (1780—1849); s. *Stephan/Schmidt*, Geschichte S. 85—91.
26 *Baur*, NTTheologie S. 43.
27 Ebd. S. 27.

werden konnte. Trotzdem ließ sich die freiere neutestamentliche Exegese vorerst nicht weiter auf das Thema „Paulus und Jesus" ein, als es die Formel von der „Einheit in der Mannigfaltigkeit" umreißt. Es war in erster Linie das Verdienst Ferdinands Christian Baurs, daß dieses Problem schließlich doch neu formuliert wurde. Unter größten Schwierigkeiten erarbeitete und erkämpfte er eine neue freie, historisch-kritische Theologie.

§ 8. „Paulus und Jesus" in der Theologie Ferdinand Christian Baurs

„Man will nur wissen, was die Schriften des neuen Testament als Lehre enthalten, und welche Formen in ihrem Lehrinhalt durch ihre charakteristische Eigenthümlichkeit sich unterscheiden"[1]. So bestimmt Ferdinand Christian Baur in den „Vorlesungen über neutestamentliche Theologie" die berechtigte Erwartung an eine wissenschaftliche Theologie des Neuen Testaments[2]. Bei Baur legte sich die historische Theologie fest auf das von Interessen freie Interesse am „Leben der Geschichte in seiner concreten Wirklichkeit [...], wie es objectiv ist"[3]. Sie tat das nicht aus Schwäche, im Gegenteil, sie war entschlossen, den eigenen Anspruch gegen ungerechtfertigte systematisch-theologische Ansprüche zu behaupten. Sie wollte auch für die Geschichte der Religion die volle Höhe der historischen Arbeit gewinnen, die in der ersten Hälfte des neunzehnten Jahrhunderts außerhalb der Theologie erreicht wurde.

Auf diesem Wege wurde Baur zum Begründer der historisch-kritischen Theologie[4]. „Ein stiller, rein der sachlichen Arbeit hingegebener Forscher, hat er sich

---

1 *Baur,* NTTheologie S. 33.
2 Mit Baur beginnt für *Schweitzer,* GdPaulF S. 10—17, die eigentliche Paulusforschung; mit Baur beginnt seinen Forschungsbericht auch *Rudolf Bultmann:* Zur Geschichte der Paulusforschung. ThR NF 1 (1929), S. 26—59. (Über Baur S. 29—33); wieder abgedruckt bei *Karl Heinrich Rengstorf* u. *Ulrich Luck* (Hrsg.): Das Paulusbild in der neueren deutschen Forschung. 2. Aufl. Darmstadt 1969, S. 304—337. (= Wege der Forschung 26). Und mit Baur fängt *Jüngel,* Paulus und Jesus, seinen forschungsgeschichtlichen Rückblick zur Geschichte des Themas „Paulus und Jesus" an (über Baur S. 6f.). Ich stütze mich außerdem auf die Untersuchungen von *Hirsch,* Geschichte V S. 518—552; *Barth,* Prot. Theologie S. 450—458; *Gustav Fraedrich:* Ferdinand Christian Baur, der Begründer der Tübinger Schule, als Theologe, Schriftsteller und Charakter. Gotha 1909 (Bibliographie!); *Wolfgang Geiger:* Spekulation und Kritik. Die Geschichtstheologie Ferdinand Christian Baurs Phil. Diss. Frankfurt a. M. München 1964 (= FGLP 10. Reihe, Bd. XXVIII); *Peter C. Hodgson:* The Formation of Historical Theology. A Study of Ferdinand Christian Baur. New York 1966 (= Makers of Modern Theology). Einen ersten Überblick bietet *Martin Tetz:* Baur, 1. Ferdinand Christian. RGG[3] I, Sp. 935—938. Weitere Lit. s. u.
3 *Baur,* NT Theologie S. 27. Vgl. dazu *Klaus Scholder:* Ferdinand Christian Baur als Historiker. EvTh 21 (1961), S. 435—458. Bes. S. 436—448. Zum billigen Verdacht des Positivismus s. S. 439, Anm. 15.
4 Vgl. *Heinz Liebing:* Historisch-kritische Theologie. Zum 100. Todestag Ferdinand Christian Baurs am 2. Dezember 1960. ZThK 57 (1960), S. 302—317. Die Geschichte Baurs ist ausführlich bei *Hodgson,* Historical Theology, erörtert. Leider gehen bei Hodgson, wie bei *Geiger,* Spekulation, historische und systematisierende Betrachtungsweise mitunter so inein-

ohne eigentlichen Lehrer in selbständigem schweren Ringen mit dem ungeheuren
Stoff, den das Christentum in der Gesamtfülle seiner Erscheinungen darbietet,
langsam und geduldig zu der Meisterschaft emporgebildet, die ihn in den Kreis
der ersten deutschen Geschichtsschreiber stellt"[5]. Die Geschichte der historischen
Theologie nahm durch ihn eine neue Wendung. Die nachfolgende Forschung
wurde und wird an ihm gemessen. Mit Baurs Leistung ist auch der Anfang der liberalen oder freien Theologie in Deutschland verbunden[6]. Diese Theologie beanspruchte die Freiheit von dogmatischer und kirchlicher Bevormundung. Zur selben Zeit erklärte die konfessionelle Theologie das alte Bekenntnis und das Amt
der Kirche zu Eckpfeilern des Christentums[7]. Die freie Theologie erkämpfte sich
dagegen die Freiheit zu historisch-kritischer Forschung. Sie traute es sich zu,
das Verständnis des Christentums *auf diesem Grund positiv* neu zu begründen.
Damit ging sie über die „theologia liberalis" des achtzehnten Jahrhunderts hinaus[8].

Baur hielt den Anspruch der wissenschaftlichen Objektivität sehr streng durch.
Daraus ergab sich eine gewisse Stilisierung seiner Arbeiten. Man könnte sie als
Kühle oder Mangel an Beteiligung mißverstehen. So legte er 1845 nach bedeutenden Vorarbeiten seine umfassende Paulus-Deutung vor, „Paulus, der Apostel
Jesu Christi, Sein Leben und Wirken, seine Briefe und seine Lehre"[9]. Dieses
Werk war in seinen Thesen neu, es widersprach den gängigen Scheinlösungen des
paulinischen Problems und war ärgerniserregend frei in seiner Kritik; und doch
ist es scheinbar ohne jeden Blick für die Konsequenzen und aufbrechenden Fragen geschrieben; es gibt sich geradezu „kaltsinnig". Aber „Paul was Baur's first
love [...]"[10].

Bloß das Vorwort verrät unmittelbar, wie Baur die Ergebnisse seiner Paulusstu-
dien einschätzt. Das Buch wird dem Leser als Antwort auf die Frage nach der
Christlichkeit des paulinischen Christentums vorgestellt. Sie wurde damals von anderer Seite aufgeworfen und abschlägig entschieden[11]. Im Buch selbst erfährt

---

ander über, daß das historische Nacheinander verwischt wird. Zu einem wichtigen Aspekt von
Baurs Geschichte s. *Heinz Liebing:* Ferdinand Christian Baurs Kritik an Schleiermachers
Glaubenslehre. ZThK 54 (1957), S. 225–243.

5 *Hirsch,* Geschichte V S. 518f.

6 *Hans Graß:* Liberalismus III. Theologischer und kirchlicher Liberalismus. RGG³ IV, Sp.
351–355. *Walter Nigg:* Geschichte des religiösen Liberalismus. Entstehung – Blütezeit –
Ausklang. Zürich u. Leipzig 1937. Über Baur S. 145–156. Zum zeitgeschichtlichen Hintergrund s. insbesondere *Hermelink,* Christentum II S. 3–40, 103–140. Über Baur ist
nur wenig zu finden, S. 103–107.

7 S. *Holsten Fagerberg:* Luthertum II. Neuluthertum. RGG³ IV, Sp. 536–540. *Stephan/
Schmidt,* Geschichte S. 166–188.

8 S. *Scholder,* Baur S. 438, 445.

9 *Ferdinand Christian Baur:* Paulus, der Apostel Jesu Christi. Sein Leben und Wirken, seine
Briefe und seine Lehre. Ein Beitrag zu einer kritischen Geschichte des Urchristenthums.
Stuttgart 1845. Eine 2. Aufl. besorgte Baurs Schwiegersohn Eduard Zeller 1866/67.

10 *Hodgson,* Historical Theology S. 27, ähnlich S. 203.

11 (*Philosphotos Alethias*) [d. i. *Christian Adolf Hasert*?]: Die Evangelien, ihr Geist, ihre Verfasser und ihr Verhältnis zu einander. Ein Beitrag zur Lösung der kritischen Fragen über
die Entstehung derselben. Leipzig 1845. Eine 2. Aufl. erschien 1852. Daß es sich bei

der Leser aber so gut wie gar nichts über diese Frage, jedenfalls nicht ausdrücklich mit „ja" oder „nein". Das liegt nicht bloß daran, daß Baur die Angriffe auf
Paulus erst nach Abschluß seines Werks zu Gesicht bekam; es entspricht der
strengen wissenschaftlichen Stilisierung seiner Arbeiten. Trotzdem nimmt die Vorrede das positive Ergebnis vorweg, das die Untersuchung selber so nicht ausspricht:
Anklagen gegen den Apostel sind unbegründet, und dieses Buch bekämpft sie[12].
Die scheinbar unbeteiligte Feststellung des objektiven Geschichtsverlaufs läßt
sich von vornherein als eine bewertende „Ansicht" unter anderen erkennen.
Der scheinbar weder nach rechts noch links gesehen hat, gibt vorweg zu, daß
seine Arbeit eine „Tendenz" verfolgt[13].

Baur will Paulus in der Geschichte des Christentums ins Recht setzen. Wer die
paulinische Theologie versteht, kann ihr recht geben. Baurs freie Theologie entzieht sich allerdings der Zumutung, zur paulinischen Lehre als einer normativen
Größe unbedingt ja zu sagen; dann wäre Paulus nach Baurs Urteil nämlich noch
gar nicht verstanden. Sie weigert sich aber auch, die paulinische Lehre als Entstellung des Evangeliums zu verneinen; das wäre genauso ein Mißverständnis.
Baur sucht ein Verständnis des Paulinismus, das die Alternative vermeidet und
weder so noch so mit der Geschichte fertig ist. Er weist die Theologie gerade an
das Verständnis der Geschichte. Wissenschaftliche Theologie ist historische Theologie, da liegt ihre Aufgabe[14]: „Abgesehen von der Geschichte bliebe die Theologie eben nirgends!"

Baurs Paulus-Deutung bestätigt mittelbar das eigene Recht der freien Theologie.
Diese freie Theologie will kraftvoll das „ganze" Christentum in Beschlag nehmen.
Sie überläßt Paulus nicht länger den Feinden der Kritik. Auch jener Antipauliner
muß das, auf den sich Baur in der Vorrede zum „Paulus" bezieht. Baurs Arbeit
stellt sich dem Gegner, indem sie beansprucht, Paulus zu verstehen. Sie widerspricht
der Behauptung, als ob man Paulus nur konservativ-neoorthodox „voll" oder rationalistisch verkürzt verstehen könne. Sie entgeht so der Schwäche des Rationalismus.
Sie läßt kein wesentliches Gebiet der christlichen Lehre aus, wo sich dann der Gegner festsetzen könnte. Darin liegt die besondere Stärke von Baurs Konzeption.
Sie stellt dem konservativen Anspruch, das Christentum „voll" zu vertreten, den
gleichen Anspruch entgegen. Die freie Theologie sucht keinen wissenschaftlichen,
philologisch-historischen Freiraum, sondern versteht das Christentum für die Gegenwart neu. Baur hatte das Empfinden, daß es in der Auseinandersetzung mit

---

dem Anonymus um Hasert handle, erwähnt *Franz H. Reinhold v. Frank:* Geschichte und
Kritik der neueren Theologie, insbesondere der systematischen, seit Schleiermacher. Aus
d. Nachlaß hrsg. v. P. Schaarschmidt. Erlangen u. Leipzig 1894. S. 332. Leider sagt
Frank nicht, woher er das weiß; offenbar hat er es aber nicht selbst entdeckt. Zu Hasert
s. *Häckermann:* Hasert, Christian Adolf. ADB X, S. 741f.

12 *Baur,* Paulus S. VII: „Die Antwort auf diese neue, gegen den Apostel erhobene Anklage
ist dir vorliegende Schrift".

13 Ebd. Die Worte „Ansicht" und „Tendenz" sind Baurs Ausführungen entnommen. Objektivität meint hier also sichtlich nicht das mechanische Aufzeichnen von Fakten, s. *Scholder,* Baur S. 443ff.

14 *Liebing,* Hist.-krit. Theologie S. 316.

der konservativen Theologie um die Zukunft der Kirche gehe. In diesem Kampf sah er Paulus als einen Verbündeten an[15].

Das Verständnis des Paulinismus verlangt nach Baur, daß man die geschichtliche Stellung des Paulus verstanden hat. Baur entwickelte im Lauf seiner Studien ein bestimmtes Deutungsschema für die erste Geschichte des Christentums. Darin fand Paulus seinen Platz. Diesen Aufriß gab Baur nie mehr ganz auf[16]. Im „Paulus" legt er ihn zweifellos zugrunde; in seinen „Vorlesungen über neutestamentliche Theologie" führt er ihn aber auch weitgespannt durch: Hier beginnt er seine Darstellung mit der Lehre Jesu und schreitet von dort bis zu den johanneischen Schriften weiter. Deshalb empfiehlt sich im Hinblick auf die Frage „Paulus und Jesus" hauptsächlich diese Theologie des Neuen Testaments als Gesprächspartner[17]. Sie bezieht Jesus ebenso wie Paulus in den Geschichtsaufriß ein.

Baur sagt Bedeutendes zum Problem „Paulus und Jesus". Trotzdem gehört auch sein Beitrag in die Phase der Geschichte des Themas „Paulus und Jesus", in der es vernachlässigt wurde. Baur schenkte dem Thema nicht allzuviel Aufmerksamkeit. Er mußte sogar erst von anderen darauf gestoßen werden. Als er 1845 den „Paulus" veröffentlichte, schrieb er dem Apostel voller Verehrung eine überragende Rolle in der christlichen Geschichte zu[18]. Kritiker wandten ein, „daß Baur damit Paulus zum eigenlichen Stifter des Christentums" mache[19]. In der Reaktion darauf überlegte sich Baurs Tübinger Schule die Frage „Paulus und Jesus"[20]. Aber nicht Baur selbst tat das zuerst, sondern sein Schüler Karl Christian Planck (1819–1880), und dessen Antwort übernahm Baur stillschweigend[21]. Baur schätzte den Paulinismus viel zu hoch, um eine starke Nötigung zum Thema „Paulus

---

15 S. *Geiger*, Spekulation S. 174f. Über Baurs Einschätzung des Streits um die Kirche s. ebd. S. 169–178. Zu Baurs Haltung gegenüber Paulus s. *Hodgson*, Historical Theology S. 101, 202–207.

16 Es wird in der Lit. immer wieder skizziert. Ich verweise nur auf *Hirsch*, Geschichte V S. 525–543.

17 In Frage käme auch noch *Ferdinand Christian Baur:* Das Christenthum und die christliche Kirche der drei ersten Jahrhunderte. 2., bearb. Aufl. Tübingen 1860. Davon liegt ein fotomech. Nachdruck vor, ders.: Das Christenthum und die christliche Kirche der drei ersten Jahrhunderte. 2., bearb. Aufl. mit e. Einf. v. Ulrich Wickert. Stuttgart 1966 (= Ausgewählte Werke in Einzelausgaben III, hrsg. v. Klaus Scholder). Dieses Werk (1. Aufl. 1853) übergeht das Thema „Paulus und Jesus" bei seinem weitgesteckten Plan jedoch zu schnell, um mit der neutestamentlichen Theologie in dieser Hinsicht mitzuhalten.

18 Entsprechend war sein „Paulus" auch Baurs „Lieblingswerk", s. *Fraedrich*, Baur S. 171. Insgesamt S. 171–195.

19 *Geiger*, Spekulation, S. 93.

20 Zur jüngeren Tübinger Schule aus damaliger zeitgenössischer Sicht s. *H. Schmidt:* Baur und die Tübinger Schule. RE[1] XX, S. 762–794 (1866). Informativ ist auch *Fraedrich*, Baur S. 222–270.

21 *Karl Planck:* Judenthum und Urchristenthum. Theologische Jahrbücher 6 (1847), S. 258–293, 409–434. Zur Person s. *Prantl:* Planck, Karl Christian. ADB 26, S. 228–231. Es ging Planck auch darum, den Eindruck zu korrigieren, den ein anderer Baur-Schüler inzwischen erweckt hatte, nämlich *Albert Schwegler:* Das nachapostolische Zeitalter in den Hauptmomenten seiner Entwicklung. 2 Bde. Tübingen 1846. S. *Schweitzer*, GdPaulF S. 13. Den Hinweis auf Planck verdanke ich *Geiger*, Spekulation S. 93.

und Jesus" zu empfinden. Auch Paulus hatte recht, das wußte Baur gewiß. Die Formel für die Erklärung dieses Sachverhalts interessierte ihn erst in zweiter Linie.

Im Folgenden befrage ich zum Problem „Paulus und Jesus" vor allem die „Vorlesungen über neutestamentliche Theologie". Das geschieht in drei Schritten, wie es den Besonderheiten dieses Werkes entspricht. Zunächst stilisiere ich die Vorlesungen vom „Paulus" her, obwohl sie erst zwischen 1852 und 1860 entstanden, der „Paulus" aber schon 1845 erschien. Ich tue vorerst so, als ob sich Baurs Verständnis des Christentums und seiner Geschichte durch die Jahre hindurch unverändert gehalten hätte. Die Annahme hat einen guten Rückhalt in den Texten. Auch wollte Baur selbst von einer nennenswerten Wendung seines Denkens nichts wissen, als er darauf angesprochen wurde[22]. Trotzdem halten wir fest, daß ich Baurs Gedanken aneinander angleiche; dazwischen lagen immerhin rund einkinhalb Jahrzehnte und eben doch eine Veränderung seines Denkens (A). Anschließend gehe ich auf diese Veränderung ein, soweit sie sich im Urteil über „Paulus und Jesus" äußert. Die „Vorlesungen über neutestamentliche Theologie" zeigen außer der Übereinstimmung mit dem „Paulus" markante Abweichungen; sie schlagen sich in der Verhältnisbestimmung „Paulus und Jesus" nieder (B). Zuletzt vergleiche ich die beiden Antworten auf die Frage „Paulus und Jesus" miteinander und ziehe Bilanz (C).

(A) „Paulus, der Apostel Jesu Christi" heißt schon das große Hauptwerk über Paulus, und die späteren Vorlesungen über die Theologie des Neuen Testaments geben Paulus dieselbe Würde: Er war in Wahrheit ein Apostel Jesu Christi. Die Grundfigur der Verhältnisbestimmung findet sich in solchen Sätzen[23]: „Der Paulinismus hat nichts Anderes gethan, als für das Bewusstsein auszusprechen, was an sich, thatsächlich im Urchristenthum gesetzt war". Das ist nicht bloß eine Aussage über das Verhältnis zwischen dem Christentum des Heidenapostels und dem der Urapostel. Es ist zugleich eine Aussage über „Paulus und Jesus". Denn Jesus war in Baurs Augen geradezu „der Urchrist"[24]. Er stellte rein dar, was das Urchristentum war. Insofern gehörte er zum Urchristentum[25]. Deshalb ist eine Kluft zwischen Jesu Verkündigung und dem paulinischen Christentum ausgeschlossen, wenn Paulus nur aussprach, was im Urchristentum schon gesetzt war. Es besteht keine wirkliche Gefahr der Verhältnislosigkeit zwischen Jesus und Pau-

---

22 *Geiger*, Spekulation S. 81f. Das Verhältnis zwischen dem „Paulus" und den Vorlesungen wäre eine eingehende Untersuchung wert. Sehr knapp äußern sich darüber *Fraedrich*, Baur S. 191f., und *Hodgson*, Historical Theology S. 204f.

23 *Baur*, NTTheologie S. 68, vgl. S. 128. Vgl. *Planck*, Urchristenthum S. 280: „Der Paulinismus hat nichts Anderes gethan, als das *für das Bewusstsein* auszusprechen, was *an sich*, thatsächlich im Urchristenthume gesetzt war".

24 Für Baur vollzog sich das Christentum Jesu (!) oder des Paulus jeweils in ihrem Denken und Lehren, Predigen und Tun. Anders als die nachfolgende Forschung sucht Baur also nicht noch nach einem Bereich religiöser Innerlichkeit dahinter, der erst wirklich „gilt".

25 Z.B. formuliert *Baur*, NTTheologie S. 66: „die Lehre Jesu oder das Urchristenthum". Dabei ist „oder" als „oder vielmehr" zu verstehen, nicht unterscheidend.

lus. Mit den Worten „gesetzt" und „ausgesprochen" ist ein Verhältnis bestimmt, das zu dem Urteil berechtigt: Paulus war wirklich der Apostel Jesu Christi.

Trotzdem bestreitet Baur keineswegs einen Einschnitt in der Geschichte des ersten Christentums. Im Vergleich zur herkömmlichen harmonisierenden Forschung findet er darin sogar einen großen Vorzug seiner Arbeit, daß sie den Einschnitt erkennt und zugibt. Durch diese Zäsur geraten Jesus und das Urchristentum auf die eine, Paulus aber (und die Späteren) auf die andere Seite. „Urchristentum" heißt nämlich ausschließlich das Christentum, das noch von keinem Grund wußte, der die Idee des Christentums mit dem Judentum unverträglich werden ließ. Dieser Grund ist durch Karfreitag und Ostern ersichtlich geworden; der Einschnitt zwischen dem Urchristentum und dem Paulinismus hatte seine Bedingung also im Tod und der Auferstehung Jesu[26]. Indem dieses Geschehnis für Paulus Bedeutung gewann, wurde das Christentum für sich, das heißt, dem Bewußtsein nach, was es an sich schon war. Nichts anderes geschah, keine „Entstellung [...] der wahren Urlehre des Herrn"[27]; darum fehlte den judaistischen Vorwürfen gegen den Apostel die Berechtigung. Sie wollten das Christentum nicht zum Bewußtsein seiner selbst gelangen lassen; sie verlangten, den ursprünglichen Inhalt des christlichen Bewußtseins ausschließlich verbindlich zu machen[28]. Dieser Irrtum konnte ihnen passieren, weil sie die paulinische Theologie verkannten. Die Theologie des Paulus war eine einzige Bemühung auszusprechen, was das Christentum der Sache nach von Anfang an ausgemacht hat: die ideale Einheit des menschlichen Geistes mit dem göttlichen Geist[29].

Das Unvermögen der Judenchristen ließe sich hinnehmen oder pragmatisch „erklären". Baur will mehr, er will den sachlichen Grund dafür aufspüren, und der heißt: Sie wurden nicht bekehrt, Paulus dagegen wurde bekehrt. Das Christentum ging durch den Vorgang der Bekehrung des Paulus hindurch, und er hat es verwandelt[30]. Erst jetzt konnte „ausgesprochen" werden, was im Christentum „gesetzt" war. Jesus und Paulus wurden durch die Bekehrung in ein Verhältnis zueinander gebracht.

Die Bekehrung war ein Umschwung in der Bewertung des Todes Jesu. Aus dem gotteslästerlichen Ärgernis (ein Gehenkter der Messias!) wurde für Paulus die Tat, die Gott selbst den Menschen zugute bewirkt hatte. Dieser Umschwung brachte sein ganzes Denken in Bewegung und trieb es bis in die äußersten Folgerungen und abstraktesten Gegensätze hinein. Die paulinische Theologie entwickelte sich. Paulus kam aber nicht von einer Un-Religion zu einer Religion, sondern von einer Stufe der Religion zur anderen. Deshalb gehorchte bei jenem Übergang das

---

26 So schon *Baur*, Paulus S. 3.
27 *Philosphotos*, Die Evangelien, ihr Geist S. 437.
28 Dieser ursprüngliche Inhalt des christlichen Bewußtseins wird von Baur gerne an matthäischen Texten entwickelt, z.B. *Baur*, NTTheologie S. 64.
29 Vgl. *Geiger*, Spekulation S. 64–72. In den „Vorlesungen über neutestamentliche Theologie" tritt diese Auffassung bei der Darstellung Jesu allerdings zurück, bleibt aber gültig, S. *Baur*, NTTheologie, S. 62–69.
30 *Baur*, Paulus S. 512; *Baur*, NTTheologie S. 128ff.

gedankliche Material weiterhin der Idee der Religion. Als Idee war sie von dem Umbruch des paulinischen Denkens nicht berührt. Religion besteht in einem Verhältnis der δικαιοσύνη des Menschen vor Gott. Baur umschreibt es als „Einheit mit Gott"[31]. Um sie mußte es auch in der neuen christlichen Theologie des Paulus gehen. Folgt der Leser Baur auf dem schwierigen Weg des paulinischen Denkens nach, steht am Ende in der Tat die Einheit des Menschen mit Gott, und zwar insofern er als Geist zum göttlichen Geist gehört[32]. Die Rechtfertigungslehre des Paulus zielt auf nichts anderes ab; recht verstanden ist sie eine Lehre der Rechtfertigung durch den Geist[33]. Damit bestätigt sich zugleich die Richtigkeit und Fruchtbarkeit der Geist-Metaphysik, die Baurs Denken im Anschluß an den deutschen Idealismus leitet[34]. Die paulinische Lehre lebt in demselben Existenzverständnis wie der verstehende Ausleger selbst[35]. Sie führt nicht auf irgendwelche Irrwege vom Evangelium ab, sondern sie führt Paulus und den, der ihn versteht, lehrhaft auf das hin, was Jesus selbst gelebt hat, „die ideale Einheit aller dem empirischen Bewusstsein sich aufdringenden Gegensätze"[36].

Paulus wurde sich jener Einheit von Gott und Mensch nicht von sich aus bewußt. Deshalb denkt seine Theologie deren Bedingtheit immer mit, das heißt, sie denkt Jesus in dem Verhältnis von Gott und Mensch mit. Der Glaubende weiß nicht bloß *wie* Jesus, er weiß zugleich nur *durch* Jesus um sich und damit um Gott. Nicht zufällig, sondern notwendig ist sein eigener Geist eins mit dem Geist Jesu, der mit dem göttlichen Geist eins ist. Wäre der Glaubende in seiner geistigen Existenz nicht eins mit Jesus, dann wäre er dem Geist Gottes noch immer entfremdet. Paulus war sich dieser Bestimmtheit des glaubenden Lebens bewußt. Deshalb kam es für ihn nicht in Frage, Jesu Predigt einfach zu wiederholen, wie es die Judaisten wollten. Paulus war aber fähig auszusprechen, was im Christentum Jesu gesetzt war[37]. Ihm wurde es bewußt. Das Deutungsschema von „gesetzt" und „ausgesprochen" steht also im Begründungszusammenhang der Geist-Metaphysik.

Sie ist auch dafür maßgebend, wie sich Baur die Ermöglichung des Verhältnisses „Paulus und Jesus" denkt. Jesus wurde, sagt er, durch die Ursprünglichkeit und Unmittelbarkeit seines religiösen Bewußtseins zum Anfänger des Christentums.

---

31 *Baur*, NTTheologie S. 133, insgesamt S. 132–134. Vgl. *Hodgson*, Historical Theology S. 97ff.

32 *Baur*, NTTheologie S. 174–177, 199f. Die Einheit des Geistes mit dem Geist ist aber auch die Voraussetzung jeden Schrittes auf dem Weg der paulinischen Theologie; so hat es seinen guten Grund, wenn *Baur*, Paulus S. 511–522, auch mit ihr *einsetzen* kann, während er in den Vorlesungen damit *endet*. S. *Geiger*, Spekulation S. 64–72.

33 Eine ausführliche Darstellung dieser wichtigen Frage ist hier nicht möglich. Zu Baurs Urteil über die reformatorische Rechtfertigungslehre s. *Geiger*, Spekulation S. 151ff.

34 Überblicksmäßig informativ ist *Liebing*, Hist.-krit. Theologie, detaillierter *Hodgson*, Historical Theology, und *Geiger*, Spekulation, jeweils passim.

35 *Schweitzer*, GdPaulF S. 13: „Im letzten Grunde greift er [d.i. Baur] nur das auf, [...] worin sich der Paulinismus als eine Darstellung der absoluten Religion erweist". Zu Schweitzers Urteil über Baur s. auch *Klaus Scholder*: Albert Schweitzer und Ferdinand Christian Baur. In: Albert Schweitzer. Sein Denken und sein Weg S. 184–192.

36 *Baur*, NTTheologie S. 63.

37 Zu Baurs Verständnis Jesu Christi S. *Hodgson*, Historical Theology S. 100–121.

Er brachte das Christentum in seiner reinen Gestalt als Religion. Allerdings brachte er nur zur Erscheinung, worauf die Geschichte des menschlichen Geistes allgemein hindrängte; trotzdem ist das Christentum Jesu nicht weiter „abzuleiten", jedoch sehr wohl zu verstehen[38]. In seiner Ursprünglichkeit müßte Jesus, genau genommen, sogar ganz allein im vollen Sinn „der Urchrist" heißen, anders als seine Jünger. Schon die ersten Jünger und die Judaistengemeinde unterschieden sich ja grundsätzlich von Jesus: Ihnen mußte das christliche Bewußtsein erst zuteil werden. Aus Juden wie alle Juden wurden Jünger. Paulus erging es in der Sache nicht anders, nur anders, was den Vorrang betraf. Er erlebte die umstürzende Bekehrung. Einerseits gehört er folglich fraglos in die Schar aller Christen; ohne Jesu Christentum wären sie alle nie zu Christen geworden. Andrerseits steht Paulus aber ganz und gar nicht für alle Christen; er steht wegen der Bekehrung eher abgesondert und verkörpert einen Ausnahmefall des Christseins. Baur geht nicht darauf ein, wodurch denn das Christentum der Christen vor Paulus vermittelt war. Aller Wahrscheinlichkeit nach nimmt er es als selbstverständlich an, daß der unmittelbare oder vermittelte Einfluß Jesu in ihnen den christlichen Geist weiterwirken ließ. Die Möglichkeit der paulinischen Theologie hängt er dagegen einzig und allein an das vermittelnde Moment der Bekehrung. Wie sie zu denken sei, läßt er auf sich beruhen. Noch in seinem letzten Wort zur Bekehrung des Paulus sagt er sogar: Nur ein *Wunder* konnte den jüdischen Verfolger jäh zum Christen und Apostel verwandeln[39]. Eine andere Erklärung braucht Baur nicht. Genug, daß sich der Geist des Christentums in Paulus Geltung verschaffte: Nur auf dieses „Daß" und nicht auf das „Wie" kommt alles an. Die Geist-Metaphysik erlaubt die unbeirrte Konzentration auf die *Sache* des Christentums Jesu und des Paulus; denn die Geschichte des Geistes ist unendlich wichtiger als beispielsweise motivgeschichtliche oder psychologische Ableitungen[40]. Auf dem Hintergrund seiner Geist-Metaphysik meistert Baur das Problem „Paulus und Jesus".

(B) Mit den Worten „gesetzt" und „ausgesprochen" hat sich das erste Schema andeuten lassen, das Baur zur Verhältnisbestimmung „Paulus und Jesus" gebraucht. Er formuliert es auch in der Terminologie von „an sich" und „für sich". Dieses Schema der ersten Geschichte des Christentums erfährt eine empfindliche Störung. In den „Vorlesungen über neutestamentliche Theologie" beruhigt sich Baurs Paulusdeutung nicht mehr mit der dargestellten Schematik. Dort schiebt Baur zwischen seine Entwicklung der Verkündigung Jesu einerseits und der Lehrbegriffe der neutestamentlichen Schriftsteller andererseits einen Abschnitt mit

---

38 *Baur,* NTTheologie S. 45f. Vgl. *Geiger,* Spekulation S. 9—33. Geiger arbeitet heraus, wie Baur zwar streng darauf achtete, den Zusammenhang der Geschichte nicht wunderhaft zu zerreißen, aber „das Hauptinteresse [...] gleichwohl nicht an der kausalen Betrachtung" hatte (S. 22). Baur lag hauptsächlich am Gang der Geschichte des Geistes, nicht so sehr an dessen Weg, die einzelnen Menschen zu ergreifen. S. auch *Scholder,* Baur, S. 455f., u. dazu *Geiger,* S. 19f., Anm. 33.

39 *Baur,* Das Christentum S. 45. *Geiger,* Spekulation S. 21, Anm. 35, nennt das „merkwürdig" für Baur.

40 *Bultmann,* Zur GdPaulF S. 34: „Baur hatte Wichtigeres zu tun, als psychologischen Fragen nachzugehen!".

der Überschrift „Übergang" ein. Dieser Abschnitt im Drehpunkt der Arbeit bringt überraschend auch die folgenden Überlegungen[41]:

diess ist nun die Frage, [...] ob die Lehre Jesu nicht auch ohne jene erst durch die Lehre der Apostel *hinzugekommenen* Bestimmungen für sich schon eine solche Einheit ist, dass sie einer solchen *Ergänzung* nicht erst bedarf, [...] ob wir nicht Ursache haben, das objectiv Thatsächliche, wie es an sich ist, von der *subjectiven Bedeutung,* welche es erst im Bewusstsein der Apostel und in der ihnen eigenthümlichen Anschauungsweise erhalten hat, genau zu unterscheiden.

Wenn wirklich das „die Frage" ist, deren bejahende Antwort so gut wie feststeht, dann darf der Leser im bereits Gelesenen die Darstellung des Ursprünglichen und Wesentlichen erkennen und beim Kommenden mit Hinweisen auf bloße Hinzufügungen rechnen; in Wahrheit bleiben sie allerdings aus. Es fragt sich sogar, ob Baur mit diesen Bemerkungen nicht die Theologie des Neuen Testaments in den Ruf bringt, ein großartiger Pleonasmus zu sein.

Jedenfalls legt Baur in dem Abschnitt „Übergang" der Geschichte des Urchristentums ein *anderes* Schema zugrunde, noch ehe er überhaupt einmal damit beginnt, das Schema des „An-sich-sein" und „Für-sich-sein" an ihr zu bewähren; hernach benutzt er dieses vertraute Schema unbestreitbar. Das neue Schema ist anhand von Baurs Andeutungen nicht völlig bestimmt zu erkennen. Wahrscheinlich läßt es sich mit den Worten „unverfälschte Tatsache" und „spätere Erweiterung und Deutung" richtig bezeichnen. Unter diesen Gesichtspunkten müßte auch das Problem „Paulus und Jesus" neu bestimmt werden. Als 1845 Baurs „Paulus" erschien, wurde, wie gesagt, behauptet, er mache Paulus zum Stifter des Christentums. Das neue Schema stellt demgegenüber Jesus weit über alle christliche Theologie, also unvermeidlich auch über Paulus. Was bisher als Ausdruck einer höheren Stufe des Bewußtseins galt, gerät in den Verdacht, eine zweifelhafte persönliche Deutung und Meinung zu sein. Auch so könnte Baur das Problem „Paulus und Jesus" vielleicht meistern, aber nur in einem ganz anderen Sinn als zuvor.

Die Stichworte „Tatsache" und „Deutung" unterstreichen den Zusammenhang des neuen Schemas mit einer Veränderung im Denken Baurs: Etwa seit den Jahren 1852/53 wandte sich Baur in manchem zur Aufklärung rationalistischen Gepräges zurück[42]. Seit 1852 entstanden die „Vorlesungen über neutestamentliche Theologie". So stehen in ihnen, von der verspäteten Vorbesinnung „Übergang" an, zwei Schemata *nebeneinander.* Das eine bleibt auf diesen kurzen Textabschnitt beschränkt; es ist eher rationalistisch-aufklärerisch. Das andere wird in der

---

41 *Baur,* NTTheologie S. 125 (Hervorhebung v. Verf.); die Frage ist beinahe gleichlautend schon auf s. 124 gestellt. Insgesamt s. S. 121–127. Wenn ich recht sehe, ist das Vorhandensein zweier Schemata des Geschichtsaufrisses allgemein nur bei *Geiger,* Spekulation passim, und *Baur,* NTTheologie Nachdruck S. V–XXVI, im Vorwort durch Werner Georg Kümmel pointiert herausgearbeitet. Speziell für das Problem „Paulus und Jesus" wurde sie bis jetzt übersehen, so bei *Jüngel,* Paulus und Jesus S. 6f.

42 Das hat vor allem *Geiger,* Spekulation S. 72–95, auch S. 129–144, für die verschiedensten Fragestellungen herausgearbeitet. Immer wieder zeigt sich auch, daß sich der Wandel in Baurs theologischem Denken so allmählich anbahnte, daß ihn selbst Baur nicht wahrhaben wollte.

eigentlichen Untersuchung selbst angewendet; es ist idealistisch. Das eine Schema
ist beim Übergang von Jesu Lehre zu den christlichen Lehrbegriffen sozusagen
als Verständnishilfe gegeben, während das andere als Arbeitsmittel dient. Verträgt sich beides? Die Fragwürdigkeit der Doppelung leuchtet ein, sobald man die
beiden Schemata, anders als Baur, nicht fein auf zwei verschiedene Teile der Ar-
bei verteilt. Man muß sie stattdessen weiterdenken und miteinander ins Spiel
bringen. Baur selbst tut das nicht. Er gibt sein altes idealistisches Schema in
den „Vorlesungen über neutestamentliche Theologie" keineswegs auf; er ersetzt
es nicht durch das neue, sondern stellt beide zusammen. Das entspricht auch seinem sonstigen Verfahren nach jener Wendung seines Denkens. Er versuchte die
alten Gedanken fortzuführen, obwohl er ihnen immer wieder untreu wurde[43].

Die Verdoppelung der Schemata des Geschichtsaufrisses war vermutlich ein Anzeichen von Unsicherheit. Als sich Baur mehr und mehr den eindrucksvoll unterschiedlichen Theologien des Neuen Testaments zuwandte, bemerkte er wahrscheinlich die Schwierigkeiten, das eine absolute Selbstbewußtsein in all dem auf-
zuspüren. Dieser „rote Faden" war oft sehr versteckt. Wäre sich Baur seiner
Geist-Metaphysik angesichts der Vielzahl biblischer und historischer Theologien
völlig sicher geblieben, hätte er wohl kaum zu dem Schema von „Ursprüngli-
chem" und „Hinzugefügtem" gegriffen[44]. Wahrscheinlich beirrte ihn die Schwere der Aufgabe. Sie war äußerst schwer. Baur hatte den Paulinismus historisch
markanter herausgearbeitet als je ein Exeget zuvor; er hatte eine entsprechend
andersartige Lehre der Judaisten behauptet und für die Zeit nach Paulus mit weiteren Veränderungen gerechnet. Und nun sollte und wollte er den Zusammenhang dieser so verschiedenen Theologien mit Jesu Predigt in einer neutestamentlichen Theologie ausdrücklich darstellen. Im „Paulus" und andernorts deutete
er ihn bloß an[45]. Jetzt sollte er sich darüber erklären. Überdies war sein eigenes
Interesse am irdischen Jesus im Lauf der Jahre erheblich gewachsen; Werner
Georg Kümmel nennt es „ein die Geschichtsdialektik sprengendes Hervortreten
der Lehre Jesu"[46]. Baur wußte inzwischen besser und anders über Jesus Bescheid
als früher[47]. Auch das erschwerte das Vorhaben, die neutestamentliche Theologie von Jesus aus zu verstehen. Wohl deshalb verfiel Baur darauf, sich in den
„Vorlesungen über neutestamentliche Theologie" neben dem ersten noch mit jenem zweiten Schema auszuhelfen. Leider versäumte er damit, jetzt erst recht
die Geist-Metaphysik zu überprüfen und genauer zu erfassen. In Wahrheit geht
dem zweiten Schema jede wirkliche Kraft ab, das Problem der christlichen

---

43 *Geiger*, Spekulation S. 82: „Demgemäß begegnen [...] weiterhin bis zuletzt, wenn auch
öfter vereinfacht und schematisiert, spekulative Gedankengänge".
44 Nach Beobachtungen von *Hodgson*, Historical Theology S. 56–58, 265, wurde Baur sich
in diesen Jahren auch mancher Bedenklichkeiten des Hegelianismus bewußt.
45 Das gilt z.B. für *Baur*, Das Christentum, oder *Ferdinand Christian Baur:* Vorlesungen über
die christliche Dogmengeschichte. Bd. I, 1. Das Dogma der Alten Kirche. 1. Abschn. [...]
Hrsg. v. Ferdinand Friedrich Baur. Leipzig 1865.
46 *Baur*, NTTheologie Nachdruck S. XXV.
47 S. z.B. *Liebing*, Hist.-krit. Theologie S. 311ff.; ausführlicher *Hirsch*, Geschichte V S. 519–
525, wo die Abfolge der Forschungen Baurs skizziert ist.

Theologie oder das Problem „Paulus und Jesus" zu erhellen. Was ist schon für das Verständnis der neutestamentlichen Theologie damit gewonnen, daß man sie in den Verdacht bringt, unnötig zu sein? Vielleicht war es darum eine Wirkung seiner theologischen Verständigkeit, daß Baur dieses Hilfsmittel nicht ausschöpfte.

(C) Baurs vertrautes Urteil über Paulus lautet, er habe „blos für das Bewusstsein ausgesprochen, was an sich, principiell und thatsächlich, oder *implicite* schon in der Lehre Jesu enthalten war"[48]. Im Licht des neuen Schemas stellt sich heraus, daß das Wörtchen „bloß" bei diesem Urteil womöglich nicht streng „ausschließlich" meint; und statt einfach vom „Bewußtsein" wäre vielleicht zutreffender von „seinem Bewußtsein" die Rede: Explicite nur zu sagen, was implicite ja schon gesagt ist, heißt trotzdem, mehr zu sagen, als gesagt ist. Es ist sehr fraglich, ob unter diesen Umständen das Schema von „gesetzt" und „ausgesprochen" für das Problem „Paulus und Jesus" überhaupt noch leisten kann, was es bis jetzt zu leisten schien. Wie verträgt es sich miteinander, daß Baur einerseits die neutestamentliche Theologie als Ausdruck des Für-sich-seins des christlichen Geistes begreift und sie andrerseits in den Verdacht eines subjektiven, zweifelhaften „Darüberhinaus" über das Christentum Jesu bringt[49]? Wohl kaum läßt sich jenes erste Schema einfach nach dem zweiten hin auslegen oder das zweite vom ersten her verstehen. Man darf Streit erwarten zwischen der Bejahung, im Christentum bringe sich der eine Geist zur Sprache, und der Verneinung, die christlichen Lehren seien durchaus nicht selbstverständlich bloß „der explicirte Inhalt der ursprünglichen Lehre Jesu"[50].

Wir überprüfen jetzt noch einmal Baurs Einschätzung des Paulinismus (a). Danach fragen wir, wie Baur das Problem „Paulus und Jesus" formal erfaßt und bewältigt (b). Abschließend versuchen wir abzuschätzen, was Baur der nachfolgenden Forschung in Sachen „Paulus und Jesus" hinterließ (c).

(a) Die wachsende Unsicherheit führt zurück auf die anfängliche Frage nach Baurs Bewertung der paulinischen Theologie. Sie schien anhand der Vorrede des „Paulus" unmißverständlich beantwortet. Die Antwort der „Vorlesungen über neutestamentliche Theologie" ist aber ungewiß geworden. Im Hinblick darauf hilft es weiter, sich zunächst auf eine gemeinsame Voraussetzung zu besinnen, die für beide Schemata der Geschichte des frühen Christentums gilt.

Das eine Schema sagt, im Christentum Jesu sei schon gesetzt, was Paulus später aussprach. Das andere erklärt das Christentum Jesu zum ursprünglichen und hinreichenden, wozu das Christentum der Christen dann Hinzufügungen dazubrachte. Beide Urteile setzen notwendig die Möglichkeit des Auslegers voraus, das Christentum des historischen Jesus aus den Evangelien zu ermitteln. Der Exeget

---

48 *Baur*, NTTheologie S. 128.
49 Der Geschichtsprozeß läuft auf das Verschwinden solcher dogmatischer Deutungen hinaus, s. *Geiger*, Spekulation S. 115. Geiger sagt nicht ausdrücklich, daß er der Auffassung Baurs aus Arbeiten nach 1852/53 erhoben hat; die Belege zeigen es aber.
50 *Baur*, NTTheologie S. 125.

erkennt, was im Christentum Jesu sowohl für sich (also subjektiv für Jesus) als auch an sich (objektiv) gesetzt war und ist. Der historische Theologe liest es aus seinem Leben ab, gewissermaßen als die „objektive Bedeutung" (!), ohne daß er Jesu Tod und Auferweckung besonders in Betracht ziehen müßte[51]. Er kann Jesus mit sich gleichzeitig machen. Die historisch-kritische Forschung erlaubt ihm das, und so wird ihm das Christentum Jesu an und für sich einsichtig: Er weiß mehr als Jesus selbst[52].

Diese stillschweigende Selbsteinschätzung der historischen Theologie steht auch im Hintergrund ihres Urteils über Paulus. Was bedeutet die paulinische Lehre in den Augen Baurs, wenn er von den Möglichkeiten des Exegeten so denkt? Nach dem ersten Schema der Geschichte des Urchristentums war Paulus aufgrund der Bekehrung in der Lage, auszusprechen, was mit dem Christentum Jesu gesetzt war. Baur geht davon aus, daß die paulinische Theologie von dieser Herkunft bestimmt blieb. Immer blieb sie die Theologie eines Mannes, der vom jüdisch-pharisäischen Christenverfolger zum Christen und Apostel wurde. Daraus erklärt sich für ihn beispielsweise, daß sich die paulinische Lehre rein theoretisch und höchst abstrakt in Gegensätze verstieg, die Baur relativieren möchte. Die „Gegensätze" von „Judentum und Christentum", „Werken des Gesetzes und Glauben" sind solche überspitzten Konsequenzen[53]. Wenn Baur sie erklärt und zurechtbringt, berücksichtigt er die Situation des Paulus. Als das Christentum vom „An-sich-sein" zum „Für-sich-sein" hindurchdrang, mußte es sich eben eines bestimmten Menschen bedienen. Dieser Mensch war der Ort, wo sich das Christentum erst seiner bewußt wurde; er brachte es unvermeidlich mit den Stoffen seiner Welt zusammen. Das Christentum wurde sich seiner selbst schon beim allerersten Mal notwendig auch im Horizont solcher Fragen bewußt, die gar nicht allgemeingültig sein konnten.

Man muß unterscheiden, um Baur zu verstehen. Das *absolute Selbstbewußtsein* ist zu allen Zeiten bei allen Christen ein und dasselbe. In ihm weiß der Mensch betroffen vom Verhältnis des Menschen zu Gott und vollzieht es so. Nicht ein und dieselbe ist dagegen die subjektive Form, in der die verschiedenen Menschen dieses Selbstbewußtsein leben. Das zeigt sich etwa am Unterschied zwischen dem christlichen Bewußtsein Jesu und dem seines großen Apostels. Baur verweilt zu kurz bei diesen schwierigen Fragen; trotzdem ist die Folgerung erlaubt: Wenn je

---

51 Von einer konstitutiven Bedeutung des Ostergeschehens für die Erkenntnis des Christentums Jesu weiß der Jesus-Teil der „Vorlesungen" nichts. Die Formel „objektive Bedeutung" verwendet Baur nicht. Sie drängt sich jedoch als klärende Übertreibung auf, s. etwa *Baur,* Paulus S. 3, u. *Baur,* NTTheologie S. 124f.

52 Über das Wissen des Historikers bei Baur s. *Barth,* Prot. Theologie S. 457f., dazu *Hodgson,* Historical Theology S. 261–265. *Liebing,* Hist.-krit. Theologie S. 315: „Die historische Kritik vermittelt zwischen Bewußtsein und Faktischem, Spekulation und Gegebenem, Gegenwart und Vergangenheit". Kritisch setzt sich gerade auch mit der Selbsteinschätzung der historischen Kritik auseinander *Christoph Senft:* Wahrhaftigkeit und Wahrheit. Die Theologie des 19. Jahrhunderts zwischen Orthodoxie und Aufklärung. Tübingen 1956 (= BHTh 22). Über Baur S. 47–86, zum Problem der Geschichtswissenschaft in der Theologie bes. S. 75–79.

53 *Baur,* NTTheologie S. 180–182.

und je ein anderer Mensch als Paulus zum Ort des christlichen Bewußtseins wird, dann ist das Christentum in diesem besonderen Menschen jeweils anders „für sich", als es in Paulus „für sich" war. „An sich" aber ist das Christentum in beiden dasselbe. Aus diesen Überlegungen läßt sich etwas für Baurs Bewertung der paulinischen Theologie schließen: Die paulinische Theologie ist zwar nicht im mindesten verächtlich, sie ist jedoch auch *nicht verbindlich*. Sie entbindet keinen Theologen von der Verpflichtung, zu einer eigenen zeitgemäßen Theologie zu gelangen. Nur sie kann dem Fortgang der Geschichte des Geistes immer neu gerecht werden. Keine der Theologien in der Geschichte des Christentums befreit von der Aufgabe einer Theologie für die jeweilige Gegenwart.

Soviel ergibt sich aus der Selbsteinschätzung der historischen Theologie, wenn man das erste Schema des Geschichtsaufrisses heranzieht. Unausgesprochen verlangt nun das zweite eine andere Bewertung der paulinischen Theologie als das erste. Ich erinnere nochmals daran, was Baur der historisch-kritischen Theologie zutraut: Sie erkennt mit wissenschaftlichen Mitteln am irdischen Jesus nicht nur, was das Christentum für Jesus war, sondern auch, was es an und für sich ist. Damit tritt sie unvermeidlich in einen Wettstreit mit den neutestamentlichen Theologen wie Paulus; diese meinten nämlich ihrerseits ebenfalls, das Christentum in seinem An-und-für-sich zu erkennen. Die historische Theologie fühlt sich berechtigt, beim Vergleich der neutestamentlichen Lehrbegriffe mit Jesu Christentum von einem „Mehr" zu sprechen. Also erweist sich die historisch-kritische Theologie als die überlegene Theologie. *Sie* ist imstande, Jesu Christentum ganz und gar zu verstehen, und das heißt: das Christentum selbst. Deshalb muß es in ihren Augen ein Mangel der neutestamentlichen Schriften sein, wenn sie mehr „explizieren", als sich an Jesu Christentum überhaupt explizieren läßt. Die Theologien des Neuen Testaments schießen übers Ziel und sagen einiges, was über das Christentum in seinem An-und-für-sich hinausgeht. Jesus ist der Gewährsmann der exegetischen Theologie. Mit ihm kann sie solche Äußerungen in ihre Grenzen weisen. Auch so gesehen ist die paulinische Theologie zwar nicht im geringsten verächtlich; sie ist aber eindeutig *unterlegen*.

In den „Vorlesungen über neutestamentliche Theologie" klingt dieser Gedanke nur an. Er wird zurückgedrängt durch den Kontext, der die Geist-Metaphysik weiter gelten läßt. Auch schränkt ihn das unverkennbare bemühte Interesse an Paulus ein. Der Abschnitt „Übergang" mit seinem besonderen Verständnis der Kirchengeschichte als Depravation bleibt von einer anderen Darstellung umschlossen; sie findet sich mit dem Schema „gesetzt" und „ausgesprochen" zurecht. Und nach diesem Schema aus dem Zusammenhang der Metaphysik des Geistes behält jede Stufe auf dem Weg des Geistes zu sich selbst ihren guten Wert. Baur ist· frei von allem Hochmut gegenüber Paulus. Für ihn gilt wirklich: Die paulinische Theologie zu verstehen, heißt, ihr ihr Recht geben zu können. Trotzdem bricht da einen Augenblick lang jene Vergessenheit der neutestamentlichen Wissenschaft des neunzehnten Jahrhunderts hervor, die ihr häufig die Augen für die eigene Bedingtheit verschloß. Sie kam von der idealistischen Geschichtsauffassung her, und doch vergaß sie deren vielleicht wichtigsten Grundsatz, daß nämlich „Ge-

schichte [...] an sich immer schon gedeutetes Geschehen [ist], und gerade die
Deutung enthält das Wesentliche, ist das eigentlich Geschichtliche"[54]. Wenn Baur
das Urdatum „Jesus" von den hinzugekommenen Deutungen trennen und ihnen
vorziehen will, übergeht er diese Einsicht.

Ich zitiere Wolfgang Geiger[55]:

An dieser Stelle also biegt Baur von Hegel ab. Während bei diesem von einem historisch-kritischen Kern der Geschichte nicht die Rede ist, besteht Baur darauf, daß es hinter der überlieferten und geltenden Geschichte von Christus, Bibel, Dogma ein ganz bestimmtes historisches Ansich gibt und – darin erst liegt die entscheidende Wendung – daß dieses historisch-
kritisch herauszustellende Ansich die eigentliche, die wahre Wirklichkeit des geschichtlichen
Gegenstandes, ‚die reine Objectivität der Sache selbst' sei. An diesem Punkte trennen sich
zwei grundverschiedene Verhaltensweisen gegenüber geschichtlicher Wirklichkeit, ja zwei gei-
stesgeschichtliche Epochen. Es trennt sich der Historismus von der Spekulation.

Die Tatsachengläubigkeit des Rationalismus wird verändert wieder aufgenommen.

Was sich bei Baur bloß gelegentlich zeigt, wurde hernach gang und gäbe. Die
neutestamentliche Theologie ging über ihre eigene Vorgeschichte und deren Besonderheiten hinweg. Sie überging den Sachverhalt, daß eine christliche Theologie nie durch die bloße rabbinische Weitergabe der Lehre Jesu entstanden wäre[56].
Deshalb gefiel ihr die Leben-Jesu-Forschung so sehr. Und sie übersah, daß ihr
eigenes Bedürfnis, sich auf Jesus zurückzubeziehen, ohne jene christliche Theologie gar nicht erwachsen wäre. Diese Theologie wiederholte aber gerade nicht
bloß wortwörtlich die Aussprüche Jesu, sondern sie wußte sich auf Jesus Christus bezogen, dachte deshalb über ihn nach und verkündigte ihn. Ihr ging es um
die glaubende Anerkennung der Herrschaft Jesu Christi, seit den ersten Anfängen einer christlichen Theologie. Ohne das hätte es letztlich auch das neue Bestreben nicht gegeben, die „wahre" Bedeutung des Menschen Jesus jetzt eben historisch-kritisch aufzudecken. Dieser Wunsch war nur wieder ein Versuch, Jesus aus
der bloßen Historizität einer alten Zeit zu befreien. Wenn auch ganz anders und
mit vermeintlich schlechteren Mitteln hatte das die alte Theologie ebenfalls gewollt[57].

Die Besinnung auf diese Bedingtheit der historischen neutestamentlichen Theologie konnte leicht Schaden nehmen. Das Gefühl neuer Möglichkeiten lud geradezu dazu ein: Jetzt schien Jesus erst wahrhaft erkennbar und vielleicht auch genug
der Erkenntnis; das Neue Testament ließ sich auf Schritt und Tritt bei Eingrif-
fen und Hinzufügungen überführen. Die Verlockung war zu groß, das eigene theo-

---

54 *Geiger,* Spekulation S. 188. S. auch die Interpretation einer Äußerung Baurs bei ihm,
   S. 186–189, und bei *Liebing,* Hist.-krit. Theologie S. 314f.
55 *Geiger,* Spekulation S. 188f.
56 Vgl. *C. K. Barrett:* Die Umwelt des Neuen Testaments. Ausgewählte Quellen. Hrsg. u.
   übers. v. Carsten Colpe. Tübingen 1959 (WUNT 4). S. 151 (Abboth 2,8f.): „Fünf Schüler hatte Rabban Jochenan b. Zakkai [...] Folgendermaßen lobte er sie: Elieser b. Hyr-
   kanus ist eine ausgekalkte Zisterne, die keinen Tropfen verlorengehen läßt [...]". Dieser Schüler wird als erster und über alle andern gelobt.
57 Über den Sinn des Historischen im neutestamentlichen Schrifttum s. *Ernst Käsemann:*
   Das Problem des historischen Jesus. In: Exegetische Versuche und Besinnungen. Bd. 1.
   Göttingen o. J., S. 187–214.

logische Tun im Gegenzug statt im Gefolge der alten christlichen Theologie zu begreifen.

So verrät sich in dem Augenblick, als Baur das zweite Schema heranzieht, zugleich eine verborgene Bereitschaft der neutestamentlichen Wissenschaft der „freien" Theologie: Sie neigte dazu, gegenüber aller dogmatischen Theologie als die „bessere" Theologie aufzutreten. Daß Baur das doch nicht ganz vermeiden kann, ist vielleicht vergleichbar mit einer unwillkürlichen Geste, die ungewollt verborgene Eigenschaften verrät. Baurs historische Theologie versteht sich in Wahrheit nicht mehr bloß als die hinzugekommene zweite Disziplin neben der Dogmatik. Sie zeigt die deutliche Tendenz, sich auch an die Stelle der Dogmatik zu setzen. „Abgesehen von der Geschichte bliebe die Theologie eben nirgends!"[58]. In dieser Konkurrenz zu aller Dogmatik weiß die exegetische Theologie des Neuen Testaments natürlich auch mehr als Paulus, wenn es um das richtige Verständnis des Christentums geht. Sie vermeint, den Schwächen aller Theologie anderer Art zu entgehen, die sich unweigerlich selbst mit ins Spiel bringe. Sie selber aber scheint nur nachzusprechen und zu benennen, was durch Jesus in die Welt getreten ist. Kants Hinweis auf das „Ding an sich" wird umgemünzt in eine Aufforderung an die Historiker unter den Theologen, daß sie hinter dem Schein die Tatsächlichkeiten der Geschichte aufstöbern und feststellen[59]; „[...] diess ist nun die Frage, [...] ob wir nicht Ursache haben, das objective Thatsächliche, wie es an sich ist, von der subjectiven Bedeutung, welche es erst im Bewusstsein der Apostel [...] erhalten hat, genau zu unterscheiden"[60].

Baur formuliert so in den „Vorlesungen über neutestamentliche Theologie", als er den Übergang von Jesu Predigt zur christlichen Lehre bespricht. Das alte Zeugnis von Jesus kommt in Verdacht. Möglicherweise steht es als dogmatische Theologie jener ursprünglichen Lehre Jesu ferner als derjenige, der sich dem Geleit der historischen Theologie anvertraut. Baur bezeichnet hier Jesu Christsein als das Christentum in der reinen Gestalt der *Religion*[61]. Demnach hält sich die historische Erforschung des Lebens Jesu inständiger und sicherer bei der Sache der christlichen Religion als jedes andere theologische Bestreben sonst. Denn nur so hat es der Theologe unmittelbar mit der reinen Religion zu tun. Man begreift, weshalb die neutestamentliche Wissenschaft des neunzehnten Jahrhunderts ihren Eifer überwiegend auf die Leben-Jesu-Forschung richtete.

Baur freilich gab den angeblichen Möglichkeiten nie ganz nach, von denen gerade die Rede war. Er widerstand sogar überwiegend diesen Möglichkeiten, Jesus gegen Christus, die Religion gegen die Theologie und die Bibel gegen die heilige Schrift auszuspielen. Man wird sagen müssen: Erstaunlicherweise gab er all dem nicht auf breiter Front nach. Er schätzte nämlich beispielsweise schon 1845 ausdrücklich die Leben-Jesu-Forschung als die wichtigste Aufgabe der historisch-kritischen Forschung ein, und nichts kennzeichnet diese Forschung mehr, als daß

---

58 *Liebing*, Hist.-krit. Theologie S. 316. Insgesamt S. 313–317.
59 *S. Geiger*, Spekulation S. 186ff.; *Fraedrich*, Baur S. 196f.
60 *Baur*, NTTheologie S. 125.
61 Ebd. S. 45.

für sie Jesus „der ‚historische' gerade [...] in historischem Fixiertsein" war[62]. Unter Berufung auf die abgeschlossene Größe des Christentums Jesu hätte sich Baur über die Botschaft des Neuen Testaments hinwegsetzen können. Er hütete sich weitgehend davor. Er erlag der Versuchung nicht, weil er im Erbe des deutschen Idealismus die Geschichte des Geistes nachdenken wollte.

Am Urteil über die erste Geschichte des Christentums hat sich die Möglichkeit zweier verschiedener Auffassungen von Theologie gezeigt, die sich der historisch-kritischen Theologie anboten. Unverkennbar standen sie in Wechselwirkung mit der Einschätzung Jesu, und davon hing wiederum ab, was über Paulus gesagt wurde. Deshalb ist es so wichtig zu bemerken, daß Baur zwei verschiedene Weisen sieht, das Problem „Paulus und Jesus" zu meistern. Es führt in die Perspektiven der liberalen Theologie hinein.

(b) Formal betrachtet ist Baurs Erfassung und Lösung des Problems „Paulus und Jesus" ein Vergleich. Das vermittelnde Moment ist anscheinend weit aus aller menschlichen Einflußnahme oder Ermöglichung herausgerückt. Die Bekehrung entzieht sich als Schritt des Geistes (womöglich sogar als Wunder) der menschlichen Möglichkeit. Gott selbst gewährleistet dadurch die Christlichkeit der paulinischen Theologie. Zugleich ist dies vermittelnde Moment „Bekehrung" sachlich entweder stark eingeschränkt, gewissermaßen auf einen Punkt[63], oder im Gegenteil stark ausgeweitet, sozusagen zu einer ständigen Bezogenheit – und über beides entscheidet das jeweils gültige Deutungsschema des Geschichtsverlaufs. Im voraus betone ich, daß sich Baur zeitlebens nicht mit dergleichen Überlegungen abgab. Im Folgenden handelt es sich nur um Schlüsse[64].

Baur schreibt der Bekehrung eine bestimmte Rolle im Christ-werden des Paulus zu, und die ist in seiner Auffassung begründet, daß im Christentum Jesu das Christentum schlechthin gesetzt sei. Nun historisiert Baur aber dieses Christentum Jesu, wie wir gesehen haben. Wenn also die Bekehrung dem Juden Paulus etwas vermitteln sollte, dann doch wohl das Christentum, das mit Jesu Person unlöslich verbunden ist. Ich folgere daraus: Nach Baurs Urteil „leuchtete" in der Bekehrung das „schon vorhandene" Christentum (Jesu) in Paulus „auf"[65]. In der Bekehrung war „beides" in einem Akt zusammen, das Christentum (Jesu) und der Mensch Paulus, dem es sich einprägte. Auf die weitere Auslegung dieses Geschehens wirkt sich das jeweilige Deutungsschema der christlichen Geschichte aus. Im ersten Fall (Schema: „gesetzt" und „ausgesprochen") kamen Jesu Christentum und das Christentum des Paulus vom Moment der Bekehrung an für immer überein. Nur das

---

62 *Ebeling*, Begriffsgesch. „Theologie" Sp. 761. Auch unsere Überlegungen bringen also die „Janusgestalt" Baurs ans Licht, vgl. *Geiger*, Spekulation S. 189. Für Baurs Urteil über die Leben-Jesu-Forschung nach Strauß s. *Baur*, Paulus S. 2f.

63 Vgl. *Wilfried Joest:* Bekehrung IV. Systematisch. RGG³ I, Sp. 980f.

64 *Baur*, NTTheologie S. 128–130, Das Christentum S. 44–46, Paulus S. 512f., sind einige Voten zur Bekehrung des Paulus.

65 Die Terminologie schließt sich *nicht* an Baur an! *Baur*, Das Christentum S. 45, nennt die Bekehrung den Akt, „in welchem Gott seinen Sohn in ihm [d.i. Paulus] enthüllte". Vom Menschen als „Ort" des Göttlichen redet Baur jedoch, s. *Geiger*, Spekulation S. 147; ich übernehme diesen Ausdruck unten in einem etwas modifizierten Sinn.

entscheidet, und die Überspitzungen der paulinischen Theologie fallen nicht ins Gewicht. Bekehrung und Bekehrt-sein waren Stationen auf dem Weg des Geistes, der das Christentum ausmacht. Das Christentum (Jesu) lebte in Paulus fort. Genau genommen ist hier die Unterscheidung zwischen Bekehrung und Bekehrt-sein eine bloße Annahme. Es gibt keine wirkliche Grenze, wo die Bekehrung als ein geistiges (nicht seelisches!) Geschehen endet und das Bekehrt-sein beginnt.

Im zweiten Fall dagegen (Schema: „Tatsächliches" und „Hinzugefügtes") kam das paulinische Christentum bestenfalls im Augenblick der Bekehrung völlig mit demjenigen Jesu überein; nachher muß ja von bedenklichen Hinzufügungen gesprochen werden. Hier haben die Bedenken das Übergewicht. Die Unterscheidung zwischen der Bekehrung als Augenblick der — vielleicht — vollen Übereinstimmung einerseits und dem beargwöhnten Bekehrt-sein andrerseits ist eine bloße Annahme. In Wirklichkeit fehlt die Grenze, vor der das Christentum (Jesu) so im Menschen Paulus aufgeleuchtet wäre, daß es nicht diesen besonderen Menschen als einen Ort erleuchtet hätte. Das Christentum war nie anders in diesem Menschen, als daß es in *diesem* Menschen war: immer schon ausgelegt durch sein Leben. Und genau dieser Ausgelegtheit gilt der Argwohn.

Das vermittelnde Moment Bekehrung weitet sich demnach im einen Fall zum ständigen Wirken des einen göttlichen Geistes. Man könnte von einer fortwährenden Bekehrung sprechen. Im zweiten Fall droht das vermittelnde Moment Bekehrung, im Bekehrt-sein des Menschen Paulus zu verschwinden. Paulus bietet eine bedenkliche Grenze für Gottes Möglichkeit zu wirken. In diesem Fall greift die Zwiespältigkeit auf den scheinbar sicheren Ort des vermittelnden Moments in der Geschichte des göttlichen Geistes über; sie holt es zurück ins Zwielicht des menschlichen Ortes Paulus. Unter dem einen Blickwinkel steht Gottes gütige Gewährung im Vordergrund, im andern die Bedingtheit durch den Empfänger, nämlich Paulus. Baur will in den „Vorlesungen über neutestamentliche Theologie" die Kirchengeschichte keineswegs zu einem fatalen Irrgang werden lassen. Der erste Gesichtspunkt herrscht klar vor, aber es gibt auch den zweiten.

(c) Baur bringt die Erörtertung des Problems „Paulus und Jesus" für die freie Theologie vollends unverkennbar in die Form eines Vergleichs. Er erkennt, daß es sich durch Hinüberführen oder Herleiten von Jesus nicht bewältigen läßt. Das ist neu, denn die Aufklärer und ihre Nachfolger hielten sich noch weitgehend auf dieser Linie. Sie suchten in Wahrheit durchaus schon einen Ausgleich, aber unter der glättenden Form der Herleitung. Baur dagegen erfaßt wie keiner zuvor Jesus und Paulus als zwei unverwechselbare Personen mit unverwechselbaren Lebensumständen und Lehren. Er unterscheidet so deutlich, daß an schlichte Herleitungen nicht mehr zu denken ist. In den Jahren, als er damit anfing, war er noch fest von der idealistischen Philosophie überzeugt. Er brauchte nicht zu fürchten, daß ihm die Unterscheidung zur Trennung geraten würde. Diese Möglichkeit deutete sich erst in den späten „Vorlesungen über neutestamentliche Theologie" an. Solange sich Baur aber an den Idealismus hielt, konnte er ohne Ängstlichkeit und ohne Argwohn gegen Paulus zwischen Jesus und Paulus unterscheiden. Er durfte das Thema „Paulus und Jesus" ruhig als Vergleich behandeln;

und als er nachher von der idealistischen Linie abwich, war das eben schon geschehen. Baur kam nicht mehr dazu, die Konsequenzen dieser Wendung für das
Thema „Paulus und Jesus" zu ziehen, wollte es vielleicht auch nicht.

Baurs Hochschätzung des Paulinismus setzte die Gültigkeit einer idealistischen
Metaphysik des Geistes voraus. Bloß ihretwegen blieb sie vor Verlegenheit über
die Frage „Paulus und Jesus" bewahrt. Die Geist-Metaphysik erschloß Baur die
Freiheit zur Erforschung der Schrift als Bibel und zugleich die Bereitschaft, die
Bibel als die Schrift zu erproben[66]. Baur konnte daher den Paulinismus kritisch
erforschen und gleichzeitig auf Paulus hören. Allerdings war es ein kritisches Hören; es nahm erklärtermaßen nur an, was es als gut erkannte. Die Geist-Metaphysik bestimmte auch das Verständnis für die Unterscheidung zwischen Jesus
und Christus, wie ihn Paulus bezeugt. Ihretwegen wurde daraus ein Verstehen
und keine Abrechnung, die das paulinische Christus-Zeugnis mit Hilfe der Historie erledigt hätte. Außerdem ermöglichte die Geist-Metaphysik, daß Religion
und Theologie nicht gegeneinander ausgespielt werden mußten[67]. Auch das kam
dem Thema „Paulus und Jesus" zugute. Die Geist-Metaphysik erlaubte die sachliche Bescheidung des selbstbewußten Denkens. Es durfte sich am Verständnis
der Geschichte des Geistes genug sein lassen. Es durfte gelassen darauf verzichten, alles zu erklären und kausal abzuleiten. Wenn nur begriffen war, daß in allem der göttliche Geist weiterkommt, war es genug.

Für den Fortgang der theologischen Diskussion um „Paulus und Jesus" ergab
sich daraus eine Ungewißheit, daß Baurs Antwort an der Metaphysik des Geistes
hing. Sobald einmal deren tragende Kraft nachließ oder aufhörte, stand das
Problem wieder zur Lösung an. Bekanntlich trat unter den Ereignissen und
Schicksalen der deutschen Märzrevolution von 1848 tatsächlich eine Wende im
deutschen Geistesleben ein, die auch die Kraft der idealistischen Weltdeutung
brach[68]. Wir konnten an Baur beobachten, wie sogar er in den späteren Jahren
von der Geist-Metaphysik abwich und in Bahnen des aufklärerischen Denkens
zurückbog. Und wirklich versuchte er es dann auch mit der zweiten, anderen
Deutung des Verhältnisses „Paulus und Jesus".

Es war fraglich, ob sich die freie Theologie nach Baur beides zugleich erhalten
können würde, die Freiheit zur Unterscheidung und die Fähigkeit zur Verbindung
des Unterschiedenen. Wenn sie den spekulativen Geschichtskonstruktionen nicht
mehr traute, geriet sie möglicherweise leicht in Versuchung, vorsichtshalber die
Unterscheidung zwischen Jesus und Paulus wieder etwas abzumildern. Oder aber
sie hielt die Unterscheidung aufrecht, trieb sie womöglich sogar weiter; dann
drohte schnell der Übergang von der Unterscheidung zur Trennung zwischen Jesus
und Paulus. Baurs Aussagen zum Problem „Paulus und Jesus" stellten die freie
Theologie eigentlich vor eine neue Aufgabe. Hätte Baur so oder so nur in *einem*

---

66 S. aber *Geiger,* Spekulation S. 148–151; *Senft,* Wahrhaftigkeit S. 79–86.
67 Wenn Baur Religion und Theologie gegeneinander ausgespielt hätte, dann hätte es höchstens zuungunsten der Religion geschehen können, ganz anders als in der späteren freien
   Theologie, s. *Geiger*, Spekulation S. 152–159.
68 Vgl. nur *Stephan/Schmidt*, Geschichte S. 121.

Sinn gesprochen, hätte man sein Urteil noch am ehesten nachsprechen können. So aber zog eine Antwort die andere in Frage. Denn es war ja nicht nur das erste Schema durch das zweite angegriffen. Baur wiederholte auch das erste noch einmal; er strich es nicht einfach aus, und das schränkte das zweite von vornherein ein.

Falls sich das zweite Schema durchsetzen würde, lief die freie Theologie Gefahr, daß sie künftig wieder nicht mehr das „ganze" Christentum in Beschlag nehmen durfte. Eine Beschränkung der positiven Bezugnahme nur auf Jesus beispielsweise würde notgedrungen der konservativen Gegenseite erneut ein weites Feld überlassen. Bei Baurs Tod stand offen, ob die freie Theologie weiterhin am Thema „Paulus und Jesus" auch ihr eigenes Recht behaupten konnte. Das Thema „Paulus und Jesus" konnte ebenso gut wieder zu einer Erinnerung an Paulus werden, die Verlegenheit bereitete. Baurs wissenschaftliches Lebenswerk verdeutlichte die Bedeutung des Problems „Paulus und Jesus". In seiner Uneinheitlichkeit aber machte es der nachfolgenden Forschung den Ausweg schwer, dieses Problem als gelöst zu betrachten. Darin liegt so etwas wie ein unbewußter Vorzug[69]. Baur bemerkte das Problem „Paulus und Jesus" und verstellte es nicht, und insofern tat er mehr für sein Verständnis als viele, die es hernach zu lösen meinten.

§ 9. „Paulus und Jesus" in der zweiten Phase der freien Theologie

Baur starb im Dezember 1860. Nach seinem Tod sah es fast so aus, „als ob Baurs Lebensarbeit an den theologischen Fakultäten wirkungslos vorübergehen sollte. [...] Es gab in der Mitte der Sechziger keinen theologischen Lehrer in Deutschland, der sich als Fortführer seiner Lebensarbeit fühlte. Man hatte die Tübinger Kritik ‚überwunden'"[1]. Tatsächlich war Baur im Lauf der Jahre mehr und mehr vereinsamt; die Tübinger Fakultät kam als Fortsetzerin seiner Arbeit nicht in Betracht. Zu seinem Nachfolger im Amt wurde Carl Weizsäcker (1822–1899) berufen, ein Mann der Vermittlungstheologie; man schätzte ihn damals eher als Kritiker denn als Schüler Baurs ein[2]. Baurs eigene Schule hatte sich nicht entfalten können. Die heftigen Anfeindungen und Widerstände gegen die historisch-kritische Theologie schlossen seine Schüler beinahe zwangsläufig von der akademischen theologischen Laufbahn aus, solange sie zu ihm hielten[3]. So fehlte es auch von daher an geeigneten Männern, um Baurs Arbeit weiterzuführen. Insofern wurde hier mit Hilfe der Personalpolitik Theologiegeschichte gemacht. Franz Overbeck schildert die Situation der siebziger Jahre als betroffener ehemaliger „Tübinger" sehr trist[4]:

---

69 Dazu, daß „Lösungen" nicht immer ein Vorzug sein müssen und Inkonsequenzen umgekehrt ein Vorzug sein können, s. *Scholder*, Baur S. 456, und Kümmel im Vorwort zu *Baur*, NTTheologie Nachdruck S. XXVf.

1 *Hirsch*, Geschichte V S. 553.

2 S. dazu *Heinrich Holtzmann:* Weizsäcker, Karl. RE³ XXI, S. 76–84. Insbes. S. 81f. Weiteres s. u.

3 Vgl. *Hirsch*, Geschichte V S. 553f., *Nigg*, Liberalismus S. 154f.

4 *Franz Oberbeck:* Über die Christlichkeit unserer heutigen Theologie. Nachdr. d. 2., vermehrten Aufl. v. 1903. 3., unveränd. Aufl. Darmstadt 1963. Zit. S. 2. Es handelt sich um

Allein was hiess damals überhaupt ‚Tübinger Schule'? Wie sich [...] noch jedermann erinnern kann, ein Wrack, dessen Bemannung aus einem vor 10 Jahren gestorbenen Meister und einer kleinen Schaar von Schülern bestand, von denen die Meisten noch bei ihren Lebzeiten nahezu aufgehört hatten an der Schiffsarbeit sich zu betheiligen, einer in der Heimath Obdach gefunden hatte und mit dem was er gelernt weiter wirkte (*Hilgenfeld*), ein zweiter und dritter es nur zur Heimath hinausgedrängt thaten (*Volkmar*) oder zu thun sich eben anschickten (*Holsten*) und ein Letzter – es war aber der, dem ‚die Zukunft gehörte' [...] – nur noch ‚mitmachte', indem er das Schiff anzubohren beflissen war (*Ritschl*).

Bei Overbeck klingt an, daß zu den äußeren auch innere Schwierigkeiten hinzukamen. Das größte Erschwernis für die kontinuierliche Fortführung der Arbeit Baurs entstand aus der Veränderung der geistigen Situation. Um die Jahrhundertmitte hatte der Idealismus den Großteil seines Ansehens eingebüßt. Diese Krise des Idealismus schadete unweigerlich auch der Theologie Baurs. Baur hatte sich zur Spekulation bekannt und war trotzdem nicht entfernt ein „Spekulant". Jetzt aber geriet die Spekulation verstärkt in den bösen Verdacht, historische Hirngespinste zu erzeugen. Sogar Baurs eigenes Werk zeigt Anzeichen der Irritierung, wie wir gesehen haben. Und als nun seit 1857 auch noch ein Schüler Baurs, Albrecht Ritschl (1822–1889), seine Grundkonstruktion für die Anfangsgeschichte des Christentums attackierte, schien Baurs historische Konzeption schwer erschüttert[5]. Es stand nicht allzu gut um den Fortgang einer freien historisch-kritischen Theologie nach Baur. Was sich davon dann doch hielt und sogar allmählich weiter Boden gewann, war eine veränderte Theologie. Die freie Theologie trat in ihre *zweite Phase* ein[6].

Die erste Phase der freien Theologie fiel in eine Zeit, in der sich der Liberalismus kirchlich und politisch eine Weile große Hoffnungen machte. Man merkt es Baurs Arbeiten an, daß sie nicht bloß die Theologie *einer* kirchlichen oder theologischen Gruppe unter anderen entwickeln wollen. Sie werben um ein neues Verständnis des Christentums, das die Theologie und die Kirche *insgesamt* gewinnen soll. Der kirchliche und politische Liberalismus der vierziger Jahre hoffte noch auf eine Veränderung des Ganzen in seinem Sinn[7]. Und in mancher Hinsicht standen die protestantischen Kirchen in der ersten Hälfte des neunzehnten Jahrhunderts wohl wirklich zur „Disposition"[8].

---

die Einleitung aus dem Jahr 1902. Die von Overbeck genannten Theologen werden uns, mit einer Ausnahme, noch beschäftigen.

5 Zu Ritschl verweise ich vorerst nur auf *Erdmann Schott:* Ritschl, 1. Albrecht. RGG³ V, Sp. 1114–1117. Weiteres s. u.

6 *Graß*, Liberalismus Sp. 352f., gliedert die Zeit der freien Theologie in „drei Epochen". Die Dreiteilung hat mich grundsätzlich überzeugt, zumindest für unsere Thematik. Sie hebt beides zugleich hervor, die Einheit und die Unterschiedlichkeit der liberalen Forschungen. Der Verlauf unserer Untersuchung soll den Gliederungsversuch einleuchtend machen; er wird nicht ausdrücklich diskutiert.

7 Über die allgemeine Lage informiert *Hermelink,* Christentum II.

8 S. *Otto Hintze:* Die Epochen des evangelischen Kirchenregiments in Preußen. In: Geist und Epochen der preußischen Geschichte. Ges. Abhandlungen Bd. 3. Hrsg. v. Fritz Hartung. Leipzig 1943, S. 64–104. S. auch *Karl Kupisch:* Die deutschen Landeskirchen im 19. und 20. Jahrhundert. Göttingen 1966 (= Die Kirche in ihrer Geschichte 4, R 2), S. 49–67 passim.

Bei Baurs Tod aber war schon längst offenbar, daß sich der Liberalismus in Politik, Kirche und Theologie nur in Teilbereichen behauptet hatte. Der politische Liberalismus zog daraus die Folgerung, es mit der eigentlichen Macht zu halten. Er unterstützte seit 1866 die Politik Bismarcks und konnte so selbst Einfluß ausüben. Der kirchliche und theologische Liberalismus stand ebenfalls vor der Frage, wie er sich damit zurechtfinden würde, auf unabsehbare Zeit bloß eine Gruppierung neben anderen zu sein. Er konnte es zum Beispiel tun, indem er sich zufrieden gab und beschränkte, oder er konnte versuchen, sich durch kleinere oder größere Abstriche weiteren Kreisen zu empfehlen. Schon durch diese veränderte Situation wurde die freie Theologie in ihrer zweiten Phase anders, als sie in der ersten war.

Eine Veränderung trat auch dadurch ein, daß die zweite Phase der freien Theologie von anderen Männern bestimmt wurde als die erste. Die meisten waren drei, vier Jahrzehnte nach Baur geboren, und der deutsche Idealismus hatte für sie nie die Rolle gespielt wie für ihn. Viele hatten Baur bei seiner schrittweisen Durchdringung des immensen historischen Stoffes nicht begleitet, sondern sie fanden vor, was er sich erst erarbeitet hatte. Dementsprechend faßten sie ihre Aufgabe anders auf: Sie kannten Baurs Entwurf und gingen nur daran, ihn kritisch zu überprüfen und zu korrigieren. Die zweite Phase der freien oder liberalen Theologie wurde eine Zeit historischer Feinarbeit. Man muß es dieser historisch-kritischen Theologie zugute halten, daß hier tatsächlich noch viel zu tun war. Wenn sie über solcher Einzelarbeit auch ins Beschreiben und Erklären zurückfiel und das Verstehen vernachlässigte, leistete sie dabei doch eine unerläßliche Aufgabe.

Wir begnügen uns vorerst mit diesen Anmerkungen. Die wesentlichsten Unterschiede zwischen der ersten und der zweiten Phase der freien Theologie werden sich zeigen, wenn wir jetzt die neuen Voten zum Problem „Paulus und Jesus" untersuchen. Wir beschäftigen uns zuerst mit zwei Arbeiten, die zeitlich noch nahe an Baur anschließen. Desto deutlicher markieren sie den Übergang und das Neue, und zwar jeweils in einem besonderen Aspekt (A, B). Danach befragen wir noch eine Untersuchung aus dem Jahr 1886, die seinerzeit als Bilanz der neueren liberalen Forschung großen Anklang fand (C). Abschließend versuche ich eine Zusammenfassung und Charakterisierung der Diskussion um „Paulus und Jesus" in der zweiten Phase der freien Theologie bis zu den achtziger Jahren (D).

(A) Carl Holsten (1825–1897) war kein persönlicher Schüler Ferdinand Christian Baurs[9]. Er gehörte trotzdem zu Baurs Schule und fühlte sich seinem literarischen Lehrer zeitlebens verpflichtet. 1859 versuchte er in einer Untersuchung über „Inhalt und gedankengang des briefes an die Galater", die Paulusforschung über Baur hinaus weiterzubringen[10]. Er mußte allerdings bald feststellen, daß Baur „die ent-

---

9 Eine ausführliche Würdigung gibt Holstens Schüler *Carl Mehlhorn:* Holsten, Karl Christian Johann. RE³ VIII, S. 281–286. S. auch *Schweitzer,* GdPaulF S. 19–91 passim, Bes. S. 30f. *Bultmann,* Zur GdPaulF S. 33–40 passim.

10 *Carl Holsten:* Inhalt und gedankengang des briefes an die Galater. 1859. In: Zum Evangelium des Paulus und des Petrus. Altes und Neues. Rostock 1868, S. 239–364. Die Arbeit ist in der vorliegenden Form des Sammelbandes überarbeitet; die Veränderungen sind aber gekennzeichnet.

scheidenden gedanken [...] fremd geblieben" waren[11]. Trotzdem unterbreitete er
sie nach Baurs Tod in der Untersuchung „Die christusvision des Paulus und die
genesis des paulinischen evangelium" (1861) mit allen ihren Verästelungen. Und
1868 schließlich bekräftigte er seine Meinung durch Herausgabe des Bandes „Zum
Evangelium des Paulus und des Petrus", der „Altes und Neues" vereinigte, darun-
ter auch die genannten zwei Abhandlungen[12]. Holsten widmete diesen Band dem
Andenken Baurs, und doch bestand er darauf, Baur korrigieren zu müssen.

Holsten hält es für seine besondere Aufgabe, das paulinische Christentum erst
vollends zu erklären. Er stößt sich daran, daß Baur nicht darüber hinauskommt,
die Bekehrung des Paulus als ein Wunder hinzunehmen[13]. Nach seinem Urteil
durchbricht das aber die grundlegende Voraussetzung der historisch-kritischen
Forschung. Diese Forschung lebt davon, daß sie hier keine Kompromisse macht.
Sie darf sich die Gewißheit nicht antasten lassen: Ein einziges ehernes Gesetz
bestimmt das ganze Wirken Gottes, in der Geschichte genauso wie in der Natur,
nämlich daß sich alles „durch immanente göttliche kräfte gesetzmäßig ohne wunder [...] entwickele [...]"; sonst wäre „die gewissheit des denkenden geistes, wie
die überzeugung des religiösen gemütes der gegenwart [...]" verloren[14]. Wer diese
Selbstverständlichkeit der Neuzeit nicht kompromißlos verteidigt, gibt die historisch-kritische Forschung auf[15]: Ist erst einmal *ein* Wunder zugestanden, wird ihre
Zahl sich schnell vermehren, und die historisch-kritische Forschung wird unmöglich. Denn in diesem Fall können ihre vernünftigen Argumente nichts mehr aus-
richten. Deshalb möchte Holsten seinem Lehrer helfen, indem er ihn korrigiert.

Baurs Tübinger Kollege Maximilian Albert Landerer (1810–1878) konstatierte
„an Baurs Grabe mit Genugtuung [...], daß Baurs Lebensarbeit vergebens gewesen sei, weil er das Wunder der Bekehrung habe stehen lassen müssen"[16]. Holsten
will derartigen Erledigungen der historisch-kritischen Forschung begegnen. Er will
auf keinen Fall zugeben, daß diese Forschung nicht überall zurechtkommt. Sie ist
auch imstande, die Bekehrung des Paulus zu erklären. Damit läßt sich Holsten
auf die Argumentation der Gegner ein. Statt die Richtigkeit ihrer Angriffe zu
überprüfen, erklärt er sich grundsätzlich mit ihnen einig: Das Recht der historisch-

---

11 Ders.: Die christusvision des Paulus und die genesis des paulinischen evangelium. 1861.
   In: Paulus und Petrus S. 2–114. Zit. S. 6. Der ursprünglichen Abhandlung (S. 65–114)
   ist eine Einleitung hinzugefügt (S. 2–64). Was Baur angeht, so fand er durchaus anerkennende Worte für Holsten, s. *Baur,* Das Christentum S. 46, Anm. 1, und 50, Anm. 1.
12 S. o. Anm. 10. Außer den genannten enthält der Band noch die Abhandlungen: Die messiasvision des Petrus und die genesis des petrinischen evangelium. 1867, S. 115–237; Die
   bedeutung des wortes ΣΑΡΞ im lehrbegriffe des Paulus. 1855, S. 365–447.
13 S. o. § 8, Anm. 39.
14 *Holsten,* Christusvision des Paulus S. 4 u. 3.
15 Zum Zusammenhang zwischen den Selbstverständlichkeiten der Neuzeit und historisch-kritischer Methode s. *Gerhard Ebeling:* Die Bedeutung der historisch-kritischen Methode für
   die protestantische Theologie und Kirche. In: Wort und Glaube S. 1–49. Dort S. 33–37.
16 *Bultmann:* Zur GdPaulF S. 34. Bultmann bezieht sich auf *Maximilian Albert Landerer:*
   Rede bei der akademischen Trauerfeier. In: Worte der Erinnerung an Ferdinand Christian
   von Baur. Tübingen 1861, S. 32–83. Dort S. 73f. Zur Person s. *Hermann Schmidt:* Landerer, Maximilian Albert. RE³ XI, S. 238–242.

kritischen Forschung steht und fällt mit dem Gelingen der völligen kausalen Erklärung des Christentums. Holsten vergißt, daß Baur zwar wirklich größten Wert auf die Geschlossenheit der geschichtlichen Abläufe legt und übernatürliche Eingriffe abstreitet, doch Baurs „Hauptinteresse hängt gleichwohl nicht an der kausalen Betrachtung"[17]. Hier verschieben sich bei Holsten die Gewichte. Er fragt in erster Linie nach den Kausalfaktoren. Das scheint ihm der Weg, um die Geschichte zu verstehen. Man muß nur aufdecken, was in der Geschichte wirkt und was bewirkt wird.

Holstens Ausgangspunkt bei seiner Paulusforschung ist also die Frage nach der Herleitung des Paulinismus. Der Überblick über seine Lebensarbeit zeigt, daß diese Frage seinen Beitrag zur Paulusforschung insgesamt prägte[18]. Mit diesem Anfang war die Richtung bestimmt. Holsten konnte sich nicht mehr von der einen Frage lösen, die ihm am wichtigsten wurde: Was bewirkte den Paulinismus, was brachte ihn zuwege? Bei Holsten hat das paulinische Problem diese besondere Form. Von daher ergibt sich auch sein Beitrag zum Thema „Paulus und Jesus". Allerdings geht er fast nie ausdrücklich auf diese Frage ein. Indirekt aber ist vorgezeichnet, was aus dem Problem „Paulus und Jesus" werden muß: Das paulinische Problem besteht für Holsten vor allem darin, den Paulinismus kausal zu erklären, und dementsprechend besteht das Problem „Paulus und Jesus" jetzt vor allem darin, wie der *Kausalzusammenhang* zwischen Jesu Predigt und der paulinischen Theologie beschaffen war. Kam es für die Entstehung des Paulinismus darauf an, was Jesus lehrte, dachte und tat? Fußt die paulinische Theologie in diesem Sinn auf Jesus? Wenn die Erklärung des Paulinismus oft oder wenn sie selten oder gar nicht auf Einflüsse Jesu stößt, immer ist das Thema „Paulus und Jesus" davon betroffen. Baur lenkt den Blick auf die Übereinstimmung in der Sache. Holsten bringt den Leser auf die Frage: Wie hat Jesus auf Paulus weitergewirkt?

Holsten treibt den Gedanken der kausalen Ableitung auf die Spitze. Er traut sich zu, Schritt für Schritt aufzuhellen, wie es zum Paulinismus kam. Er rekonstruiert die inneren Vorgänge, die Paulus zum Christentum führten: Wenn Paulus diesen Gedanken hatte, mußte ihn die Logik notwendig auf jenen anderen bringen; hatte er den gefaßt, ergab sich daraus zwingend ein dritter, und so fort. Ähnlich rekonstruiert sich Holsten die ganze erste Geschichte des Christentums. Seine Konstruktion ist in groben Zügen rasch erzählt[19]:

Jesus hielt sich für den Messiasprätendenten, der nach dieser Zeit der Niedrigkeit als herrlicher Messias hervortreten werde. An die Möglichkeit seines Todes dachte er nicht, und entsprechend lehrte er seine Jünger. Erst unmittelbar vor seiner Passion ahnte er, er müsse sterben. Bei der Einsetzung des Abendmahls konnte er das den Jüngern nur noch andeuten. Als er dann wirklich getötet wurde, fehl-

---

17 *Geiger*, Spekulation S. 22.
18 S. dazu *Mehlhorn*, Holsten.
19 Ich stütze mich auf *Holsten*, Christusvision des Paulus S. 65–114, u. Messiasvision des Petrus S. 173–195.

te den Jüngern jeder Trost. Es kam zu einer unerträglichen Spannung zwischen dem vernichtenden Eindruck dieses Endes und Jesu glaubhaftem Anspruch während seines Lebens. Sie löste sich in Petrus durch die Ostervision. Die tiefen Eindrücke von Jesu Person, seine Äußerungen beim Abendmahl und gewisse Erinnerungen an biblische Traditionen behielten die Oberhand über das Bild des Verbrechertodes. Diese Elemente bestimmten fortan die Predigt der Christen. Eine grundsätzliche Neugestaltung des Geschichtsentwurfs schien unnötig, weil sich Jesu Auferstehung als Zurücknahme seines Todes auffassen ließ. Sein Tod wurde meistens pragmatisch erklärt, als Tat des sündigen Volkes.

Ein Jude will aber in den geschichtlichen Ereignissen immer auch einen göttlichen Zweck erkennen. Als göttliche Absicht mit Jesu Tod wurde nun zweierlei genannt. Erstens hatte Gott angeblich beabsichtigt, Jesus durch die Zuspitzung seiner Leiden zu läutern; zweitens hatte Gott angeblich beschlossen, Jesus als Sühneopfer für die Sünden des Volkes aufzubieten. Der erste Gedanke behielt das Übergewicht in der christlichen Predigt, weil er sich besser mit der Erinnerung an Jesu Lehre vertrug. Im Grunde wurden so zwei Deutungen der Geschichte Gottes mit seinem Volk unreflektiert miteinander verbunden. Die eine verlangte Jesu Tod nicht unbedingt — die Läuterungen hätten vorher abbrechen können. Die andere betrachtete den Tod als ein Sühneopfer; dafür war Jesu Tod unerläßlich. In Wahrheit vertrug sich das beides nicht miteinander.

Diese unausgeglichene Lehre lernte auch der Zelot Paulus kennen. Er verfolgte die Christen und hörte dabei, was sie lehrten. Da er ein ungewöhnlich tiefgründiger und scharfsinniger Denker war, bemerkte er bald, was den Aposteln entging: Wenn wirklich der Messias den Sühnetod gestorben war, hatte er dadurch das Prinzip des Judentums zerstört. Hatte er die Sühne für die Sünder besorgt, dann war das ganze gesetzliche Bemühen entwertet. Gleichzeitig erkannte Paulus, daß ausschließlich dieses Verständnis des Todes Jesu der Forderung nach einem einsichtigen göttlichen Zweck genügte. Als Läuterung war Jesu Tod in Wahrheit nur sehr unzureichend begründet: Der Tod ist etwas anderes als eine höchste Steigerung des Leidens, und wozu dies dem Messias? So verstand Paulus das Christentum schon als Verfolger besser als die Urapostel. Desto erbitterter feindete er die Christen an, und desto schmerzlicher wünschte er auch, den Gedanken vom Sühnetod des Messias in sich zu überwinden. Er hatte keine Ruhe mehr vor diesem Gedanken. So lotete er ihn völlig aus, und so entstand seine christliche Theologie noch unter dem Vorzeichen des Neins. Die furchtbare innere Erregung und Zerrissenheit löste sich dann in der Vision vor Damaskus. Paulus bekehrte sich. Seine Theologie war im Wichtigsten fertig, ohne daß er sich noch mit irgendwem hätte beraten müssen. Von da an kämpfte Paulus für das Wort vom Kreuz.

Dies ist Holstens Konzeption. Sie wurde in den folgenden Jahrzehnten in ihren allgemeinsten Grundzügen immer wieder aufgegriffen. Von nun an war es üblich, die Lösung des paulinischen Problems zu einem guten Teil durch die Erklärung der Bekehrung zu versuchen. Zwar glaubte nicht die ganze liberale Theologie der zweiten Phase, der Geschichte so weit in die Karten zu sehen wie Holsten. Den grundsätzlichen Weg der kausalen Erklärung ging sie aber wie er, auch wenn sie diesen Weg hin und wieder durch Verweise auf das Geheimnis der geschichtlichen Persönlichkeit abkürzte. Wir fragen, welche Folgen Holstens Vorgehen für das Thema „Paulus und Jesus" hatte.

Es macht augenscheinlich einen Unterschied, ob man sich damit begnügt, daß sich der Geist des Christentums in der paulinischen Theologie durchsetzte, oder ob man den Paulinismus als Ergebnis bestimmter Faktoren zeigen möchte. Baurs Aufgabe war es, die Einheit des paulinischen Geistes mit dem Geiste Jesu darzutun; dann nämlich stimmte Paulus mit dem Geist des Christentums überein. Baur gelang dieser Nachweis, weil er auf die äußeren Abhängigkeiten nicht näher einging, sondern sich auf die Darstellung der inneren Einheit konzentrierte. Er war sogar bereit, das vermittelnde Moment zwischen Jesu Evangelium und dem Paulinismus als ein Wunder hinzunehmen. Nur darauf kam alles an, daß sich Jesu Predigt und die paulinische Lehre als Schritte auf dem Weg ein und desselben göttlichen Geistes verstehen ließen. Holstens Aufgabe stellt sich anders. Er muß erst einmal die Möglichkeit solcher Einheit durch historische Erklärungen und Ableitungen nachweisen. Das vermehrt unvermeidlich die Quellen für Schwierigkeiten und Verlegenheiten. Es genügt nicht mehr, die sachliche Übereinstimmung zu ermitteln, man muß auch noch den Weg finden, auf dem sie zustande kam. Was soll aber geschehen, wenn sich zwar die Einheit des Geistes bei Paulus und Jesus herausstellen würde, historische Mittelglieder aber nicht zu finden wären? Tatsächlich zersetzen Holstens Erklärungen unbeabsichtigt Baurs Gewißheit, daß in Paulus wirklich der Geist Jesu geschichtlich zum Zuge kam. Holsten fördert zu viele andere Gründe für den Paulinismus zu Tage, als daß für Jesu Einfluß eine genügende Rolle übrig bliebe.

Nach Holsten setzte Paulus sein Christentum in einem einzigartigen Denkprozeß aus sich heraus, um es in der Bekehrung mit vermeintlich göttlicher Autorität bestätigt zu erhalten. Der Anstoß zu diesen Vorgängen war die gehörte Behauptung vom Tod und der Auferstehung des Messias Jesus. Sie brachte das paulinische Denken in Bewegung. Holsten spricht in diesem Zusammenhang vom „Geist" des Paulus; aus ihm heraus entwickelte Paulus sein Christentum. Man merkt schnell, daß „Geist" „nunmehr das [meint], was in Hegel-Baur'scher Terminologie ‚Verstand' heißen würde, das Vermögen der Begriffe"[20]. Der paulinische Geist erdachte sein Christentum. Nun ist aber sehr fraglich, ob das wirklich als Schritt des christlichen Geistes verständlich ist, falls dieser Geist nach wie vor der Geist Jesu sein soll. Viel eher scheint doch der Geist des Judentums die Oberhand behalten zu haben, auch als sich Paulus längst gegen das Judentum gewandt hatte[21]. Paulus dachte in jüdischen Kategorien und beschäftigte sich mit jüdischen Fragen.

Dieser Argwohn gegen Paulus wird dadurch keineswegs behoben, daß Holsten dem Heidenapostel gegen die Urapostel recht gibt. Wenn Jesus der Messias war,

---

20 *Bultmann,* Zur GdPaulF S. 33. Im Orginal z.T. hervorgehoben.
21 Vgl. *Holsten,* Christusvision des Paulus S. 96f.

forderte „die unbeugsame consequenz des logischen denkens und sittlichen willens" (nach Holsten) allerdings von jedem ehemals jüdischen Jünger seit Jesu Tod
eine Theologie wie die paulinische[22]. Insofern blieben die übrigen Apostel hinter
der Konsequenz des Paulinismus zurück[23]. Es ist aber zweierlei, ob der Paulinismus für bekehrte Juden nach Ostern die zwingende Konsequenz war, oder ob er
auch sachlich die richtige Antwort auf Jesu Leben und Tod war. Man kann bei
Holsten nicht recht einsehen, inwiefern er für die paulinische Theologie überhaupt auf Jesu Geist ankam. Schließlich nahm der Paulinismus seinen Ausgang
ausschließlich davon: Der Jude Paulus hört die Behauptung, ein hingerichteter
Gotteslästerer namens Jesus sei in Wahrheit der Messias gewesen, ausgewiesen
durch seine Auferstehung. Diese Aussage hätte auf ihn möglicherweise dieselbe
Wirkung gehabt, wenn die Anhänger irgendeines beliebigen Messiasprätendenten
jener gärenden Jahre sie aufgebracht hätten. Holstens Konstruktion verbietet
diese Darstellung jedenfalls nicht. Paulus kam nur dadurch zum Christentum, daß
er den unerhört neuen Gedanken hörte und zu denken anfing: „Der designierte
Messias — getötet und auferweckt!" Sein Christentum war die Verarbeitung dieser, zunächst verneinten, Tatsache. Solange Holsten Jesu Tod nicht in eine zwingende Verbindung mit seinem Leben bringt, ist deshalb das Urteil erlaubt: Holstens kausale Erklärung der paulinischen Theologie läßt zumindest offen, ob Jesu
Lehre oder Person dafür wichtig war.

Bis hierher haben wir weitgehend nur erschlossen, welche Folgen sich aus Holstens
Paulus-Deutung für das Problem „Paulus und Jesus" ergeben. Ausdrücklich äußert
sich Holsten dazu nur an wenigen Stellen. Auch seine Arbeiten gehören in die
Phase der Geschichte des Themas „Paulus und Jesus", in der es vernachlässigt
wurde. Der Leser fragt sich freilich noch viel mehr als bei Baur, ob Holsten
sich das eigentlich leisten darf.

Eine sehr entfernte Bemerkung zum Problem „Paulus und Jesus" findet sich in
dem Aufsatz „Die christusvision des Paulus und die genesis des paulinischen
evangelium" von 1861. Holsten schreibt[24]: „Es ist ein gewisses ergebnis der kritik [...], dass das geheimnis des kreuzestodes des Messias als ausdruck eines
neuen göttlichen heilswillens erst auf grund einer unmittelbaren offenbarung des
göttlichen geistes dem Paulus sich enthüllte". Holsten verfolgt in dieser Untersuchung den Werdegang der paulinischen Theologie bis zu dem Augenblick zurück,
wo Paulus die urchristlichen Behauptungen über Jesu hört[25]. Der zitierte Satz sichert dem Leser gewissermaßen zu, daß Paulus mit dem göttlichen Sinn des
Kreuzestodes Jesu in Berührung kam, auch wenn die Ableitung selbst das nicht
ergibt. Doch braucht Holsten dafür die Annahme eines besonderen Eingreifens
Gottes. Gottes Einspringen als unmittelbarer Urheber setzt die Theologie des

---

22 Ebd. S. 58, Anm. 2.
23 *Holsten,* Messiasvision des Petrus S. 137f.
24 *Holsten,* Christusvision des Paulus S. 101; vgl. ders. Galaterbrief S. 251. Der Satz knüpft
   noch an Baurs Formulierungen an, s.o. § 8, Anm. 65.
25 Holsten sichert nirgends ab, daß es sich um mehr als um eine Behauptung handelte. Von
   einer kerygmatischen Anrede an Paulus ist nicht die Rede.

Paulus sozusagen allemal ins Recht. Ganz offenkundig ist damit aber bloß eine Notlösung gefunden; sie ist dem Zusammenhang fremd, wo es um „natürliche" kausale Ableitungen geht, und sie widerspricht der ursprünglichen Absicht, keine Ausnahme vom durchschaubaren Ursache-Folge-Zusammenhang zu dulden.

In den Ergänzungen zu den früheren Arbeiten und in der neuen Untersuchung „Die messiasvision des Petrus" liest man vielleicht deshalb *daneben* auch anderes; sie finden sich in dem Sammelband von 1868. Jetzt spricht Holsten deutlich aus, daß der Geist Jesu (wie er selber sagt) Paulus zu keiner Zeit bestimmend beeinflußt habe[26]. Damit ist zumindest für Baurs Schule ein vernichtendes Urteil gefällt. Bei Baur kam es zwar nicht auf irgendwelche Kenntnisse des Paulus über Aussprüche und Taten Jesu an. Doch lag alles an der Einheit des paulinischen Geistes mit dem Jesu. Ich wiederhole: Wo Baur vom „Geist" spricht, meint er das betroffene Wissen des Menschen um sich selbst. Nur als absolutes Selbstbewußtsein verdient es den Namen „Geist". Dieses absolute Selbstbewußtsein kann nicht das eine Mal so und ein ander Mal anders ausfallen. Es bleibt mit sich identisch und ist das christliche Bewußtsein, das mit Jesus in die Welt trat. Ohne diesen Geist Jesu ist niemand ein Christ. Ein Paulus ohne den Geist Jesu wäre folglich gar kein Christ. So wäre Holstens „Lösung" des Problems „Paulus und Jesu" zu bewerten, wenn er noch an Baurs Geist-Metaphysik festhielte. In Wirklichkeit benützt er nur Baurs Terminologie. Für ihn ist der „Geist Jesu" nicht mehr mit dem „christlichen Geist" identisch; er faßt ihn persönlicher auf, enger an die Individualität Jesu gebunden. Jesu charakterliche, seelische, geistige Ausstattung, seine Religiosität, seine Lebenshaltung – all das ist mit einbeschlossen unter Holstens Begriff „Geist". Aber auch so kann jene Aussage über das Verhältnis zwischen dem Paulinismus und Jesu Geist zu einem vernichtenden Urteil in Sachen „Paulus und Jesus" führen. Wie wir gesehen haben, denkt sich Holsten geschichtliche Beziehungen und Verhältnisse in erster Linie als kausale Beziehungen; und nun stellt er ausdrücklich fest: Jesus war kein wesentlicher Kausalfaktor für die Entstehung des Paulinismus. Daraus ließe sich folgern, daß der Paulinismus streng überprüft und zur Not verworfen werden müsse.

In einer anderen Ergänzung deutet Holsten aber versteckt eine überraschende Lösung des Problems „Paulus und Jesu" an[27]. Paulus bezog sich in seinem Denken

---

26 Ich stütze mich auf folgenden Text, *Holsten,* Galaterbrief S. 245 (Hinzufügung) „Verf. glaubt nicht, daß durch irgend eines der [von den Kritikern] aufgeführten momente ein *stetiger, innerlich vermittelter* zusammenhang des *bewusstseins* des Paulus mit dem des stifters des christentums bewiesen werde. Auch geschichtlich ist dem Paulus nur mittelbar [...] der geist Jesu entgegengetreten und in einer form und einem gehalte, die sicherlich tief unter der idealität, der reinheit und freiheit des bewußtseins Jesu standen. Und von diesem christlichen bewusstsein der urgemeinde ist Paulus [...] mehr negativ, als positiv berührt worden".

27 Im Folgenden beziehe ich mich auf *Holsten,* Christusvision des Paulus S. 58, Anm. 2, ohne mich streng an Holstens Wortwahl zu halten: „Paulus würde *von sich aus* nie mit dem historischen judentume gebrochen haben, wenn nicht schon vor ihm Jesus durch erfüllung des idealen judentums praktisch und faktisch den bruch mit dem geschichtlichen vollzogen, wenn nicht das jüdische volk durch die kreuzigung Jesu diesen bruch vollendet hätte".

allerdings hauptsächlich auf die bloße Behauptung vom Kreuzestod und der Auferweckung des Messias Jesus. Doch lebte Jesus so, daß sein Tod das Integral
seines Lebens wurde. Sein Leben war so sehr in seinem Tod aufgehoben, daß
Paulus mit Jesus in Berührung kam, als er über den Tod des Messias nachdachte. Insofern wurde er doch durch die Wirkung Jesu zum Christen. Leider spricht
Holsten darüber nur andeutungsweise. Immerhin begründet er so wenigstens
ganz kurz, weshalb die paulinische Theologie kein leeres Hirngespinst war. Das
Gewicht seiner Untersuchungen liegt jedoch eindeutig auf den Herleitungsversuchen, und dabei spielt Jesus als Person für den Paulinismus keine Rolle. Die
kurze Anmerkung wiegt diesen Eindruck nicht entfernt auf. Aufs Ganze gesehen
schadet Holstens Hilfe für Baurs geschichtlichen Entwurf den Ergebnissen Baurs
mehr, als sie sie absichert. Holsten will nur die Lücke in Baurs historischer Konstruktion schließen. Er will das „Wunder" der Bekehrung erklären. Ohne es zu
merken, richtet er damit Baurs ursprüngliche Lösung des Problems „Paulus und
Jesus" zugrunde. Er achtet kaum darauf, so sehr ist er als „Tübinger" noch für
Paulus eingenommen.

Holstens Paulus-Untersuchungen zeigen, wie sich das Bedürfnis nach den geschichtlichen Erklärungen schon in Baurs eigener Schule durchsetzt. Das Verstehen im Sinn Baurs kommt darüber zu kurz. Holsten meint vielleicht, er könne
sich das leisten, weil er das Verständnis des Paulinismus nicht antasten möchte.
In seinen Augen ist der Paulinismus wohl seit Baur wirklich verstanden; jetzt
muß er nur noch vollends erklärt werden. Trotzdem wirkt sich das Erklären auf
das Verstehen aus. Die sachliche Übereinstimmung zwischen Jesus und Paulus
tritt stark zurück. Mit dem Erklären rückt der Mensch Paulus in den Mittelpunkt.
Das Gespräch über „Paulus und Jesus" wird künftig jeweils erst klären müssen,
ob sich Paulus tatsächlich auf Jesus bezog, als er ein Christ wurde. Zu dieser
Fragestellung paßt Baurs zweites Schema für die Geschichte der frühen Christenheit gut. Es teilt die Geschichte in die Zeit der Tatsache Jesus und in die der
christlichen Deutungen auf. In diesem Sinn wäre künftig zu fragen, ob sich der
Paulinismus durch Bezugnahme auf die Tatsache Jesus erklären läßt; womöglich
kam die paulinische Jesus-Deutung aus ganz anderen Ursachen zustande, als der
irdische Jesus sie gab. Baurs zweites Schema liegt dem erklärenden Denken näher als jenes erste Schema von „gesetzt" und „ausgesprochen". Jene idealistische Lösung fragt zu konzentriert nach dem sachlichen Verhältnis, als daß sie
diejenigen befriedigte, die vorrangig die Abläufe ermitteln wollen. Diese Exegeten sind nur zufrieden, wenn sie zuerst die kausalen Zusammenhänge festgestellt
haben. Erst wenn sich solche Verbindungen von Jesus zu Paulus gefunden haben, können sie das Schema von „gesetzt" und „ausgesprochen" für diskutabel
halten. Bei der kausalen Erklärung geht diese Fragestellung aber leicht verloren.
Das ist nicht nur bei Holsten so. In der zweiten Phase der freien Theologie verließ sich jedenfalls niemand mehr bloß auf Baurs erste Antwort, wenn es um
„Paulus und Jesus" ging.

(B) Im Jahr 1858 veröffentlichte Heinrich Paret (1820–1858) einen Beitrag zum
Thema „Paulus und Jesus". Er trägt den Titel „Paulus und Jesus, Einige Bemer-

kungen über das Verhältniß des Apostels Paulus und seiner Lehre zu der Person, dem Leben und der Lehre des geschichtlichen Christus" und ist die erste monographische Äußerung zu diesem Problem in der deutschsprachigen protestantischen Theologie[28]. Er erschien in den „Jahrbüchern für deutsche Theologie", einem Organ der Vermittlungstheologie[29]; Paret arbeitete aber auch einmal in den „Theologischen Jahrbüchern" der Tübinger Schule mit[30]. Er starb früh und konnte sich keinen Namen in der Theologie machen. Das erschwert es, seine theologische Stellung zu umreißen. In seinem Aufsatz teilt er Spitzen nach beiden Seiten aus, gegen die „Alleingläubigseynwollenden" genauso wie gegen die überkritischen und überklugen „Tübinger"[31]. Wahrscheinlich tut man ihm kein Unrecht, wenn man ihn unter die Vertreter des zweiten Abschnitts der freien Theologie rechnet. Sie wollten historisch-kritisch arbeiten und doch Baurs „Übertreibungen" zurechtrücken. Beides ist auch an Paret zu beobachten.

Baur ließ sich nicht darauf ein, Holstens Weg selbst zu betreten. Parets Untersuchung aber gefiel ihm schon gar nicht. Er schreibt 1860[32]: „Es gibt nichts kleinlicheres als die Art und Weise, wie man, um die vermeintliche Lücke in der Legitimations-Urkunde des Apostels zu ergänzen, in seinen Briefen so viel möglich Citate von Worten Jesu nachzuweisen sucht, und die Sicherheit, die er darüber besass, dass er nicht vergeblich lief, sich nur daraus erklären zu können meint, dass er auch mit der geschichtlichen Lehre des geschichtlichen Christus bekannt gewesen sei". Dieser Verweis zielt ausdrücklich auf Paret ab, und Baur kommt zu dem vernichtenden Urteil[33]: „mangelhaft und ungenügend". Unter den Arbeiten der nachbaur'schen liberalen Theologie kann sich Parets Untersuchung trotzdem durchaus sehen lassen.

Baurs Schelte nennt das wichtigste Anliegen Parets. Wie Holsten will er die einzelnen Glieder der historischen Kette sicherstellen. Bei Holsten steht aber im Vordergrund, wie sich Paulus sein Christentum er-dachte. Wenn das verständlich wird, ist das Ziel erreicht: Die Lücke im historischen Ablauf ist geschlossen, das Wunderhafte der Bekehrung beseitigt. Weiter fragt Holsten nicht. Paret dagegen denkt an „Paulus und Jesus". Ihm liegt vor allem daran nachzuweisen, daß der Paulinismus ohne eine Fortwirkung des irdischen Jesus unvorstellbar wäre. Paret sucht

---

28 *Heinrich Paret:* Paulus und Jesus. Einige Bemerkungen über das Verhältniß des Apostel Paulus und seiner Lehre zu der Person, dem Leben und der Lehre des geschichtlichen Christus. JDTh 3 (1858), S. 1–85. Zur Person Parets s. *Heinrich Hartmann* (Hrsg.): Die evangelische Geistlichkeit in Württemberg. Stuttgart 1853 (= Magisterbuch 16). S. 109.

29 S. *Karl Gerhard Steck:* Zeitschriften, wissenschaftliche I. Evangelische. RGG[3] VI, Sp. 1885–1887. Bes. Sp. 1886. Ebenfalls hier erschien *Heinrich Paret:* Das Zeugniß des Apostels Paulus über die ihm gewordene Christus-Erscheinung. JDTh 4 (1859), S. 239–254. Dem Aufsatz sind Gedenkworte von Carl Weizsäcker angefügt, S. 252ff.

30 *Heinrich Paret:* Über die Möglichkeit einer christlichen Sittenlehre. Theol. Jahrbücher 5 (1846) S. 233–250; 6 (1847), S. 435–447.

31 *Paret,* Paulus und Jesus S. 50; gegen die jüngere Tübinger Schule z.B. S. 66. Insgesamt hinterläßt Paret einen angenehmen menschlichen Eindruck, so, wenn er sich für mehr „Parrhesie" auch in Deutschlands Kirchen ausspricht (S. 8f., Anm.).

32 *Baur,* Das Christentum S. 48, Anm. 1.

33 Ebd.

die Verbindung von Jesus zu Paulus hin. Er will den Paulinismus nicht bloß irgendwie erklären, er will ihn *durch den irdischen Jesus* erklären. Deshalb beschäftigen wir uns erst jetzt mit ihm, obwohl sein Aufsatz vor denen Holstens erschien. Er antwortet gewissermaßen im voraus auf die Zweifel an der Legitimität des Paulinismus, wie sie aus den Erklärungen der paulinischen Theologie erwachsen.

Paret betont, daß die paulinische Theologie ohne die Voraussetzung des irdischen Jesus undenkbar wäre. Er spürt Bezugnahmen auf Jesu „Person, Leben und Lehre" auf. Man muß sich das paulinische Evangelium anders vorstellen, als es zunächst nach den Briefen scheinen könnte. Dort spricht Paulus zu Christen, die über Jesus und sein Leben genau Bescheid wissen. In seiner missionierenden Predigt aber mußte er notwendig zuerst einmal sagen, wer dieser Jesus war, den er als den Christus verkündigte. Die Hörer verlangten zu wissen, von wem er sprach. Paret behauptet sogar, die synoptische Geschichte Jesu sei „der Hauptinhalt seiner evangelischen *Verkündigung*" gewesen[34]. Und wie die Hörer des Paulus von Jesus hören wollten, genauso erwarb sich auch Paulus selbst zunächst ein beträchtliches Wissen über den historischen Jesus; in seiner Verkündigung richtete er sich danach[35]: „Auf Thatsachen beruht sein christliches Bewußtseyn; auf diese weist sein Lehren zurück; aus diesen ist es herausgewachsen". Was immer Paulus gerade lehrte, er mußte sicher sein, daß er nicht Jesus widersprach. Sonst lief er Gefahr, bald widerlegt zu werden. Er brauchte die Gewißheit, daß weder Jesu Tun noch Lehren im Widerspruch zu seiner eigenen Theologie und Praxis stand. Er durfte sich allerhöchstens aufs Feld der „menschlichen Folgerungen und Schlüsse aus dem Lehren und Leben des Herrn" wagen[36].

Paret ist davon überzeugt, daß die Apostel mit Paulus Gemeinschaft hielten. Das beweist ihm die Verträglichkeit ihres authentischen Wissens über Jesus mit der paulinischen Lehre. Ja, sogar Angriffe auf Paulus belegen, daß er sich stark auf Nachrichten über Jesus stützte. Sein Apostolat wurde ihm gerade deshalb bestritten, weil er bloß durch andere Menschen von Jesus wisse und seine ganze Lehre daran hänge[37]. So arbeitet Paret immer wieder heraus, wie Paulus durch Jesus bestimmt war, auf den er sich bezog, sei es wiederholend, sei es deutend und fortführend. Damit ist Parets Aufgabe gelöst – zu einem Teil.

Man muß die Formulierung der Überschrift ernst nehmen. Paret nennt als Thema „das Verhältniß des Apostels Paulus und seiner Lehre zu der Person, dem Leben und der Lehre des geschichtlichen Christus". Bis jetzt ist nur die *Lehre* des Paulus daraufhin untersucht, wie sie sich zu Jesus verhält. Das Verhältnis „des Apostels Paulus" zu Jesus steht noch zur Klärung aus. Für Baur und noch für Holsten fallen das Sein und das Denken und Tun zusammen. Paret unterscheidet zwischen dem Sein und dem Denken und Tun. Im Hinblick auf Paulus gebraucht er einmal die Formulierung vom „habituelle[n] Zustand", der die

---

34 *Paret*, Paulus und Jesus S. 19, Anm. 2.
35 Ebd. S. 9.
36 Ebd. S. 35, s. auch S. 34f., 45f.
37 Ebd. S. 60–63. Selbstverständlich kritisiert Paret damit Baurs Bild des ersten Christentums,
    s. S. 66.

„Grundlage seines thätigen Lebens und seines religiösen Denkens" war[38]. Hier wird der Mensch von seinem Tun und Denken gelöst; nicht als ob beides gar nicht zusammengehörte, es läßt sich aber trennen. In der Verhältnisbestimmung zwischen „dem Apostel Paulus" und der „Person, dem Leben und der Lehre des geschichtlichen Christus" steht Paulus als Person und Jesus als Person in Rede. Das ist der zweite Teil von Parets Aufgabe.

Bisher stellte er heraus, daß Paulus sich auf Jesus bezog und dieses Wissen weitergab und verarbeitete. Schon dabei unterstrich er die Bestimmtheit des Paulinismus durch seine Voraussetzung „Jesus". Die eigene gedankliche Betätigung des Paulus trat demgegenüber zurück, weil Paret ohnehin die Gefahr sieht, daß Paulus als selbstherrlicher Denker mißverstanden wird. Jetzt schließt er eine Tätigkeit des Paulus vollends aus, wo es um das Verhältnis zwischen Paulus als Person und Jesus geht: Jetzt ist Jesus ganz der Bestimmende und Prägende, Paulus ganz der Bestimmte und Geprägte[39]:

> Während nämlich auch die höchsten und reinsten Geister unter den Menschen immer noch genug Solches an sich haben, was weder werth noch fähig ist [,] in Andere einzugehen und von ihnen wiederum verpersönlicht zu werden […], so bildete […] der göttliche Heiligkeits-, Liebes- und Lebensgeist so sehr das ganze innere Wesen der Person Jesu, daß in dieser gleichsam kein dunkler, unauflöslicher Rest mehr übrig blieb; weil er, paulinisch zu reden, der pneumatische Mensch war, […] kann er und nur er […] *als* Person unmittelbar auch Princip in Andern werden.

Jesus wurde in Paulus „Prinzip", und zwar bei der Bekehrung. Nicht einzelne Nachrichten über Jesus wurden Paulus geoffenbart, sondern Jesus als Person: Das war die eine göttliche Offenbarung an ihn[40]. Als *Geschehen* der Prägung war sie zeitlich und sachlich eng auf den Bekehrungsmoment eingeschränkt, sie wirkte aber von da an in der *Zuständlichkeit* des Gepräges weiter. Jesus blieb ja das Prinzip, das in Paulus lebte, und Paret spricht von einem „Verhältniß der Immanenz und der Mystik" zwischen Jesus und Paulus[41]. Damit ist auch der andere Teil seiner Aufgabe gelöst. Das Gesamtergebnis lautet: Paulus war in seinem Sein als Person vom Sein Jesu als Person bestimmt; in seinem verarbeitenden Denken und Tun ließ er sich von Jesu Tun und Denken (Lehren) bestimmen.

In Wahrheit sind Parets Gedankengänge allerdings weniger harmonisch, als diese Darstellung sie bis jetzt stilisiert hat. Sein Anstoß zum Thema „Paulus und Jesus" liegt gerade in einem Unbehagen. Er stößt sich daran, daß Paulus eben nicht nur auf Jesus bezogen und mit Jesus beschäftigt war, sondern anscheinend zu einem großen Teil mit sich selber. Wenn Paulus nachdachte, dachte er sehr oft über sich selbst nach. Wir haben gehört, daß Paret Jesus das Prinzip für die Person des Paulus nennt. Trotzdem ist es ihm nicht geheuer, wie sich Paulus damit beschäf-

---

38 Ebd. S. 75 (grammat. Form verändert).
39 Ebd. S. 72f.
40 Paret wendet sich sowohl gegen die, die jedes Wort des Paulus als Offenbarung bezeichnen, wie gegen die, die von einer Offenbarung bei Paulus überhaupt nichts wissen wollen. Vgl. auch ebd. S. 78.
41 Ebd. S. 69. Paret unterscheidet in seiner Wortwahl zwischen „Jesus" und „Christus" ebensowenig streng wie Holsten oder Baur.

tigte. „Je mehr er [d.i. Paulus] sich auf den Geist und den Christus in sich beruft,
desto mehr schleicht sich bei uns das unheimliche Gefühl ein, wir seyen doch dabei mit Paulus allein [...]"[42]. Der Verdacht wiegt schwer, denn Paulus hat „in seinem
Lehrbegriff *zunächst* nur seine eigensten inneren *Selbsterfahrungen* verarbeitet"[43].
So kam es zur Rechtfertigungslehre, und aus *diesen* Erfahrungen entwickelte Paulus durch Verallgemeinerung seine eigene Anthropologie und seine Geschichtsauffassung. Es wäre fatal, bei all dem „mit Paulus allein" und nicht zugleich auch
bei Jesus zu sein. Damit kann sich Paret nicht zufrieden geben.

Die Lösung findet er dadurch, daß er die persönliche Bestimmtheit durch die Person Jesu und die Bestimmtheit durch Nachrichten über den irdischen Jesus un-
auflöslich zusammenknüpft. Das „geschichtliche Abhängigkeitsverhältniß [...] geht
bei Paulus beinahe an jedem Punkte [...] in das Verhältniß der Immanenz und
der Mystik über [...]"[44]. Von Parets Interesse her sollte der Satz eigentlich das umge-
kehrte Gefälle haben: Paulus konnte die Bezogenheit auf den „Christus in sich"
kaum oder gar nicht von seinem „Abhängigkeitsverhältnis" zum historischen Jesus unterscheiden. Das beweist, daß völlige Harmonie zwischen dem „Christus
in ihm" und seinem Wissen über den historischen Jesus bestand[45]. Deshalb braucht
niemand zu befürchten, er sei „mit Paulus allein", wo sich Paulus auf den inwen-
digen Christus beruft. Seine Vertrautheit mit der Person, der Lehre und dem Leben des irdischen Jesus bürgt dafür, daß auch der „Christus in ihm" kein Trug-
bild war, sondern wirklich Jesus „als Prinzip". Paulus konnte sich unmöglich
täuschen. So ist auch diese Befürchtung ausgeräumt. Das Problem „Paulus und
Jesus" läßt sich lösen.

Holsten liegt vor allem daran, den Paulinismus überhaupt einmal schlüssig zu erklären. Er schaut dazu auf die Person des *Paulus* und erklärt den Paulinismus
sozusagen „von innen her" psychologisch; selbstverständlich setzt er dabei auch
„äußere" Zusammenhänge in Rechnung. Paret will ebenfalls erklären, aber es
muß *Jesus* sein, der die letzte und wichtigste Erklärung für den Paulinismus ist.
Nur dieser eine „äußere" Grund des Paulinismus kann Paret beruhigen. Baur hat
recht, wenn er schreibt, Paret wolle eine „vermeintliche Lücke in der Legitimations-Urkunde des Apostels" schließen[46]. Jetzt meldet sich offenbar wieder der
Argwohn, der sich seit Barus „Paulus" rührte: Kann Jesus noch der Stifter des
Christentums heißen, wenn so vieles erst mit Paulus sichtlich begann? Ging all
das wirklich auf Jesus zurück? Paret gibt sich mit Baurs Antwort nach dem idealistischen Schema nicht zufrieden. Er sucht eine sichere Auskunft, um das Unbehagen zu vertreiben. Deshalb bemüht er sich, einen Einfluß Jesu auf Paulus
möglichst detailliert nachzuweisen.

---

42 Ebd. S. 6.
43 Ebd. S. 78. Der Zusammenhang spricht dafür, „zunächst" hier im Sinn von „vorrangig"
aufzufassen.
44 Ebd. S. 68f.
45 Ebd. S. 35: „Jene Sicherheit aber, die er wirklich besaß, gewann er dadurch, daß er auch
mit der geschichtlichen Lehre des geschichtlichen Christus genau bekannt war". Diesen
Satz greift Baur an, s.o. Anm. 32.
46 S.o. Anm. 32.

Baur fragt mit Blick auf Paret polemisch[47]: „Wozu soll er [d.i. Paulus] erst [...]
fragen, ob das, was er lehrt, mit der ächten Lehre Jesu und den von ihm überlieferten Reden und Aussprüchen übereinstimmt, wenn er in dem in ihm leben-
den und wirkenden Christus die Stimme des Herrn selbst in sich vernimmt, wozu
aus der Vergangenheit entnehmen, was der in ihm gegenwärtige Christus zu einer unmittelbaren Aussage seines eigenen Bewusstseins machte?" So weist Baur
Paret ab. Er setzt voraus, daß sich der göttliche Geist je und je so zu Gehör
bringt, daß auch Paulus keine historischen Belege brauchte: Wer an Gottes Geist
teilhat, der weiß, daß er „in der Wahrheit" ist. Baur gibt sich hier allerdings gelas-
sener und vertrauensvoller, als es ihm sonst immer gelingt. Die „Vorlesungen
über neutestamentliche Theologie" stammen aus ungefähr derselben Zeit wie die
kritischen Anfragen an Paret. Dort haben wir ganz andere Fragen gefunden[48]:
„Die Frage ist nun aber, [...] ob der Standpunkt, auf welchen uns die Apostel
stellen, mit dem Standpunkt Jesu selbst so sehr identisch ist, dass die Lehre Beider nur die Einheit eines und desselben Ganzen ist". Das ist im Kern die gleiche
Frage, die auch Paret bewegt. Sie zweifelt am Recht der christlichen Theologie.
Sie macht hier auch Baur zu schaffen, obwohl er sie längst mit dem Schema „ge-
setzt" und „ausgesprochen", „an sich" und „für sich" für gelöst halten könnte.
Sie bringt ihn dazu, noch ein anderes Schema zu überlegen. Und sie veranlaßt
Paret, es mit der Herleitung des Paulinismus von Jesus her zu versuchen.

Im Hintergrund der Zweifel steht die Überlegung, daß jede christliche Theologie
an ihrer Übereinstimmung mit der Verkündigung Jesu zu messen sei. „Die Lehre
Jesu ist das Principielle, zu welchem sich alles, was den eigentlichen Inhalt der
neutestamentlichen Theologie ausmacht, nur als das Abgeleitete und Secundäre
verhält [...]", schreibt der späte Baur[49]. Was sich hier als Aussage gibt, verrät sich in
den zweifelnden Fragen als eine Forderung. Paret meint dasselbe, wenn er davor
erschrickt, beim theologischen Denken „mit Paulus allein" zu sein: Nach seiner
stillschweigenden Voraussetzung braucht jede christliche Theologie die Übereinstimmung mit Jesus. Es wäre schlimm, wenn Paulus so Theologie triebe, daß Jesus nicht dabei wäre. Deshalb will sich Paret den Paulinismus als etwas „Abgeleitetes und Secundäres" erklären. Nur wenn er Jesus mit ins Spiel bringen kann,
darf er zufrieden sein. Die Blickrichtung hat sich verändert. Der „idealistische"
Baur fragte vor allem, ob der Geist des Christentums in den christlichen Theologien zum Zuge kam. War das der Fall, dann hatten sie auf ihre Weise an der
Wahrheit Gottes teil – und somit auch am Geiste Jesu. Denn das Wahre stimmt
mit dem Wahren überein. Der göttliche Geist ist je und je mit sich identisch. Baurs
„Paulus" beispielsweise (s.o. § 8) sieht seine Aufgabe überhaupt nicht darin, den
Paulinismus als „Abgeleitetes und Secundäres" von Jesus herzuleiten. So redet
erst der späte Baur der „Vorlesungen über neutestamentliche Theologie". Und
so denkt auch Paret. Er rückt die Abhängigkeit des Paulus von Jesus in den Mittelpunkt. In erster Linie interessiert ihn *nicht die Wahrheit* der paulinischen Theo-

---

47 *Baur,* Das Christentum S. 48.
48 *Baur,* NTTheologie S. 124. S.o. § 8.
49 Ebd. S. 45.

logie, sondern er fragt nach ihrer *Bedingtheit durch die gesamte Erscheinung Jesu.*
Die Frage nach der Abhängigkeit von Jesus ersetzt gewissermaßen die Frage nach
der Wahrheit. Jesus fungiert als der Inbegriff und Garant christlicher Wahrheit
schlechthin. Er erhält einen Rang, den er in der ersten Zeit der freien Theologie
nicht hatte.

Die Erhebung des irdischen Jesus zum obersten Maßstab des Christlichen ist ein
Kennzeichen der zweiten Phase der freien Theologie. „Alle sind darin einig, daß
man nur aus diesem lauteren Urquell zu schöpfen brauche, um der höchsten und
tiefsten Offenbarung sicher zu sein; denn wer sollte besser gewußt haben, was
die christliche Religion sei, als ihr Stifter?"[50]. Kein Wunder, daß die Leben-Jesu-
Forschung seit den sechziger Jahren großen Aufschwung nahm und ganz in den
Vordergrund der exegetischen Arbeit am Neuen Testament trat[51]. Sowenig Baur
selbst die Verabsolutierung Jesu wollte, er war doch zu einem erheblichen Teil
die Ursache dieser Entwicklung. Vor Baur hatte die neutestamentliche Theologie
kein Handwerkszeug, um die Unterschiede zwischen Jesu Lehre und den christlichen Theologien genau und umfassend zu erkennen. Er erst baute die Evangelienforschung auf neuen methodischen Grund[52]. Jetzt war es möglich, die Lehre Jesu
halbwegs gesichert aus der Fülle christlicher Überlieferung herauszuarbeiten.
Gleichzeitig ergab sich, daß Jesu Lehre und die christliche Lehre nicht so ohne
weiteres dasselbe war. Baur durfte die Unterschiede getrost betonen; sein Idealismus erlaubte, die Einheit der göttlichen Geschichte trotzdem zu sehen. Dieses
idealistische Verständnis fehlte Baurs Nachfolgern in der freien Theologie. Die Exegese war zwar schon vor Baur an Person und Lehre des irdischen Jesus interessiert
gewesen. Dringlichkeit erhielt dieses Interesse aber erst jetzt, als die Differenzen
zwischen Jesu Predigt und der christlichen Theologie so klar vor Augen lagen und
die idealistische Deutung nicht mehr galt: Man wußte nichts verläßlicher Christliches mehr als den historischen Jesus. Baur hatte den christlichen Theologien
einen Sinn gegeben, der nicht mehr galt. So gab es jetzt eine Vielzahl neutestamentlicher Lehren und Jesu eigene Lehre dazu, und das alles wartete
erst auf seinen Sinn. Man hätte nach dem theologischen Recht der Lehre
Jesu fragen können. Die theologische Tradition gab den Ausschlag in die andere Richtung. Man zweifelte eher an der Berechtigung der christlichen Theologien. Der irdische Jesus aber schien über alle Zweifel an seiner Christlichkeit erhaben. Ihm wandte sich die freie Theologie in ihrer zweiten Phase vorrangig zu.

Je wichtiger Jesus nun war, desto wichtiger war die Aufgabe, das historische
Wissen über ihn exakt zu ermitteln. Diese Hochschätzung für alle Einzelheiten
und Umstände der Lehre und des Lebens Jesu bestimmte auch die weitere Ge-

---

50 *Eduard v. Hartmann:* Das Christentum des Neuen Testaments. 2., umgearb. Aufl. der Briefe über die christliche Religion. Sachsa 1905. Zit. S. 13. Die 1. Aufl. erschien 1870 unter
dem Pseudonym F. A. Müller. Ähnliche Beobachtungen macht *Max Huber:* Jesus Christus
als Erlöser in der liberalen Theologie. Vermittlung. Spekulation. Existenzverständnis. Winterthur 1956. Bes. S. 255–292.
51 S. *Schweitzer,* GdLJF S. 207–244. Wir kommen auf diese Entwicklung noch ausführlicher
zurück.
52 Vgl. *Hirsch,* Geschichte V S. 531–543. *Kümmel,* Das NT S. 169, 172.

schichte des Themas „Paulus und Jesus". Man wollte selber möglichst viel über
Jesus wissen; also erwartete man von Paulus dasselbe. Man wollte sich selbst
nach dem irdischen Jesus richten; so verlangte man dasselbe auch von Paulus.
Deswegen verfiel man wieder auf die Herleitung des Paulinismus von Jesus
her. Auf diesem Weg ließ sich beweisen, daß sich Paulus nach Jesus richtete.

Schon vor Baur wurden solche Herleitungen versucht, allerdings beinahe noch
naiv. Damals wollte man sich einen Reim auf die neue Einsicht machen, daß
im Neuen Testament verschiedene Menschen zu Wort kommen. Man entdeckte
das zeitliche und sachliche Nacheinander, und die Herleitung erklärte den Sachverhalt. Jetzt, nach Baur, mußte die Herleitung erst mühsam zustande gebracht
werden. Paret braucht einige Anstrengung, um die Frage „Paulus und Jesus" so
zu lösen. Vor Baur war das Thema „Paulus und Jesus" nicht sonderlich problematisch. Für Paret ist es ein Problem. Diese freie Theologie besann sich auf ein altes Mittel gegen das neue Problem. Sie ging vom Vergleich wieder zur Herleitung
über.

(C) Albert Schweitzer schreibt über die Geschichte des Themas „Paulus und Jesus" in der zweiten Phase der freien Theologie[53]: „Diejenigen, die etwas von dem
Problem entdecken, denken nur daran, es möglichst schnell zu lösen, statt es
vorerst in seinem ganzen Umfang klarzulegen". Er findet keine einzige dieser
Lösungen der Berichterstattung wert. Und man spräche manchmal auch besser
von Beschönigungen als von Lösungen. Weder Holstens Erklärung des Paulinismus ohne Jesus noch Parets Herleitung des Paulinismus von Jesus brachte ein
nennenswertes Gespräch über „Paulus und Jesus" in Gang. Parets Abhandlung
blieb auf Jahrzehnte hinaus die einzige monographische Beschäftigung mit dem
Problem. Das Thema wurde in erstaunlichem Maß vernachlässigt.

Ein typisches und zugleich vorzügliches Werk aus der zweiten Phase der freien
Theologie war nach ihrem eigenen Urteil Carl Weizsäckers Untersuchung „Das
apostolische Zeitalter der christlichen Kirche"[54]. Sie erschien 1886, gewissermaßen als eine Bilanz der nachbaur'schen Forschung; man hat sie ein „klassisches
Werk" genannt[55]. Symptomatisch ist schon die Aufgabenstellung: Weizsäcker
verzichtet darauf, mit einer Erörterung des Lebens Jesu zu beginnen. Er setzt
erst mit der Lage nach Ostern und Pfingsten ein. Allein dieser Aufbau sorgt bereits dafür, daß sich die Frage nach dem Verhältnis der christlichen Lehren zur
Predigt Jesu nur als Randfrage einstellt. Und er erleichtert die Antwort: Jesu
Verkündigung wird ja nicht im einzelnen dargestellt, sondern nur bei Bedarf zitiert.
Das Eigengewicht seiner Erscheinung kommt nicht zur Geltung. Damit ist jedes
markante Nebeneinander vermieden. Je mehr aber Jesu Bild im Ungefähren

---

53 *Schweitzer*, GdPaulF S. 34. Zur Paulusforschung „Von Baur zu Holtzmann" s. S. 18–78.
Vgl. auch *Bultmann*, Zur GdPaulF S. 33–40. Über die Gründe, die in dieser Zeit die Geschichte des Themas „Paulus und Jesus" bestimmten, s. u.

54 *Carl Weizsäcker:* Das apostolische Zeitalter der christlichen Kirche. Freiburg 1886. Über
Paulus S. 66–355, im engeren über seine Theologie S. 106–151. Zur Person Weizsäckers
s. o. Anm. 2; außerdem *Kümmel*, Das NT S. 208f. u. 598 (Lit.).

55 *Kümmel*, Das NT S. 209. Textauszüge S. 209–215.

bleibt, desto eher sind gütliche Antworten auch auf die Frage „Paulus und Jesus"
möglich. Weizsäcker tut noch ein Übriges: Er nimmt dem Paulismus etwas von
seinen harten Konturen, die er bei Baur hatte, und rückt ihn wieder näher an
die Lehre der Urgemeinde heran[56]. Daraus läßt sich für das Thema „Paulus und
Jesus" Gewinn ziehen. Auch Baur meinte, daß Jesus und die Urapostel noch verhältnismäßig nahe beieinander stünden. Jetzt kommt heraus, daß sich Paulus
viel besser mit den Aposteln stellte, als Baur annahm. Die Folgerung heißt: Der
Abstand zwischen Jesu Predigt und der paulinischen Theologie muß ebenfalls
geringer gewesen sein, als Baur dachte.

Trotzdem weist Weizsäcker immer wieder auf die Besonderheiten des Paulinismus hin, und er wird nicht müde, vor allem den Lebensweg des Apostels dafür
verantwortlich zu machen. Paulus war ursprünglich ein eifriger und bewußter Jude,
Paulus wurde bekehrt, Paulus wurde vom erbitterten Feind zum größten Missionar
des Christentums. „Es sind immer gewisse Gegensätze, welche er in aller Schärfe
aufgestellt hat, und für die er die Lösung sucht, oder vielmehr, auf welche er die
grosse ein für allemal gefundene Lösung anwendet. Es ist der grosse Gegensatz,
durch welchen hindurch er zu seinem Glauben gelangt ist, der sich darin stets
wieder in einer anderen Ausführung spiegelt [...]"[57]. Da sind die „Gegensätze" Glaube und Werk, Gesetz und Evangelium, Geist und Fleisch, alter Äon und neuer
Äon und so fort, und alle erklären sich durch den Lebensgang des Paulus. „Er verarbeitet die Grundlagen, welche ihm sein Glaube und der Weg seiner Bekehrung
als unmittelbare Gewissheit gegeben hat, unter Anwendung formaler Voraussetzungen zu einheitlich geordneten Lehrgedanken, und ordnet hienach wiederum den
Stoff aus den heiligen Schriften, der ihm zum Beweise dient"[58]. Mit diesen Beobachtungen ergänzt Weizsäcker seine Annäherung des Paulinismus an die urchristliche Lehre. Er weiß sehr gut, daß Paulus nicht bloß die Linien der Apostelpre-
digt weiter auszog. Was sich nicht als gemeinschristlich deuten läßt, wird deshalb
als ganz Persönliches erklärt. War etwas nicht überhaupt christliches Gut, dann
hatte es seinen Grund eben in der Individualität und der Geschichte des Paulus.
So verliert es zugleich viel von seinem Anspruch: Paulus dachte und redete, wie
nur er denken und reden konnte, aber man darf das nicht überbewerten. Es gehört zu dem Spielraum, den man jedem Theologen zugestehen muß.

Diese zwei Punkte stehen im Vordergrund, die breite Übereinstimmung zwischen
dem Paulinismus und der Gemeindetheologie einerseits und die individuelle Besonderheit der paulinischen Lehre andererseits. Die Frage „Paulus und Jesus" wird
aber doch nicht ganz übergangen, und hier weicht Weizsäcker von der üblichen
Antwort der nachbaur'schen Theologie ab. „Merkwürdig ist, daß die meisten Dar-
steller dem Problem seine Schärfe zu nehmen glauben, wenn sie in den Briefen

---

56 Ebd. S. 208: „Wichtiger [als die Übernahme der Tendenzkritik] ist, daß Weizsäcker wie
   Ritschl. die Differenz zwischen den Uraposteln und den extremen Judaisten klar erkannte und die weitgehende dogmatische Übereinstimmung zwischen der Urgemeinde und Paulus betonte [...].
57 *Weizsäcker,* Apostol. Zeitalter S. 117f.
58 Ebd. S. 119.

möglichst viele Anklänge an synoptische Herrenworte nachweisen", notiert Albert Schweitzer[59]. Diesen Versuchen schließt sich Weizsäcker nicht an, obwohl er etwa Parets Darstellung gut kennt[60].

Weizsäcker ist sehr skeptisch, was die angeblichen Einflüsse Jesu auf Paulus betrifft. Einmal spricht er über die Grundlagen der paulinischen Lehre und sagt[61]: „Die Lehre der Urgemeinde war es nicht, auch nicht die von derselben verbreiteten Lehrworte Jesu". Jesu Lehre scheidet für die unmittelbare kausale Erklärung des Paulinismus aus. Außerdem besagt die weitgehende Übereinstimmung zwischen Paulus und der Urgemeinde keineswegs, daß Paulus von deren archaischer Theologie abhängig gewesen wäre. In beidem erteilt Weizsäcker der üblichen freien Theologie der zweiten Phase eine unverkennbare Abfuhr. Er läßt nur das gelten, was beispielsweise Paret gerade vermeiden wollte[62]: „So bleibt keine andere Quelle als die des Denkens und inneren Lebens, und das eben spricht er [d.i. Paulus] selbst aus, dass er aus dem Geiste Gottes schöpfe, welchen er empfangen habe". Mit einem Mal sollen die Herleitungsversuche nicht mehr zählen. Paulus kann anscheinend recht behalten, ohne vom irdischen Jesus abhängig gewesen zu sein. Die Quelle seiner Theologie muß in ihm selbst gesucht werden. Sein Inneres gibt die hinreichende Erklärung. Wenn Weizsäcker nun an den Geist Gottes erinnert, ist das ganz im Sinn Baurs. Das alte Vertrauen in die Sieghaftigkeit des göttlichen Geistes scheint wiedergekehrt. Nicht umsonst kam Weizsäckers Arbeit einem ihrer Kritiker als „Rückzug auf die Baur'sche Linie" vor[63].

Weizsäckers Vorgehen ist für die zweite Phase der freien Theologie darin tatsächlich untypisch, daß es auf die Herleitung des Paulinismus von Jesus verzichtet. Es weist scheinbar in die theologiegeschichtliche Vergangenheit zurück zur idealistischen freien Theologie der ersten Zeit. Es scheint das vertrauensvolle Verstehen wieder in den Mittelpunkt zu rücken. Aber das ist nur die eine Seite, und der Eindruck ist zwiespältig. Weizsäcker sagt auf der anderen Seite allzu deutlich: Der Paulinismus wäre schlechterdings unbegreiflich, wenn Paulus den historischen Jesus selbst gekannt hätte; nur ohne diese Bekanntschaft war diese Theologie möglich[64]. Das könnte ein Gedanke des Mißtrauens sein. Die Zusammenfassung des Paulus-Teils im engeren Sinn spricht für diese Vermutung. Hier findet Weizsäcker zwar sehr anerkennende Worte für die gewaltige Leistung des Heidenapostels, fährt dann aber fort[65]: „Und doch haben vielleicht die Gegner des Apostels nicht völlig

---

59 *Schweitzer,* GdPaulF. S. 33.

60 S.o. Anm. 29.

61 *Weizsäcker,* Apostol. Zeitalter S. 116.

62 Ebd. S. 116.

63 *Friedrich Loofs:* Rez. zu: Carl Weizsäcker, Das apostolische Zeitalter der christlichen Kirche, Freiburg 1886. ThLZ 12 (1887), Sp. 51–61. Zit. Sp. 55. Loofs Bemerkung bezog sich auf andere Beobachtungen als die von mir angestellten.

64 *Weizsäcker,* Apostol. Zeitalter S. 105 f.: Die Theologie des Paulus „ersetzte ihm gewissermassen das, was ihm durch den Mangel der persönlichen Kenntniss Jesus abging; dieser Mangel der unmittelbaren Anschauung als Grundlage trieb ihn zur Rechtfertigung auf dem Wege des Gedankens". Vgl. auch S. 121.

65 Ebd. S. 150.

Unrecht gehabt, wenn sie ihn beschuldigten, dass er den Jesus der Geschichte nicht kenne und nicht verstehe". Womöglich verstand Paulus den irdischen Jesus nicht, verstand ihn falsch! Und Weizsäcker gibt den Gegnern des Paulus nicht ganz unrecht, wenn sie ihn deshalb „beschuldigen". Auch er könnte ein solches Unverständnis offenbar nicht gutheißen. Mit diesen Überlegungen fügt er sich wieder in die gewöhnlichen Gedankengänge der liberalen Theologie nach Baur ein. So gesehen erhält auch seine Weigerung ein anderes Gesicht, den Paulinismus von Jesu Evangelium herzuleiten. Eventuell ist sie gar kein Ausdruck des Vertrauens; eventuell bedeutet sie eine Absage an jede Beschönigung dessen, was am Paulinismus verkehrt war. Dann würde sie Paulus bloßstellen wollen, im Widerspruch zu den Herleitungen der üblichen nachbaur'schen Theologie. Der Verzicht auf die Herleitung würde dann auch nicht in die Vergangenheit zurück weisen, wie wir gemeint haben, sondern eher voraus in die Zukunft; das läßt sich im Vorgriff sagen (s.u. § 12).

„Aber Paulus selbst war grösser als seine Theorie. In der Anwendung ist er überall frei; nicht Gelehrter und Denker, sondern der Mann des Glaubens und der Tat"[66]. Darauf läuft zuletzt alles hinaus, und das ist Weizsäckers Fazit. Was Paulus dachte, zählt es letzten Endes nicht? Zumindest ist der gelebte Glaube wichtiger und macht das Denken erträglich. Ähnlich wie Paret unterscheidet Weizsäcker zwischen dem Sein und dem Denken, und er tut es mit der Absicht, das Denken zu entschuldigen. Dem Denken wird sein Ernst genommen. Die tätige Gläubigkeit des Paulus kann mit ihm versöhnen. Übereinstimmung zwischen Jesus und Paulus läßt sich zwar durch keine Herleitung des Paulinismus besorgen. Aus dem Textzusammenhang geht aber hervor, daß Weizsäcker mit der Betonung der paulinischen Frömmigkeit auch das Problem „Paulus und Jesus" beiseite legt. Ein durch und durch frommer, gläubiger Paulus wird sich auch mit Jesu Verkündigung vertragen.

Wir halten fest: Weizsäcker widmet dem Problem „Paulus und Jesus" keine größere Aufmerksamkeit. Er verringert jedoch den Abstand zwischen der paulinischen Theologie und der Gemeindetheologie, und so kommen sich der Paulinismus und Jesu Predigt ebenfalls näher. Weizsäcker bestreitet allerdings die Möglichkeit, die paulinische Theologie von Jesu Lehre herzuleiten, und er deutet an, daß Paulus den irdischen Jesus möglicherweise nicht bloß nicht kannte, sondern auch nicht verstand. Doch nimmt er dem Problem dadurch sein Gewicht, daß er die Frömmigkeit (Glauben und Tat) des Paulus unterstreicht und die Wichtigkeit des Denkens abschwächt. Diese Neuverteilung der Gewichte begegnet im zweiten Abschnitt der freien Theologie häufig. Rudolf Bultmann schreibt dazu[67]: „Ob es nicht ein ganz anderes Denken gibt, nämlich ein solches, *in* dem das Leben selbst sich vollzieht, und ob nicht deshalb die Lehre etwas ganz anderes sein kann als nachträgliche reflektierte Systematisierung der Erlebnisse, das fällt diesem Rationalismus [...] nicht ein. Ein solches existenzielles Denken aber hatte Baur noch gekannt und es mit Recht bei Paulus gefunden".

---

66 Ebd.
67 *Bultmann*, Zur GdPaulF S. 36.

Die nachbaur'sche freie Theologie durfte das paulinische Denken nicht so ernst nehmen, weil sie Paulus sonst hätte kritisieren müssen. Sie stellte den gelebten Glauben über das Denken des Paulus, oder sie betonte die Bedingtheit seiner Theologie durch seine Individualität und seine Geschichtlichkeit; so oder so suchte sie damit vor sich selbst Entschuldigungen für Paulus. Diese Theologie erkannte, daß ihr eigenes theologisches Konzept von dem abwich, was sie bei Paulus sah. Statt Paulus deshalb ins Unrecht zu setzen, wollte sie sein Denken lieber verharmlosen.

Weizsäcker nennt zwei entscheidende Punkte, an denen Paulus von der urchristlichen Lehre abging[68], „in der Bestimmung über die Forderung, welche den Menschen gestellt ist, und über die göttliche Veranstaltung". In diesen beiden Fragen war die freie Theologie der zweiten Phase selber mit Paulus uneins. Die erste war die Frage nach der Bedeutung des menschlichen Tuns für das Verhältnis zu Gott. Hier entzündete sich der Widerspruch an der strengen Lehre der Rechtfertigung allein aus Gnade. Weizsäcker stellt die These auf: Die Rechtfertigungslehre war bloß eine Kampflehre. Sie sollte die Heidenmission im Streit mit den Judaisten schützen. Man muß sie durchweg aus dieser Situation heraus verstehen und darf sie nicht als eigentliches Anliegen des Paulus und als Zentrum seiner Theologie mißdeuten[69]. So war es ihre größte und segensreichste Wirkung, sich selbst unnötig zu machen. Schon bald nach Paulus gerieten seine Lehre vom Gesetz und von der Rechtfertigung in Vergessenheit, denn ihr Ziel war erreicht: Das Heidenchristentum war durchgesetzt, das kultische Gesetz galt für die Christen nicht mehr. Und als nun die auslösende Situation fehlte, brauchte man die Rechtfertigungslehre nicht länger. Nur soweit wollte die freie Theologie in ihrer zweiten Phase noch der paulinischen Rechtfertigungslehre recht geben. Gewissermaßen „ergänzend" legte sie aber auch großen Wert auf die ethischen Forderungen des Christentums. Es sollte eben doch mit auf das Tun und die Haltung des Menschen ankommen, wie er vor Gott dasteht. Mit diesen Einschränkungen der Rechtfertigungslehre glaubte sich die liberale Theologie nach Baur auf der Seite Jesu und des Urchristentums.

Die zweite strittige Frage fragte nach dem Sinn der Erscheinung Jesu. Hier entzündete sich der Widerspruch an der Kreuzestheologie und Soteriologie des Paulus. Weizsäcker behauptet: Nur in der Auseinandersetzung mit dem Judentum bezeichnete Paulus die Gerechtigkeit als den Inbegriff des Heils. „Wo er sich ganz in seinen jetzigen Gedanken bewegt, da ist der Mittelpunkt des Heiles der Begriff eines Sohnes oder Kindes Gottes"[70]. Es ist jüdisch, das Verhältnis des Menschen zu Gott vor allem in rechtlichen Kategorien zu begreifen. Erst dieser Blickwinkel macht aus dem Kreuz eine Sühne, die das Rechtsverhältnis zwischen Gott und den Menschen bereinigt hat, und er erst gibt Jesu Tod die unerhörte Wichtigkeit, vor der sein Leben in den Schatten zurücktritt. Die Urgemeinde dachte anders, denn sie hatte „die wunderbaren Worte dieses Jesus, und seine Gestalt in ihrer menschlichen Grösse und Gottinnigkeit" noch lebendig vor Au-

---

68 *Weizsäcker*, Apostol. Zeitalter S. 126.
69 Ebd. S. 143, 150f.
70 Ebd. S. 121.

gen[71]. Deshalb stand im Mittelpunkt ihres Redens die „Gotteskindschaft" der
Menschen. Jesus lud die Menschen zu kindlichem Vertrauen gegen Gott ein und
lebte ihnen dieses Verhältnis vor. Das etwa war die christologische Quintessenz
der liberalen Theologie nach Baur. Der „eigentliche *Gegenstand des Glaubens*
[konnte hier] nicht wohl ein geschichtliches Ereignis als Heilsfaktum sein, sondern
die zeitlose Gnadengesinnung Gottes"[72]. Der nachbaur'sche Liberalismus gab Paulus bloß soweit recht, als sich dieses richtige Verständnis anscheinend auch bei
dem Heidenapostel durchsetzte. Mit ihrer Korrektur der Christologie und Soteriologie meinte die freie Theologie der zweiten Phase ebenfalls, auf der Seite Jesu
und des Urchristentums zu stehen.

Diese Theologie hatte also gewichtige Gründe, das paulinische Denken zu verharmlosen. Wenn sie Paulus streng beim Wort genommen hätte, hätte sie vielleicht
mit ihm brechen müssen. Auch wäre die Kluft zwischen Jesu Evangelium und seiner Theologie weit aufgerissen. Weizsäckers Darstellung zeigt Anzeichen zu dieser Entwicklung. Sie verrät aber zugleich den Willen, das Problem „Paulus und
Jesus" doch noch gütlich beizulegen.

(D) *Holsten* versuchte, den Paulinismus zu erklären. Sein Ansatz wies auch das
Gespräch über „Paulus und Jesus" auf den Weg der kausalen Erklärung des Paulinismus. *Paret* wollte den Paulinismus durch Einflüsse Jesu erklären. Er machte die Frage „Paulus und Jesus" zur Frage einer möglichen Herleitung des Paulinismus von Jesus her. *Weizsäcker* schließlich rückte den Paulinismus wieder
näher an die erste Gemeindetheologie heran; außerdem unterstrich er seine individuelle und historische Bedingtheit. Das Problem „Paulus und Jesus" umging er
mit dem Hinweis auf die praktizierte Gläubigkeit des Paulus. Ihretwegen sollten
sich auch verkehrte Gedanken des Apostels ertragen lassen, die nicht zu Jesu wahrer Religion stimmten. Diese drei verschiedenen Paulus-Deutungen können nicht
einfach harmonisiert werden, auch nicht ihre jeweiligen Voten zum Thema „Paulus und Jesus". Trotzdem möchte ich sie verallgemeinernd zusammenfassen.
Das soll die wichtigsten Züge zusammentragen, die das Gespräch über „Paulus
und Jesus" während der zweiten Phase der freien Theologie kennzeichneten.

Rudolf Bultmann schreibt über die Paulusforschung nach Baur[73]:

für Baur war es selbstverständlich gewesen, daß Paulus als Denker sich selber denkt und in
solchem Denken existiert. Für alle andern, von Holsten angefangen, war es selbstverständlich
– da sie den ‚Geist' als ‚Verstand' auffassen, der je etwas (nämlich ein in der Welt Vorhandenes) betrachtend denkt –, daß die paulinische Theologie eine betrachtende Theorie über
etwas Vorhandenes ist, nämlich über gewisse Erfahrungen und Erlebnisse, die man an sich
oder andern in der Welt konstatieren kann [...].

Die nachbaur'sche Paulusforschung fragte nach dem „Vorhandenen", Vorgegebe-
nen und unterschied es von den Gedanken, die sich Paulus darüber machte. Dieses Grundverständnis leitete auch ihre Auffassung der Frage „Paulus und Jesus".
Jetzt ging es darum, ob und inwieweit der historische Jesus das Vorgegebene

---

71 Ebd. S. 150.
72 *Bultmann,* Zur GdPaulF S. 39.
73 Ebd. S. 36f.

oder „Vorhandene" war, auf das sich Paulus bezog. Dabei konnten je nachdem zwei verschiedene Aspekte in den Vordergrund treten. Sie waren aber Aspekte derselben grundsätzlichen Auffassung.

Holstens Aufsätze zum Beispiel betonen den Aspekt der *Verarbeitung* des „Vorhandenen". Hier fällt das Augenmerk auf die eigene verarbeitende geistige Tätigkeit des Paulus. Nach Holstens Darstellung hatte Paulus dafür bloß wenige Nachrichten über Jesus nötig, sozusagen als auslösendes Moment. Für diese Betrachtung ist Paulus selbst das Faszinierende (ob mehr im guten oder mehr im schlechten), und Jesu Rolle schränkt sich möglicherweise bis auf einen punktuellen Anstoß ein. Stattdessen können verschiedene andere Vorgegebenheiten des Paulinismus stärker zur Geltung kommen. So ist es bei Holsten. Solche Überlegungen wurden für die freie Theologie nach Baur sehr wichtig. Allerdings veranschlagte sie die Bedeutung des Menschen Jesus für Paulus üblicherweise längst nicht so gering, wie Holsten es tut. Sie war vorsichtiger geworden und hütete sich, Paulus und Jesus allzu weit auseinander zu bringen. Der Aspekt der Verarbeitung hatte für sie vor allem den einen Vorteil, die Relativität des Paulinismus herauszustellen: Unvermeidlich mischte sich Paulus selbst in seine christliche Verkündigung ein. Wer nun seinen Anteil richtig abschätzt, wird ihn besser verstehen und auch das bedenkliche oder verkehrte Neue ertragen. Der Aspekt der Verarbeitung erlaubte also die Erforschung der paulinischen Theologie und stellte zugleich Erklärungen bereit, die die Ergebnisse notfalls erträglich machten. Insofern erleichterte er die Lösung des Problems „Paulus und Jesus". Im stillen erschwerte er sie freilich zweifellos. Denn auf diese Weise kamen allerlei Vorgegebenheiten des Paulinismus zutage, die anscheinend sehr wenig mit dem historischen Jesus zu tun hatten. Sobald man sie ernst genug nehmen würde, mußten sie das Verhältnis „Paulus und Jesus" belasten.

Den anderen Aspekt stellt beispielsweise Parets Untersuchung heraus. Es ist der der *Bestimmtheit* durch das „Vorhandene". Paret gibt durchaus zu, daß Paulus sich sein theologisches Gebäude durch eigene Denkarbeit aufbaute. Eben weil er das weiß, möchte er genauer zusehen. Seine Entdeckung läßt sich durch ein Bild veranschaulichen: Ein Haus kann nur so groß und derart errichtet werden, wie die Materialien es erlauben: mag der Baumeister noch so sehr der Schaffende und Bewirkende sein, mag viel an seinen persönlichen Fähigkeiten und Gaben hängen, er bleibt an das gebunden, was ihm vorgegeben ist. Auf Paulus übertragen, heißt das: Das Denken des Paulus geschah nicht willkürlich. Auch die verarbeitende geistige Tätigkeit blieb durch das bestimmt, was sie zu verarbeiten hatte. Diese Überlegung ist an sich offen; sie könnte auch zu dem Ergebnis führen, daß Paulus durch ganz andere Vorgegebenheiten bestimmt war als durch·Einflüsse Jesu. Es ist aber Parets besonderes Anliegen, unbedingt Jesu Lehre, Leben und Person als das eine grundlegende „Vorhandene" nachzuweisen, worauf sich Paulus bezog. Um im Bild zu bleiben, das tragende Gerüst seines theologischen Baus war durch sein Wissen über Jesus vorherbestimmt; allenfalls bei seiner Anordnung und der Füllung des Fachwerks hatte Paulus einige Freiheit. Die liberale Theologie benützte diese Gedankengänge seit Paret gerne. Es wurde ihr wichtigstes Argument in Sachen „Paulus und Jesus", die paulinischen Bezugnahmen auf Jesus hervorzukehren. Stillschweigend setzte sie voraus, damit sei die Abhängigkeit des Paulus von Einflüssen Jesu erwiesen. Unbemerkt belastete allerdings auch dieser Gedanke die Lösung des Problems. Er besagte, daß die Materialien, mit denen jemand denkt, sein Denken zugleich bestimmen. Sobald man diese Überlegung auf die anderen Materialien des paulinischen Denkens übertragen würde, müßte deren Verharmlosung wesentlich schwerer werden.

Die freie Theologie dachte sich in ihrer zweiten Phase das Verhältnis „Paulus und Jesus" also unter zwei Aspekten, dem der Verarbeitung und dem der Bestimmtheit. Keiner der beiden sorgte schon von sich aus dafür, daß das Thema problemlos blieb. Die Liberalen gingen aber mit beiden so um, daß sie der Frage „Paulus und Jesus" scheinbar die Problematik nahmen. Erstens brachen sie dem theologischen Denken des Paulus die Spitze. Sie hörten es viel weniger als Anrede denn als historischen Text. Und nun erklärten sie es ausführlich aus seiner einmaligen Situation heraus. Damit relativierten sie es, und auf diese Weise gewannen sie eine Spanne an Abweichungen von Jesus, die man Paulus zugestehen durfte oder mußte (Verarbeitung). Zweitens leitete die nachbaur'sche liberale Exegese Gedanken und Gläubigkeit des Paulus so viel als möglich vom irdischen Jesus her. Sie bemerkte Anklänge, Bezugnahmen und Anknüpfungen. Dadurch fand sie Bereiche der paulinischen Theologie, wo gewissermaßen die Predigt Jesu und die Lehre des Paulus zur Deckung kamen (Bestimmtheit). Drittens drückte diese Theologie den Wert des theologischen Denkens herab. Sie versuchte mitunter, den Zusammenhang zwischen dem Denken und dem Sein zu lockern. Das Denken zählte erst in zweiter Linie, wenn nur die Frömmigkeit recht war. War Paulus ein wahrhaft frommer Mensch, kam es auf seine Theologie nicht so sehr an. Man konnte sich diese „Frömmigkeit" oder „Gläubigkeit" oder „Religion" des Paulus verschieden erklären, durch Einflüsse Jesu (so Paret) oder allgemeiner als gottgegebene innere Ausstattung (so vielleicht Weizsäcker). Jedenfalls sollte wohl die Religion des Paulus das Verhältnis „Paulus und Jesus" entlasten, wenn seine Theologie es belastete.

Aus solchen Beobachtungen ist immer wieder die *harmonisierende Tendenz* abzulesen, die das Gespräch über „Paulus und Jesus" in der zweiten Phase der freien Theologie bekam. Ein Rückblick bestätigt und erläutert diese Einschätzung im Vergleich. Die Theologie der deutschen Aufklärung beispielsweise (s. o. § 7) meinte, die zeitlose gottgefällige Religion endlich erkannt zu haben, und sie freute sich, bei Jesus und Paulus dieselbe Religion zu finden. Diese Genugtuung machte es ihr vollends leicht, an die Identität der vernünftigen Religion durch die Zeiten hindurch zu glauben. Sie zog eine Linie von Jesus zu Paulus und ließ das Widerstrebende und Abweichende fort, hauptsächlich wohl aus ehrenhafter Naivität, oder sie drängte es wenigstens weit in den Hintergrund. All das meine ich *nicht,* wenn ich von einer harmonisierenden Tendenz spreche. Im großen ganzen sah die Aufklärungstheologie die Problematik „Paulus und Jesus" eben noch nicht. Sie lernte ja auch gerade erst, Paulus und Jesus überhaupt zu unterscheiden.

Wieder anders stand es um die Verhältnisbestimmung „Paulus und Jesus" zum Beispiel bei Baur (s. o. § 8). Er bemerkte viel genauer und schärfer als die Aufklärer, daß zwischen Jesu Predigt und der paulinischen Botschaft bedeutende Unterschiede bestanden. Er hielt auch nichts von den Herleitungsversuchen, sondern wollte gegenüberstellen und abwägen, kurz: offen vergleichen. Unter dem Einfluß des Idealismus hatte er ein bestimmtes Verständnis der Geschichte Gottes mit den Menschen gewonnen, und dieses Verständnis fand er nun auch bei Jesus und Paulus ausgesprochen. Es gehörte zu seinem Begriff von der göttlichen Wahrheit, daß sie geschichtlich im Werden sei. Deshalb durften die Lehren Jesu und die des Paulus jetzt voneinander abweichen, sie bezeugten Baur trotzdem dieselbe Wahrheit. Von dieser Wahrheit her verstand er sowohl Jesu Lehre wie das paulinische System und gab beiden recht. Auch das meine ich *nicht*, wenn ich von einer harmonisierenden Tendenz rede. Baur war nicht auf Begütigungen oder Unschärfen angewiesen. Er konnte Paulus ebenso ernst nehmen wie Jesus, beide unterscheiden und beide bejahen.

Die freie Theologie nach ihm dagegen beschönigte das Problem. Weder war sie sich im Unklaren darüber, daß Jesu Predigt und die des Paulus recht verschieden lauteten (wie die Aufklärer weithin), noch konnte sie den Weg von Jesus zu den christlichen Theologien vertrauensvoll als einen Gang des göttlichen Geistes verstehen (wie Baur). Sie neigte eher dazu, dem irdischen Jesus eine exklusive normative Bedeutung zuzuschreiben. Das lenkte die Aufmerksamkeit unvermeidlich auf die Verschiedenheit zwischen Jesu und Paulus (im Unterschied zur Aufklärung). Außerdem führte es zu einem skeptisch-prüfenden, distanziert-abschätzenden Blick auf Paulus (im Unterschied zu Baur). Noch dazu entdeckte das viele Fragen nach dem Kausalzusammenhang der Geschichte einige Bedingtheiten des Paulinismus, die zuvor kein sonderliches Interesse gehabt hatten; jetzt gerieten sie ins volle Licht.

Alles in allem war dies die Folge: Die nachbaur'sche freie Theologie konnte den Paulinismus nur sehr bedingt gutheißen, wenn sie ihn streng mit Jesus verglich. Jesus hatte in wichtigen Fragen anderes gelebt und gelehrt als Paulus. Auch fand sich diese freie Theologie selbst nicht mehr so einig mit Paulus wie die Aufklärung oder wie Baurs freie Theologie. Was ihr an systematischer Theologie übrig geblieben war, paßte nicht zur Theologie des Paulus. Das alles hätte zu einem lebhaften Gespräch über „Paulus und Jesus" führen sollen. Nichts davon geschah. Die freie Theologie war in ihrer zweiten Phase so gut wie gar nicht bereit, ihr Problem „Paulus und Jesus" auch nur geduldig zu formulieren. Noch viel weniger durchdachte sie es. Stattdessen übersah sie die belastenden Hinweise, und eine „Lösung" des Problems schien ihr offenbar — bewußt oder unbewußt — umso leichter, je weniger sie es überhaupt zu einem Problem „Paulus und Jesus" kommen ließ [74]. Sie sprach meistens nur ganz nebenbei davon, und wenn, dann wußte sie sich zu helfen: Sie leitete den Paulinismus wieder von Jesus her. Wo

---

74 Parets Untersuchung stellt eine große Ausnahme dar. Und Holsten beschönigt wahrscheinlich noch nicht; er steht noch so unter dem Eindruck der Theologie Baurs, daß er das Problem „Paulus und Jesus" für gelöst hält.

das nicht anging, erklärte sie ihn aus seiner Situation heraus, die mit der Jesu
eben nicht identisch war. Überdies spielte sie die Religion des Paulus ansatzweise gegen seine Theologie aus; sein Denken verlor an Bedeutung, lehrhafte Abweichungen von Jesu Predigt erschienen weniger wichtig. Außerdem rückte sie den
Paulinismus wieder enger an die Urgemeinde heran; damit näherte er sich in ihren Augen zugleich stärker an Jesus an. Wir haben alle diese Versuche an Beispie-
len kennengelernt. Diese freie Theologie drückte ihr Unbehagen über Paulus und
über die Frage „Paulus und Jesus" also kaum einmal frei aus, sondern beugte ihm
vor. Sie versagte es sich, die Linien ihrer Exegese scharf auszuziehen. Deswegen
spreche ich von einer harmonisierenden Tendenz. Nach Baur waren die Äußerungen der freien Theologie zum Thema „Paulus und Jesus" von einer harmonisierenden Tendenz bestimmt.

Die Lage ähnelte noch am ehesten der des Rationalismus (s.o. § 7). Auch er wußte genau, daß sich die paulinische Theologie nicht unbedingt mit seinem eigenen
Denken vertrug; das sagten ihm die theologischen Gegner. Die diesbezügliche Naivität der Aufklärung war zu einem guten Teil verflogen. Trotzdem tat der Rationalismus so, als ob er fraglos genug von Paulus verstanden habe und stellte sich
dem Problem nicht — oder viel zu spät. Er verharmloste seine exegetische Aufgabe vor sich selbst und vor anderen. Auch hier wirkte eine harmonisierende
Tendenz. Beide Male wurde manches Anstößige an Paulus bemerkt, das sich nicht
mit dem eigenen Jesusbild vertrug, und beide Male weckte es nicht die Lust zur
Auseinandersetzung, sondern die Bereitschaft zum Kompromiß.

Die Gründe für die Ängstlichkeit gegenüber dem Problem „Paulus und Jesus" in
der zweiten Phase der freien Theologie sind nur zu vermuten. Es war dieser Theologie *schwerer gemacht* als jeder zuvor, sich dem Problem zu stellen, seit es sich
überhaupt abzeichnete. Erst unter ihren Händen wurde die Geschichte des Christentums zu einem Sammelsurium von Vergangenheiten, das seinen Sinn nicht
ohne weiteres zeigte[75]. Daher kam die Neigung zur „blinden" Beschreibung und
Katalogisierung der historischen Sachverhalte. Es war nicht leicht, sich diese
distanzierte Sicht auch einzugestehen. Viele Jahrhunderte christlicher und besonders die Jahrhunderte protestantischer Tradition sprachen dagegen, der paulinischen Theologie distanziert zu begegnen. Auch war es bisher unerhört, Jesus und
Paulus zum Nachteil des Paulus voneinander zu trennen und Paulus unrecht zu
geben. Außerdem stand diese freie Theologie der Geschichte nicht bloß betrachtend gegenüber, sondern sie stattete *eine* Stelle im Laufe der Geschichte mit besonderem Rang aus, die Erscheinung Jesu. Diese — zumindest tendenzielle — Einschränkung der Offenbarung auf den historischen Jesus widersprach aber dem ganzen seitherigen Weg der christlichen Theologie. Hätte die freie Theologie in ihrer
zweiten Phase das Problem „Paulus und Jesus" scharf und deutlich artikuliert,
dann hätte sie an dieser Frage ihr eigenes Problem besprechen müssen. Denn mit
Paulus begann gerade jener Weg, den sie soeben verließ. Zu dieser Einsicht in
das eigene Tun und zu seiner ausdrücklichen bewußten Bekräftigung war sie
offenbar außerstande.

---

75 Anfänge dieser Entwicklung in der Aufklärungszeit sind damit nicht bestritten.

So glättete diese freie Theologie den Übergang von Jesus zu Paulus und ging meist ganz über das Problem hinweg. Vielleicht spielten auch die äußeren Umstände eine Rolle. Wie gesagt, der Liberalismus mußte nach der Jahrhundertmitte zusehen, wie er als eine unter anderen kirchlichen und theologischen Gruppen bestehen wollte. Das Erreichte schien wenigstens Lebensräume für ein freies Christentum zu sichern. Man fühlte sich zur Versöhnlichkeit gestimmt. Eine grundlegende Veränderung der kirchlichen Verhältnisse stand ohnehin nicht in Aussicht; sie waren gerade erst geordnet worden oder wurden eben geordnet. Die wieder gefestigte staatlich-kirchliche Macht lenkte diesen Prozeß. Wie im politischen Bereich bot sich deshalb eher der Versuch einer Mitarbeit an, und bei dieser Anpassung an die Gegebenheiten und im Umgang mit der Verantwortung wurde der religiöse Liberalismus wieder konservativer. In der Bismarckzeit ließ sich kirchlich-theologisch nicht durch Radikalität Anerkennung gewinnen, sondern allenfalls durch Mäßigung und Bedachtsamkeit. Das alles hemmte die Bereitschaft zu radikalen und schmerzlichen theologischen Gedanken. Es mag mit schuld daran geworden sein, daß das Thema „Paulus und Jesus" für die liberale Theologie nach Baur beinahe nicht existieren durfte.

Wir kommen noch kurz auf unseren Ausblick auf die Geschichte des Themas „Paulus und Jesus" zurück (s. o. § 5). Das Problem „Paulus und Jesus" wurde auch in der zweiten Phase der freien Theologie als Frage eines Vergleichs verstanden. Er verbarg sich hier jedoch gerne und auf weiten Strecken hinter einer Herleitung des Paulinismus von Jesus. Diese freie Theologie gab nur zögernd zu, wie sehr ihr Verständnis einen Ausgleich zwischen „Jesus" und „Paulus" nötig machte. Was die Personalisierung des Problems betrifft, so ging sie bei ihr weiter als jemals bisher; sie individualisierte Jesus und Paulus in vorher ungekanntem Maß. Dabei fiel es der nachbaur'schen Exegese gelegentlich ein, sozusagen auch noch „innerhalb" Paulus selbst zu unterscheiden. Dann löste sie seine Religion von seinem Denken ab und erleichterte sich so das Gewicht seiner Theologie. Damit wollte sie auch die Frage „Paulus und Jesus" entlasten.

Die Frage nach dem vermittelnden Moment zwischen Jesus und Paulus hat uns bei Baur eingehend beschäftigt (s. o. § 8). Für die nachfolgende freie Theologie ist sie weniger ergiebig. Die meisten dieser Exegeten glaubten, daß Paulus vom historischen Jesus abhängig war; dann lag das vermittelnde Moment in den Nachrichten über Jesus, die Paulus erreichten. Die Vermittlung erfolgte also ganz im menschlichen Bereich, durch Aufmerken und Weitersagen, Hören und Auffassen. Wo so viel an der historischen Treue lag, hätte das vermittelnde Moment einigen Anlaß zur Skepsis geboten. Die freie Theologie dieser Zeit dagegen setzte voraus, daß Paulus es tatsächlich mit dem wahren Jesus zu tun bekam. Die Beispiele Holsten oder Weizsäcker zeigen, daß solche Herleitungen aber nicht durchweg anerkannt wurden. Das vermittelnde Moment ist in diesen Fällen nicht eindeutig erkennbar. Zwar spricht Holsten einmal von einer Offenbarung Gottes, und Weizsäcker nennt den Geist Gottes; dann hätte nicht ein menschliches, sondern ein göttliches Tun für die Vermittlung zwischen Paulus und Jesus gesorgt. Sowohl bei Holsten wie bei Weizsäcker finden sich aber Aussagen, die sich mit diesen nur schwer vertragen. Sie machen es unsicher, inwieweit Paulus verstand, worum es bei Jesus ging. Auch hinsichtlich des vermittelnden Moments blieb das Problem „Paulus und Jesus" in der neutestamentlichen Theologie nach Baur in der Schwebe.

Anfangs haben wir über die drei Unterscheidungen zwischen Schrift und Bibel (s. o. § 2), Christus und Jesus (s. o. § 3) und Religion und Theologie (s. o. § 4) gesprochen. Aus der Spannung zwischen den jeweiligen „Polen" konnte die Problematik „Paulus und Jesus" entstehen. Allerdings brauchte es dafür wirklich diese Spannung. Zwei Voraussetzungen mußten also erfüllt sein: Erstens durfte das Unterschiedene nicht völlig auseinandergerissen und getrennt werden; sonst entstand allenfalls eine solche Frage „Paulus oder Jesus", die rasch zu „erledigen" war. Und zweitens durfte die Unterscheidung nicht wieder durch Identifizierung zurückgenommen werden; sonst entstand die Frage „Paulus und Jesus" sozusagen nur als rhetorische Frage, deren harmonische Antwort schon feststand. Von allen drei genannten Unterscheidungen war in der zweiten Phase der freien, historisch-kritischen Theologie wenig zu hören. Im stillen freilich ging die Tendenz dahin: Die Bibel wurde mehr und mehr als bloße Bibel angesehen und der historische Jesus an die Stelle des erhöhten Christus gesetzt; auch rückten Theologie und Religion für dieses Denken anscheinend weiter auseinander. Zu einer Spannung ließ es die neutestamentliche liberale Theologie nach Baur jedoch nicht kommen. Sie begütigte und glättete und schwieg. Daraus erklärt sich, daß das Thema „Paulus und Jesus" in der zweiten Phase der freien Theologie keinen rechten Platz fand. Die verborgenen Spannungen erzwangen sich noch keine Beachtung[76].

---

76 Wir werfen noch einen Blick auf eines der repräsentativen Bücher der konservativen Exegese dieser Zeit (vgl. o. § 6). Es handelt sich um *Bernhard Weiß:* Lehrbuch der Biblischen Theologie des Neuen Testaments. Berlin 1868. Zur Person s. *Kümmel,* Das NT S. 597 (Lit.). Nach dem Aufbau seines Werks müßte Weiß (1827–1918) an das Thema „Paulus und Jesus" geraten. Er anerkennt auch gleich in der Einleitung, daß im Neuen Testament verschiedene Lehren begegnen: „Die im NT vereinigten Schriften rühren anerkanntermaßen von verschiedenen Verfassern und aus verschiedener Zeit her. Nach aller Analogie wird daher eine Mannigfaltigkeit religiöser Vorstellungen und Lehren in ihnen zu erwarten sein" (S. 3). Gottes Offenbarung vollzog sich nicht durch die Mitteilung bestimmter Lehren oder Vorstellungen, sondern durch „die geschichtliche Thatsache der Erscheinung Christi auf Erden" (ebd.). Das orthodoxe Verständnis der Offenbarung ist also längst verlassen, und die biblischen Zeugnisse werden menschliche Aussagen über eine vorgegebene Offenbarungstatsache. Insoweit folgt diese konservative Exegese dem allgemeinen theologischen Denken. Weiß bindet nun aber die Zeugnisse über die Heilstatsache so sehr an diese selbst, daß auch sie von der Offenbarung her normative Autorität empfangen. Er läßt keinen Zweifel zwischen die geschehene Offenbarung und ihre biblischen Bezeugungen eindringen. Mit Anpielung auf *Baur,* NTTheologie S. 33f., schreibt er: „Sind die NTlichen Schriften die normativen Urkunden über die Offenbarung Gottes in Christo, so kann in ihnen nur ‚die reine ungetrübte Wahrheit sein und wo Wahrheit ist, muß auch Einheit und Übereinstimmung sein'" (S. 4, Anm. 2). Dementsprechend kann von einem *Problem* „Paulus und Jesus" bei Bernhard Weiß keine Rede sein.

§ 10. Zur Geschichte des Themas „Paulus und Jesus"
in der Zeit seiner Vernachlässigung
– Zusammenfassung und Zwischenbilanz –

Das Thema „Paulus und Jesus" verdankte sich den Veränderungen des theologischen Denkens in der Aufklärung (s. o. § 2–5). Es war im neuen Verständnis der Schrift und in der neuen Unterscheidung zwischen den einzelnen Subjekten der heiligen Geschichte angelegt. Seine erste Gestalt fand es im Weiterführen der Predigt Jesu zu Paulus hin, beziehungsweise umgekehrt im Herleiten von Jesus her. Vorher stand die Übereinstimmung außer Zweifel, weil Gottes Offenbarung mit sich übereinstimmt. Jetzt bestätigte sie sich vermeintlich auch als historische Beobachtung. Noch schien das Thema unproblematisch und keiner besonderen Mühe bedürftig; nicht zufällig ähnelten sich die ersten Äußerungen der Aufklärung und die späteren der konservativen Theologie (s. o. § 6 und 7). Allerdings beharrten die Konservativen im großen ganzen auf diesem Weiterführen oder Herleiten. Ihre Äußerungen bildeten gewissermaßen den Continuo, der die bewegtere Geschichte des Themas „Paulus und Jesus" in der freien Theologie begleitete.

Schon die Aufklärer faßten dieses Thema nämlich in einer Weise auf, die das Gespräch in Bewegung halten mußte. Sie führten faktisch nicht die ganze paulinische Botschaft auf Jesus zurück; das Widerspenstige und ihnen Fremdartige ließen sie fort. Was sich als einfaches Herleiten gab, war so in Wahrheit stillschweigend und oft unbewußt Unterscheidung und Ausgleich. Ich habe dieses Verfahren als „Vergleich" im rechtlichen Sinn des Wortes bezeichnet (s. o. § 5). Von der Aufklärung an wurde solch ein Vergleich zwischen Paulus und Jesus gesucht. Ihr gelang er, weil sie bei der Verhältnisbestimmung unter anderem die Christologie abschwächte, von der Rechtfertigungslehre schwieg und bevorzugt nur die Taten des Apostels auf Jesus bezog. Die Notwendigkeit einer genaueren Auskunft sah sie nicht. Durch solche Abstriche gab sich diese Lösung des Problems jedoch Blößen; sie deutete unfreiwillig an, daß die Verhältnisbestimmung nicht ganz gelungen war. Der Mangel trat ans Licht, als aus der Aufklärungstheologie der Rationalismus hervorging. Der kräftig erstarkte konservative Gegner hielt ihm gerade die vernachlässigte paulinische Thematik vor. Er bedrohte ihn wegen mangelnder Christlichkeit. Der Rationalismus aber fand nicht mehr von dem eingeschlagenen Weg der Verkürzung zurück. Eine Weiterführung der kritischen Erforschung des Neuen Testaments hatte deshalb zugleich die „paulinische Verlegenheit" zu überwinden. Anders war ihren Feinden nicht zu begegnen.

Im Widerstreit gegen die konservative Restauration kam die historisch-kritische Theologie mühsam zu sich. Erst die neue systematische Theologie und die siegreiche idealistische Philosophie kräftigten ihren Freimut und ihre Einsicht; historische Untersuchungen konnten dem erwiesenen wahren Christentum nicht schaden. Ferdinand Christian Baur beanspruchte Paulus als Gewährsmann einer freien Theologie im Geist des deutschen Idealismus (s. o. § 8). Er arbeitete die Eigenart der paulinischen Theologie derart heraus, daß an eine bloße Herleitung von Jesus nicht mehr zu denken war. Paulus trieb nicht einfach die Predigt Jesu weiter. Seine Theologie des Geistes war Theologie nach Karfreitag und Ostern, und sie war Theologie nach der Bekehrung. Beides bestimmte sie. Dadurch sicherte Baur ihre Unverwechselbarkeit und vermied die rationalistischen Abschwächungen. Aber auch dagegen erhob sich ein Einwand. Jetzt schien der Rückgang auf Jesus gefährdet, wie den Rationalisten umgekehrt der volle Zugang zu Paulus verschlossen gewesen war. Verlor Jesus hier nicht seine bestimmende Bedeutung an seinen Apostel Paulus? Begann das Christentum erst mit Paulus? Als Antwort verfiel Baurs Schule auf das Schema von „gesetzt" und „ausgesprochen". Was Jesus gesetzt hatte, wurde Paulus bewußt, und er sprach es aus. Dieses Schema bewährte sich allerdings nur, wenn Jesu Predigt ebenfalls neu – nicht rationalistisch – verstanden wurde. Soweit Baur das glückte, gelang ihm der Vergleich. Das Problem „Paulus und Jesus" schien verstanden. Jesus lebte die Einheit des Menschen mit Gott, Paulus verkündigte sie. Die freie Theologie durfte behaupten, ein umfassendes Verständnis der ersten christlichen Geschichte zu haben.

Die Geschlossenheit des Entwurfs hielt kein Jahrzehnt stand. Gegen Mitte des Jahrhunderts machte der freien Theologie eine wachsende Irritierung zu schaffen. Sie hatte an die bewegte Einheit und Kontinuität des Geistes geglaubt, der sich im Gang der Geschichte verwirkliche. Sie hatte sich auf die historische Forschung eingelassen, um eine Selbstverständigung des Christentums zu erreichen. Dabei war sie weit über die früheren historischen Unterscheidungen hinausgegangen; die Identität des einen Geistes hatte es ihr erlaubt. Aber unterdessen gewannen naturwissenschaftliches Denken, Empirismus und Positivismus Boden. Die metaphysischen Systeme büßten an Glaubwürdigkeit ein, und die großen Geschichtskonstruktionen erschienen zweifelhaft. Die historische Selbstbesinnung wandelte sich zum Historismus. Die weite Geschichtsspekulation wurde von „historischem Realismus" verdrängt. Der Verlust der großen sinngebenden Perspektive bewirkte zweierlei: Die Geschichte wurde zu einer Ansammlung von einzelnen Vorkommnissen, deren Zusammenhang erst wieder gefunden werden mußte. Außerdem konnte der Sinn gewissermaßen neu „vergeben" werden; wenn er sich im gesamten *Gang der Geschichte* nicht erkennen ließ, ließ er sich vielleicht an *einzelne geschichtliche Erscheinungen* delegieren.

Solche Veränderungen berührten mit der Zeit auch die freie Theologie, und ihr Thema „Paulus und Jesus" war ebenfalls davon betroffen. Unter den neuen Voraussetzungen galt dafür hauptsächlich dies: Nun war erst einmal zu klären, in welchem Zusammenhang der Paulinismus zum Auftreten Jesu stand. Erst durch eine nachweisliche Beziehung schien die Übereinstimmung zwischen Jesus und Paulus ganz unstreitig gesichert. Auch wurde dem historischen Jesus jetzt mehr und mehr die Bedeutung zugeschrieben, er biete die sicherste, verbindliche Norm für alles Christliche. Daran war Paulus zu messen und mußte davor bestehen. In der Bevorzugung Jesu äußerte sich ein gewisser Argwohn gegen die christliche Theologie.

Schon Baur selbst modifizierte seine seitherige Darstellung in seinen späten Arbeiten. Angesichts des Vielerlei der historischen Erscheinungen des Christentums wurde ihm die große Perspektive anscheinend ein wenig unsicher. Er verstand nun auch Jesus neu und begann, ihn zu bevorzugen. Bereits das allein gefährdete die Verhältnisbestimmung „Paulus und Jesus", wie sie für Baur bis dahin galt. War Jesus anders zu verstehen als bisher, mußte eigentlich auch Paulus anders verstanden oder das bewährte Schema verändert, beziehungsweise aufgegeben werden. Baur fing zwar mit seinem Verständnis der ersten christlichen Geschichte nicht noch einmal von vorne an. Andeutungsweise versuchte er es aber mit einem anderen Aufriß: Jesus lebte und verkündigte das wahre Christentum, wie der Historiker es ermittelt. Die Gemeinde, voran Paulus, deutete dann diese Tatsache Jesus nicht unbedenklich. Über kurze Bemerkungen dazu kam Baur nicht mehr hinaus, und er hielt daneben noch an dem früheren Verständnis fest. Seine eigenen Versuche mit einem zweiten Schema zeigen jedoch, daß das Thema „Paulus und Jesus" durch seine idealistische freie Theologie nicht endgültig zur Ruhe gekommen war. Es veränderte sich rasch und verlangte neue Überlegungen.

Der freien Theologie bleib daher in ihrer zweiten Phase eine schwere Aufgabe (s.o. § 9). Sie fand die Unterscheidung zwischen Jesus und Paulus als Erbe vor, und zugleich hielt das nicht mehr stand, was die klare Unterscheidung erst ermöglicht und erträglich gemacht hatte. Die liberale nachbaur'sche Exegese mißtraute der Geist-Metaphysik. Die neuen Voraussetzungen (Historismus und historischer Realismus) boten aber keine „selbstverständliche" Lösung des Problems „Paulus und Jesus" an. Und es *war* ein Problem: Diese freie Theologie störte sich erstmals an gravierenden Differenzen zwischen dem paulinischen Christentum und demjenigen Jesu (Christologie, Soteriologie). Zudem war sie in diesen Punkten selbst mit Paulus uneins und hielt sich zu Jesus. Auch hatte sie einige Zweifel, ob sich Paulus so streng auf den irdischen Jesus bezog, wie sie selbst es für richtig hielt und mit ihrer Leben-Jesu-Forschung versuchte. Es war ihr unbehaglich bei vielem, was Paulus sagte und Jesus anscheinend nicht gesagt hatte. Die Schwierigkeiten überstiegen die Kräfte der nachbaur'schen liberalen Theologie. Ihr fehlte eine Perspektive, die dem Paulinismus als Ganzem, wie sie ihn sah, einen guten Sinn gegeben hätte.

Unglücklicherweise verfiel sie darauf, das Problem vor sich und andern nicht wahrhaben zu wollen. Die Unterschiede zwischen der Verkündigung Jesu und der des Paulus wurden wieder gemildert, indem Paulus enger in den Kreis der ersten Gemeinde einbezogen wurde — nicht ohne Recht. Auch nahm man seinem Denken dadurch die Schärfe, daß man es aus seinen einmaligen Umständen erklärte. Mitunter wurde es außerdem noch im Vergleich mit seiner Gläubigkeit abgewertet. Der wichtigste Weg zur Beantwortung der Frage „Paulus und Jesus" war aber der, den Paulinismus von Einflüssen Jesu herzuleiten. So gesehen hatte man es, wenigstens stückweise, auch bei Paulus mit Jesus zu tun, und damit schien das Problem „Paulus und Jesus" aufgefangen. Noch wichtiger für die Bewältigung des Problems „Paulus und Jesus" war allerdings eines: Man gab sich, als ob es fast nicht existiere.

Unsere Untersuchung hat die Vernachlässigung des Problems „Paulus und Jesus" nicht recht verdeutlichen *können*. Sie hat nach dem gesucht, was jeweils darüber *gesagt* wurde. Über das *Schweigen* läßt sich nicht gleich viel festhalten. Ich

erinnere aber daran, daß viele Beziehungen zum Problem „Paulus und Jesus"
erst von mir hergestellt worden sind. Beispielsweise bezieht Baur sein zweites
Schema der frühen christlichen Geschichte nicht ausdrücklich auf Paulus; Holsten
erklärt die Theologie des Paulus, als ob er beinahe völlig vergessen hätte, daß
auch das Verhältnis des Paulus zu Jesus dadurch berührt wird; und Weizsäcker
legt seine Untersuchung über das apostolische Zeitalter so an, daß das Thema
„Paulus und Jesus" nicht vorkommen muß — er macht dann einige wenige Bemerkungen dazu. Auch war die Zahl der Äußerungen seit der Aufklärung geradezu verschwindend gering. Aufs Ganze gesehen wurde in den rund einhundert Jahren von der Aufklärungstheologie bis zur zweiten Phase der freien Theologie
wenig zum Thema „Paulus und Jesus" beigetragen. Es ist angemessen, von einer Zeit der Vernachlässigung zu sprechen. Soweit sich die nachbaur'sche freie
Theologie doch dazu äußerte, suchte sie eine trügerische Harmonie. In Wahrheit
war die Frage schwieriger denn je. Sobald das künftig erkannt werden würde,
konnten ihre Antworten nicht mehr genügen. Dann war eine genauere Prüfung
nötig. Die Zeit der Vernachlässigung des Themas „Paulus und Jesus" ging zu
Ende.

**B. Das Thema „Paulus und Jesus" in der Zeit größerer Beachtung
(Von Lagardes Antipaulinismus zur Religionsgeschichtlichen Schule)**

§ 11. „Paulus und Jesus" im Antipaulinismus Paul de Lagardes

Die freie Theologie nach Baur wollte das Problem „Paulus und Jesus" nicht wahrhaben. Sie schenkte ihm wenig Aufmerksamkeit, und wo sie sich doch darauf einließ, verharmloste sie es. Noch während sie damit auszukommen meinte, meldete sich ein radikaler Antipaulinismus zu Wort. Er ließ die Harmonie nicht gelten. Er schied Paulus streng von Jesus und verlangte eine Entscheidung für den einen oder den andern. Eine dritte Antwort duldete er nicht. Solche Überlegungen waren nicht ganz neu; sie waren insgeheim von älteren Stimmen angeregt, die zu ihrer Zeit nur nicht durchgedrungen und wieder vergessen worden waren. Wir beschäftigen uns deshalb zunächst mit der Vorgeschichte des Antipaulinismus der siebziger Jahre[1] (A) und dann erst mit ihm selbst (B), soweit es jeweils das Problem „Paulus und Jesus" betrifft. Abschließend fassen wir die antipaulinischen Gedanken zusammen und beziehen sie auf den Stand des Gesprächs über „Paulus und Jesus" in der zweiten Phase der freien Theologie (C).

(A) Nicht aller Antipaulinismus hat bis in die siebziger Jahre des vergangenen Jahrhunderts hineingewirkt. Längst vorher gab es einen, der sich nur nicht hervortraute. An ihm sind bereits zwei hauptsächliche Merkmale der antipaulinischen Verhältnisbestimmung „Paulus und Jesus" zu erkennen. Wir werfen darauf einen kurzen Blick (a), ehe wir zur eigentlichen Vorgeschichte des späteren Antipaulinismus kommen (b).

(a) Die Unterscheidung zwischen Jesus und Paulus in der Aufklärung eröffnete die grundsätzliche Möglichkeit, daß eines Tages sogar ein unversöhnlicher Gegensatz zwischen beiden behauptet werden würde. Schon Reimarus (s. o. § 2 u. 3) tat das tatsächlich. In seiner „Apologie oder Schutzschrift für die vernünftigen Verehrer Gottes" vergleicht er die zeitlosen vernünftigen Lehren Jesu auch mit den paulinischen Theologismen und findet einen tiefen Gegensatz. Der Unterschied war nach seinem Urteil so fundamental, daß der Weg des Evangeliums Jesu mit Paulus geradezu abbrach[2]: „Paulus ist [...] mit allem Rechte für den vorzüglichen Urheber und Stifter des Christentums zu achten". Die Einschränkung „vorzüglich" denkt kaum an Jesus, sondern vor allem an die übrigen Apostel. Sie trugen zu ihrem Teil ebenfalls dazu bei, daß das Christentum entstand. Paulus aber war

---

1 Eine ausführliche Geschichte des Antipaulinismus ist noch nicht geschrieben. In unserem Rahmen sind nur einige Hinweise möglich.
2 *Reimarus,* Apologie I S. 546; ähnlich ebd. S. 332. Reimarus nennt auch die Apostel insgesamt „Stifter dieser Religion", ebd. S. 450; beide Aussagen ergänzen und präzisieren einander.

der erfolgreichste unter ihnen. Hauptsächlich mit ihm begann der Weg der
christlichen Theologie und der christlichen Kirche. Jesus predigte in erster Linie
die unveränderliche Religion der Vernunft; Paulus und seine Glaubensgenossen
verkündigten die einmalige historische Heilstat. „Ihr gantzes System beruhete auf
Facta [...]", vermerkt Reimarus, und darin sieht er den tiefsten Widerspruch zur guten Lehre Jesu[3].

Die ganze seitherige Theologie- und Kirchengeschichte wurde in diese Richtung
gedrängt. Wenn Reimarus im fünften Buch seiner Abhandlung „Von dem Christlichen Lehrgebäude" handelt, findet er keinen wesentlichen Unterschied mehr
zwischen dem „Lehrgebäude der Apostel und der ersten Kirche" (Kapitel 1),
dem „Protestantischen System" (Kapitel 2) und der „Heilsordnung des Neueren
Christenthums" (Kapitel 3)[4]. Alles hat Paulus geprägt, und alles ist „Begriff für
Begriff, Satz für Satz, falsch, und voller Widerspruch"[5]. Zur Erklärung unterstellt
Reimarus den Jüngern und besonders Paulus eine Fülle moralischer, geistiger
und religiöser Mängel[6]. Doch trifft auch Jesus Schuld: Er war selbst in Hoffnungen auf ein jüdisches irdisches Gottesreich befangen und trat dementsprechend
auf. Das nährte falsche Träume, und nach seinem Tode brachten es die Jünger
nicht mehr über sich, das Scheitern zu gestehen. Sie fälschten es in einen Sieg
um. Vergröbert kann man formulieren: Paulus und das Christentum knüpfte
an Jesu Leben (Auftreten) an, statt an seine („eigentliche") Lehre. Reimarus
bejaht die vernünftige Lehre Jesu; das Leben Jesu verneint er. So setzt er unum-
wunden die Gegner ins Recht, die Jesu Leben ein Ende machten[7]. Dieser konkrete Mensch, ein jüdischer Aufrührer, mußte weg. Die zeitlose Lehre soll bleiben.
Der Historiker will den Menschheitslehrer Jesus vor denen schützen, die seine
menschlichen Irrtümer verewigten. Deshalb stellt sich Reimarus auf Jesu Seite
und gegen Paulus.

Diese antipaulinischen Überlegungen konnten allerdings keinerlei Wirkung tun.
Sie beeinflußten auch den Antipaulinismus des neunzehnten Jahrhunderts
nicht. Sie waren nicht veröffentlicht, und man wußte so gut wie nichts davon[8].
Ich habe sie trotzdem angedeutet, weil sie von vornherein zweierlei zeigen: Die
Unterscheidung zwischen Jesus und Paulus konnte sehr schnell zu einer antipaulinischen Antwort auf die Frage „Paulus und Jesus" führen, falls man die Bibel
als bloße Bibel verstand und nur den historischen Jesus, nicht den erhöhten Christus, gelten ließ. Dies ist das eine. Die antipaulinische Entgegensetzung von Jesus
und Paulus teilte die Geschichte des Christentums in drei Teile. Sie sah einen kurzen Anfang bei Jesus, der durch Paulus auf lange Zeit unterbrochen wurde; in

---

3 Ebd. II S. 441.
4 Ebd. II S. 421–520.
5 Ebd. II S. 516. Reimarus beginnt Kap. 2 mit dem Satz: „Wir wollen aber setzen, daß der
  protestantische Catechismus, als der vernünftigste, in allen Stücken mit der apostolischen
  Heils-Ordnung übereinstimmte, und das wahre alte Christenthum enthielte [...]" (S. 451).
6 S. ebd. II S. 560.
7 Ebd. II S. 154–171.
8 David Friedrich Strauß gab einige Hinweise darauf, s.o. § 2, Anm. 17.

ihrer eigenen Gegenwart wollte sie ihrerseits wieder mit der paulinischen Geschichte des Christentums brechen und an Jesu wahre Verkündigung anschließen. Dies ist das andere. Beide Beobachtungen werden sich bei den andern Antipaulinern bestätigen.

(b) Der Anreger für den Antipaulinismus der siebziger Jahre des neunzehnten Jahrhunderts war Johann Gottlieb Fichte (1762–1814)[9]. Zwei seiner großen Vorlesungen enthalten Angriffe auf Paulus, „Die Grundzüge des gegenwärtigen Zeitalters" aus den Jahren 1804 und 1805 und „Die Anweisung zum seligen Leben" von 1806[10]. Beide wurden 1806 veröffentlicht. Was Fichte hier über „Paulus und Jesus" sagt, findet sich weder schon vorher noch hernach wieder in seiner Philosophie. Wir beschränken uns deshalb auf die beiden Vorlesungen[11].

Fichte nennt „insbesondere den Apostel Paulus" als den Urheber jener „Ausartung des Christenthums", die er beklagt[12]. Damit ist dreierlei gesagt: Das Christentum ist eigentlich von anderer „Art", als es sich bei Paulus darstellt (1). Vor allem seit Paulus kam es zu seiner „Ausartung" (2). Und diese Entstellung ist noch immer nicht überwunden (3).

(1) Fichte verehrt Jesus selbst als Bürgen für das wahre Christentum. Auch er stellt Jesus und Paulus einander gegenüber und gibt Jesus recht und Paulus unrecht. Jesus ist für ihn aber nicht der historische Jesus der Geschichtswissenschaft, ermittelt durch kritische Quellenanalyse (wie für Reimarus). In dieser Sache jedenfalls verwirft Fichte die historische Forschung als ein unnützes Unterfangen. Sie bringt bloß vermeintliche geschichtliche Wirklichkeit zutage, statt die Wahrheit zu verehren. Deshalb schiebt Fichte alle historischen Argumente der Evangelienforschung beiseite[13]: „der reine Christ [...] fragt überhaupt nicht, *wer* etwas gesagt habe, sondern *was* gesagt sey; [...] den Beweis der Wahrheit des Gesagten trägt er in seiner eigenen Brust". Das Gewicht der Wahrheit entscheidet für den johanneischen Jesus[14]. Nur ihn anerkennt Fichte als den wahren Jesus der Ge-

---

9 Zur Person s. *Heinrich Knittermeyer:* Fichte, 2. Johann Gottlieb. RGG³ II, Sp. 932–934. Ein ausgezeichnetes bibliographisches Hilfsmittel bietet *Hans Michael Baumgartner* u. *Wilhelm G. Jacobs:* J. G. Fichte-Bibliographie. Stuttgart–Bad Cannstatt 1968.

10 *Johann Gottlieb Fichte:* Die Grundzüge des gegenwärtigen Zeitalters. Dargestellt in Vorlesungen. In: Johann Gottlieb Fichte's sämmtliche Werke, hrsg. v. Immanual Hermann Fichte. VII S. 1–256. Leipzig o. J. Es geht vor allem um die 7. u. 13. Vorlesung. Ders.: Die Anweisung zum seligen Leben, oder auch die Religionslehre. In Vorlesungen. SW V S. 397–580. Hauptsächlich die 6. Vorl. kommt in Betracht.

11 Ich stütze mich auf *Rudolf Paulus:* Die Bedeutung der Person Jesu bei Fichte. In: Schwäbische Heimatgabe für Theodor Haering zum 70. Geburtstag, hrsg. von Hans Völter. Heilbronn 1918, S. 83–100. *Hans Walter Schütte:* Lagarde und Fichte. Die verborgenen spekulativen Voraussetzungen des Christentumsverständnisses Paul de Lagardes. Ev. Theol. Diss. Göttingen. Gütersloh 1965. Bes. S. 67–123. *Friedrich Büchsel:* Paulus bei Fichte. ThB. 17 (1938), Sp. 119–132. *Hirsch,* Geschichte S. 337–407.

12 *Fichte,* Grundzüge SW VII S. 190. Zum Ganzen s. *Hirsch,* Geschichte IV S. 381–393.

13 Ebd. S. 104.

14 Vgl. *Wilhelm A. Schulze:* Das Johannesevangelium im deutschen Idealismus. ZPhF 18 (1964), S. 85–118. Über Fichte bes. S. 87–95.

schichte, weil nur er die „Verwirklichung des ‚notwendigen Christus'" ist[15]. Das heißt, er allein ist so, wie die Metaphysik ihn sozusagen im nachhinein vorhersagt und fordert. Sie überschaut den Gang der Menschheitsgeschichte und weiß, was der Menschheit in der damaligen Weltenstunde einzig helfen konnte. Ein anderer als der sachlich „notwendige Christus" hätte nichts genützt. Und nun hört der Metaphysiker gewissermaßen im Lärm der geschichtlichen Stimmen tatsächlich eine heraus, deren Worte er erkennt, und sagt: „Der ist es, der kommen sollte". Seine Vorhersage hat sich bestätigt, und nur dieser Jesus gilt jetzt für ihn, was immer die Historiker einwenden mögen. Diesen wahren Jesus hebt Fichte von Paulus ab.

In diesem Jesus war schon einmal da, worauf die Geschichte doch erst zugeht, die Einheit von Gott und Mensch. Sie ist in Jesus anschaulich geworden und ist die unentbehrliche *Vorgabe* Gottes für die Menschen, die das Ideal geschichtlich zugleich erst noch vor sich haben. Fichtes idealistisches Geschichtsverständnis erschöpft sich nämlich nicht in Verachtung für die Historie und spielt Historisches und Metaphysisches nicht bloß gegeneinander aus. Er kennt das Historische auch als „*Voraussetzung des Metaphysischen* — nicht für seine abstrakte Geltung, wohl aber für seine konkrete Verwirklichung" — und als „*Erscheinung des Metaphysischen*"[16]. Solch eine Erscheinung war Jesus, und das macht seine Bedeutung aus; denn dadurch veränderte sich das Dasein aller Menschen nach ihm. Sie hatten jetzt das Bild vor Augen, auf das sie zugehen sollten[17]. Freilich kam durch Jesus „nur" zur Erscheinung, was sub specie aeternitatis ohnedies allemal gilt. Doch brauchen die Menschen offenbar solche Präfigurationen der ewigen Ideale[18]. Der urbildhafte Jesus ist Fichtes Maß sowohl für die Aussage über den irdischen Jesus wie für alles Reden vom erhöhten Christus. Von ihm darf man sagen: „Er mußte sein". Dieser Jesus schlägt den historischen Jesus der Historiker ebenso aus dem Felde wie den himmlischen Christus der Dogmatiker, den Paulus verkündete.

(2) Als Paulus in der Christenheit das Heft übernahm, wurde das Urbild Jesus verdeckt. In ihm war die Einheit von Gott und Mensch anschaulich geworden. Jetzt aber wurde ein System ins Werk gesetzt, das auf lauter Irrtümern beruhte. Wenn man Paulus folgt, war Gott ein rächender zürnender Gott, der sich erst durch die außerordentliche Sühneleistung Jesu wieder mit der Menschheit ver-

---

15 Ich stütze mich hauptsächlich auf *Paulus,* Jesus bei Fichte, Zit. S. 92, u. *Hirsch,* Geschichte IV S. 382–385.

16 *Paulus,* Jesus bei Fichte S. 98. Paulus beobachtet zwei letztlich unversöhnliche Tendenzen des Fichte'schen Geschichtsverständnisses; die eine setzt Idee und Geschichte hart gegeneinander, die andere rechnet mit einer Ergänzung zwischen der Metaphysik des Absoluten und der Metaphysik der Geschichte. Für Fichtes Urteil über Jesus s. *Fichte,* Anweisung SW V S. 475–491.

17 *Hirsch,* Geschichte IV S. 385: „*Jesus ist der Bringer des Himmelreichs allein in dem geschichtlichen Sinne,* daß das Bild wirklich vollzogener, mit Gott einiger Freiheit, das vor uns tritt [...], Bedingung des uns wiedergebärenden innern Vollzugs unserer Freiheit ist".

18 *Paulus,* Jesus bei Fichte S. 91. Paulus bringt auch andere Beispiele bei für Fichtes Vorstellung eines „Vorgebildetseins des von der Idee Geforderten im gegebenen Stoff" (S. 89).

söhnte. Paulus mißbrauchte Jesus als Hauptgestalt eines Dramas zwischen Gott und Mensch; es konnte nur im Kopfe eines Mannes entstehen, „um dessen Stirn sich [...] der drückende Wahn von Sünde legt"[19]. Denn „der Mensch kann mit der Gottheit sich nie entzweien"[20]. Wo aber Entzweiung unmöglich ist, ist Versöhnung ein Unding. Paulus lehrte ein unsinniges Christentum.

Fichte gesteht Paulus auch nicht einen Anhaltspunkt für seine falsche Theologie zu, der in Jesu Leben oder Lehre gegeben gewesen wäre. Doch bürdet er dem Apostel keine „blinde", zufällige Schuld auf. Ein alter epochaler „Wahn" hatte noch Gewalt über Paulus, obwohl er Christ geworden war. Sein Christentum war „ein nothwendiges Product des damaligen ganzen Zeitgeistes am Christenthume"[21]. Der Zusatz „am Christenthume" verdient Aufmerksamkeit. Er hält fest, daß bei Paulus doch zweierlei zusammenkam, wirklich das Christentum und gleichzeitig jene Epoche. Fichte beobachtet bei Paulus eine „Ausartung" des Christentums, nicht sein Ende. Paulus stand im Übergang.

Was Paulus an die vergehende Epoche band, war seine Herkunft aus dem Judentum. „Paulus, ein Christ geworden, wollte dennoch nicht unrecht haben, ein Jude gewesen zu seyn: beide Systeme mussten daher vereinigt werden und sich ineinander fügen"[22]. In Wirklichkeit mußte sich hauptsächlich das Christentum fügen, und das Judentum behielt die Oberhand. Eingespannt in die falsche Schematik von altem und neuem Bund sollte das Christentum ein Entsühnungsmittel zwischen Gott und Mensch abgeben. Paulus blieb seinen jüdischen Gedanken über Gott verhaftet. Gott wurde entstellend vermenschlicht (zu einem empfindlichen, rachsüchtigen Gott) und der Mensch verteufelt (zum Sünder und Gottlosen); zwischen sie trat ein vergötterter Messias Jesus. Das menschliche Räsonnement versuchte fortan, diese drei Figuren miteinander in Verbindung zu bringen. Das Verkehrte wollte sich den Anschein des Vernünftigen verschaffen, und weil es weit davon entfernt war, preßte es die Vernunft zugleich nach seinen eigenen Wünschen. Das Rechnen und Vernünfteln des Menschen über sein Verhältnis zu Gott kam vom Judentum ins Christentum herüber. Es war verkehrt, weil es den Menschen distanziert Gott gegenüberstellte, statt ihn die Einheit zu lehren.

Eigentlich war das Judentum der Zeitenwende nach Fichtes Verständnis der Geschichtsepochen nur eine unter anderen Gestalten des Altertums. Er betont trotzdem stark, daß Jesus gerade unter Juden auftrat, und er unterstreicht insbesondere das Judentum des Paulus so kräftig, daß die Antithetik von Christentum und Altertum hinter der von Christentum und Judentum verschwindet. Paulus brachte ein „ausgeartetes" Christentum auf, das sich mit Jesu Christentum kaum vertrug. Der *Jude* Paulus tat es.

(3) Was mit Paulus begann, sieht Fichte noch in seiner Gegenwart lebendig: Jüdisches Denken über Gott beherrscht die christlichen Kirchen. Wahres Christen-

---

19 *Fichte*, Grundzüge SW VII S. 190.
20 Ebd.
21 Ebd. S. 191. Vgl. *Hirsch*, Geschichte IV S. 390f.
22 Ebd. S. 99.

tum ist seither so selten geworden, daß er es nur noch je und je einzelnen Christen zutraut[23]: „Das Christentum ist [...] in seiner Lauterkeit und seinem wahren Wesen noch nie zu allgemeiner und öffentlicher Existenz gekommen [...]". Seit Paulus ist das Judentum ins Christentum eingezogen und täuscht die Christen über das echte Christentum. Auch der Streit zwischen Katholizismus und Reformation rührt die paulinische Grundlage des entstellten Christentums nicht an. „Meiner Ansicht nach stehen *beide* Parteien auf *einem* an sich völlig unhaltbaren Grunde, – der Paulinischen Theorie [...]"[24], schreibt Fichte und attackiert damit die geläufigste protestantische Selbsteinschätzung; sogar die Reformation hat den Durchbruch im Entscheidenden versäumt[25]. Die Auseinandersetzung mit Paulus ist eine Auseinandersetzung mit der gesamten Kirchengeschichte.

Fichte läßt anklingen, daß die Auseinandersetzung mit dem paulinischen Christentum eine besondere Aufgabe der Deutschen sei. Wenn das wahre Christentum wieder gefunden würde, wäre zugleich die wahre deutsche Religion gefunden. Um das zu verstehen, muß man sich an Fichtes Vorstellung erinnern, daß das Metaphysische in Urbildern schon innerhalb der Historie auftrete. Das gilt nicht nur von der idealen Einheit von Gott und Mensch, die in Jesus anschaulich wurde. Es gilt auch von der bestimmungsmäßigen Gestalt der Menschheit; ihr Urbild ist ein Urvolk[26]. Drei Jahre nach den Vorlesungen über „Die Grundzüge des gegenwärtigen Zeitalters" hielt Fichte als ausdrückliche Fortsetzung seine „Reden an die deutsche Nation" (1807/08) und setzte das deutsche Volk mit dem Urvolk der Menschheit gleich[27]. Weil es Urvolk sein soll, ist gerade das deutsche Volk auch befähigt und berufen, die wahre Menschheitsreligion zu verwirklichen. Deshalb ist die Suche nach dem echten Christentum eine Suche nach der deutschen Religion, der wahren Religion für das wahre Volk. Fichte rühmt den Germanen dafür, daß ihm von jeher alle Sündenskrupel fern lagen, und auch sein Nachfolger – der Deutsche vor allem – blieb im Grunde gegen die „christliche" Sünden- und Erlösungspredigt eingenommen; „so recht in das Herz wächst sie ihm nie [...]"[28]. Es gilt, sich von den paulinischen „Ausartungen" des Christentums zu befreien und die *eigene* Religion im *wahren* Christentum wiederzufinden.

In der Besinnung auf das Verhältnis „Paulus und Jesus" steht für Fichte also auch die Selbstfindung der Deutschen auf dem Spiel. Das Christentum, Jesus und die Wahrheit gehören zusammen, das Judentum, Paulus und der Irrtum ebenso. Das deutsche Volk aber gehört auf die Seite der Wahrheit. Hier zeichnen sich von ferne Verbindungslinien zwischen Fichtes Verhältnisbestimmung „Paulus und Jesus" und einem

---

23 Ebd. S. 186.
24 Ebd. S. 104. Hervorhebungen v. Verf.
25 Fichte kann an kritische Stimmen der Aufklärung anschließen, s. *Leopold Zscharnack:* Reformation und Humanismus im Urteil der deutschen Aufklärung. Zur Charakteristik der Aufklärung des 18. Jahrhunderts. PrM 12 (1908), S. 81–103. 153–171. Für uns ist besonders der erste Teil der Untersuchung bedeutsam.
26 *Paulus,* Jesus bei Fichte S. 89.
27 *Johann Gottlieb Fichte:* Reden an die deutsche Nation. SW VII S. 257–502. In Betracht kommen vor allem die 4., 5. u. 6. Rede, bes. S. 359.
28 *Fichte,* Grundzüge SW VII S. 193; insgesamt s. S. 191–195.

„völkischen" deutschen Antisemitismus ab: Das Thema „Paulus und Jesus" geht die Deutschen besonders an, und der Affekt gegen Paulus ist auch ein Affekt gegen das Judentum, weil es den Deutschen vermeintlich im Wege steht, zu sich selbst zu finden und ihre einzigartige historische Aufgabe zu erfüllen. Allerdings deutet Fichte diesen Zusammenhang nur gerade an. Er wiederholt seine frühere antisemitische Polemik nicht noch einmal[29]. Er bringt die Frage „Paulus und Jesus" aber zweifelsfrei in Beziehung zur Suche nach einer genuin deutschen Religion, und er stellt sie so, daß der Antisemitismus zumindest daran anknüpfen konnte.

Was sich bei Reimarus ergeben hat, trifft auch hier zu. Die Unterscheidung zwischen Jesus und Paulus führt zur antipaulinischen Antwort auf die Frage „Paulus und Jesus", weil Fichte die alte Autorität der Schrift nicht gelten läßt. Die Schrift ist keine Offenbarung. Die Würde der Wahrheit wird neu vergeben, und es ist der erkennende Menschen, der sie vergibt. Er (und nicht die historische Forschung) bestimmt sogar, was war, und er darf verwerfen und erhören. Darum fällt es Fichte leicht, mit Paulus zu brechen und doch verhältnismäßig wenige Worte darum zu machen. Die Spannung zwischen Schrift und Bibel, Jesus und Christus fehlt.

Die zweite Beobachtung an Reimarus bestätigt sich ebenfalls. Auch Fichte gliedert die Geschichte des Christentums in drei große Teile. Zuerst trat das wahre Christentum Jesu in die Welt. Bald aber ereignete sich die paulinische „Ausartung"; die alte Zeit bemächtigte sich des Christentums. So blieb es durch die Jahrhunderte. In der Gegenwart erst ist der Augenblick gekommen, um sich auf das ursprüngliche Christentum zu besinnen[30]: „Alsbald aber würde Friede seyn, wenn man diese ganze [paulinische] Theorie fallen liesse und zum Christenthume in seiner Urgestalt [...] zurückkehrte". Was Paulus verdarb, will Fichte wieder gutmachen. Er traut es sich zu, zu solcher neuen Zeit einzuladen.

(B) Fichtes Antipaulinismus setzte sich nicht durch, und Fichte änderte sein Urteil später selbst ab[31]. Sein Antipaulinismus fand trotzdem einen Nachfolger. Im Jahr 1873 erschien eine kleine Schrift „Über das verhältnis des deutschen staates zu theologie, kirche und religion" von Paul de Lagarde (1827–1891); sie ging auf Vorarbeiten von 1859 zurück[32]. Seit 1878 stand sie dann in Lagardes „Deut-

---

29 Es geht um *Johann Gottlieb Fichte:* Beitrag zur Berichtigung der Urtheile des Publicums über die französische Revolution. (1793). SW VI S. 37–288; und zwar um S. 149–151. Vgl. dazu *Edward L. Schaub:* J. G. Fichte and Anti-Semitism. The Philosophical Review 49 (1940), S. 37–52. Schaub will den Nationalsozialisten das Recht nehmen, sich für ihren Antisemitismus auf Fichte zu berufen.

30 *Fichte,* Grundzüge SW VII S. 104.

31 S. *Schütte,* Lagarde S. 105–119, und *Hirsch,* Geschichte IV S. 402.

32 *Paul de Lagarde:* Über das verhältnis des deutschen staates zu theologie, kirche und religion. ein versuch nicht-theologen zu orientieren. Göttingen 1873. Zur Vorgeschichte s. S. 3. Zur Person s. *Walter Holsten:* Lagarde, Paul Anton de. RGG³ IV, Sp. 200f. Aus der Literatur beschränke ich mich auf *Karl Fischer:* Das Paulus- und Lutherbild Lagardes. ZZ 11 (1933), S. 78–93; *Lothar Schmid:* Paul de Lagardes Kritik an Kirche, Theologie und Christentum. Tübingen 1935 (= Tübinger Studien zur system. Theol. 4), außerdem *Scholder,*

schen Schriften", die mehrere Auflagen erlebten[33]. Lagarde war Orientalist und
Alttestamentler in Göttingen und gehörte, nach der dortigen Ordnung, der philosophischen Fakultät an, nicht der theologischen[34]. Doch war Lagarde promovier-
ter Theologe und bestand zeitlebens auf seinem theologischen Sachverstand.
Sein Schriftchen von 1873 aber ist eine Kampfschrift gegen die Theologie und
auch ein Pamphlet gegen Paulus. Es ist von seiner Fichte-Lektüre beeinflußt,
wie Hans Walter Schütte bewiesen hat[35]. Seine Leser übersahen allerdings diesen
Zusammenhang, und Lagarde verschwieg ihn. Durch Lagarde wurde Fichtes Votum zur Frage „Paulus und Jesus" noch einmal verändert aktualisiert. Es trat
als neue, unerhörte Einsicht auf.

Wie bei Fichte läßt sich parallel auch bei Lagarde in drei Schritten verfolgen,
was er zum Thema „Paulus und Jesus" sagt: Das Evangelium ist etwas anderes
als die Verkündigung des Paulus (1); Paulus verdarb die wahre Religion (2), und
diese Verderbnis dauert noch an (3).

(1) Reimarus und Fichte hielten das Christentum der Kirche für eine Entstellung
des eigentlichen Christentums Jesu. Lagarde regelt den Sprachgebrauch neu.
Was mit Jesus zu den Menschen kam, war nicht „Christentum", es war „Evangelium". „das evangelium ist eine durch religiöse genialität gefundene darlegung
der gesetze des geistigen lebens, es ist also wesentlich beschreibung [...]", heißt es an
der klarsten Stelle[36]. Wir fragen zuerst nach diesem Evangelium und dann nach
Jesu Beziehung dazu.

Die Inhalte dieser Botschaft bleiben im Ungefähren und Stichwortartigen. Einmal zählte Lagarde einiges auf, was im Evangelium gegeben sei, „anschauungen
wie die vom reiche gottes, von der sünde, von dem wege, auf welchem man der
sünde quitt wird"[37]. Was damit gemeint ist, präzisieren auch die wenigen etwas
beredteren Ausführungen kaum. Beispielsweise spricht Lagarde von einer „lehre
des evangeliums, daß das gute nur in einem reiche, in einer gemeinschaft im stan-
de ist zu existieren", ohne daß er eine Klärung auch bloß versuchte[38]. Ein ander
Mal führt er zum Beispiel das Gesetz an, „daß stets der sohn gottes für den men-
schensohn leidet, das heißt, daß auch die sünden des menschen darum, daß sie
abgetan und vergeben sind, nicht aufhören [,] ihre folgen zu haben [...]"[39]. Aber was

---

Paulus, dem Fichtes Rolle entgeht. *Schweitzer*, GdPaulF, übergeht Lagarde völlig, zu unrecht.

33 *Paul de Lagarde:* Deutsche Schriften. München 1924 (= Schriften für das deutsche Volk
   1, hrsg. v. Karl August Fischer). Darin S. 45–90. Ich nenne diese Ausgabe, weil sie in
   der Literatur meistens benützt wird. S. auch ders: Ausgewählte Schriften. Als Ergänzung
   zu Lagardes Deutschen Schriften zusammengestellt von Paul Fischer. 2., verm. Aufl. München 1934 (= Schriften für das deutsche Volk 2).
34 S. dazu *Johann Meyer:* Geschichte der Göttinger theologischen Fakultät. ZGNKG 42
   (1937), S. 7–107. Bes. S. 71f.
35 Zur Unsicherheit und Unkenntnis über das Verhältnis zwischen Lagardes Denken und
   Fichtes Philosophie s. *Schütte*, Lagarde, S. 9–14.
36 *Lagarde*, Über das verhältnis S. 35.
37 Ebd. S. 36.
38 Ebd.
39 Ebd. S. 42.

heißt das? Obwohl Lagarde die Dogmatik als „eine sittliche notwendigkeit" proklamiert, leistet er selbst so gut wie nichts dafür[40]. Was „Evangelium" sei, ist allzu vage, und auch die Lagarde-Monographien wissen sich offenbar nicht zu helfen[41].

„[…] man kann […] ruhig jedem freistellen, das evangelium stückweise aus der geschichte und dem leben zu sammeln, während er es einfacher *so* leidlich schon beieinander finden kann", sagt Lagarde in Hinblick auf die neutestamentliche Überlieferung von Jesus[42]. Das Verständnis des Evangeliums wirkt sich auf die Rolle aus, die Jesus zufällt. Wir verfolgen diesen Gedanken in zwei Richtungen.

Lagarde rühmt Jesus dafür, daß er tatsächlich als erster die Gesetze aussprach, die alles geistige Leben bestimmen. „Über den Menschen Jesus, der uns als ‚Stifter des Evangeliums', als ‚Schöpfer eines noch nicht dagewesenen Lebensstoffes' vorgestellt wird, finden wir jene schönen und ergreifenden Worte, die wir […] sonst im theologischen Liberalismus […] beobachten […]", notiert Karl Fischer[43]. Lagarde macht Jesus groß, und er meint nun wieder den historischen Jesus, anders als Fichte[44]. Nicht daß Lagarde diesen Jesus in exegetischer Arbeit aus den Quellen erheben würde – das plante er nur[45] –, er legt aber größten Wert darauf, daß er selbst wirklich den Jesus der Historie vor Augen habe. Jede solide Geschichtswissenschaft muß ihm recht geben; zumindest behauptet er das. Er betont wohl die erheblichen Schwierigkeiten einer historischen Rekonstruktion. Für sein Jesusbild nimmt er jedoch die Unbestreitbarkeit des Historischen in Anspruch[46]. So ungenügend das Zeugnis der Gemeinde blieb, es genügt, um das Evangelium „leidlich beieinander (zu) finden".

Der historische Jesus vermochte also, was kein Mensch vor ihm je konnte: Er brachte das Evangelium zu den Menschen. Doch auch er tat es als Mensch unter Menschen, das heißt, in seinen Grenzen und in ihren Grenzen. Gerade weil seine Botschaft so groß und neu war, war er außerstande, sich wirklich verständlich zu machen. Die Jünger mißverstanden ihn gründlich. Betrachtet man die Evangelien, so ist zwischen „Übertreibung und Unverständnis […] ein Drittes nicht zu finden"[47]. Die einen verfehlten das Evangelium, weil sie Jesus selbst vergötterten, die anderen, indem sie ihn als jüdischen Messias auffaßten. Lagarde biegt diese Beobachtungen allerdings dadurch ins Positive um, daß er die Größe einer geschichtlichen Erscheinung geradezu am Unverständnis der Menschen ablesen will[48]. Aber auch diese Regel ändert nichts daran, daß Jesu Historizität

---

40 Ebd. S. 35.
41 Man lese etwa die kärglichen Auskünfte bei *Schütte,* Lagarde S. 40f., oder *Fischer,* Paulusbild Lagardes S. 88f.
42 *Lagarde,* Über das verhältnis S. 36. Hervorheb. v. Verf.
43 *Fischer,* Paulusbild Lagardes S. 89. Er bezieht sich auf *Lagarde,* Deutsche Schriften S. 262.
44 S. *Schütte,* Lagarde S. 34–43.
45 *Lagarde,* Über das verhältnis S. 3.
46 Ebd. S. 29f., 32; vgl. *Schütte,* Lagarde S. 57f.
47 *Schütte,* Lagarde S. 38. Vgl. *Lagarde,* Über das verhältnis S. 30ff.
48 *Lagarde,* Über das verhältnis S. 30: „gewiß wirft das erwähnte unglück ein helles licht auf die persönlichkeit Jesu, der so weit über seiner nation erhaben war, daß trotz alles suchens

der Wirkung des Evangeliums im Wege stand. Weil er ein geschichtlicher Mensch an einem bestimmten geschichtlichen Ort war, konnte das Evangelium nur sehr bedingt seine Wirkung tun. Eigentlich hätte Jesus sozusagen allenfalls *außerhalb* der Geschichte *in* der Geschichte auftreten sollen. Lagarde traut es einem *historischen* Jesus eben nicht zu, das Evangelium verständlich zu machen.

Damit kommen wir zu den Einschränkungen des hohen Lobs für Jesu Verkündigung. Lagarde läßt „das" denkbare Evangelium nicht völlig in Jesu Evangelium aufgehen. Er fordert eine ständige Ergänzung des Evangeliums Jesu „durch weitere beobachtung des geistigen Lebens"[49]. „Evangelium" ist die Darlegung ewiger Gesetze; darum kann Jesu Evangelium prinzipiell nicht das Maß sein, an dem alles zu messen wäre. Die ewigen Gesetzmäßigkeiten selbst entscheiden auch über seinen Wert oder Unwert. Sie lassen sich grundsätzlich *jederzeit* „aus der geschichte und dem leben" erkennen (s.o.). Daraus ergibt sich die Aufgabe, immer neu nach diesen Wahrheiten zu forschen, aber auch die Freiheit, selbst zu entscheiden, wie man sie gewinnen möchte. So dringend jedem anzuraten ist, Jesu Verkündigung ernst zu nehmen, so frei darf er selbst auf die Suche gehen und kann die Wahrheit auch andernorts entdecken. Die ewigen Gesetze sind an keinen Ort keiner Zeit *gebunden.* Die Ewigkeit der Inhalte des Evangeliums macht ihre „Zeitlosigkeit" aus. Diese zeitlose Ewigkeit der Wahrheit begrenzt die Bedeutung Jesu.

„an dieser auffassung der sache hängt ein gewisser polytheismus, die freudige anerkennung des [...] faktums, daß gott neidlos zu allen zeiten und bei allen völkern sich menschen offenbart hat: gütige und feinfühlige gemüter werden diese offenbarungen alle anerkennen, und reicher sein [...] als diejenigen, welche nur auf Einem flecke der zeit eine solche offenbarung zugeben [...]"[50]. Was das Evangelium besagt, ist den Menschen schon seit jeher in den verschiedensten Religionen stückweise aufgegangen. Durch Jesus trat nichts schlechterdings Neues in die Welt. Er brachte das Evangelium nur besonders eindringlich und religiös wirksam zur Geltung, sozusagen *wie* etwas Neues. „Mit Jesus beginnt zwar eine der vorhergegangenen gegenüber neue Zeit, aber dieses Neue ist doch nur eine Potenzierung der schon vorhandenen allgemeinen Anlage des Menschen", formuliert Hans Walter Schütte[51]. Das Neue Jesu war doch bloß ein Altes, zusammengefaßt, auf den Nenner gebracht und insofern „potenziert". Lagarde ist sich an diesem Punkt selbst nicht ganz im klaren: Was ereignete sich durch Jesus für die Menschheit, und war seine geschichtliche Verwirklichung des Evangeliums schlechterdings notwendig?

Auf der einen Seite hebt Lagarde die einzigartige Bedeutung Jesu hervor. Durch ihn änderte sich die Bahn der Menschheitsgeschichte[52]. Auf der andern unter-

---

nur zwei männer gefunden wurden, die einigermaßen auf des meisters wesen eingehen konnten". Diese beiden, Johannes und Matthäus, wurden Jesus aber auch nicht gerecht.
49 Ebd. S. 36.
50 *Lagarde,* Über das verhältnis S. 51.
51 *Schütte,* Lagarde S. 36.
52 *Lagarde,* Über das verhältnis S. 30, spricht vom „großartigsten umschwung, den die geschichte je gesehen".

streicht er, wie wir gesehen haben, daß Jesus nicht verstanden wurde und das Evangelium insofern nicht recht zum Zuge kam. Auch spricht er allen Religionen Erkenntnis der ewigen Gesetze zu. Auf der einen Seite kann Lagarde sagen[53]: „Jesus verkündet und stellt dar: das evangelium fällt in gewissem sinne mit seiner person zusammen. daraus folgt, daß ein hinausgehen über das evangelium undenkbar ist". In diesem Sinn ist es auch, wenn er die Historie als einzigen Zugang zum Evangelium darstellt[54]. Auf der anderen Seite bekämpft er die religiöse Hochschätzung dessen, was irgendwann einmal *war*[55]: „Religion ist [...] unbedingt gegenwart [...]. mit dieser einsicht völlig unverträglich ist es, historische ereignisse in wesentliche beziehung zur frömmigkeit zu setzen. [...] die orthodox-christliche anschauung von der geschichte ist fetischismus, nur daß dieser sich statt auf das natürliche einzelding auf die historische tatsache richtet".

Ein Jesus, der die Geschichte der Menschheit änderte — und auf den es doch nicht ankommen darf, ein Evangelium, das die ewigen Gesetze einzigartig aussprach — und das doch jederzeit neu gefunden werden kann und muß, dies sind Lagardes Gedanken. Fichtes Jesus war die Verwirklichung des „notwendigen Christus"; die Menschheit brauchte ihn als Urbild, um ihre eigene Bestimmung erfüllen zu können. Bei Lagarde ist das Lob Jesu übriggeblieben, die geschichtliche Notwendigkeit aber ist vergangen. Es scheint, als ob Lagarde in Wahrheit auf einen *Mythos* Jesus abzielt und nicht auf die Historie[56].

(2) Paulus vollzog die verkehrte Bindung der Religion an Geschehnisse der Geschichte. Er war der eigentliche Stifter des „Christentums". Unter seinem Einfluß ersetzte das Christentum das Evangelium[57]. Dieses „Christentum" war eine neue Religion. Es deutete Jesus als den verheißenen Christus (Messias) der Juden. Seinem Opfertod und seiner angeblichen Auferstehung maß es unvergleichliche Wichtigkeit zu, für Israel und für alle Menschen. In beidem schloß es wieder an das Judentum an. Durch Paulus drang das Judentum in die Gemeinde ein und machte sich ihren Glauben gefügig. Soweit sich Paulus durchsetzte, wurde „das Neue, das mit Jesus in die Geschichte eintrat, in Gedanken und Anschauungen transponiert, die aufzuheben die Absicht der Verkündigung Jesu gewesen [...]" war[58]. Deshalb haßt Lagarde Paulus als einen „völlig unberufenen"[59]. Während Fichtes Paulus im Übergang stand, dreht Lagardes Paulus unwissentlich das Rad der Geschichte zurück.

Lagardes einfachstes Argument gegen Paulus ist historisch: Paulus kannte Jesus nach eigenen Angaben nicht. Auch hatte er nur eine zweifelhafte Vision als Legitimation vorzuweisen. Deshalb fehlte ihm jegliches Recht dazu, als Apostel Jesu

---

53 Ebd. S. 59.
54 S. *Fischer*, Paulusbild Lagardes S. 86f.
55 *Lagarde*, Über das verhältnis S. 39.
56 S. *Schütte*, Lagarde S. 39. Er bezieht sich auf *Lagarde*, Über das verhältnis S. 32.
57 S. *Lagarde*, Über das verhältnis S. 28−30; zum Ganzen s. *Schütte*, Lagarde S. 26−34, u. *Schmid*, Lagardes Kritik S. 71−110.
58 *Schütte*, Lagarde S. 28.
59 *Lagarde*, Über das verhältnis S. 32 (gramm. Form verändert).

aufzutreten[60]. Immerhin hätte Paulus wenigstens seiner Unkenntnis abhelfen
können, aber er unterließ es. So scheitert denn jeder Versuch, aus seiner Predigt
Jesus und sein Evangelium zu erkennen. „[...] von Paulus aus hat keine wissenschaft eine brücke rückwärts zu dem hohen meister [...]"[61]. Lagarde bestreitet, was
die nachbaur'sche freie Theologie beweisen möchte. Doch macht er sich nicht
die Mühe, mehr als Behauptungen darüber aufzustellen.

Weil Paulus von Jesus kaum wußte, konnte er seinen eigenen Gedanken desto un-
gehinderter nachhängen. Daß Gott mit Israel einen Bund geschlossen habe, daß
dereinst ein Messias erscheinen solle, daß ein Opfer nötig sei, um die Schuld der
Menschen zu tilgen, das alles wußte er aus seiner Vorgeschichte, seiner Herkunft.
Anders als die Jünger war er eben nicht durch Jesus auf neue Wege gestellt worden. Und nun machte er aus dem Neuanfang, den Jesus gesetzt hatte, das, was er
für das Heil der Menschen hielt. Die Juden werteten bestimmte Ereignisse in
der Geschichte ihres Volkes als unauslöschliche Richtpunkte ihres Verhältnisses
zu Gott. Paulus gab ihnen recht und fand jetzt auch mit Jesu Tod (und Auferstehung) einen solchen Richtpunkt gesetzt. Was er sonst noch an Ungereimtheiten
lehrte, verliert demgegenüber sein Gewicht. Diese Bewertung des Todes Jesu bedeutete das eigentliche Verderbnis des Evangeliums. Gab es eine exklusive Geschichte Gottes mit den Juden, dann war die übrige Menschheit in Wahrheit
ausgeschlossen. War Jesus der Messias der Juden, dann ging er alle anderen im
Grunde nichts an. Hatte sich das Heil nur in Jesu Tod ereignet, dann entging es
allen, die seiner hier nicht teilhaftig werden konnten. Lagardes tiefer Zorn über
Paulus ist deshalb vor allem darin begründet, daß Paulus „als jüdisches Gift ‚den
grundstürzenden Irrtum vom Werte des einmaligen Faktums' eingeschleppt habe"[62]. In Paulus haßt Lagarde das Judentum. So schwer es fällt, Jesu Predigt zu
rekonstruieren, eines ist gewiß[63]: „Jesus hat auf seinen tod den accent nicht gelegt [...]", den er durch den Juden Paulus bekam.

(3) Wie Paulus es begann, so ging es mit dem Christentum weiter. Lagarde bekämpft die Kirchen und Konfessionen seiner Zeit, weil sie auf dem Paulinismus
gründen. Mit aller Heftigkeit greift er dieses Christentum an. Es muß weg, irgend
jemand muß die Menschheit von ihm befreien. Es hat die Menschen und Völker
um den Segen des Evangeliums gebracht und krank gemacht. Ohne wahre Religion
entbehren sie die ewigen Gesetze, die ihnen Jesus sagen wollte. Deutschland ist
in besonderem Maße von diesem Elend heimgesucht. „dem staate und der nation
fehlt Jesus als der träger des evangeliums, der allein es zu einem lebenskeime
gemacht hat, fehlt die gemeinschaft evangelisch gesinnter, die evangelische kirche [...]"[64]. In dieser Klage ist zugleich eine Absage an den Protestantismus enthalten. Statt zum Evangelium zurückzurufen, blieb die Reformation auf halbem Wege

---

60 Ebd. S. 32f.
61 Ebd. S. 34.
62 *Fischer*, Paulusbild Lagardes S. 86. Fischer bezieht sich auf *Lagarde*, Deutsche Schriften
   S. 270.
63 *Lagarde*, Über das verhältnis S. 40.
64 Ebd. S. 59.

stehen und hob den Paulinismus erst recht aufs Schild[65]. Weil Luther so seine eigentliche Aufgabe versäumte, wurde Deutschland als Land der Reformation eher
noch tiefer in sein Unheil hineingetrieben. Für Lagarde „schmelzen alle irgendwie mit dem Namen Protestantismus belegbaren Phänomene [...] zu einem Gebil-
de des Abscheus und des Hasses zusammen"[66]. Die Reformation half Deutschland nicht. Erst jetzt ist die Zeit da, eine Wende zu eröffnen.

Das neue Ziel ist eine deutsche Religion. Die Deutschen sollen daran gehen, statt
Katholizismus oder Protestantismus wieder das Evangelium zu entdecken. Es wird
dann mit sich identisch bleiben und doch anders werden[67]: „[...] das evangelium,
welches bei seinem ersten auftreten ganz allgemein menschlich erscheint, wird so
allmälig und durch die arbeit der deutschen nation selbst, so zu sagen zu einer
deutschen ausgabe kommen, [...] zu einer wiederholung, die das Deutschland
vorzugsweise nötige hervorhebt und entwickelt [...]". In der Verhältnisbestimmung
„Paulus und Jesus" geht es um das Geschick der deutschen Religion und insofern
um Deutschland selbst. Deshalb ist der Staat aufgerufen, alles zu schwächen, was
den Paulinismus stärkt: die christlichen Kirchen und Fakultäten, doch auch das
Judentum, das in beiden wirkt. Die Frage „Paulus und Jesus" wird zum politischen Problem und führt zu antikirchlich-antichristlichen und zu antijüdischen
Maßnahmen[68]: „[...] katholicismus, protestantismus, irvingianismus, Judentum und
was es sonst an ismen und tümern gibt, [müssen] aus der sphäre des staates durchaus entlassen werden [...]" und verschwinden. Lagarde macht den Kampf gegen den
jüdischen Christen Paulus zur Sache der deutschen Politik[69].

Etwas ist noch nachzutragen, obwohl es zum Verständnis von Lagardes Lösung
des Problems „Paulus und Jesus" nicht unbedingt nötig ist; es trug aber wesentlich zu seinem späteren Einfluß auf die neutestamentliche Forschung bei. Lagarde verübelt Paulus vor allem die Bindung des Heils an bestimmte „Fakten",
hauptsächlich an die „Heilstatsache" des Todes Jesu. Er selbst redet der (beding-
ten) Anerkennung aller Religionen das Wort. Hat man das Evangelium erst als
die Darlegung ewiger Gesetze erkannt, spürt man gerne überall ihrem Verständnis
nach. Eine erneuerte „evangelische" Theologie würde daher ein viel weiteres Feld
ins Auge fassen als die bisherige christliche[70]: „Durch die theologie lernt der
forscher die religion überhaupt und lernt er die gesetze kennen, nach welchen
die religion sich darlebt: er tut dies durch beobachtung aller religionen [...]". Das
Evangelium Jesu kehrt in den Kreis der Religionen ein. Dadurch ergeben sich
neue Gesichtspunkte und Aufgaben. Mit diesen Hinweisen wurde Lagarde zum
Anreger einer religionsgeschichtlichen Erforschung auch des Neuen Testament.

---

65 Zu Lagardes Verständnis der Reformation und des Protestantismus s. ebd. S. 7–20. Vgl.
auch *Schütte*, Lagarde S. 15–26, und *Schmid*, Lagardes Kritik S. 127–153.
66 *Schütte*, Lagarde S. 25.
67 *Lagarde*, Über das verhältnis S. 61; s. auch *Schütte*, Lagarde S. 43–53.
68 *Lagarde*, Über das verhältnis S. 45; insgesamt s. S. 43–58.
69 *Scholder*, Paulus S. 129–134, zieht die Linie zu „Antisemitismus [...] und [...] Rassen-
lehre des Dritten Reiches" (S. 129).
70 *Lagarde*, Über das verhältnis S. 50.

Bei Lagarde wird aus der Frage „Paulus und Jesus" ein Entweder-Oder. Wie Reimarus oder Fichte verlangt er die Umkehr zu Jesu Verkündigung nach einer jahrhundertelangen Zeit der paulinischen Verfälschung. Weil Paulus bis in die Gegenwart hinein wirkt, kann das Thema „Paulus und Jesus" nicht historisch bleiben. Es muß gewissermaßen entschieden werden, und dafür will Lagarde Nation und Staat gewinnen. Freilich hält die überkommene Lehre das Neue Testament für eine normative Offenbarungsschrift, zumal die protestantische Dogmatik: Lagarde genügt es aber, auf die Entstehungsgeschichte des Kanons hinzuweisen, um den Gedanken einer neutestamentlichen Norm abzutun[71]. Das soll die Neubesinnung nicht hindern! Für ihn gibt es keine berechtigte Spannung zwischen Bibel und Schrift, Jesus und Christus. „Schrift" und „Christus" sind nur Truggebilde, mit denen das Christentum die Menschheit genarrt hat. Sie verdienen bloß so lange eine gewisse Aufmerksamkeit, bis sie entlarvt sind. Weil Lagarde die Spannungen nicht anerkennt, aus denen das theologische Problem „Paulus und Jesus" erwächst, wird er mit dem Thema „Paulus und Jesus" leicht fertig. Ihm bleibt einzig das politische Problem, das kirchliche Christentum dementsprechend zu überwinden.

Fichtes Antwort auf die Frage „Paulus und Jesus" stand im Zusammenhang eines philosophischen Systems. Lagardes Votum ist, genau besehen, völlig unzureichend begründet[72]. Er übernimmt die Ergebnisse Fichtes, ohne die Wege nachzugehen, die Fichte dahin führten. Diesem Mangel will er durch historische Einzelbeobachtungen abhelfen (beispielsweise der Beobachtung, daß Paulus Jesus nicht kannte). Anders als Reimarus bringt er aber auch nicht im mindesten eine gediegene historische Konstruktion zustande. Die sachliche, systematisch-theologische und historische Unzulänglichkeit wird mit Rhetorik und Pathos überspielt[73].

(C) Gut ein Jahrhundert lang schenkte die protestantische Theologie Deutschlands dem Thema „Paulus und Jesus" wenig Aufmerksamkeit. Wenn sie sich doch damit befaßte, glaubte sie in der Regel, damit schon zurechtzukommen. Von Anfang an widersprachen einzelne Antipauliner. Reimarus wagte noch nicht mehr, als sein Nein zu denken und insgeheim niederzuschreiben. Er fürchtete die Fol-

---

71 Ebd. S. 10–14.

72 S. *Schütte,* Lagarde S. 55–66, 129–134.

73 Es war beabsichtigt, an dieser Stelle *Friedrich Nietzsches* Antipaulinismus ebenfalls zu besprechen. Ich habe mich jedoch davon überzeugt, daß Nietzsche durch seine offene Feindschaft gegen das Christentum (auch gegen das „Evangelium", mit Lagarde zu reden) kaum Einfluß auf das theologische Gespräch über „Paulus und Jesus" hatte. Auch zog er erst dann allgemeine Aufmerksamkeit auf sich, als die Entwicklungen des theologischen Gesprächs über „Paulus und Jesus" im großen ganzen schon vollzogen waren, von denen unten die Rede sein wird. Ich weise deshalb nur auf Nietzsches Äußerungen, etwa im „Antichrist", hin. Übrigens wird durch *Franz Overbeck* möglicherweise eine Brücke zwischen Lagardes und Nietzsches Antipaulinismus hergestellt; s. *Overbeck,* Christlichkeit S. IX, 13–19. Overbeck wurde durch Lagardes Schrift zu seiner eigenen Arbeit angeregt. In dieser Zeit war er schon in enger Freundschaft mit Nietzsche verbunden und besprach sich beinahe täglich mit seinem Freunde. So könnte Nietzsche auf Lagarde aufmerksam geworden sein. Ich konnte dieser Spur allerdings nicht nachgehen.

gen einer Veröffentlichung. Bereits Fichte wandte sich mit seinen antipaulinischen Thesen offen an ein größeres Publikum, freilich erst von Berlin, von Preußen aus; in Jena hatte er sich wegen seiner Philosophie vor den kirchlichen Anfeindungen nicht halten können[74]. Lagarde ging einen Schritt weiter. 1872 appellierte er an die Regierungen und die Öffentlichkeit Deutschlands, seine Lehren zu übernehmen und in die Tat umzusetzen; ihr antipaulinischer Zug war unübersehbar. Der Antipaulinismus war jetzt so weit, daß er ernsthaft Kirchenpolitik und Kirchengeschichte machen wollte. Freilich war Lagardes Aufruf vor allem ein Zeugnis seiner Selbstüberschätzung[75]. Aber er zeigte doch auch, daß sich der Antipaulinismus nicht länger scheute, die Aufmerksamkeit des Staates und der Kirchen auf sich zu lenken. Ein Antipauliner hatte keinen Schaden mehr zu fürchten, solange er kein kirchlich-theologisches Amt innehatte. Denn diese Regel galt allerdings noch immer: Im Raum von Theologie und Kirche war für den erklärten Antipaulinismus kein Platz[76]. Weder Reimarus noch Fichte noch Lagarde war als Theologe beschäftigt, und Baurs theologischer antipaulinischer Kontrahent (s. o. § 8) verbarg sich wohlweislich in der Anonymität.

Mit Lagarde drang der Antipaulinismus sozusagen mindestens in den „Vorhof" der Theologie ein. Lagarde bestand immer darauf, er sei Theologe, und von Amts wegen war er tatsächlich auch Alttestamentler und bildete Theologiestudenten aus. Allein schon dadurch trat der Antipaulinismus näher an die Theologie heran als je zuvor. Noch dazu gab sich Lagarde als Eingeweihter, der dem betrogenen Volk endlich kompetent die Wahrheit über die Lügen der Theologen verrät. Auch aus diesem Grund ging Lagardes Antipaulinismus die Theologie dringlicher an als der Fichtes, wenn nicht sachlich, so doch menschlich. Vor allem aber traf erst dieser Antipaulinismus auf eine Theologie, für die Paulus eine uneingestandene Verlegenheit war. Wir haben beobachtet, wie unangenehm der freien Theologie in ihrer zweiten Phase die Frage „Paulus und Jesus" im Grunde war (s. o. § 9). Lagardes Parolen störten die Harmonie, an der ihr so sehr lag. Ich fasse daher abschließend hauptsächlich Lagardes Thesen zusammen und vergleiche sie mit den Aussagen der nachbaur'schen freien Theologie zum Thema „Paulus und Jesus".

Wie die übrigen Antipauliner anerkennt Lagarde den Offenbarungscharakter der *Schrift* nicht. Er erklärt sie zur bloßen Bibel. Die paulinischen Schriften müssen sich erst noch als wahr ausweisen. Sie haben keinerlei Anspruch auf ein

---

74 S. *Knittermeyer,* Fichte Sp. 933, und *Heinrich Knittermeyer:* Atheismusstreit. RGG³ I, Sp. 677f.

75 *Scholder,* Paulus S. 130, nennt ihn einen „ebenso gelehrten wie bornierten Orientalisten" (gramm. Form verändert).

76 Etwa seit den vierziger Jahren kam es immer wieder zu kirchlichen Strafmaßnahmen gegen unliebsame Pfarrer. Soweit sich der Staat dafür gewinnen ließ, bekämpfte die Kirche auch akademische Theologen, die ihr untragbar schienen; s. *Nigg,* Liberalismus S. 141 – 320 passim. Mir ist *kein* Fall bekannt, wo ausdrücklich Antipaulinismus bestraft wurde. Wenn man aber bedenkt, wie selbst der „Pauliner" Ferdinand Christian Baur bekämpft wurde, kann man *vermuten,* daß Antipaulinismus erst recht keinesfalls geduldet worden wäre.

gläubiges Hören, im Gegenteil, Vorsicht ist geboten. Die freie Theologie nach Baur dachte ähnlich. Ohne solche Gedanken klar auszusprechen, praktizierte sie sie.

Paulus muß sich an der *Verkündigung Jesu* messen lassen. Sie ist vermeintlich der Maßstab, den Paulus selbst angibt, wenn er sich einen Apostel Jesu Christi nennt. Die liberale Theologie meinte dasselbe.

Mit Jesus trat das *wahre Christentum* in die Welt (bei Lagarde die Religion des Evangeliums). Dieses ursprüngliche Christentum Jesu brachte die Wahrheit über das Verhältnis von Gott und Mensch zur Erscheinung. Würde Paulus Jesus gerecht werden, könnte seine Theologie also nicht nur vor ihrem eigenen Maßstab standhalten, sondern vor dem Maßstab der Wahrheit schlechthin. Auch darin stimmte die freie Theologie der zweiten Phase mit Lagarde überein.

Jene Wahrheit ist eine *geschichtslose Wahrheit* zwischen Gott und Mensch. Trotz bedeutender Unterschiede sind sich Reimarus, Fichte und Lagarde darin einig: Durch Jesus kam nichts zutage, was nicht von jeher gegolten hätte und auf immer gilt, unabhängig von Jesu Erscheinen. Die Wahrheit verändert sich nicht, ob sie nun bekannt wird oder verborgen bleibt. Die freie Theologie nach Baur hatte ähnliche Gedanken. Der Inhalt der „Offenbarung" (?) blieb auch in ihren Augen unberührt davon, daß Jesus ihn lebte und verkündigte.

Lagarde versteht Jesu Evangelium als die Darlegung ewiger Gesetze des geistigen Lebens. Einerseits macht das *Jesu Rang* aus, denn zuvor und hernach vermochte kein Mensch, diese Gesetze so zu leben und zu verkünden wie er. Andererseits begrenzt es seine Bedeutung, weil grundsätzlich jederzeit erkennbar ist, was er erkannte: Obwohl das Evangelium geschichtlich an Jesus geknüpft ist, ist es sachlich nicht an ihn gebunden. Lagarde weist zum Beispiel bejahend auf die vielfältige Welt der Religionen hin, er stellt jedem den Weg zur Erkenntnis jener Lebensgesetze frei, und er wünscht die ständige Ergänzung des historischen Evangeliums Jesu. Jesus ist Maß und doch nicht Maß. Das zeigt sich schon darin, daß Lagarde als Historiker insgeheim eben auch Jesus beurteilt, ob er vor dem Maßstab der erkannten Wahrheit standhält. Reimarus und Fichte nahmen dieselbe Haltung ein, nur daß sie den Maßstab der Wahrheit ausdrücklicher durch philosophisches Denken ermittelt hatten. Als Epigone des Idealismus verzichtet Lagarde auf eine begründete Metaphysik, setzt sie aber voraus. Er hebt Jesus aus der Schar der übrigen Menschen heraus und mindert doch zugleich seine Bedeutung, verglichen mit der traditionellen Christologie.

Die freie Theologie dachte in ihrer zweiten Phase im Grundsätzlichen ähnlich. Wohl neigte sie dazu, Jesus als den Garanten und seine Lehre als den Inbegriff christlicher Wahrheit anzusehen. Aber genau besehen war es eben sie selbst, die diesem Menschen diese Würde zuerkannte. Den historischen Jesus zu loben, wie sie es mit ihrer Leben-Jesu-Forschung tat, hieß, selbst „irgendwoher" zu wissen, was zwischen Gott und Mensch wahr und recht ist. Darin wirkte die idealistische Philosophie nach; trotz ihres äußerlichen Niedergangs beeinflußte sie, mehr oder weniger unbewußt, auch diese liberale Theologie. Man bearg-

wöhnte die idealistischen Systeme, doch das hinderte nicht, in manchem weiterhin idealistisch zu denken. Die ähnliche Beurteilung Jesu bei Lagarde und
den liberalen Theologen hing mit diesem Einfluß zusammen. Einer seiner Aspekte war der gemeinsame Historismus. „Das eigentümliche Ineinander von Betonung
des Historischen an sich und Entwertung des konkreten historischen Faktums ist
[...] das, was wir gemeinhin als Historismus zu bezeichnen pflegen"[77].

Es ist zweifelhaft, ob *Jesu Botschaft* in der Geschichte des Christentums wirklich
weiterwirkte. Auch die Reformation ist kein hinreichender Anlaß dafür, auf
diese Überprüfung zu verzichten. Die Antipauliner trauen sich noch größere,
bessere Einsichten zu, um das Christentum nötigenfalls zurechtzubringen. Die
nachbaur'sche freie Theologie teilte diese Überzeugung. Im grundsätzlichen Zweifel am Recht der Überlieferung wirkte bei den Antipaulinern wie bei ihr ein reformatorischer Impuls weiter. Nicht zufällig kam jeder der drei Antipauliner Reimarus, Fichte, Lagarde aus dem Protestantismus.

Paulus hatte den *größten Einfluß* auf die Geschichte des Christentums. Er prägte
es, wie es in den Grundlinien durch die Jahrhunderte hindurch blieb. In diesem
Urteil der Antipauliner dürfte ebenfalls ein Stück reformatorischen Erbes liegen.
Nach reformatorischer Überzeugung gewann das Christentum im Paulinismus seine
gültige Gestalt. Die Nachfolger Baurs dachten an diesem Punkt anders als die
Antipauliner. Sie hoben die allgemein-christlichen Züge des Paulinismus hervor
und stellten vor allem deren Fortwirken ins Licht. Sie versuchten, Paulus stärker
in die Gesamtheit der Christen zurückzuholen.

Paulus machte *„Heilstatsachen"* zum *Mittelpunkt* des christlichen Glaubens. Lagarde spricht von einer Vergöttlichung des „Faktums", und Reimarus oder Fichte könnten dasselbe sagen. Dieses antipaulinische Mißverständnis hatte Anhaltspunkte in der protestantischen Lehre. Da und dort wurde hier so etwas wie eine
„heilige Faktizität" behauptet. Der einstige Heilserwerb durch Christus und das
gegenwärtige Heil traten weit auseinander, während der Glaube die Rolle der vermittelnden Bedingung übernahm[78]. Gerade die paulinische Theologie wurde gerne so mißverstanden. Das antipaulinische Paulusverständnis hielt sich an diese Aussagen der Theologie. Es bezweifelte nicht, daß es in der Christologie und Soteriologie um Fakten und um Faktizität gehe. Deshalb konnte ihm Paulus als Verfäl-
scher der historischen Wahrheit erscheinen; Reimarus sieht in Paulus sogar einen
Betrüger[79]. Die freie Theologie der zweiten Phase stimmte in diesen Fragen halb
mit dem Antipaulinismus überein, halb nicht. Auch sie beobachtete ein ver-
kehrtes Zutrauen des Paulus etwa zur Heilstatsache des Opfertodes Jesu. Auch
sie meinte, daß durch den paulinischen Christus etwas aus Jesus werde, was sich
nicht unbedingt historisch rechtfertigen lasse. Sie anerkannte aber nicht, daß
die Heilstatsachen die Mitte des Paulinismus ausmachten, und sie beteuerte ent-

---

77 *Fischer,* Paulusbild Lagardes S. 87.
78 Vgl. *J. Baur,* Salus christiana: über die Historisierung der Heilstatsachen, S. 110, 114,
   145f. u. ö., über den Glauben als Bedingung des Heils, S. 168ff., s. auch *Stephan/Schmidt,*
   Geschichte S. 68. Meine Hinweise beziehen sich allerdings nur auf die Aufklärung.
79 *Reimarus,* Apologie II S. 560.

schieden, daß der historische Jesus bei Paulus sehr wohl zum Zuge komme. Außerdem wollte sie eine Entwicklung der paulinischen Theologie erkennen, die von jenem bedenklichen Denken zum genuin christlichen fortgeführt habe[80].

Paulus zwang das Evangelium Jesu in *jüdische Kategorien*. Er bewirkte, daß das Judentum ins Christentum einzog und das wahre Christentum entstellte. Die Antipauliner erhoben diesen Vorwurf wohl auch aus ihrem Antisemitismus heraus[81]. Die freie Theologie nach Baur dagegen zeigte keine antisemitischen Tendenzen. Sie neigte jedoch ebenfalls dazu, die religiösen Unrichtigkeiten bei Paulus seiner Herkunft aus dem Judentum zuzuschreiben. Was Klaus Scholder über die Aufklärungstheologie sagt, galt nach einem Jahrhundert in etwa immer noch[82]: „Ganz allgemein [...] war und blieb der Unterschied zwischen jüdischer und christlicher Religion identisch mit dem Unterschied zwischen Irrtum und Wahrheit [...]. Erst von diesem Schema aus begreift man ganz die Funktion, die Paulus hier zugewiesen wurde". Die Verteilung von Wahrheit und Irrtum hatte sich grundsätzlich nicht geändert, wohl aber die Zuordnung des Paulus zu einer der beiden Seiten. Bei den Aufklärern hatte er noch höchstes Ansehen dafür genossen, daß er das Christentum gegen das Judentum gesichert habe (s. o. § 7). Bei den Antipaulinern schlug dieses Urteil in sein Gegenteil um; Paulus wurde zum jüdischen Verderber des Christentums (oder des Evangeliums). Die nachbaur'sche freie Theologie suchte auch in dieser Sache einen Mittelweg. Sie fand Wahrheit und Irrtum bei Paulus beieinander und ließ seine Theologie um der Wahrheit willen letztlich doch gelten.

Paulus und Jesus stimmten nicht überein. Es gab kein vermittelndes Moment zwischen ihnen, das Jesus Evangelium bei Paulus ausreichend zur Geltung brachte. Lagarde (und die Antipauliner vor ihm) stellte das Entweder-Oder „Paulus *oder* Jesus" auf[83]. Die freie Theologie fällte auch in ihrer zweiten Phase ein anderes Gesamturteil. Sie suchte und entdeckte vermittelnde Momente zwischen Paulus und Jesus. Paulus und Jesus stimmten in Wahrheit überein. Die liberale Exegese konnte die Frage „Paulus und Jesus" beruhigend beantworten.

Die grundsätzlichen Gedanken kamen weitgehend überein. Auch in einzelnen Urteilen herrschte immer wieder Übereinstimmung. Trotzdem war das Fazit bei Antipaulinern und freien Theologen so verschieden, daß eines das andere ausschloß. Der Vergleich ihrer Aussagen über „Paulus und Jesus" erweckt geradezu den Eindruck der Beliebigkeit des Endurteils. Wahrscheinlich ließen die Antipauliner Paulus ihre Abneigung gegen den kirchlichen Protestantismus büßen. Reimarus empfand das Kirchenchristentum als den Unterdrücker der Wahrhaftigkeit. Fichte bekam kirchliche Intoleranz am eigenen Leib schmerzlich zu verspüren. Und Lagarde erlebte den unduldsamen Geist Hengstenbergs schon im eigenen Eltern-

---

80 Vgl. *Schweitzer*, GdPaulF S. 22–26.
81 Auch Reimarus war anscheinend Antisemit, vgl. *Reimarus*, Apologie I (Einleitung) S. 18f.
82 *Scholder*, Paulus S. 127.
83 Allerdings wird die Formel „Paulus oder Jesus" von keinem der besprochenen Antipauliner benützt, soweit ich sehe. Sie kam erst später auf, s. u.

haus[84]. So erfuhren sie den „paulinischen" Protestantismus als Gewalt, die sie aus dem Raum des Heils auszuschließen drohte. Ihr Angriff auf Paulus war insofern Verteidigung. Ebenso wahrscheinlich kam es Paulus bei der freien Theologie der sechziger und siebziger Jahre umgekehrt zugute, daß diese Theologie unbedingt in die Kirche gehören wollte. Sie war bereit, sich als eine unter anderen theologisch-kirchlichen Gruppierungen zu verstehen. Sie war willig, sich zu arrangieren. Dazu gehörte auch der Verzicht auf scharfe Konturen ihrer Aussagen. Mit ihrer Abschwächung des paulinischen Problems vermied sie den Konflikt.

Diese Zusammenhänge ändern nichts daran, daß beide Seiten bedenkenswerte sachliche Gründe für ihr Urteil hatten. Die freie Theologie wäre umso mehr zur Auseinandersetzung verpflichtet gewesen, als viele ihrer grundsätzlichen Gedanken mit den antipaulinischen zusammenstimmten[85]. Lagardes antipaulinischer Vorstoß bezweifelte, ob die liberale Theologie konsequent genug nach dem Verhältnis „Paulus und Jesus" gefragt hatte. Lagarde verdeutlichte Möglichkeiten auch ihrer Voraussetzungen, die sie bisher allzu leicht ausgeschlossen hatte. Er unterstellte, hinter der Vernachlässigung des Themas „Paulus und Jesus" sei eine unüberwindliche christliche Verlegenheit versteckt. Die freie Theologie war herausgefordert, das Thema „Paulus und Jesus" zu beachten.

§ 12. Von der Vernachlässigung zur Beachtung des Themas „Paulus und Jesus"

Lagardes Angriff auf Paulus als den Verderber des Evangeliums hätte die freie Theologie schon in den siebziger Jahren anregen können, das Problem „Paulus und Jesus" mehr zu beachten als bisher. Dazu kam es nicht. Beispielsweise erschien 1886 mit Weizsäckers Untersuchung „Das apostolische Zeitalter der christlichen Kirche" eine Bilanz der nachbaur'schen Exegese, die das Thema „Paulus und Jesus" ganz kurz abfertigte[1]. Sie ging auf das paulinische Problem bloß leichthin und nebenbei ein. Die freie Theologie erkannte zu dieser Zeit im Thema „Paulus und Jesus" noch keine wesentliche Aufgabe. Sie vernachlässigte es weiterhin.

Erst das nächste Jahrzehnt brachte den Wandel. Dabei vollzog sich kein schroffer Wechsel, etwa durch eine aufsehenerregende Abhandlung ausgelöst; ein solches Signal gab es nicht. Der Anfang wurde mit recht unscheinbaren Untersuchungen gemacht. Die Veränderung geschah allmählich. Das erschwert es, die Ursachen zu erkennen. Anscheinend waren hauptsächlich zwei von Belang. Veränderungen im Umfeld der Theologie (A) und bestimmte Entwicklungstendenzen in der Theologie selbst (B). Erst diese Ursachen erklären die weitere Geschichte des Themas „Paulus und Jesus". Deshalb kommen wir darauf zu sprechen.

---

84 S. *Schütte*, Lagarde S. 127, auch S. 16ff.
85 Auch *Fischer*, Paulusbild Lagardes passim, macht auf die zahlreichen Gemeinsamkeiten zwischen dem geschworenen Anti-Liberalen Lagarde und der liberalen Theologie aufmerksam.
1 S.o. § 9, Anm. 54.

(A) Der Antipaulinische Vorstoß war für die Theologie damit noch nicht erledigt, daß sie ihn vorerst überging. Im Gegenteil, der Lauf der Dinge arbeitete für ihn und verstärkte seine Bedeutung. Dabei ist zweierlei zu unterscheiden. Allgemein verbesserten sich die Bedingungen für die Aufnahme von Gedanken, wie Lagarde sie vortrug (a). Und überdies beeindruckte Lagarde in seinen letzten Lebensjahren einen Kreis junger Theologen, der später Theologiegeschichte machte (b). Das erste wäre schon allein dann bemerkenswert, wenn es bloß dem zweiten Vorschub geleistet hätte. Denn hier läßt sich eine Stelle nachweisen, an der der Antipaulinismus Einfluß auf die Theologie gewann. Davon war das theologische Thema „Paulus und Jesus" unvermeidlich betroffen.

(a) Lagardes antipaulinische Attacken wurden 1873 veröffentlicht[2]. Seine Kampfschrift erschien also zum ersten Mal, als der Kulturkampf eben einen Höhepunkt erreichte und die Gründereuphorie vom „Gründerkrach" jäh gedämpft wurde. In der neu geeinten Nation wurden schroffe Antagonismen offenkundig. Trotzdem blieben Einheit und Einigkeit als Postulate hoch im Kurs, besonders im protestantistischen Lager. Die Kluft zwischen diesen Ansprüchen und der Wirklichkeit konnte durch Sündenbock-Theorien erklärt werden. Weil die Nation „verspätet" war, verlangte sie umso lebhafter nach Identität, einer Identität durch Abgrenzung von inneren oder äußeren Feinden. Nicht sie selbst war eigentlich mit sich uneins, sondern „andere" trugen Zwietracht ins Haus.

Eine Vielzahl von Gründen führte schließlich dazu, daß gegen Ende der siebziger Jahre vor allem drei Sündenbock-Theorien mit einem Mal ihre große Stunde erlebten: Antisozialismus, Antiliberalismus und Antisemitismus. Das Jahr 1878 brachte mit dem Sozialistengesetz die Kriminalisierung der Sozialdemokratie[3]. Das nächste Jahr, 1879, sah durch Bismarcks Bruch mit den Liberalen den Umschwung von einer eher liberalen zu einer betont antiliberalen Haltung des Staates[4]. Mit den ersten antisemitischen Reden des kaiserlichen Hofpredigers Adolf Stoecker (1835–1909) erlebte es die bewußte Einführung des Antisemitismus in die „seriöse" Politik[5]. Und ebenfalls 1879 wertete der gefeierte Historiker Heinrich von Treitschke (1834–1896) den Antisemitismus gesellschaftlich auf. „Was *er* sagte, war damit anständig gemacht. Daher die Bombenwirkung jenes [antisemitischen]

---

2 S. o. § 11, Anm. 32.

3 In den Zusammenhang der innenpolitischen Entwicklung stellt diese Maßnahmen *Egmont Zechlin:* Die Reichsgründung. Frankfurt/M. u. Berlin 1967 (= Deutsche Geschichte 3/2, hrsg. v. Walter Hubatsch). S. 195–198.

4 Ebd. S. 189–195. Außerdem *Walter Boehlich* (Hrsg.): Der Berliner Antisemitismusstreit. 2. Aufl. Frankfurt/M. 1965 (= sammlung insel 6). S. 259f. *Theodor Mommsen* schrieb später an seine Frau (Rom, 21. 5. 1885): „,Die Zeiten haben sich eben geändert [...] die öffentliche Mein(un)g behandelt die Liberalen jetzt wie vor einem Menschenalter die Conservativen; wer nicht umschlägt oder eclipsirt, der wird gehetzt wie ein toller Hund' [...]"; zitiert nach *Albert Wucher:* Theodor Mommsen. Geschichtsschreibung und Politik. Göttingen usw. 1956 (= Göttinger Bausteine zur Geschichtswissenschaft 26, hrsg. von H. Heimpel u.a.). S. 180.

5 *Boehlich,* Antisemitismusstreit S. 239f. Außerdem *Harry Proß* (Hrsg.): Die Zerstörung der deutschen Politik. Dokumente 1871–1933. Frankfurt/M. 1959 (= Fischer Bücherei 264). S. 237f. Ausführlicher über Stoecker informiert *Kupisch,* Landeskirchen S. 80–82.

Artikels [...]. Der Kappzaum der Scham war dieser ,tiefen und starken Bewegung' [des völkischen Antisemitismus] abgenommen; und jetzt schlagen die Wogen und spritzt der Schaum", klagte Theodor Mommsen (1817–1903)[6].

Kurz vor diesen Ereignissen, Anfang 1878, ließ Lagarde seine „Deutschen Schriften" erstmals hinausgehen. Die Abhandlung „Über das verhältnis des deutschen staates zu theologie, kirche und religion" bildete ihren ersten und überhaupt einen der wichtigsten Teile[7]. Deutlicher als bisher reihte sich Lagardes Antipaulinismus in einen ideologischen Zusammenhang ein. Als Stichworte dafür müssen (neben anderen) Antisozialismus, Antiliberalismus und Antisemitismus genannt werden. Genau diese Anti-Gefühle machten sich soeben allgemein mehr und mehr breit. Mit einem Mal war der Antipaulinismus ausdrücklich in dieses Geflecht von Deutungen und Überzeugungen, Ablehnungen und Kampfansagen einbezogen: Dadurch konnte er an Gewicht gewinnen. Die „Deutschen Schriften" hatten zwar keinen einzigen besseren Grund für ihn, aber sein neuer Kontext nützte ihm sicherlich. Lagarde spricht im Vorwort der „Deutschen Schriften" 1878 selbst die Hoffnung aus, daß seine Gedanken einander empfehlen. Vor Jahren noch galten nicht wenige seiner Urteile als Beweise der „äußersten unfähigkeit", berichtet er, während sie inzwischen „gemeingut der nation" geworden seien[8]. Das soll auch dem zugute kommen, was noch nicht allgemein anerkannt ist. Schon 1886 konstatierte Lagarde tatsächlich einen beträchtlichen Erfolg[9].

Beim Erscheinen der „Deutschen Schriften" gab es nicht nur für Lagardes politisch-reaktionäre Anschauungen inzwischen mehr Gesinnungsgenossen. Die Forderung eines besonderen, echt deutschen Christentums fand gleichfalls Zuspruch. Richard Wagner (1813–1883) erntete in den siebziger Jahren den langersehnten Erfolg. Seine Opern jener Jahre mystifizierten eine germanische Religiosität mit christlichem Einschlag. Deutsche Frömmigkeit und Antisemitismus gehörten hier ebenfalls zusammen[10]. Heinrich Weinel spricht mit Blick auf diese Jahre von einer „Welle" völkischer Religion, „kulturell und rassisch antisemitisch [...]. Ihre größten Vertreter [...] Richard Wagner und Paul de Lagarde"[11]. Wo die völkische Religion ersehnt wurde, wird man für Lagardes Parolen zur Frage „Paulus und Jesus" hellhörig und aufnahmebereit gewesen sein. Der Lauf der Dinge und Lagardes geschickte Entscheidung für die „Deutschen Schriften" unterstützten den

---

6 Zit. nach *Boehlich*, Antisemitismusstreit S. 221f., aus Theodor Mommsen: Auch ein Wort über unser Judentum (1880), ebd. S. 212–227; vgl. *Wucher*, Mommsen S. 194f. Treitschke erregte 1879 den Antisemitismusstreit; zum Antisemitismus vgl. *Proß*, Deutsche Politik S. 231–262.
7 *Paul de Lagarde:* Deutsche Schriften. Göttingen 1878. S. 5–54. Der Aufsatz ist unverändert abgedruckt. In späteren Auflagen verlor er die erste Stelle.
8 *Lagarde*, Deutsche Schriften 1878 S. 3.
9 *Paul de Lagarde:* Deutsche Schriften. Gesammtausgabe letzter Hand. Göttingen 1886. S. 3f. (Vorwort).
10 S. *Proß*, Deutsche Politik S. 233f., 247–250; *Stephan/Schmidt*, Geschichte S. 205.
11 *Heinrich Weinel:* Völkische Bewegung II A. Völkische Religion. RGG²V, Sp. 1617–1623. Zit. Sp. 1618 (im Original z.T. hervorgehoben).

antipaulinischen Vorstoß und erhöhten seine Bedeutung. Diese Veränderungen im Umfeld der Theologie aktualisierten das Thema „Paulus und Jesus".

(b) Die freie Theologie ließ sich davon zunächst nicht beeindrucken. Trotzdem fand Lagarde auch in der Theologie ein Echo. Dieser Vorgang liegt sozusagen auf der Grenze zwischen den Wandlungen im Umkreis der Theologie und den Veränderungen in der Theologie selbst. Lagarde machte gegen Ende seines Lebens großen Eindruck auf einige angehende Theologen (er starb 1891). Es waren so unbekannte junge Männer, daß man sich scheut, das schon eine Veränderung in der Theologie zu nennen. Und überdies brauchten sie später sogar besonders lange, bis sie in der Theologie halbwegs anerkannt wurden. Trotzdem begann Lagardes stärkster Einfluß auf die protestantische Theologie damit, daß er diesen Kreis beeindruckte, ohne selbst von seiner Wirkung zu wissen[12]. Manches an diesem Einfluß Lagardes sieht wie Zufall aus. Er ist nicht einfach aus Entwicklungstendenzen der Theologie abzuleiten und nicht nur aus dem veränderten Zeitgeist. Wir müssen ein wenig ausholen.

Von Albrecht Ritschl angezogen, hatte sich in Göttingen etwa seit 1884 eine Gruppe junger Theologen gefunden, die ihr Studium noch kaum hinter sich hatten[13]. Dazu gehörten unter anderem Wilhelm Bornemann (1858–1946), Hermann Gunkel (1862–1932) und William Wrede (1859–1906)[14]. Zu diesem Freundeskreis stieß bald auch Albert Eichhorn (1856–1926), der in Göttingen seine Lizentiaten-Arbeit vorbereitete[15]. Er brachte neue Gesichtspunkte in die Gespräche und wurde schnell zur beherrschenden Figur. Eichhorn war unzufrieden mit der üblichen neutestamentlichen Arbeit. Ihm wurde viel zu wenig nach den historischen Zusammenhängen gefragt, nach dem ganzen Netz geschichtlicher Verbindungen, Wechselspiele und Abläufe, in dem geschichtliche Erscheinungen stehen. Gegenüber der Dogmatik war Eichhorn vollends skeptisch, insbesondere

---

12 Das behauptet jedenfalls *Hermann Gunkel:* Wilhelm Bousset. Gedächtnisrede. Tübingen 1920. S. 8.

13 Ich stütze mich hauptsächlich auf *Hugo Greßmann:* Albert Eichhorn und Die religionsgeschichtliche Schule. Göttingen 1914. Greßmann benützt Mitteilungen zahlreicher unmittelbar Beteiligter. Zur Person Greßmanns s. *Kurt Galling:* Greßmann, Hugo. RGG³ II, Sp. 1856. Eine Bibliographie bietet *Gottfried Sprondel:* Bibliographie Hugo Greßmann. ZAW 69 (1957), S. 211–228. Im Folgenden nenne ich vorerst jeweils nur Titel zum Lebensgang und zur Bibliographie der Religionsgeschichtler. Weiteres s. u. ab § 14.

14 Zu Bornemann S. *Hermann Mulert:* Bornemann, Wilhelm. RGG² I, Sp. 1201. Zu Gunkel *Kurt Galling:* Gunkel, Hermann. RGG³ II, Sp. 1908f.; außerdem *Hans Schmidt:* In memoriam Hermann Gunkel. Akademische Gedächtnisrede. ThBl 11 (1932), Sp. 97–103. *Johannes Hempel:* Hermann Gunkels Bücher und Schriften. In: ΕΥΧΑΡΙΣΤΗΡΙΟΝ. Studien zur Religion und Literatur des Alten und Neuen Testaments. Hermann Gunkel zum 60. Geburtstage dargebracht. Tl. 2. Göttingen 1923, S. 214–225 (= FRLANT NF 19,2). Zu Wrede s. *Georg Strecker:* Wrede, 2. William. RGG³ VI. Sp. 1821f.; *Adolf Jülicher:* Wrede, William RE³ XXI, S. 506–510. Genaue Lebensdaten finden sich bei *William Wrede:* Vorträge und Studien. Hrsg. v. Adolf Wrede. Tübingen 1907. S. III–XIV (Vorwort des Bruders). Eine Bibliographie bietet *Georg Strecker:* William Wrede. Zur hundertsten Wiederkehr seines Geburtstages. ZThK 57 (1960), S. 67–91. Hier S. 89–91.

15 Ich beziehe mich insgesamt auf *Greßmann,* Eichhorn S. 1–25.

gegen Ritschls System und seine exegetischen Grundlagen. Erst sollte endlich einmal die Geschichte der Religion erforscht werden. Anscheinend versuchte Eichhorn damals schon, die Freunde zu einem kritischen Abstand von Ritschl zu bringen[16]. Bisher waren sie entschiedene Ritschlianer gewesen. Möglicherweise wies er sie auch auf Lagarde hin, dessen Forderung einer Religionsgeschichte ihm gefallen konnte; aus späteren Jahren ist ein Kontakt Eichhorns zu Lagarde belegt[17].

Bereits 1885 zog Eichhorn wieder von Göttingen fort; 1886 verließ Bornemann es ebenfalls und 1887 Wrede. Über den Fortbestand des Freundeskreises in diesen Jahren ist nichts Näheres bekannt. Etwa zu der Zeit wechselten die Theologiestudenten Wilhelm Bousset (1865–1920) und Ernst Troeltsch (1865–1923) nach Göttingen über[18]. Sie wollten Ritschl hören. Seit sie in Erlangen miteinander studiert hatten, waren sie eng befreundet und hielten auch am neuen Studienort zusammen. Sie fanden aber keinen Anschluß an Eichhorns Freundeskreis[19]. Troeltsch berichtet über die gemeinsame Erlanger Zeit, wie sie dort „schwärmten, dichteten, wanderten, [...] Romantiker, Fichte, Carlyle [...]" lasen[20]. Damals war Bousset noch ein feuriger Anhänger Adolf Stoeckers. Manches davon kam Lagardes Ideologie entgegen, und tatsächlich gerieten die beiden in Göttingen unter seinen Einfluß[21]. Aber auch Ritschl hörten sie eifrig. Schließlich legten sie gemeinsam das Examen ab und trafen sich nach einer auswärtigen Vikarszeit wieder in Göttingen.

„Wir wollten uns habilitieren. Da fanden wir aber neben dem inzwischen habilitierten Johannes Weiß noch zwei weitere Bewerber vor: William Wrede und Alfred Rahlfs, den intimen Schüler Lagardes", erzählt Troeltsch[22]. Troeltschs Erinnerung erlaubt eine ungefähre Datierung, wann die beiden Freunde in den alten Freundeskreis eintragen: Zwischen dem Herbst 1889 und dem Frühjahr 1891 muß das gewesen sein, eher schon ziemlich bald[23]. Mit Bousset, Troeltsch, Wrede und Weiß

---

16 S. ebd. S. 5.
17 Ebd. S. 6.
18 Vgl. *Ernst Troeltsch:* Die „Kleine Göttinger Fakultät" von 1890. ChW 34 (1920), Sp. 281–283. Im Folgenden stütze ich mich auf diese Erinnerungen Troeltschs. Zu Bousset s. *Ehrhard Kamlah:* Bousset, Wilhelm. RGG³ I, Sp. 1373f.; außerdem *Gunkel,* Bousset, wo sich auch eine Bibliographie findet, S. 24–28, besorgt von August Dell. Zu Troeltsch s. *Heinrich Benckert:* Troeltsch, Ernst. RGG³ VI, Sp. 1044–1047. Eine Bibliographie bietet *Ernst Troeltsch:* Aufsätze zur Geistesgeschichte und Religionssoziologie. Hrsg. v. Hans Baron. Tübingen 1925 (= Gesammelte Schriften IV). S. 861–872.
19 S. *Gunkel,* Bousset, S. 8–11.
20 *Troeltsch,* Kleine Fakultät Sp. 282.
21 Ebd. Troeltsch unterscheidet diesen Einfluß hier nicht von dem des Alttestamentlers Bernhard Duhm (1847–1928), der bis 1888 ebenfalls in Göttingen lehrte: „Beide haben uns [...] in die Religionsgeschichte hineingetrieben und brachten uns zu einem immer gründlicheren Bruche mit Ritschls Auffassung der Bibel" (Sp. 282).
22 Ebd. Zu Weiß s. *Werner Georg Kümmel:* Weiß, 2. Johannes. RGG³ VI, Sp. 1582f. Zu Rahlfs s. *Emil Große-Brauckmann:* Rahlfs, Alfred. RGG³ V, Sp. 769f.
23 Zum Wintersemester 1889/90 verließ Gunkel Göttingen, während sich Wrede im Herbst wieder dort einfand. Troeltsch nennt Wrede, Gunkel aber nicht. Daraus ergibt sich der

(1863–1914) waren nun für mindestens zwei, drei Jahre die Männer beieinander, die später zusammen mit Gunkel, Eichhorn und einigen anderen die „Religionsgeschichtliche Schule" genannt worden sind[24]. Eichhorn und Gunkel lebten zwar nicht am Ort, doch von den alten Freunden her blieb eine Verbindung zu ihnen bestehen und schloß auch die Neulinge ein, „so ‚daß die ganze Göttinger theologische Privatdozentenschaft jener Jahre von Eichhorn'schem Geiste irgendwie berührt war' [...]"[25]. Trotzdem waren die Freunde in gewissem Sinn zugleich auch Ritschls „letzte Schule"[26]. Ritschl selbst war im Frühjahr 1889 gestorben.

Diese Freundesgruppe wurde von Lagarde stark beeindruckt. Das bezeugte sie später immer wieder, und seit den neunziger Jahren bezog sich der eine oder andere auch in seinen Veröffentlichungen gelegentlich auf Lagarde[27]. Wer wann zuerst auf ihn aufmerksam wurde, darf offen bleiben. Falls es noch nötig war, konnten Bousset und Troeltsch bei den Freunden für ihn werben. Vor allem aber wird Alfred Rahlfs (1865–1935) von den Gedanken seines Lehrers berichtet haben. Die Abhandlung „Über das verhältnis des deutschen staates zu theologie, kirche und religion" ging die Freunde als Theologen besonders an. Hier wurde eine religionsgeschichtliche Theologie gefordert. Gerade hier sprach Lagarde aber auch das Thema „Paulus und Jesus" an. Wieder empfahl der Zusammenhang den antipaulinischen Vorstoß. Und wenn die Freunde trotzdem bloß den Hinweis auf die religionsgeschichtlichen Aufgaben hätten gelten lassen, das Problem „Paulus und Jesus" wurde ihnen durch Lagarde zumindest vor Augen geführt. Noch war Lagardes Eindruck auf sie ein Vorgang am Rand des theologischen Geschehens. Eine unmittelbare breitere Auswirkung stand nicht zu erwarten. Lagardes Einfluß auf die spätere Religionsgeschichtliche Schule gab dem Thema „Paulus und Jesus" jedoch immerhin mehr Aussicht auf künftige Beachtung.

(B) Es lag nicht nur am Zufall des gemeinsamen Ortes und an der allgemein günstigeren Situation für seine Gedanken, daß Lagarde diesen Einfluß gewann. Wahrscheinlich hing es außerdem mit Veränderungen in der Theologie selbst zusammen. Wir beschränken uns auf zwei, die für das Thema „Paulus und Jesus" von Belang waren. Auch in der Theologie bemerkte man allmählich, daß Altes und Neues Testament stärker in den Zusammenhang mit den umgebenden Re-

---

erste Termin. Im März 1891 habilitierte sich Wrede; Troeltsch lernte ihn als Habilitierenden kennen. Daraus erschließe ich den zweiten Termin.

24 Zur Information über Äußerlichkeiten genügt *Gerhard Wolfgang Ittel:* Urchristentum und Fremdreligionen im Urteil der Religionsgeschichtlichen Schule. Phil. Diss. Erlangen. o.O. o.J.; offenbar 1956. Dort S. 7–46. Weiteres s. u.

25 *Greßmann,* Eichhorn S. 12, nach einem Brief Troeltschs.

26 *Troeltsch,* Kleine Fakultät Sp. 282.

27 Von Gunkels und Troeltschs Äußerungen war schon die Rede, s. o. Anm. 12 u. 21. Lagarde gewidmet ist *Ernst Troeltsch:* Zur religiösen Lage, Religionsphilosophie und Ethik Tübingen 1913 (= Gesammelte Schriften II). Troeltsch schränkt seine Zustimmung zu Lagardes Gedanken ausdrücklich ein, so auch im Urteil über Paulus, S. VIII. In wichtigen Fragen beziehen sich auf Lagarde *Wilhelm Bousset:* Jesu Predigt in ihrem Gegensatz zum Judentum. Ein religionsgeschichtlicher Vergleich. Göttingen 1892. S. 41, Anm. 1; *William Wrede:* Über Aufgabe und Methode der sogenannten Neutestamentlichen Theologie. Göttingen 1897. S. 11, Anm. 1.

ligionen gehörten, und auf dieser Grundlage kam es Mitte der achtziger Jahre zu einem neuen Entwurf der ersten Geschichte des Christentums (a). Etwa gleichzeitig wurden in Ritschls Schule jesuanische Tendenzen sichtbar (b). Beides bestätigte in Grenzen einige von Lagardes wichtigsten Aussagen. Vermutlich bestärkte das die Religionsgeschichtler, Lagarde so ernst zu nehmen[28]. Im Folgenden geht es uns allerdings um die Veränderungen in der Theologie und nicht mehr um Lagardes Wirkung.

(a) Seit der Aufklärung beschäftigte sich die deutsche Philosophie mit der Frage nach der Religion und den Religionen. Der philosophische Idealismus und die philosophische Romantik steigerten das Interesse daran eher noch und boten neue Antworten an. Das hätte die beginnende historisch-kritische Theologie zu eigener Forschung anregen können. Beispielsweise war das Urchristentum noch längst nicht „in den Rahmen der antiken Religionen und in seine vielfältige Verflochtenheit mit ihnen eingezeichnet [...]"[29]. Doch im großen ganzen versagte sich die historische freie Theologie dieser Arbeit.

Ferdinand Christian Baur genügte es, daß er das Christentum als die Ablösung der vorangegangenen Religionen deuten konnte[30]. Ihm lag nur an der prinzipiellen Kontinuität im Fortschritt, nicht an den einzelnen Einflüssen und weiteren Wechselbeziehungen. Seine anfänglichen religionsgeschichtlichen Veröffentlichungen stellte er deshalb schon früh ein. Die „immanente" historisch-kritische Erforschung des Christentums war ihm endgültig wichtiger geworden. Was Baur dazu zu sagen hatte, beschäftigte die Theologie fortan so sehr, daß es ihre Aufmerksamkeit von der Religionsgeschichte ablenkte[31]. Die religionsgeschichtlichen Zusammenhänge des Christentums spielten in der ersten und zweiten Phase der freien Theologie keine nennenswerte Rolle mehr. Es wurde zum Merkmal „der kritischen Arbeit von Baur bis Weizsäcker, daß [...] das Neue Testament ohne wirklichen Zusammenhang mit seiner Umwelt gesehen" wurde[32]. Die freie Theologie mußte erst elementar über Neues Testament und Urchristentum historisch mit sich ins Reine kommen. Die Religionswissenschaft blieb in Deutschland den Philologen und Ethnologen überlassen. Die brachten sie in die Höhe[33]. So entstand ein Nachholbedarf der historischen Theologie an Religionsgeschichte.

Die israelitisch-jüdische Vorgeschichte des Urchristentums sorgte dafür, daß immerhin von Seiten der alttestamentlichen Wissenschaft religionsgeschichtliches Denken die Theologie berührte. Hier erschienen in den siebziger Jahren bedeuten-

---

28 Wenn künftig von den „*Religionsgeschichtlern*" die Rede ist, sind nur die *Mitarbeiter der Religionsgeschichtlichen Schule* gemeint.

29 *Geiger,* Spekulation S. 41.

30 Zum Ganzen s. ebd. S. 37–42. Zu Baur s. o. § 8.

31 *Clarence T. Craig:* Biblical theology and the rise of historism. JBL 62 (1943), S. 281–294, schreibt (S. 283): Baur "[...] directed attention away from external contacts". Sicherlich hemmte auch die Scheu vor der religionsgeschichtlichen Relativierung des Christentums.

32 *Kümmel,* Das NT S. 217.

33 Vgl. *Martin Rade:* Religionsgeschichte und Religionsgeschichtliche Schule. RGG¹ IV, Sp. 2183–2200.

de, aufsehenerregende Arbeiten[34]. Aber auch die neutestamentliche freie Theologie hatte nicht völlig aufgehört, biblische Aussagen wenigstens zum Teil in Beziehung zur antiken Welt zu bringen. Soweit sie sich Baur noch verbunden fühlte, sprach sie von griechischen Zügen im Denken des Paulus. Einige Forscher behaupteten sogar einen sehr beträchtlichen Einfluß des Griechentums auf den Paulinismus. Sie sahen „im Paulinismus geradezu die erste Hellenisierung des Christentums"[35].

Aus dieser exegetischen Beobachtung machte Otto Pfleiderer (1839–1908) 1887 den Schlüssel zu einem neuen Verständnis der Anfänge des Christentums („Das Urchristentum")[36]. Er gab ihr sozusagen erst eine wesentliche Funktion. Pfleiderer greift einen Gedanken auf, mit dem Hermann Lüdemann (1842–1933) schon 1872 Eindruck gemacht hatte[37]: Bei Paulus seien *zwei* Anthropologien und zwei entsprechende Soteriologien zu finden, eine jüdischer und eine hellenistischer Herkunft. Lüdemann hatte die hellenistische die jüdische überwinden und ablösen lassen. Bei Pfleiderer halten sie sich die Waage; auch das jüdische Element blieb bei Paulus zeitlebens in Geltung[38]. Nur scheinbar schränkt Pfleiderer damit die Bedeutung des Hellenismus ein. In Wahrheit begründet er so erst, weshalb der Hellenismus – durch Paulus – für die Geschichte des Christentums eine überragende Bedeutung gewann. Eben weil Paulus gleichzeitig am „christianisierten Pharisäismus" festhielt, befähigte ihn sein „christianisierter Hellenismus" zum Mittelsmann zwischen der jüdischen Urgemeinde und dem jüdischen Hellenismus; der leitete dann zur Heidenkirche über. Paulus wurde zur Schlüsselfigur in der Geschichte des Christentums. Der Weg zur hellenistischen Heidenkirche und zur Weltkirche war durch ihn geöffnet. Als bloßen Hellenisten hätte die Urgemeinde Paulus nicht akzeptiert; als bloßen Judaisten hätte ihn die hellenistische Welt abgelehnt. So aber kam das Christentum auf den Weg in die „Ökumene".

Ohne es pointiert auszusprechen, tut Pfleiderer mit dieser Konstruktion einen Schritt, der die Harmonisierungen der zweiten Phase der freien Theologie stört. Er erklärt unmißverständlich, daß mit Paulus etwas Neues von großer Tragweite begann. Ohne den Hellenisten in Paulus wäre das Christentum gar nicht das

---

34 S. *Stephan/Schmidt*, Geschichte S. 233–236. Ich denke an Arbeiten von Bernhard Duhm, Emil Schürer und Julius Wellhausen.

35 *Schweitzer*, GdPaulF S. 50; ingesamt s. S. 49–78.

36 *Otto Pfleiderer:* Das Urchristenthum, seine Schriften und Lehren, in geschichtlichem Zusammenhang beschrieben. Berlin 1887. Über Paulus S. 26–306. Zur Person s. *Reinhold Seeberg:* Pfleiderer, Otto. RE³ XXIV, S. 316–323; *Erdmann Schott:* Pfleiderer, Otto. RGG³ V, Sp. 312f. Zum Werk s. auch *Hirsch*, Geschichte V S. 562–571; zu Pfleiderers Beitrag zur Paulusforschung äußern sich insbesondere *Schweitzer*, GdPaulF S. 24–29, 50–58 u. ö.; *Bultmann*, Zur GdPaulF S. 33–40 passim; *Kümmel*, Das NT S. 262. Kümmel bietet Textauszüge, S. 262–266.

37 *Hermann Lüdemann:* Die Anthropologie des Apostels Paulus und ihre Stellung innerhalb seiner Heilslehre. Nach den vier Hauptbriefen dargestellt. Kiel 1872. Zur Person s. *Kümmel*, Das NT S. 588. Zum Werk s. *Schweitzer*, GdPaulF S. 22–24 u. ö., *Bultmann*, Zur GdPaulF S. 35.

38 Vgl. *Pfleiderer*, Urchristenthum S. IVf., 153–178.

geworden, was es tatsächlich wurde. So aber kam es zu Recht über Jesu Verkündigung hinaus[39]: „Paulus war es, welcher das Lebenswerk Jesu vor der Gefahr,
im Banne des jüdischen Traditionalismus stecken zu bleiben und unterzugehen,
gerettet hat [...]“. Die nachbaur'sche freie Theologie leitete die paulinische Theologie
soviel wie möglich von Jesus her. Das „Überschießende“ erklärte und entschul-
digte sie. Pfleiderer betont die Eigenständigkeit des Paulus und gibt ihm ganz
betont darin recht, daß er gerade nicht bei Jesu Verkündigung stehen blieb[40].
Die freie Theologie nach Baur rückte Paulus an die Urgemeinde heran und
schwächte seine besondere Bedeutung ab. Pfleiderer unterstreicht die Unterschiede zwischen der Urgemeinde und Paulus und erklärt Paulus zum Wendepunkt der
christlichen Geschichte. Pfleiderer hält sich wieder mehr an Baur, dessen Schüler
er war. Er lehnt die einseitige Hochschätzung des historischen Jesus ab und schaut
stattdessen auf den Entwicklungsgang der Religion[41].

Pfleiderer versäumt es, seine Thesen ausdrücklich auch auf die übliche Verhältnisbestimmung „Paulus und Jesus“ zu beziehen. Seine Paulus-Deutung beginnt sogar
so, als sei ein *Problem* „Paulus und Jesus“ von vornherein ausgeschlossen[42]: „So
paradox es erscheinen mag, dass Paulus, welcher Jesu leibhaftige Person nie gesehen noch seinen Worten gelauscht hatte, dennoch den innersten *Geist* Jesu [...]
tiefer erfasst habe als die ersten Jünger, so ist dies doch nicht unbegreiflich“.
Trotz dieser vorausgesetzten Harmonie sind Pfleiderers Gedanken aber ein Angriff auf die andere Harmonie, die die freie Theologie nach Baur in Sachen „Paulus und Jesus“ suchte. Und der Angreifer war nicht irgendwer, sondern galt bei
manchen – und erst recht im Ausland – „seit den achtziger Jahren als der bedeutendste freie Theolog Deutschlands“[43]. Die freie Theologie war herausgefordert. Wenn sie Pfleiderer begegnen wollte, mußte sie Rede und Antwort stehen:
War der Weg sachlich berechtigt, den das Christentum in seiner Geschichte nahm?
Pfleiderer rührt die Problematik des Jesuanismus an. Er bezweifelt eine Theologie, die, statt ihre eigene Wahrheit in Frage zu stellen, in ihrem Jesuanismus prinzipiell damit rechnen muß, „dass die christliche Theologie bereits in ihren neutestamentlichen Anfängen von der christlichen Wahrheit abgefallen sei“[44]. Pfleiderer entzieht der eingebürgerten Problemlosigkeit den Boden. In seinem Kalkül
der entscheidenden Vorgänge fällt die Urgemeinde wieder aus: Der harmlose sach-
te Übergang von Jesus über das Urchristentum zur paulinischen Missionsgemeinde
wird unmöglich. Als herausragende Gestalten bleiben Jesus und Paulus.

Wenn die freie Theologie der zweiten Phase dazu nicht schweigen wollte, mußte
sie insbesondere ihre Antworten auf die Frage „Paulus und Jesus“ überdenken.
Die wachsende Aufmerksamkeit auf die religionsgeschichtlichen Zusammenhän-

---

39 Ebd. S. 27.
40 S. *Seeberg,* Pfleiderer S. 320.
41 S. *Hirsch,* Geschichte V S. 563–570.
42 *Pfleiderer,* Urchristentum S. 26.
43 *Hirsch,* Geschichte V S. 562.
44 *Pfleiderer,* Urchristentum S. V.

9 Regner

ge des Christentums betraf durch Pfleiderer unverkennbar auch das Thema „Paulus und Jesus". Sie aktualisierte es[45].

(b) Pfleiderer stand „auf der äußersten Linken" der freien Theologie[46]. Allenfalls zu ihrer äußersten Rechten wurde damals Aldolf Harnack (1851–1930) gezählt[47]. Im Jahr 1886 veröffentlichte er den ersten Band seines „Lehrbuchs der Dogmengeschichte"[48]. Auch gegen ihn richtete sich Pfleiderers Buch. Harnack war nämlich ein Verehrer Ritschls, und mit Ritschl bestritt er jegliche hellenistischen Einflüsse auf das Christentum für die apostolische Zeit[49]. Die waren erst im Katholizismus zum Zuge gekommen, zum Schaden des Christentums. Ritschls hermeneutischer Grundsatz war, „daß das Neue Testament nicht von der Profangräzität, sondern vom Alten Testament her zu erklären sei"[50]. Harnack folgte ihm darin.

In einer Sache jedoch hielt er sich nicht treu an Ritschls System und näherte sich der durchschnittlichen nachbaur'schen freien Theologie an. Ritschl sah Jesu Leben in Tun und Lehren so mit dem Leben der Jüngergemeinde und der nachösterlichen Gemeinde in eins, daß beides sachgemäß nicht wieder auseinandergelöst werden durfte. „[...] Jesus ist so sehr in seinem Beruf, die Gemeinde zu gründen, aufgegangen, daß über seine Wechselbeziehung zu dieser Gemeinde als seinem Werk hinaus nichts von ihm sichtbar wird. Will man Jesus als geschichtlichen Menschen verstehen, [...] muß man ihn mit der Gemeinde als seinem Werk zusammen auffassen"[51]. Dabei wußte Ritschl durchaus von der „Korrelation von geschichtlicher Offenbarung und Erfahrung der Gemeinde" schon innerhalb des Neuen Testaments[52]. Die Nähe der Urgemeinde zu Jesus sollte aber dafür bürgen, daß ihre Erfahrung tatsächlich auch vollkommen der Offenbarung entsprach. Ritschl weigerte sich deshalb, Jesus kritisch von der Gemeinde abzuheben. Sein christologischer Ansatz beim geschichtlichen Jesus wollte also keineswegs jesuanisch sein[53]. Eben darin wich Harnack von ihm ab.

---

45 Zweifellos mußte es der späteren Religionsgeschichtlichen Schule gefallen, daß Pfleiderer das Christentum überhaupt in seine geschichtlichen Zusammenhänge stellte; Pfleiderer den „Vater der religionsgeschichtlichen Theologie in Deutschland" zu nennen, scheint trotzdem übertrieben, *Seeberg,* Pfleiderer S. 319. S. auch u.

46 Ebd. S. 317.

47 Zur Person s. *Wilhelm Schneemelcher:* Harnack, 1. Adolf. RGG³ III, Sp. 77–79; vor allem jedoch *Agnes v. Zahn-Harnack:* Adolf von Harnack. Berlin 1936.

48 *Adolf Harnack:* Lehrbuch der Dogmengeschichte. Bd. 1. Die Entstehung des kirchlichen Dogmas. Freiburg 1886. Das Werk erlebte zahlreiche Auflagen. Zu seiner Bedeutung für die Paulus-Forschung s. *Schweitzer,* GdPaulF S. 18–78 passim.

49 S. *Rolf Schäfer:* Ritschl. Grundlinien eines fast verschollenen dogmatischen Systems. Tübingen 1968 (= BHTh 41). S. 160. Zu Ritschl u. Harnack s. *Zahn-Harnack,* Harnack S. 91f. u. ö.

50 Ebd. S. 44.

51 Ebd. S. 66.

52 Ebd. S. 67.

53 S. aber *Bruno Berndt:* Die Bedeutung der Person und Verkündigung Jesu für die Vorstellung vom Reiche Gottes bei Albrecht Ritschl. Ev. Theol. Diss. Tübingen (Masch.). Tübingen 1959. Hier S. 143–147.

Schon in Briefen des jungen Leipziger Extraordinarius aus dem Jahre 1874 deuten sich jesuanische Tendenzen an[54]. Auf der einen Seite will er sich ganz auf den geschichtlichen Jesus zurückbeziehen, auf der anderen bezweifelt er die Lauterkeit der Überlieferung, die „zu allen Zeiten und in Anschluß an alle geschichtlichen Größen rationalisierend, nivellierend und verschlechternd [...] gewirkt hat [...]"[55]. An dieser kritischen Unterscheidung zwischen Jesus selbst und all dem, was christliche Rede über ihn gesagt hat, hielt Harnack auch weiter fest, als er in den siebziger Jahren näher mit Ritschl bekannt wurde. Als dann seit 1886 das „Lehrbuch der Dogmengeschichte" erschien, konnte aus seiner Konzeption eine Neigung zum liberalen Jesuanismus freilich bloß mehr erahnt als klar abgelesen werden. Eine persönliche Notiz Harnacks belegt sie jedoch. Agnes von Zahn-Harnack fand im Nachlaß ihres Vaters das Exemplar einer Rezension jenes Lehrbuchs durch Adolf Lasson (1832–1917): Harnack hatte es mit Bemerkungen versehen. Die Biographin berichtet[56]:

Lasson schreibt, es sei das Bestreben der ‚modernsten Schule‘, [...] die neutestamentlichen Schriften wohl als *Quellen,* nicht aber als *Normen* zur Gestaltung der eigenen christlichen Anschauung zu benutzen. Es heißt dann bei ihm: ‚Es sollte uns wundern, wenn es nicht im Sinne des Geschichtsschreibers wäre, so fortzufahren: indem die Geschichte dazu dient, auf das Urchristliche zurückzuführen, so führt sie auch über die einseitige und getrübte Fassung bei Paulus und Johannes zurück auf das Alte Testament und auf die echten der bei den Synoptikern überlieferten Herrenworte‘. Diese Sätze, mit denen Lasson Harnack *ad absurdum* führen wollte, hat Harnack mit einem durch drei Ausrufungszeichen bekräftigten ‚Ja‘ sich zu eigen gemacht.

Sozusagen dieses Ja wurde später durch Harnacks berühmte Vorlesungen über „Das Wesen des Christentums" (1900) publik[57]. Harnack stellte sich hier das „rein geschichtliche Thema: „Was ist christliche Religion?", und er nennt als „Stoff" für eine Antwort „Jesus Christus und sein Evangelium"[58]. Trotzdem ist es nur mit einem Bilde Jesu noch nicht getan, wie er allerdings erklärt. Die Wirkungsgeschichte gehöre *auch* dazu: aber eben unverkennbar bloß als ein *Zweites*. Harnack löst Ritschls Einheit von Wirkung und Ursache wieder auf und ordnet Jesus seiner Wirkung deutlich vor. Wie weit diese Vorordnung geht, klingt bei Lasson via negationis an, wenn er im Hinblick auf das „Lehrbuch der Dogmengeschichte" schreibt: „Die wichtigste Voraussetzung, mit der Harnack an den Gegenstand herantritt, ist die, daß er das christliche Dogma in ein ganz äußerli-

---

54 S. *Zahn-Harnack*, Harnack, S. 93–97.
55 Ebd. S. 96.
56 Ebd. S. 142f. Sie bezieht sich auf *Adolf Lasson:* Die Entstehungsgeschichte des christlichen Dogmas. Rez. zu: Adolf Harnack, Lehrbuch der Dogmengeschichte, 1. Bd., 1886. PrJ 58 (1886), S. 359–398. Zit. ist S. 385. Zur Person Lassons s. *Johannes Wendland:* Lasson, 1. Adolf. RGG² III, Sp. 1496.
57 *Adolf Harnack:* Das Wesen des Christentums. Sechzehn Vorlesungen. Akademische Ausgabe. Leipzig 1902. Diese Ausgabe ist textgleich mit der ersten von 1900. Neuerdings liegt ein Nachdruck des Buches vor, ders.: Das Wesen des Christentums. Neuaufl. zum fünfzigsten Jahrestag des Erscheinens, mit einem Geleitwort v. Rudolf Bultmann. Stuttgart 1950.
58 *Harnack,* Wesen S. 6 (gramm. Form verändert; im Original z.T. hervorgehoben).

ches Verhältniß zur christlichen Religion stellt [...]"[59], und: „Man hat bei Harnack überall die Empfindung: Paulus ist ihm im Grunde eine unsympathische Gestalt. Es ist viel zu viel Theorie, Spekulation, Dialektik in dem großen Heidenapostel"[60].

Harnacks Akzentuierung des irdischen Jesus war eine Spielart des Christozentrismus der Ritschl'schen Schule. Die achtziger Jahre brachten an diesem Ansatzpunkt die Uneinigkeit der Ritschlianer zutage. Ritschls Bestimmungen des Ineinanders von Jesu Leben mit dem Leben der ersten Gemeinde genügten nicht, um die Eintracht seiner Schule zu wahren. Die einen wollten damit vornehmlich das apostolische Zeugnis ins Recht setzen. Die andern aber meinten umgekehrt, es gehe dabei doch vor allem um Jesus. Sie bevorzugten deshalb das, was von Jesus selbst anscheinend historisch sicher überliefert war, vor dem Christuszeugnis der Gemeinde[61]. Bei Ritschl waren Gottes Offenbarung in Jesus und die authentische Antwort der Gemeinde eine Einheit. Sie reduzierte sich jetzt bei den Ritschlianern auf die Zusammengehörigkeit Jesu mit seinem historischen Kontext, der zu seiner besseren Erkenntnis beitragen konnte. Diese Ritschlianer neigten also dazu, die geschichtliche Größe „Jesus" wieder auf den historischen Jesus der Liberalen einzuschränken. Sie legten den Christozentrismus jesuanisch aus. In diesem Sinn versuchte beispielsweise Hans Hinrich Wendt (1853–1928), „Die Lehre Jesu" zu ermitteln (1886 und 1890)[62]. Ein zeitgenössischer Kritiker der Ritschlianer nennt noch andere, die angeblich in dieselbe Richtung gingen[63]. Er meint aber, es sei jedenfalls sicher, daß erst „wesentlich mit unter Harnacks Einfluß [...] die Grenzen, welche die Ritschl'sche Schule von der theologischen [...] Linken bisher klar trennten, fließend geworden sind"[64].

Diese Entwicklung betraf die Frage „Paulus und Jesus". Jesuanische Tendenzen bargen gerade in Ritschls Schule Konfliktstoff. Ritschl hatte dem ganzen neutestamentlichen Zeugnis von Jesus Christus normative Bedeutung zuerkannt. Dagegen „verwarf [er] fast die gesamte sonstige christologische Tradition als metaphysisch infiziert"[65]. Jetzt aber sollte mit einem Mal der Ton auch in seiner Schule bevorzugt – vielleicht sogar exklusiv – auf den bloßen historischen Jesus fallen, und womöglich sollte dieser Jesus letztlich zur alleinigen Norm des Christlichen werden[66]. Damit weitete sich der Raum für die Kritik plötzlich aus: hinein ins bisher Verbindliche. Paulus als der erste und bedeutendste christliche Theologe

---

59 *Lasson,* Entstehungsgeschichte S. 374.

60 Ebd. S. 384.

61 S. *Stephan/Schmidt* S. 254. Trotz seiner Parteilichkeit instruktiv ist *Gustav Ecke:* Die theologische Schule Albrecht Ritschls und die evangelische Kirche der Gegenwart. Bd. 1. Die theologische Schule Albrecht Ritschls. Berlin 1897.

62 *Hans Hinrich Wendt:* Die Lehre Jesu. Tl. 1 u. 2. Göttingen 1886 (Tl. 1) u. 1890 (Tl. 2). Zur Person s. *Friedrich Traub:* Wendt, Hans Hinrich. RGG² V, Sp. 1858.

63 *Ecke,* Ritschls Schule S. 155f., 164, 168, über Wendt S. 110f., 153f.

64 Ebd. S. 119 (im Original z.T. hervorgehoben).

65 *Wolfhart Pannenberg:* Christologie II. Dogmengeschichtlich. RGG³ I, Sp. 1762–1777. Zit. Sp. 1776.

66 So geschah es bei *Hans Hinrich Wendt:* Die Norm des echten Christentums. Leipzig 1893 (= Hefte zur ChW 5). S. etwa S. 24 u. 50f.

war davon unvermeidlich vorrangig betroffen. So haben wir oben gehört, daß Harnacks Bevorzugung Jesu anscheinend auf Kosten des Paulus ging. All das mußte Fragen aufwerfen. So einfach spricht man *der* Norm schlechthin ihre normative Bedeutung nicht ab, die man bislang selbst anerkannte. Immerhin war es geradezu eine Pointe von Ritschls Verständnis Jesu und des Neuen Testaments gewesen, daß es eben nicht jesuanisch war. Umso mehr stand in Ritschls Schule jetzt die Frage an: Was sollte aus den neutestamentlichen Zeugnissen künftig werden, repräsentiert besonders durch Paulus? Wofür mußten und konnten sie noch gelten? Wendt zumindest erkannte diese Lage auch: Ein paar Jahre später griff er das Problem „Paulus und Jesus" auf (s. u. § 13). Die jesuanischen Tendenzen unter den Ritschlianern aktualisierten das Thema „Paulus und Jesus". Hier war die Spannung von „Schrift" und „Bibel", „Christus" und „Jesus" noch nicht verloren gegangen wie in der zweiten Phase der freien Theologie.

Vier Gründe also regten an, daß das Thema „Paulus und Jesus" allmählich Beachtung fand und die lange Vernachlässigung aufhörte[67]. Der erste hing mit zeitgeschichtlichen Veränderungen zusammen, die Lagardes antipaulinischen Thesen zugute kamen. Der zweite stand im Zusammenhang mit den Anfängen der späteren Religionsgeschichtlichen Schule. Der dritte ergab sich aus der kirchen- und dogmengeschichtlichen Wendung, die Otto Pfleiderer der exegetischen Beobachtung eines paulinischen Hellenismus gab. Und der vierte schließlich kam aus jesuanischen Tendenzen, die in Ritschls Schule laut wurden. Ich kann diese Gründe im Folgenden nicht jedesmal dingfest machen, wo das Thema „Paulus und Jesus" tatsächlich aufgegriffen wurde. Ihre Wirkung wird sich trotzdem hin und wieder zeigen, auch wenn nicht besonders darauf hingewiesen ist. Es kam nicht von ungefähr, daß das Problem „Paulus und Jesus" seit den achtziger Jahren nach und nach zum Thema der protestantischen Theologie wurde.

§ 13. „Paulus und Jesus" wird zum Thema der Theologie

Nur ganz allmählich drang das Problem „Paulus und Jesus" ins Bewußtsein der neutestamentlichen Theologie. Zuerst beschäftigte es konservative Exegeten, und das nicht zufällig. In ihrer Skepsis gegenüber dem Liberalismus waren sie hellhörig für neue Töne in der freien Theologie oder in Ritschls Schule. Ihnen selbst war von der alten Lehre von der Schrift zumindest noch der ferne Abglanz geblieben, daß sie ein stimmiges Bild des Neuen Testament bewahren wollten. Sie konnten es nicht hinnehmen, wenn Paulus zurückgesetzt oder gar ins Unrecht gesetzt wurde.

---

67 Man könnte noch einen Grund vermuten, die Bestreitung der Authentie der Paulusbriefe, die in den achtziger Jahren von Holland her versucht wurde. Ihre Befürworter argumentierten auch mit der Unmöglichkeit, daß die paulinische Theologie in zeitlicher Nähe zum historischen Jesus entstanden sein könnte. Sie behaupteten also die Unvereinbarkeit zwischen „Paulus" und Jesus; s. *Schweitzer*, GdPaulF S. 96–105. Ich fand jedoch keine erkennbare Auswirkung dieser Stimmen auf das theologische Gespräch um „Paulus und Jesus".

So kamen sie, in der Reaktion, auf das Thema „Paulus und Jesus". Diese ersten Stimmen brachten freilich nichts eigentlich Neues. Sie gehören trotzdem sozusagen als Signale in die Geschichte des Themas „Paulus und Jesus" (A). Auch in Ritschls Schule durfte man mit dem Neuen Testament nicht so selektiv umgehen wie in der nachbaur'schen freien Theologie. Ritschl hatte ihm als Ganzem höchsten Rang zugemessen. Die jesuanischen Tendenzen unter den Ritschlianern warfen deshalb die Frage nach dieser Ganzheit auf, und im Zusammenhang damit stellte sich schließlich das Thema „Paulus und Jesus" ein (B). All das war schon geschehen, als 1897 eine Art Schlußbilanz der Paulus-Forschung der zweiten Phase der freien Theologie erschien. Sie zeigte, wie weit diese Theologie überhaupt bereit war, sich auf das neubelebte Thema „Paulus und Jesus" einzulassen, und wie sie damit zurechtkam (C).

(A) Der erste nach Heinrich Paret (s. o. § 9), der das Thema „Paulus und Jesus" wieder monographisch behandelte, war 1887 Friedrich Roos (1828–1892)[1]. Man kennt ihn heute nicht mehr, und er war schon damals ein Unbekannter. Sein Buch weist ihn als einen wenig kritischen, wenig subtilen konservativen Ausleger aus. Trotzdem verdient es Aufmerksamkeit. Immerhin dauerte es nach Paret fast dreißig Jahre, bis erneut eine eigene Abhandlung über „Paulus und Jesus" erschien, und diesen zweiten Anfang machte Roos. Beides ist nicht ganz zufällig, weder die Unbekanntheit noch die theologische Haltung des Mannes. Die freie Theologie fühlte nach wie vor wenig Neigung, selbst ein gründliches Gespräch über „Paulus und Jesus" anzufangen. „Paulus und Jesus" war damals überhaupt noch kein Thema für die Größeren unter den Exegeten. Sie streiften es, wie wir gesehen haben (s. o. § 9 u. 12), doch wollten sie sich nicht recht darauf einlassen. Roos aber fühlte sich durch Entwicklungstendenzen der freien Theologie beunruhigt. Sein Konservatismus machte ihn empfindlich und argwöhnisch, und seine Schlichtheit gab ihm die Zuversicht auf eine positive Lösung des Problems. So wurde er der erste, der deutlich auf die Veränderungen in Sachen „Paulus und Jesus" reagierte.

Der Gehalt der Untersuchung ist in diesem Fall weniger bedeutsam als der bloße Umstand, daß sie erschien. Roos trägt vor, was auch die freie Theologie in ihrer zweiten Phase immer wieder gedacht hatte, nur jetzt ausführlicher, viel umfassender und unbedenklicher. Er fragt nach den Beziehungen zwischen Jesu Lehre und der des Paulus und möchte nachweisen, daß sich Paulus durchweg bei jedem seiner theologischen Hauptgedanken auf Jesu Predigt stützte. Meistens stimmten Paulus und Jesus sachlich völlig überein, und wo Paulus wirklich einmal über Jesus hinausging, kann nirgends von Unvereinbarkeit die Rede sein[2]. Das Ergebnis lautet schließlich[3]: Die paulinische Theologie war „Entwicklung, Ausgestaltung und Fortbildung des in den [...] Reden Jesu gelegten Grundes, und zwar eine solche, welche diesen ihren Grund nicht verläßt [...]".

---

1 *Friedrich Roos:* Die Briefe des Apostels Paulus und die Reden des Herrn Jesu. Ein Blick in den organischen Zusammenhang der neutestamentlichen Schriften. Ludwigsburg 1887. Zur Person s. *Magisterbuch* hrsg. v. W. Breuninger. 28. Folge. 1892. Tübingen o. J. S. 84. Dass. 29. F. 1894. Tübingen o. J. S. 79.
2 *Roos,* Briefe des Apostels S. 67, 103, 156, 201f., 204f. u. ö.
3 Ebd. S. 253.

Weshalb Roos überhaupt auf das Thema „Paulus und Jesus" kam, ist nur zu vermuten. Er nennt Baur und Holsten als Kontrahenten, deren Fehler er berichtigen möchte[4]. Der eigentliche Anlaß aber dürfte Pfleiderers „Das Urchristenthum" gewesen sein (s. o. § 12). Pfleiderer wird gleich zu Beginn des Buches als negativer Zeuge für die Wichtigkeit des Themas herangezogen[5]. Und unverkennbar will Roos genau dem widersprechen, was Pfleiderer tat: Er zog für den Paulinismus einen *neuen* Faktor positiv ins Kalkül, den Hellenismus. Roos dagegen läßt nichts weiteres dazwischentreten, was Paulus über Jesus hinaus beeinflußt hätte. Wenn das richtig beobachtet ist, war sein Beitrag zum Thema „Paulus und Jesus" wahrscheinlich eine rasche Replik auf Pfleiderers Thesen. Es war aber auch in der konservativen Exegese noch nicht so weit, daß Roos ein Echo gefunden hätte. Es brauchte selbst hier noch einen Anstoß, bis das Thema „Paulus und Jesus" mehr Beachtung fand.

Einige Jahre später, 1892, erschien dann ein Aufsatz, der auch andere konservative Exegeten veranlaßte, sich zum Thema „Paulus und Jesus" zu äußern. Deshalb gehört er in diesen Zusammenhang. In der Festschrift zum siebzigsten Geburtstag von Carl Weizsäcker untersuchte Hermann von Soden (1852–1914) „Das Interesse des apostolischen Zeitalters an der evangelischen Geschichte"[6]. Damit war das Stichwort gegeben, unter dem das theologische Gespräch über „Paulus und Jesus" begann.

Soden findet in dieser Frage keinen grundsätzlichen Unterschied zwischen Paulus und den anderen ersten Christen. Ihnen allen lag kaum an den Lebensumständen, Worten und Taten Jesu. Bloß einige Grunddaten waren ihnen wichtig. Sie freuten sich vielmehr am gegenwärtigen Besitz des Geistes, der ihnen Kraft und Weisung gab. Deshalb bedeuteten ihnen die Erinnerungen an Jesus viel weniger als die moderne Leben-Jesu-Forschung zu fassen vermag, und auch die spätere Entstehung von Evangelien widerspricht dieser Beobachtung angeblich nicht[7]. Zuletzt warnt Soden vor der Überschätzung des historischen Wissens in seiner Bedeutung für den Glauben[8].

Die freie Theologie der zweiten Phase hätte Paulus und die Urgemeinde kritisieren müssen, wenn auch sie dieselben Beobachtungen gemacht hätte wie Soden. Er da-

---

4 Ebd. S. 32 u. 204.
5 Ebd. S. 2.
6 *Hermann v. Soden:* Das Interesse des apostolischen Zeitalters an der evangelischen Geschichte. In: Theologische Abhandlungen. Carl Weizsäcker zu seinem siebzigsten Geburtstage gewidmet von Adolf Harnack, Emil Schürer u. a. Freiburg 1892, S. 111–169. Zur Person Sodens s. *Wolfgang Schrage:* Soden, 2. Hermann Freiherr von. RGG[3] VI Sp. 114.
7 *Soden,* Interesse S. 165f.
8 Vielleicht steht seine Warnung im Zusammenhang mit zwei Arbeiten, die 1892 die Leben-Jesu-Forschung direkt oder indirekt in Frage stellten, *Martin Kähler:* Der sogenannte historische Jesus und der geschichtliche, biblische Christus. Vortrag Leipzig 1892. Ein Nachdruck liegt vor, ders., Der sogenannte historische Jesus und der geschichtliche, biblische Christus. Neu hrsg. v. Ernst Wolf. 2., erw. Aufl. v. 1896. München 1956 (= ThB 2). *Johannes Weiss:* Die Predigt Jesu vom Reiche Gottes. Göttingen 1892. Auszüge finden sich in dem Nachdruck, ders., Die Predigt Jesu vom Reiche Gottes. 3. Aufl. Hrsg. v. Ferdinand Hahn. Göttingen 1964. S. 217–247.

gegen meint seine Feststellungen nicht als Kritik. Bei aller Liberalität gerät er damit in einen Widerspruch zur nachbaur'schen liberalen Theologie. Sie dachte sich
das Christentum wesentlich als Bezugnahme auf den historischen Jesus, und genau
das läßt Soden so nicht gelten. Sie entdeckte auch bei Paulus zahlreiche Bezugnahmen auf den historischen Jesus, und eben dieses Interesse des Paulus bezweifelt
er. Was Soden vorträgt, ging die freie Theologie also an. Trotzdem antwortete sie
ihm nicht[9]. Sie stand in Wahrheit nicht überzeugt genug hinter Paulus, um etwas
abzuwehren, was ihm in ihren eigenen Augen schadete. Sie hatte bloß mit ihm
„auskommen" wollen, ohne ihn wirklich ernst zu nehmen. Nur deshalb konnte
sie stehen lassen, was Soden sagte.

Es waren konservative Exegeten, die auf ihn eingingen. Offenbar fürchteten sie,
daß Paulus und Jesus auseinander geraten würden, falls sie Soden nicht widersprachen. Wenn man erst glaubte, daß sich Paulus kaum für den historischen Jesus
interessierte, dann war es vielleicht nur noch ein Schritt bis zu der Behauptung,
er habe nichts von Jesus gewußt. Und wenn das dann einmal anerkannt war,
würde der paulinische Christus schnell verdächtigt werden. Solchen Folgerungen
wollten die Konservativen vermutlich vorbeugen. 1894 prüfte Otto Schmoller
(1826–1894) nach, wieviel Paulus von Jesus wußte und also wohl auch wissen
wollte[10]. Für die eigentliche Verhältnisbestimmung „Paulus und Jesus" weist er
allerdings nur auf Paret hin[11]. Immerhin kommt Paret nach über dreißig Jahren
nun wieder in den Blick. Schmoller selbst kann nur feststellen: Paulus besaß ein
ganz beträchtliches Wissen über den historischen Jesus. Ein Jahr später, 1895,
behauptete Karl Friedrich Nösgen (1835–1913) dasselbe noch einmal[12]. In einem
langen Aufsatz legt er dar: Die frühe Christenheit und Paulus mit ihr war ausgesprochen lebhaft an der ganzen Geschichte Jesu interessiert und hatte sie be-
ständig vor Augen. Die Paulusbriefe und die vier Evangelien bestätigen einander
gegenseitig[13]. Zur Verhältnisbestimmung „Paulus und Jesus" trägt aber auch Nösgen nichts bei.

Etwa zur selben Zeit alarmierte die reaktionäre „Allgemeine evangelisch-lutherische
Kirchenzeitung" ihre Leser unter der Überschrift „Los von Paulus!"[14]. Der anonyme
Verfasser hatte in einem Beitrag der Zeitschrift „Christliche Welt" jesuanische Nei-
gungen entdeckt, die auf Kosten des Paulus gingen[15]. Die „Christliche Welt" war

---

9 In der Folge zeigte sich, daß sie *die Mahnung vergaß, aber das kritische Ergebnis behielt.*
10 *Otto Schmoller:* Die geschichtliche Person Jesu Christi nach den paulinischen Schriften.
ThStKr 45 (1894), S. 656–705. Zur Person s. *Erwin Nestle:* Schmoller. 2) Otto. CKL II,
S. 873.
11 Seine eigene Aufgabe sieht er anders, s. ebd. S. 664.
12 *Karl Friedrich Nösgen:* Die apostolische Verkündigung und die Geschichte Jesu. Neue
JDTh 4 (1895), S. 46–94. Zur Person s. o. N.: Nösgen, Karl Friedrich. CKL II, S. 383.
13 Einen immensen Katalog von wechselseitigen Anklängen und von Bezugnahmen des Paulus auf die Evangelien bietet *Alfred Resch:* Agrapha. Außercanonische Paralleltexte zu
den Evangelien. Tl. 2. Leipzig 1894 (= TU X, 2).
14 O. N.: Los von Paulus! AELKZ 27 (1894), Sp. 917–919.
15 Gemeint ist *Katzer:* Zur Psychologie des Glaubens. 3. Der Glaube an Christus, Glaubensgedanken und Dogmatik. ChW 8 (1894), Sp. 755–758. Es geht nur um einen Abschnitt,
Sp. 757f.

1886 aus Ritschls Schule hervorgegangen und bald zu einem der wichtigsten Foren für den freien Protestantismus geworden[16]. Wieder finden wir also jesuanische Tendenzen im Zusammenhang mit Ritschls Schule. Der Kritiker empfindet dergleichen interessanterweise als eine Neuigkeit[17]. „Wir sind an manches gewöhnt worden in den letzten Zeiten, eine solche seltsame Rede aber haben wir so leicht noch nicht gehört. [...] Hier hören wir von einer Kirche der Synoptiker als der wahrhaft evangelischen. [...] Hier hören wir, daß dies [...] der Geburtsfehler des Protestantismus war und bis heute ist, daß wir vor allem zu des Apostels Paulus Füßen zu sitzen lieben und pflegen." In aller Kürze will der Verfasser dreierlei widerlegen. Erstens hat Paulus mit seiner Denkweise und Terminologie das Evangelium Jesu nicht verdeckt; zweitens tritt in seinen Briefen das Leben Jesu keineswegs völlig zurück, und drittens hat Paulus den Christenglauben mitnichten in ein rabbinisches System gezwungen. Aber der Bestreiter macht es sich zu leicht. In drei Spalten ist das Problem „Paulus und Jesus" nicht zu lösen, und dabei geht der meiste Raum noch für Polemik verloren[18].

Konservative Theologen besorgten Anfang der neunziger Jahre den Auftakt des Gesprächs über das Thema „Paulus und Jesus". Sie folgten in ihren Überlegungen der verbreiteten, durchaus auch liberalen Illusion: Sie kümmerten sich vorrangig um die Frage nach paulinischen Bezugnahmen auf Jesus. Je häufiger sich Paulus auf Worte Jesu stützte und je mehr Teilnahme an den Lebensumständen und Taten Jesu er erkennen ließ, desto günstiger schien es. So beschränkten sich die konservativen Beiträge auf Abwehr aller Zweifel. Sie versäumten darüber ihre besondere Aufgabe, die Spannung zwischen Bibel und Schrift, Jesus und Christus, Theologie und Religion zu bedenken und am Problem „Paulus und Jesus" fruchtbar zu machen. Deshalb konnten sie inhaltlich nichts Neues sagen.

Im selben Geist ist die große Abhandlung „Jesus Christus und Paulus" von Paul Feine (1859–1933) geschrieben[19]. Deshalb muß sie schon an dieser Stelle erwähnt werden, obwohl sie erst 1902 herauskam. Sie gehört sachlich zu der besprochenen Gruppe[20]: „das Christusbild, das Paulus in seinem Innern trägt, umfaßt als untrennbaren Bestandteil auch den als unbedingt normativ empfundenen Lebenswandel Jesu." Das umschloß selbstverständlich auch die Worte Jesu. Da Jesus selbst seinen Tod als Erlösertod verstand, setzte Paulus auch im „Wort vom Kreuz" nur Jesu Predigt fort. Außerdem will Feine überhaupt eine Trennung zwischen dem irdischen Jesus und dem erhöhten Christus nicht anerkennen[21]. Er unterläuft sogar die bloße Unterscheidung, indem er bei der Wortwahl zwischen „Jesus" und

---

16 Zugleich die ausführlichste Geschichte der „Christlichen Welt" bietet *Johannes Rathje:* Die Welt des freien Protestantismus. Ein Beitrag zur deutsch-evangelischen Geistesgeschichte. Dargestellt an Leben und Werk von Martin Rade. Stuttgart 1952.

17 *Los von Paulus* Sp. 917.

18 Freilich ist der angegriffene Aufsatz nicht weniger kärglich.

19 *Paul Feine:* Jesus Christus und Paulus. Leipzig 1902. Feine entwickelt eine knappe Übersicht über die bisherige Forschung, S. 1–4. S. auch *Schweitzer,* GdPaulF S. 122–124. Zur Person s. *Arnold Meyer:* Feine, Paul. RGG² II, Sp. 535.

20 *Feine,* Jesus Christus S. 24; ähnlich die Zusammenfassung S. 297f.

21 Ebd. S. 7f., dann wieder im Resümee, S. 297.

„Christus" nicht unterscheidet. Das ist die alte Zweigleisigkeit der konservativen Argumentation. Sie verließ sich auf historische Ableitungen und holte dafür notfalls doch Glaubenssätze als Stützen zur Hilfe.

(B) Wir kehren zur Situation in der Mitte der neunziger Jahre zurück. Die freie Theologie wich dem klärenden Wort zum Problem „Paulus und Jesus" weiterhin aus. Sie schwieg, während die Unruhe unter den Konservativen richtig voraussetzte, daß in dieser Sache etwas im Gange war. Die freie Theologie hatte es einfach hingenommen, als sich innerhalb der Schule Ritschls jesuanische Gedanken rührten. Ohne es klar zu sagen, bevorzugte sie nämlich selbst Jesu Predigt gegenüber der Verkündigung der ersten Christenheit. So sah sie einfach zu, was kommen würde.

Für einen Ritschlianer war die Angelegenheit nicht so leicht erledigt. In Ritschls Schule galt das *ganze* Neue Testament als der entscheidende Teil der heiligen Schrift. Es hatte normative Geltung für alle christliche Lehre. War es dann sachgemäß, einen historisch ermittelten Jesus vom Zeugnis der Gemeinde abzurücken? Ritschl verneinte diese Frage[22]. Hans Hinrich Wendt war ein Schüler Ritschls, und trotzdem hatte er schon im ersten Teil seiner großen Untersuchung „Die Lehre Jesu" 1886 programmatisch behauptet[23]: „die Erforschung des geschichtlichen Bestandes der Lehrwirksamkeit Jesu [muß] eine Hauptaufgabe der Theologie bilden; sie muss der Mittelpunkt aller exegetischen und die Grundlage aller systematischen Arbeit sein". Wendt hatte in Fortsetzung dieser Arbeit dann das Thema „Paulus und Jesus" gelegentlich gestreift[24]. Jetzt aber stellte er sich dem Problem in einer neuen Untersuchung, „Die Lehre des Paulus verglichen mit der Lehre Jesu"[25]. Wer sich als Schüler Ritschls an der Leben-Jesu-Forschung beteiligt hatte, war Rechenschaft darüber schuldig, wie es künftig um die Norm aller christlichen Lehre stand. So wurde Wendt zum Thema „Paulus und Jesus" geführt. Seine Untersuchung erschien in der „Zeitschrift für Theologie und Kirche". Die „Zeitschrift für Theologie und Kirche" diente seit 1890 als Organ für die „fachtheol[ogische] Arbeit der Ritschl-Schule und ihres weiteren Umkreises"[26].

Wendt kommt eingangs rasch auf die Frage nach der Norm der christlichen Lehre. Die Frage folgt Ritschl, die Antwort nicht. Wendt ist weit mehr von der historisch-kritischen Forschung beeindruckt als von den diesbezüglichen Überlegungen seines Lehrers. Ritschl band die systematische Theologie an die Geschichte[27]. Das machte gewiß viel von der Anziehungskraft seines Systems aus. Es führte aber auch manche seiner Schüler wieder fort von ihm und zu vermeintlich besserer

22 *S. Johannes Wendland:* Albrecht Ritschl und seine Schüler im Verhältnis zur Theologie, zur Philosophie und zur Frömmigkeit unsrer Zeit dargestellt und beurteilt. Berlin 1899, S. 84–89.
23 *Wendt,* Lehre Jesu I S. V; vgl. insgesamt S. V–VIII.
24 Vgl. *Wendt,* Lehre Jesu II S. 158f., 258, 326ff., 355, 401, 609f., u. ö. An manchen Stellen zeichnen sich die späteren Überlegungen bereits ab.
25 *Hans Hinrich Wendt:* Die Lehre des Paulus verglichen mit der Lehre Jesu. ZThK 4 (1894), S. 1–78.
26 *Steck,* Zeitschriften Sp. 1886.
27 Die Formulierung schließt sich an *Schäfer,* Ritschl S. 177, an.

Exegese hin[28]. Einer davon war Wendt. „Die heilige Schrift im Ganzen genommen bietet nicht eine feste, einheitliche Lehrnorm", schreibt er unter dem Eindruck der historisch-kritischen Forschung[29]. Ritschl sah die Wirkungsgeschichte als unabdingbares Stück von Jesu eigener Geschichte an und verwarf den üblichen historischen Jesus als eine Fiktion[30]. Wendt dagegen isoliert Jesus und fragt, wie es mit seiner angeblichen Wirkung tatsächlich stand; er geht insoweit vom Ritschlianismus zur freien Theologie über[31]. Also muß sich Paulus an Jesus messen lassen. Nur der irdische Jesus ist der authentische Jesus Christus, „und wenn wir prüfen wollen, was authentisch christlich ist, müssen wir sein Evangelium zum Maßstab nehmen"[32]. „Evangelium" meint hier „Lehre". „Die Lehre Jesu" hatte Wendt zuerst ermittelt; jetzt folgt der zweite Schritt.

Der Vergleich „Paulus und Jesus" wechselt im einzelnen zwischen den Urteilen „Übereinstimmung" und „Abweichung" hin und her. Diese Einzelurteile erklären sich aus dem Gesamtergebnis: Zwar empfing Paulus von Jesus das „religiöse Ideal", er blieb sich aber „doch nicht stetig des Princips bewußt [...], von dem dieses Ideal bei Jesus abhing [...]"[33]. Das heißt, Paulus suchte das Heil, wie Jesus, in einem engen kindlichen Verhältnis des Menschen zu Gott („Kindschaftszustand")[34]. Er fand dieses Heil, wie Jesus auch, durch Jesu Erscheinen einladend verwirklicht. Paulus fehlte es aber, im Unterschied zu Jesus, an der Beständigkeit des klaren Bewußtseins: „Gott ist seit jeher unwandelbar der gütige Vater aller Menschen."

Daraus erklärt sich, weshalb er Vorstellungen entwickelte, die nicht zum Evangelium passen. Ihre Kerngedanke ist die prinzipielle Unterscheidung des Zustands derjenigen Menschen, die zu Christus gehören, vom Zustand aller übrigen[35]: Leben und Gerechtigkeit aus Gottes Gnade gelten für die einen, Tod und Sünde unter dem Gesetz für die andern, und einzig Jesu Kreuzestod kann Menschen aus solcher Verlorenheit in dieses Heil hinüberretten. Als Folge dieser Auffassung vernachlässigte Paulus die Predigt Jesu. Es lag ihm nichts daran. Er war völlig vom Eindruck der unerhörten Liebestat in Beschlag genommen. Wendt übernimmt außerdem zusätzlich noch Sodens These. Paulus interessierte sich auch deshalb nicht für Jesu Leben und Lehre, weil er die Gegenwart des heiligen Geistes erlebte[36].

Trotzdem bekam Jesus mittelbar einen tiefen Einfluß auf Paulus. Die Urgemeinde besaß nämlich ein authentisches christliches Wissen darüber, was überhaupt christ-

---

28 Vgl. *Walter Bodenstein:* Neige des Historismus. Ernst Troeltschs Entwicklungsgang. Gütersloh 1959. S. 36.
29 *Wendt,* Lehre des Paulus S. 2.
30 *Schäfer,* Ritschl S. 61f.: „Jesu Leben ist [bei Ritschl] nicht zwischen Geburt und Tod eingeschränkt, sondern ragt über beide Grenzen hinaus."
31 *Martin Rade:* Ritschlianer. RGG[1] IV, Sp. 2334–2338, schreibt (Sp. 2337): Wendt „verbindet den Ritschlianismus [...] mit dem Liberalismus".
32 *Wendt,* Lehre des Paulus, S. 2.
33 Ebd. S. 77.
34 Dazu und zum Folgenden s. ebd. S. 75–78.
35 Wendt selbst spricht wiederholt von einem „Zustand", ebd. S. 25 u. ö.
36 Ebd. S. 63.

lich sei. Die Jünger hatten es von Jesus empfangen, als er sie noch selbst lehrte. Dieses Wissen erreichte Paulus schon, als er noch Pharisäer war. Ohne dies Ärgernis des Christlichen wäre er gar nicht zum Verfolger der Gemeinde geworden. Sein Haß verrät nur, wie betroffen er davon war. Und auf diesem Weg des allgemein christlichen Wissens gewann nun „die geschichtliche Lehrwirksamkeit Jesu doch [...] constituirende [...] Bedeutung für das Evangelium des Paulus [...]"[37].

Ich fasse zusammen: Paulus hatte das authentische christliche „Ideal" des Heils. Das Evangelium Jesu offenbarte es ihm; über die Gemeinde kam es von Jesus her zu ihm und gewann ihn. Paulus vermochte sich aber nie völlig von seiner pharisäischen Herkunft zu lösen. Dadurch verlor er das „Prinzip" der Väterlichkeit Gottes immer wieder aus den Augen. Dementsprechend suchte er Vermittlungen und Erklärungen für die Wirklichkeit des Heils, die Jesus fernlagen[38]. Wendt läßt keinen Zweifel daran, daß die Wahrheit auf Seiten Jesu ist.

Das Ergebnis ist nicht eindeutig. Soweit Wendt auf die Ebene des religiösen „Ideals" abstrahiert, findet er Übereinstimmung zwischen Jesus und Paulus. Anders steht es aber, sobald er Jesu religiöses „Prinzip" mit dem des Paulus vergleicht; dann ergeben sich Unvereinbarkeiten. Diese Begrifflichkeit von „Ideal" und „Prinzip" war im Gespräch über „Paulus und Jesus" neu, und sie setzte sich auch nicht durch. Deshalb fällt es schwer, das Nebeneinander von „halber" Übereinstimmung und „halber" Unvereinbarkeit zu werten. Man muß sich auf den Gesamteindruck verlassen. Wenn es danach geht, wiegt die Übereinstimmung für Wendt wohl schwerer als die Abweichungen des Paulus von Jesu Evangelium. Am Ende anerkennt er die Christlichkeit des Paulinismus. Freilich ist ihm das klare, einfache, ganz und gar wahre Evangelium Jesu offenkundig lieber[39].

Wendt wagt wieder einen Vergleich „Paulus und Jesus", der sich nicht hinter Herleitungen verbirgt oder an Herleitungen verliert. Das vermittelnde Moment sucht er allerdings in einer historischen Kette. Jesus lehrte seine Jünger, seine Jünger trugen den ideellen Gehalt des Evangeliums weiter, und das Evangelium erreichte so den Pharisäer Paulus. Das ist zweifellos eine Herleitung des Paulinismus von Jesus. Wendt behandelt diesen Punkt aber vergleichsweise beiläufig, wenn man an die zweite Phase der freien Theologie denkt. Die Hauptsache ist der sachliche Vergleich selbst: Stimmte die paulinische Verkündigung mit Jesu Evangelium überein? Die Deutlichkeit dieser Fragestellung machte den Fortschritt gegenüber der langen liberalen Praxis aus.

Wendt kam aus Ritschls Schule. In ihr sollte die Bibel als die Schrift und Jesus als der Christus verstanden werden. Wendt hielt aber die exegetischen Ergebnisse der freien Theologie für richtig, sowohl die Aufsplitterung der Bibel in divergierende Lehrkreise als auch die Suche nach dem tatsächlichen historischen Jesus. Die Spannung zwischen jenen systematisch-theologischen Anliegen und diesen exegetischen Resultaten führte ihn zum Problem „Paulus und Jesus". Es war kein

---

37 Ebd. S. 61.
38 Ebd. S. 75.
39 Ebd. 78.

Zufall, daß Konservative und Ritschlianer zunehmend auf das Thema „Paulus und Jesus" kamen, nicht aber die nachbaur'sche freie Theologie.

Noch im selben Jahre 1894 antwortete Adolf Hilgenfeld (1823–1907) für die freie Theologie und im nächsten Jahr P. Gloatz für die konservative[40]. Nur soviel zu Gloatz: Er gibt sich als besserer Ritschlianer als Wendt; die ganze heilige Schrift ist Norm der christlichen Lehre[41]. Trotzdem versäumt er es, das Problem „Paulus und Jesus" von dieser Voraussetzung aus durchzudenken. Das paulinische Christentum war „in der Hauptsache die Lehre Christi selbst [...], die der Apostel nur in ihren begrifflichen wie auch praktischen Konsequenzen weiter entwickelt hat [...]"[42].

Hilgenfeld sagt im Gesamtergebnis nichts anderes, wenn auch die Lehre Jesu etwas anders ausfällt als bei Gloatz. Am Schluß gilt nichts mehr von dem, was Wendt an Abweichungen des Paulus von Jesus bemerkte. Das zeitliche Zusammentreffen der Aufsätze von Hilgenfeld und Gloatz beleuchtet die Wendung der freien Theologie in ihrer zweiten Phase. Eduard von Hartmann (1824–1906) spottete 1905 über die freien Theologen[43]: „weil sie sich in ihrer Kritik der Kirchenlehre sehr liberal dünkten, merkten [... sie] gar nicht, daß sie [...] rückschrittlich und ultrareaktionär waren." Die freie Theologie dachte in ihrer zweiten Phase historistisch. Sie fand schon in den Anfängen des Christentums seine unübertreffliche Verwirklichung. Ohne daß sie es sich eingestand, verlangte diese Haltung einige Abneigung gegen gewisse historische Kritik: Vor allem durfte auf keinen Fall Jesus zum Fremden werden. Bei aller Vorliebe für den irdischen Jesus sollte aber auch Paulus recht behalten. So kommt der renommierte Liberale Hilgenfeld zum gleichen Ergebnis wie der unbekannte Konservative Gloatz. Franz Overbeck (1837–1905) spricht im Hinblick auf die konservative und die freie Theologie dieser Zeit von der „eigentlichen Nichtigkeit ihres Gegensatzes"[44]. Hier trifft das Wort jedenfalls auf die neutestamentliche Wissenschaft zu.

Hilgenfeld war ein persönlicher Schüler Baurs. Es widerstrebt ihm, daß Paulus durch Wendt zum Teil ins Unrecht gesetzt wird. Einmal weist er auf Joh 16, 12f. hin – derselbe göttliche Geist wirkte bei Paulus wie bei Jesus, will er sagen[45]. Ansonsten schweigt er über das vermittelnde Moment, und von einer ausgeprägten Geist-Metaphysik findet sich keine Spur. Baur dagegen hatte gerade durch seine Geist-Metaphysik die Freiheit zur Unterscheidung (s. o. § 8). Hilgenfeld gleicht lieber die Lehre Jesu und die des Paulus aneinander an. Wahrscheinlich denkt er doch an irgendeine historische Herleitung des Paulinismus von Jesus, denn die

---

40 *Adolf Hilgenfeld:* Jesus und Paulus. ZWTh 37 (1894), S. 481–541. Zur Person Hilgenfelds s. *Kümmel,* Das NT S. 583f. *P. Gloatz:* Zur Vergleichung der Lehre des Paulus mit der Jesu, zugleich für Bestätigung der johanneischen Darstellung durch Paulus. ThStKr 46 (1895), S. 777–800.
41 *Gloatz,* Vergleichung S. 778.
42 Ebd. S. 800.
43 *Hartmann,* Christentum des NT S. VIII.
44 *Overbeck,* Christlichkeit S. 64.
45 *Hilgenfeld,* Jesus und Paulus S. 541.

paulinische Theologie stimmt bei ihm allzusehr bis ins einzelne mit Jesu Lehre überein.

Etwas muß noch erwähnt werden. Hilgenfeld gibt Ritschl die Schuld an Wendts Fehlurteilen über Paulus[46]. Er unterstellt zwei verschiedene Traditionen: Erst Ritschl hat Mißtrauen gegen den Apostel geweckt, aber die freie Theologie gibt Paulus seit Baur recht. Das Bild ist tendenziös. Abgesehen von Ritschl und seiner Schule täuscht sich Hilgenfeld sogar über die freie Theologie. Wie wir gesehen haben, umging oder verharmloste die nachbaur'sche freie Theologie das paulinische Problem und entsprach damit einem verschwiegenen uneingestandenen Unbehagen (s. o. § 9). Hilgenfeld übersieht das. Er geht offenbar irrtümlich von sich selbst aus, und er selbst stand Baurs propaulinischer Theologie wirklich näher als die gewöhnliche freie Theologie nach Baur. So blieb er denn auch mit seiner Kritik an Wendt allein. Die freie Theologie half ihm nicht. Das Gespräch über „Paulus und Jesus" geriet wieder eine Weile ins Stocken. Die freie Theologie mochte sich noch immer nicht darauf einlassen.

(C) Im Jahr 1897 legte Heinrich Julius Holtzmann (1832–1910) ein zweibändiges „Lehrbuch der neutestamentlichen Theologie" vor[47]. Seit 1895 arbeitete er daran, und so gesehen schließt das Werk zeitlich eng an die Auseinandersetzungen um Wendt an. Der zweite Band gilt in der Forschungsgeschichte als der Höhepunkt und Inbegriff der liberalen Paulus-Forschung[48]. Das Problem „Paulus und Jesus" aber begegnet darin bloß versteckt und nebenbei. Der Sachverhalt überrascht und überrascht nicht. Er überrascht nicht, wenn man sich an die übliche Verfahrensweise der freien Theologie nach Baur erinnert. Und er überrascht, wenn man an die neueren Störungen ihrer gütlichen Antworten denkt. Er beweist den frappierend geringen Eindruck, den diese Störungen machten. Holtzmann kennt andere Probleme, die ihn bewegen. „Es kann nur noch die Frage sein, wie umfangreich und intensiv [...die] hellenistische, bzw. sogar hellenische Beimischung gewesen ist, mit welcher seine [d. i. des Paulus] jüd. Schulbildung versetzt war. Sicherlich liegen auf diesem Punkte alle Probleme, welche heute der paulin. Forschung gestellt sind [...]", urteilt er[49]. Trotzdem veröffentlichte Holtzmann 1900 einen Aufsatz „Zum Thema ‚Jesus und Paulus'"[50]. Ich ziehe ihn gelegentlich ausdrücklich heran, um die Textbasis zu erweitern; er geht sachlich nicht über die „Neutestamentliche

46 Ebd. S. 495. Vgl. auch *Adolf Hilgenfeld:* Albrecht Ritschl's Darstellung der biblischen Lehre von der Rechtfertigung und Versöhnung. ZWTh 18 (1875), S. 338–383. Hilgenfeld hält diese Kritik 1894 weiterhin aufrecht. Seine Herausgeberschaft der „Zeitschrift für wissenschaftliche Theologie" diente auch der Bestreitung des Ritschlianismus. Es ist also schon ein wenig Programm, wenn Wendt in der ZThK schreibt und Hilgenfeld in der ZWTh antwortet, dem alten Organ der Baur-Schule (als Nachfolgerin der „Theologischen Jahrbücher").

47 *Heinrich Julius Holtzmann:* Lehrbuch der neutestamentlichen Theologie. Bd. 1 u. 2. Freiburg u. Leipzig 1897 (= Sammlung theologischer Lehrbücher). Zur Person s. *Kümmel*, Das NT. S. 584 (Literatur!).

48 *S. Schweitzer*, GdPaulF S. 79–91; *Bultmann*, Zur GdPaulF S. 35ff. u. passim; *Kümmel*, Das NT S. 239f.

49 *Holtzmann*, NTTheologie II S. 3.

50 *Heinrich Holtzmann:* Zum Thema „Jesus und Paulus". PrM 4 (1900), S. 463–468.

Theologie" hinaus. Wir halten aber fest, daß er erst drei Jahre später erschien. Inzwischen hatten neue Impulse das Thema „Paulus und Jesus" aktualisiert. Davon wird erst weiter unten die Rede sein (s. u. § 14).

Die jüngste Debatte bot Holtzmann verschiedene Lösungen des Problems ‚Paulus und Jesus" an. Er konnte die paulinische Lehre von Jesu Lehre herleiten und sich damit im großen ganzen begnügen (wie Roos). Oder er konnte offener einen Vergleich suchen und feststellen, daß die „Parteien" im Grunde das Gleiche sagten und sich vertragen müßten (wie Hilgenfeld). Er konnte aber auch die Unterschiedlichkeit einzelner Aussagen gelten lassen; dann würde er noch auf eine andere Ebene abstrahieren, die der religiösen Ideale und Prinzipien beispielsweise, und dort würde er die Entscheidung suchen (wie Wendt).

Holtzmann beabsichtigte eine große wissenschaftliche Gesamtdarstellung des Paulinismus[51]. Schon dadurch schieden die ersten beiden Lösungswege aus. Auf ihre Art war das Problem „Paulus und Jesus" bloß in kleineren Untersuchungen zu bewältigen. Hier brauchte man nur das einzulassen, was den gütlichen Vergleich erlaubte. Der knappe Raum forderte ohnehin Beschränkungen, und dabei mußten Paulus und Jesus unvermeidlich stilisiert werden. Das geschah nicht aus Unlauterkeit, sondern lag verführerisch nahe. Holtzmann dagegen wollte alles ausbreiten, das ganze Spektrum der Predigt Jesu und der paulinischen Verkündigung mit allen Verästelungen. Er verbaute sich schon durch diesen Plan die „schönen", glatten Lösungen. Die Lösung mußte also in Richtung derjenigen von Wendt liegen, oder aber Holtzmann wußte eigene Wege.

Wer von Holtzmanns Darstellung Jesu zum Kapitel über Paulus kommt, stutzt. So schwierig, so vielschichtig und spannungsvoll hatte sich die freie Theologie den Paulinismus bisher nicht gedacht. Auch „die eigenen Zeit- und Gesinnungsgenossen konnten ihn weder capiren noch copiren, selbst wenn sie es gewollt hätten", sagt Holtzmann gegen Ende[52]. Hellenistisches, Hellenisches, Jüdisches, Gemeinchristliches und ganz Persönliches wirkten bei Paulus einzigartig ineinander; „das konnte gerade ebenso niemals wieder ein Mensch erleben, empfinden und denken"[53], und man darf hinzufügen: „und ebensowenig je zuvor". Herleitungen von Jesu Predigt oder gar Identifikationen sind dadurch ausgeschlossen. „Aus dem Objektiven, das Paulus ausspricht, macht Holtzmann, um es irgendwie deuten zu können, immer erst ein Subjektives"[54]. In dieser Subjektivität wird die paulinische Theologie befremdlich.

Nie zuvor war in der freien Theologie ein dermaßen fremdartiges Paulusbild entstanden. Und nie zuvor war in einer liberalen Arbeit der Unterschied zwischen Paulus und Jesus ähnlich groß geworden. Holtzmann braucht das nicht einmal

---

51 Außer dem Kapitel „Die Verkündigung Jesu", *Holtzmann,* NTTheologie I S. 110–349, ist das Kapitel „Der Paulinismus", ebd. II S. 1–225, das größte; dazu muß noch der Abschnitt „Der Paulinismus" im Kapitel „Die theologischen Probleme des Urchristentums" hinzugerechnet werden, ebd. I S. 490–494.
52 Ebd. II S. 205.
53 Ebd.
54 *Schweitzer,* GdPaulF S. 84.

zu sagen; er sagt es nicht, im Gegenteil, er hütet sich geradezu vor Seitenblicken auf die Predigt Jesu. Doch jeder Leser kann den weiten Abstand von Jesus zu Paulus selbst sehen. Noch nie auch hätte ein freier Theologe eigentlich so verzweifelt tief ins paulinische Problem geraten müssen. Aber die Erwartung täuscht. Holtzmann verfremdet und vereinzelt den Paulinismus so konsequent, daß er ihn zuletzt sachlich wieder los ist. Er deutet ihn als so phantastische Angelegenheit, daß er ihn theologisch nicht mehr ernst zu nehmen braucht. Das schwierige paulinische System „fällt zur weiteren Verarbeitung der Wissenschaft von der Geschichte [...] anheim"; es hat nurmehr „theologisch-wissenschaftliches [...] Interesse"[55].

In dieser Wendung liegt auch der Schlüssel zum Problem „Paulus und Jesus". Es ist auf einmal von der ganzen Last der paulinischen Gedanken befreit. Sie haben ihr Gewicht verloren. Holtzmann schreibt im Zusammenhang mit seiner Deutung der paulinischen Christologie[56]: „Eine andere Sache ist es um die *rein religiöse* Auffassung der Stellung des Christus und der Christenheit zu Gott [...]. Hier, wenn irgendwo, führt durch die verschlungenen Wege der paulin. Dialektik ein Weg in's Freie der *unmittelbaren religiösen Empfindung,* wie sie Jesus seiner Gemeinde in das Herz gelegt hatte." In seiner Religiosität kam Paulus doch mit Jesus überein. Der Exeget darf das Gebiet seiner Theologie verlassen und in den Bereich seiner Religion vordringen. Dort findet er auch bei Paulus „das von Haus aus Christliche", die „Resonanz des Ewigen auf menschlichen Seelengrund"[57]. Unter oder hinter den Gedanken gab es eine paulinische Religion der Gotteskindschaft, und auf sie kommt es an. Auf dieser Ebene glückt der Vergleich „Paulus und Jesus". Der erwähnte Aufsatz von 1900 führt die Begründung weiter aus: Die gewaltige Persönlichkeit wirkte auf Paulus selbst durch das trübende Zeugnis der Urgemeinde hindurch[58]. Kaum etwas beweist Jesu Unvergleichbarkeit besser als diese religiöse Macht über Paulus. Noch die verstiegensten Spekulationen seiner Christologie bezeugen, daß Jesu religiöse Ausstrahlung den Anstoß zum Paulinismus gab.

Die Lösung knüpft an alte Gedanken der zweiten Phase der freien Theologie an (s. o. § 9). Sie ähnelt aber auch der von Wendt. Beide mißtrauen der glatten Übereinstimmung der Gedanken oder Lehren. Beide gehen deshalb auf eine andere Ebene zurück. Hier aber hat die Ähnlichkeit schon ein Ende. Wendt spricht vom religiösen Ideal und Prinzip, Holtzmann von der Religion[59]. Der Unterschied ist beträchtlich. Wendt denkt sich Ideal und Prinzip als Instanzen, die Gedanken ausschließen und verwerfen oder aufnehmen und lenken. Paulus hielt das richtige Prinzip nicht treu genug fest, darum wurden einige seiner Gedanken falsch. Im Unterschied dazu reißt Holtzmann „Theorie und ‚Religion' auseinander"[60]. So

---

55 *Holtzmann,* NTTheologie II S. 225.
56 Ebd. II S. 95 (Hervorhebungen vom Verf.).
57 S. o. Anm. 55.
58 *Holtzmann,* Thema Paulus S. 465–467. Ebenso schon *Holtzmann,* NTTheologie I S. 354, in Bezug auf die Christologie; beachte dort Anm. 2!
59 *S. Holtzmann,* NTTheologie II S. 225.
60 *Bultmann,* Zur GdPaulF S. 37.

erliegt er der Faszination der denkbaren historischen Verknüpfungen: „Dieser
Gedanke kam von daher, jener von dort, der widerstrebte dem . . ." und so fort.
Die Gedanken führen einen bizarren Tanz auf, aber die Choreographie bleibt
außer in Einzelheiten unbegreiflich. Holtzmann verliert sich an historische Entdeckungen. Je mehr aber die paulinischen Gedanken bei dieser Darstellung unvermeidlich seltsam werden und begremden, desto mehr muß er die paulinische Religion davon isolieren. Die Religion des Paulus war eine Sache für sich. Für sie
gilt nur eine einzige Herleitung: Sie verdankte sich Jesus. Unklar ist das Verhältnis der Gedanken zu dieser Religion. Holtzmann gibt keinerlei Auskunft, wie gerade diese Theologie und diese Religion sich zueinander verhielten und wie das
möglich war. „Er kennt nur das Denken als über dem geschichtlichen Leben ste-
hende, theoretische Betrachtung; aber er hat das Vertrauen auf die das Leben beherrschende Kraft dieses Denkens verloren"[61]. Das theologische Denken wird in
die schlechte Freiheit der Beliebigkeit entlassen. So wird der Vergleich „Paulus
und Jesus" gerettet.

Holtzmann faßt „die ganze nachbaursche [Paulus-]Forschung wie in einem Brenn-
spiegel" zusammen[62]. Es ist zu viel, was er da zusammenfaßt. Wir sehen sogar
davon ab, daß sich wichtige Züge seiner Darstellung keineswegs zueinander fügen;
darauf hat Albert Schweitzer später hingewiesen, aber zunächst bemerkte es anscheinend niemand[63]. Gemeint ist vielmehr das: Es sind zu viele Beobachtungen
an Paulus, die Holtzmann einbringt, von zu vielen Seiten her aufgenommen[64].
In den Fluchtlinien jener ursprünglichen einzelnen Untersuchungen, aus denen sie
stammen, waren sie aufgegangen und hatten sich eingefügt. Sie hatten dem Duktus
der jeweiligen Darstellung gehorcht. Und sie waren dort gerade so weit betont,
daß sie für das jeweilige Gesamtbild verträglich waren. Jetzt liest Holtzmann sie
mit seiner „atomistischen Methode" zusammen[65]. So zusammengesammelt ordnen
sie sich nicht länger den ursprünglichen Perspektiven unter.

Ein Paulus mit etwas viel Pharisäismus im Hintergrund, das war beispielsweise zu
bewältigen gewesen. Ein Paulus, der seine eigenen Erlebnisse verarbeiten mußte,
das hatte sich meistern lassen. Nun aber kommt all dies zusammen, Hellenismus,
Pharisäismus, Subjektivismus, jener befremdliche Zug und dieser. Sie entfalten
gewissermaßen ihre bisher gebändigten eigenen Möglichkeiten und sehen auf einmal fremd aus. Sie werden widerspenstig, weil sie nicht mehr dienen müssen. Der
relativierende Duktus einer einsinnigen Arbeit fehlt. In Holtzmanns Summierung
der Paulus-Forschung lag deshalb eine Gefahr. Es stellte sich heraus, daß Paulus
schon längst nicht mehr als ein Nach-Redner Jesu (oder wenigstens der Urgemeinde)
gelten konnte. Es stellt sich zwar nicht zum ersten Mal heraus, doch erstmals
so kraß nach all den Herleitungen und Begütigungen. Daher kam es wohl, daß

---

61 Ebd. S. 36. Das Subjekt ist bei Bultmann jedoch nicht Holtzmann, sondern „der Rationalismus". Indirekt ist er es aber doch, denn an ihm wird der Rationalismus demonstriert.
62 *Kümmel*, Das NT S. 239.
63 *Schweitzer*, GdPaulF bes. S. 90f.
64 Vgl. ebd. S. 79f.
65 Ebd. S. 80 (gramm. Form verändert).

Holtzmann nun seinerseits die Unterscheidung zwischen Theologie und Religion so pointiert vortrug, wie sie zuvor nie benötigt worden war. Er hatte es völlends nötig, die Theologie des Paulus abzuwerten und abzuwehren.

Wir prüfen noch kurz die Voraussetzungen. Die Unterscheidung zwischen Bibel und Schrift spielt für Holtzmann keine Rolle. Er wertet den Kanon nurmehr als historische Größe. Es gibt ihn eben, und ein Lehrbuch richtet sich praktischerweise danach[66]. Mehr als diesen ganz fernen Nachklang der Lehre von der Schrift findet man in den nächsten Jahrzehnten in keinem der liberalen Beiträge zum Thema „Paulus und Jesus". Auch die Unterscheidung zwischen Jesus und Christus bewegt Holtzmann theologisch nicht, zumindest nicht erkennbar. Er weiß über den irdischen Jesus Bescheid; warum sollte er sich um die Christologie sorgen? Die beiden Spannungen „Schrift und Bibel" und „Jesus und Christus" fehlen. Sie hätten Holtzmann nachdrücklicher für das Thema „Paulus und Jesus" gewinnen können. Stattdessen erkennt man hier, wie systematisch-theologisches Desinteresse oder historisches Überlegenheitsgefühl den historischen Fortschritt hemmt. Baur war systematisch-theologisch interessiert gewesen und hatte das Problem „Paulus und Jesus" aufgegriffen. Ritschls Schule war systematisch interessiert gewesen, und einige daraus hatten das Problem angerührt. Die historische freie Theologie dagegen begriff in ihrer zweiten Phase nicht, daß hier ein historisches und theologisches Problem anstand. Sie verkannte bis hin zu Holtzmann, wie bedeutsam der Schritt vom Verkündiger Jesus zum verkündigten Jesus Christus war.

Als einziges Motiv für die Beschäftigung mit dem Problem „Paulus und Jesus" bleibt das historische Interesse. Der Theologe folgte dem religiösen Heros, der secundäre „dem primären Religionsstifter"[67]. Wie war das möglich, und durfte es sein? Die alte Unzufriedenheit mit der entbehrlichen Theologie der Bibel braucht eine Beschwichtigung. Sie wird ihr in den spärlichen Lösungsformeln gegeben, und obendrein bekommt sie selbst recht: Die paulinische Theologie entfernte sich tatsächlich weit von Jesu Religion und von der Religion schlechthin. Offenbar reicht das Unbehagen aber nicht tief genug. Holtzmann gibt sich mit sehr wenigen Hinweisen zum Problem „Paulus und Jesus" zufrieden. Vor allem aber vermeidet er in jedem Augenblick den Eindruck, als ob sich Paulus ernsthaft rechtfertigen müssen. Er traut ihm Gedanken zu, die er selbst als grotesk empfindet, aber er zieht ihn nicht zur Rechenschaft. Er sieht die Religion des Paulus verschüttet unter soviel Fremdem, aber er verliert nie die Geduld. Noch einmal zeigt sich die ganze Konzilianz und Versöhnlichkeit der freien Theologie nach Baur: ihre Kompromißbereitschaft. Ihr stiller Jesuanismus ist ihr gewiß genug, um sich historisch geduldig in den Paulinismus zu versenken und ihn trotzdem nicht als Herausforderung und Ärgernis aufzunehmen. Nie war Paulus in der zweiten Phase der freien Theologie so fremdartig erschienen wie bei Holtzmann, und gerade er läßt sich überhaupt nicht mehr irritieren. Die nachbaur'sche freie Theologie, die er vertritt, hat in der Geschichte schon längst gewählt, was sie anzunehmen bereit

66 *Holtzmann*, NTTheologie I S. VIf. Holtzmann antwortet damit auf *Gustav Krüger:* Das Dogma vom Neuen Testament. Programm Gießen 1896.
67 *Holtzmann*, NTTheologie II S. 203.

ist. Dem Übrigen kann sie ruhig auch geduldig Gehör schenken, denn sie wird sich davon nicht einmal ärgern lassen. Rudolf Bultmann nennt das den Endpunkt des theologischen Rationalismus[68].

„Paulus und Jesus" war ein Thema der Theologie geworden. Aber auch ein Jahrzehnt nach Roos war es beileibe noch kein Tagesthema. Immerhin gab es inzwischen, seit seinem ersten konservativen Signal, einige Stimmen und einige Sachverhalte, die ein Gespräch über „Paulus und Jesus" eigentlich forderten. Durch Wendt war das Thema in Ritschls Schule und an die Grenze der freien Theologie getragen worden. Holtzmann bot schließlich für die freie Theologie einen angedeuteten neuen Lösungsversuch. Er unterschied dazu die Theologie und die Religion des Paulus und leitete nur diese von Jesus her. Im Entscheidenden kam Paulus mit Jesus überein. Zugleich aber trat bei Holtzmann die Verschiedenheit zwischen Jesu Predigt und dem Paulinismus ungewöhnlich deutlich hervor. Als Gegengewicht dazu hätte es einer *gründlichen* Erörterung der Frage „Paulus und Jesus" bedurft. Dazu war Holtzmann aber außerstande: Er zog ja nur Bilanz. Die freie Theologie nach Baur hatte in all den Jahren vieles zutage gebracht, was, genau besehen, den Abstand zwischen Jesus und Paulus groß machte. Und sie hatte wenig gefunden, um das paulinische Problem ernsthaft zu bewältigen. So kam es, daß sie an Holtzmanns Bilanz ihrer Paulus-Forschung nicht recht froh wurde[69]. Es war fraglich geworden, ob sie sich nicht schon zu weit historisch auf Paulus eingelassen hatte, um bei ihrem Jesuanismus weiter schiedlich friedlich mit ihm zurechtzukommen.

§ 14. *„Paulus und Jesus" in der Religionsgeschichtlichen Schule*
von 1888 bis 1903

Noch im Erscheinungsjahr von Holtzmanns „Lehrbuch der Neutestamentlichen Theologie" reagierte William Wrede darauf mit einer Schrift „Über Aufgabe und Methode der sogenannten Neutestamentlichen Theologie" (1897)[1]. Er verlangte den Fortschritt von der vorwiegend literarkritischen und beschreibenden zu einer wahrhaft historischen konstruierenden Methode, und er wünschte eine Religionsgeschichte des Urchristentums[2]. Die Kritik war zugleich Programmschrift. „Das Arbeitsprogramm der nächsten Generation auf neutest. Gebiet wird damit aufgestellt. Es gilt, den ganzen aufgehäuften Stoff unter den neuen Gesichtspunkten zu revidieren und zu classifiziren", schrieb ein Rezensent[3]. Wredes Einspruch ge-

---

68 *Bultmann,* Zur GdPaulF S. 36.
69 *S. Schweitzer,* GdPaulF S. 120.
 1 *Wrede,* Aufgabe; s. dazu *Strecker,* Wrede S. 68—72. Textauszüge finden sich bei *Kümmel,* Das NT S. 388—391. Zur Person s. o. § 12, Anm. 14. Wrede konnte an *Krüger,* Dogma vom NT, anknüpfen. Interessant ist Holtzmanns Antwort, *Heinrich Holtzmann:* Rez. zu: William Wrede, Über Aufgabe und Methode der sogenannten Neutestamentlichen Theologie, Göttingen 1897. DLZ 18 (1897), Sp. 1641—1644.
 2 *Wrede,* Aufgabe S. 25—34, 41, 79f. u. ö.
 3 *Wilhelm Baldensperger:* Rez. zu: William Wrede, Über Aufgabe und Methode der sogenannten Neutestamentlichen Theologie ThLZ 24 (1899), Sp. 265—268. Zit. Sp. 268.

gen eines der renommiertesten Werke der zweiten Phase der freien Theologie bestätigte, was sich schon seit einigen Jahren abzeichnete: Die dritte Phase der frei-
en Theologie hatte ihren Anfang genommen; sie brachte die freie Theologie der
Religionsgeschichtlichen Schule[4]. Das hinderte nicht, daß auch die bisherige fortbestand.

Von der Religionsgeschichtlichen Schule ist hier schon einmal die Rede gewesen.
Dabei war es um die Gründe gegangen, die seit den achtziger Jahren das Thema
„Paulus und Jesus" aktualisierten (s. o. § 12). Wir haben aber dann zunächst verfolgt, wie das Thema da und dort in der konservativen Theologie und in der Schule Ritschls tatsächlich Beachtung fand und wieweit und wie sich auch die nachbaur'sche freie Theologie in Holtzmanns Bilanz zu dieser Frage äußerte. Wir sind
so bis ins Jahr 1897 vorgerückt, in dem auf Holtzmanns Bilanz der zweiten alsbald Wredes Programm der dritten Phase der freien Theologie antwortete. Es
enthielt auch die erste Äußerung der Religionsgeschichtlichen Schule zum Problem „Paulus und Jesus", die einen neuen Klang hatte. Trotzdem greifen wir zeitlich noch einmal zurück und verfolgen zunächst kurz die religionsgeschichtliche
Arbeit von ihren Anfängen bis zu Wredes Programm (A); danach erst wird dieses
selbst untersucht (B) und zuletzt die weitere Entwicklung bis 1903 besprochen
(C), jeweils im Hinblick auf die Verhältnisbestimmung „Paulus und Jesus". Auf
diese Weise kann sich zeigen, wie die freie Theologie auch in ihrer dritten Phase
nur mühsam und manchmal widerwillig das Wort zum Thema „Paulus und Jesus"
nahm und wohin sie damit kam.

(A) Am Anfang der Religionsgeschichtlichen Schule standen zwei Arbeiten. Ver-
glichen mit den Ergebnissen der freien Theologie nach Baur, verfremdete die eine
Paulus, die andere Jesus. Hermann Gunkels Lizentiaten-Arbeit untersuchte 1888
„Die Wirkungen des heiligen Geistes nach der populären Anschauung der apostolischen Zeit und nach der Lehre des Apostels Paulus"[5]. Sie erbrachte, daß der
Geist für Paulus ebenso wie für die Urgemeinde eine göttliche Wunderkraft war.
So glaubte man ihn etwa im Zungenreden und in wunderbaren Krankenheilungen
am Werk. Paulus wußte nichts von jener zuständlichen Innerlichkeit, die der frei-
en Theologie nach Baur als der „Geist" galt und womit sie Paulus über die Sinn-
lichkeit und Äußerlichkeit der Welt siegen sah[6]. Seine Vorstellungen wurzelten
nicht im griechischen, sondern im jüdischen Denken seiner Zeit und waren wesentlich „handfester", als es die liberalen Spiritualisierungen bisher geduldet hatten.

---

4 Außer der bereits genannten (s. o. § 12, Anm. 24 u. 33) sei hier als einführende Literatur
   noch erwähnt *Otto Eissfeldt:* Religionsgeschichtliche Schule. RGG² IV, Sp. 1898–1905;
   Johannes Hempel: Religionsgeschichtliche Schule. RGG³ V, Sp. 991–994; *Stephan/Schmidt*,
   Geschichte S. 276–281. Einen ersten Eindruck vermittelt *Kümmel,* Das NT S. 358–393.
5 *Hermann Gunkel:* Die Wirkungen des heiligen Geistes nach der populären Anschauung der
   apostolischen Zeit und nach der Lehre des Apostels Paulus. Eine biblisch-theologische Studie. Göttingen 1888. Zur Person s. o. § 12, Anm. 14. Zur Untersuchung selbst s. *Schweitzer,* GdPaulF S. 61f.; *Bultmann,* Zur GdPaulF S. 40f., *Kümmel,* Das NT S. 275f.
6 Gunkels Untersuchung war die erste historisch-kritische Arbeit über den „Geist" bei Paulus seit Baur. Zum Verständnis des Geistes in der nachbaur'schen Exegese s. *Bultmann,*
   Zur GdPaulF S. 33f.

Sie gehörten in Wahrheit ganz „in die Weltanschauung des Supernaturalismu[s]" hinein[7]. Ein Supranaturalist Paulus konnte der freien Theologie unmöglich passen. Deshalb befremdete und ärgerte, was Gunkel ermittelte[8].

Vier Jahre später umriß Johannes Weiß „Die Predigt Jesu vom Reiche Gottes" (1892)[9]. Seine These lautete: Jesus erwartete den Anbruch eines rein überweltlichen zukünftigen Gottesreiches, und zwar allein von Gottes Eingreifen; seine Predigt war eschatologisch-apokalyptisch, er selbst ein antiker Mensch des Orients. Von Jesu Absicht „einer Stiftung und innerweltlichen Entwicklung des Reiches kann keine Rede sein"[10]. Davon sprachen aber die freie Theologie und erst recht Ritschls Schule. Sie deuteten das Christsein vor allem als gegenwärtiges Haben und Teilhaben. Hoffnung auf eine ganz andere Zukunft der Versöhnung hatte bei ihnen keinen Raum[11]. Dem entsprach ihr Bild Jesu: Er selbst sollte ihr Kronzeuge und Bürge sein. Deshalb bestürzte es sie, daß Weiß Jesus zum jüdischen Apokalyptiker machte. Ihr Jesuanismus oder ihr Christozentrismus war gekränkt. „Damals ging ein Erschrecken durch die theologische Welt [...]"[12]. Auf einen fernen, fremden Jesus war Ritschls Schule sowenig eingestellt wie die freie Theologie.

Als Gunkel Befremdliches über Paulus behauptete, war ihm von einer gedrückten Stimmung nichts anzumerken. Zumindest öffentlich kritisierte ihn auch keiner aus dem Kreis der entstehenden Religionsgeschichtlichen Schule. Als dagegen Weiß die futurische Eschatologie Jesu entdeckte, behielt er den Fund längere Zeit über für sich, bis ohnedies andere ebenfalls darauf stießen[13]. Dann gab er ihm begütigende Vorschläge zu seiner Bewältigung mit, tastend und unsicher, kurz, es war ihm sichtlich selbst nicht wohl dabei. Die Eschatologie war auch für ihn befremdlich und unannehmbar. „Der eigentliche Unterschied unserer modernen evangelischen Weltanschauung von der urchristlichen ist [...] der, daß wir nicht die eschatologische Stimmung teilen [...]", schreibt er[14]. Es war also nicht nur die Scheu, seinen Schwiegervater Ritschl zu desavouieren, die ihn zögern ließ. Und sehr schnell erhoben zwei andere Religionsgeschichtler öffentlich Einspruch, noch 1892 Wilhelm Bousset und im Jahr darauf Gunkel[15]. Es ging an die Relativierung der Eschatolo-

---

7 *Gunkel*, Geist S. 110.

8 Es kostete ihn seine Göttinger Stelle, und er mußte von der neutestamentlichen zur alttestamentlichen Fakultät überwechseln, s. *Schmidt*, Gunkel Sp. 98f.

9 *Weiss*, Predigt Jesu. Zur Person s. o. § 12, Anm. 22. Gute Analysen der Arbeit bieten u. a. *Schweitzer*, GdLJF S. 254–256 und *Folke Holmström:* Das eschatologische Denken der Gegenwart. Drei Etappen der theologischen Entwicklung des zwanzigsten Jahrhunderts. Neubearb. u. verkürzte Aufl., übers. v. Harald Kruska. Gütersloh 1936. Bes. S. 64–72.

10 *Schweitzer*, GdLJF S. 256.

11 Das stand auch im Zusammenhang mit den politischen Erfahrungen, s. *Cornehl*, Zukunft S. 318.

12 *Rudolf Bultmann:* Johannes Weiß zum Gedächtnis. ThBl 18 (1939), Sp. 242–246. Zit. Sp. 243.

13 *Weiss*, Predigt Jesu o. p. (Vorwort).

14 Ebd. S. 67.

15 Bousset, Jesu Predigt, und *Hermann Gunkel:* (Sammelreferat) ThLZ 18 (1893), Sp. 39–45. S. zur Rezeption insgesamt auch *Friedemann Regner:* Johannes Weiß: „Die Predigt Jesu vom Reiche Gottes." Gegen eine theologiegeschichtliche fable convenue. ZKG 84 (1973), S. 82–92; bes. S. 88ff.

gie Jesu zu einem peripheren Zug seiner Erscheinung. Ein fremder Jesus war vorerst nur eine unmögliche Möglichkeit der freien Theologie.

Um die Jahrhundertwende erschienen beide Bücher in zweiter Auflage[16]. Gunkel
beließ den ersten Text und blieb bei der Verfremdung des Paulus (1899). Weiß
schrieb sein Buch neu (1900). Zwar gab er seine früheren Thesen nicht auf, aber
er erweiterte und ergänzte seine Untersuchung derart, daß seine ursprünglichen
Ergebnisse erheblich relativiert wurden. Die Eschatologie war wieder zu einem
zeitbedingten Zug herabgedrückt, das Jesusbild bereinigt. Bei Jesus begann offenbar die theologische Empfindlichkeit der Religionsgeschichtler.

Weder das eine noch das andere Buch äußerte sich mehr als bloß flüchtig und
ganz am Rande zu der Frage „Paulus und Jesus". Nicht deshalb also sind sie hier
erwähnt, sondern weil sich an ihnen und ihren Schicksalen gleich anfangs abzeichnete, wie die Religionsgeschichtliche Schule zu Paulus und zu Jesus stand. Die
Religionsgeschichtler ertrugen einen befremdlichen Paulus, aber die Verfremdung
Jesu ertrugen sie nicht. So sehr sie tatsächlich „den ganzen aufgehäuften Stoff
[der neutestamentlichen Forschung] unter den neuen Gesichtspunkten zu revidiren
und zu classifiziren" beabsichtigten, zumindest das Bild Jesu durfte sich auch bei
ihnen nicht einschneidend ändern[17]. Sie waren Jesuaner von der Art ihres Vorbil-
des Harnack oder von der Art Wendts (s. o. § 12 u. 13)[18]. Auf seine Weise hatte
aber auch Lagarde sie in diese Richtung gewiesen, hatte einerseits Paulus scharf
kritisiert und hatte andrerseits Jesus zum Gegenstand höchster Verehrung gemacht
und praktisch von wirklicher historischer Kritik ausgenommen (s. o. § 11 u. 12).

Wie alle historistische Theologie des neunzehnten Jahrhunderts verlangte also auch
die Religionsgeschichtliche Schule danach, „an einem bestimmten Ort in der Geschichte die einmalige Konkretisierung der eigenen Postulate wenigstens behaupten zu können und zu dürfen"[19]. Doch für sie war dieser „Ort", anders als für
Ritschl, nicht Jesus im ganzen Umkreis seiner ersten und stärksten Wirkung, sondern *Jesus allein,* nur Jesus[20]. Die Religionsgeschichtler waren Jesuaner, die Ritschls
christozentrischen Eifer in Jesuanismus umprägten, und eben darum waren *vielleicht erst sie wirklich vollends Jesuaner.* Die freie Theologie der zweiten Phase
hatte ja immer versucht, auch Paulus irgendwie in jenem Bereich des schlechthin
Christlichen zu halten, und sie hatte ihre Bevorzugung Jesu nie scharf und exklusiv formuliert (s. o. § 9). Erst in der Religionsgeschichtlichen Schule kam es später sowohl zu offenen Absagen an Paulus wie zu der Erklärung, nur „mit Jesus"
allein sehr wohl Christ zu sein und sein zu wollen. Eine Einschränkung ist aller-

---

16 *Hermann Gunkel:* Die Wirkungen des heiligen Geistes nach der populären Anschauung
   der apostolischen Zeit und nach der Lehre des Apostels Paulus. Eine biblisch-theologische
   Studie. 2., unveränd. Aufl. Göttingen 1899. *Johannes Weiss:* Die Predigt Jesu vom Reiche
   Gottes. 2., völlig neubearb. Aufl. Göttingen 1900; s. auch § 13, Anm. 8.
17 Zit. s. o. Anm. 3.
18 Zu Harnacks Verehrung durch die Religionsgeschichtler s. *Gressman,* Eichhorn S. 26. Sie
   ist immer wieder bezeugt. Wrede gehörte in Harnacks Leipziger Zeit zu dessen „engste[m]
   Kreis", *Zahn-Harnack,* Harnack S. 73.
19 *Huber,* Jesus Christus S. 267; s. auch *Hartmann,* Christentum des NT S. XIIf., 12f., 16 u. ö.
20 Zum Historismus Ritschls s. *Schäfer,* Ritschl S. 13f.

dings zu machen: Die Religionsgeschichtliche Schule konnte an Jesus gewisse Züge nicht übersehen, die sie nicht guthieß, wie die Eschatologie. So wurde ihr *Jesuanismus bewußt eklektisch.*

Ritschls Schule kam in diesem Zweig auf die freie Theologie zurück, die Ritschl einst verlassen hatte. Die Herkunft der Religionsgeschichtlichen Schule und ihre Vorgeschichte erklären, weshalb damit eine *neue* Phase der freien Theologie begann. Wie würde sich das auf das Gespräch über „Paulus und Jesus" auswirken?

Die religionsgeschichtlichen Arbeiten bis 1897 geben darauf keine Antwort. Das Thema „Paulus und Jesus" begegnet darin so gut wie gar nicht. Die Bibliographien für diesen Zeitraum nennen es nicht, aber auch sonst kaum ein anderes paulinisches Thema, zu dem sich die Schule geäußert hätte. Bloß indirekt ging manches diese Frage an, was die Religionsgeschichtler damals veröffentlichten: Gunkel und Bousset formulierten neue Einsichten in die Herkunft und Entstehung einzelner christologischer Aussagen des Neuen Testaments, die sie an der Johannesapokalypse erarbeiteten[21]. Aussagen über die Entstehung der neutestamentlichen Theologie konnten das Problem „Paulus und Jesus" schnell betreffen.

Was Gunkel und dann Bousset dazu brachte, ausgerechnet die Apokalypse zu untersuchen, mag offen bleiben. Sie waren von Lagarde angeregt, die Welt des Spätjudentums und des Orients in ihre exegetischen Überlegungen einzubeziehen. Auch gab es von der alttestamentlichen Disziplin, der Gunkel inzwischen angehörte, und von der Religionswissenschaft her Anregungen dazu[22]. Wahrscheinlich fiel Gunkel bei der Arbeit am *Alten* Testament gerade an diesem neutestamentlichen Buch der Einfluß des Orients auf. Daß ihnen an der Vorgeschichte der Christologie lag, ist dagegen sehr verständlich. Ihr Lehrer Ritschl hatte seine Theologie weithin als Christologie betrieben. Und gerade die Christologie machte seit langem das stille oder offene Unbehagen der freien Theologie aus. Sie war auch – längst viel mehr als die Rechtfertigungslehre – der Grund für die paulinische Verlegenheit der Liberalen. Jedenfalls nahmen Hermann Gunkel („Schöpfung und Chaos in Urzeit und Endzeit") und Wilhelm Bousset („Der Antichrist") 1895 am „Nebenschauplatz" der Apokalyptik auch die historische Erforschung der Christologie in Angriff. Sie stießen auf die rein vorchristliche, altorientalische Herkunft christologischer Einzelmotive; Bousset weist in diesem Zusammenhang einmal ausdrücklich auf die paulinische Christologie hin[23]. Dieser Weg war vielversprechend, und es war nur eine Frage der Zeit, bis er die Religionsgeschichtliche Schule zum Thema „Paulus und Jesus" führen würde.

---

21 *Hermann Gunkel:* Schöpfung und Chaos in Urzeit und Endzeit. Eine religionsgeschichtliche Untersuchung über Gen 1 und Ap Joh 12. Mit Beiträgen von Heinrich Zimmern. Göttingen 1895. *Wilhelm Bousset:* Der Antichrist in der Überlieferung des Judentums, des neuen Testaments und der alten Kirche. Ein Beitrag zur Auslegung der Apokalypse. Göttingen 1895. Textauszüge finden sich bei *Kümmel,* das NT S. 313–319.

22 Ich verweise bloß auf *Rade,* Religionsgeschichte Sp. 2190f., u. *Kümmel,* Das NT S. 313 u. 316.

23 *Bousset,* Antichrist S. 151.

(B) Beide Bücher erregten Aufsehen. Sie „[…] wirkten […] wie methodische Muster"[24]. Wenn sie wie Muster waren, so lieferte William Wrede 1897 das Programm. Er schrieb „Über Aufgabe und Methode der sogenannten Neutestamentlichen Theologie". Die Grundabsicht ist wieder dieselbe wie seinerzeit bei Ferdinand Christian Baur (s. o. § 8): Die Religionsgeschichtliche Schule will für die Geschichte der Religion die volle Höhe der historischen Wissenschaft gewinnen, die ihr außerhalb der Theologie erreicht scheint. Und das heißt nach Wrede vor allem, sie soll synchron und diachron jeden historischen Zusammenhang des Urchristentums verfolgen[25]. Deshalb verwirft sie die prinzipielle oder pragmatische Vernachlässigung von Zusammenhängen. Es ist weder dogmatisch gerechtfertigt noch mit Gründen der Praktikabilität zu entschuldigen noch historisch angemessen, wenn das Neue Testament dem Strom der Religionsgeschichte entnommen wird. Die Religionsgeschichtliche Schule will daher das bloße Arrangement von halben Zufälligkeiten beenden und Urchristentum und Neues Testament *aus den* religionsgeschichtlichen *Zusammenhängen* weitmöglichst wirklich *erklären.* Wie Baur ist sie bereit, dabei auch zu konstruieren. Zuletzt skizziert Wrede eine solche Konstruktion der urchristlichen Religionsgeschichte. Das bringt ihn auf das Thema „Paulus und Jesus". Die allgemeine Forderung nach Beachtung der Zusammenhänge zieht die Beachtung des Problems „Paulus und Jesus" nach sich.

Zur Jesus-Forschung allein macht Wrede keinen Vorschlag. Später schrieb er über die religionsgeschichtliche Arbeit, sie sage keineswegs, „daß nun alles so [d. i. religionsgeschichtlich] zu erklären sei: insbesondere nimmt sie die eigentliche Verkündigung Jesu aus […]"[26]. Jesus bleibt der Relativierung im wesentlichen entzogen. Der jesuanische Zug der Religionsgeschichtlichen Schule bestätigt sich, auch sein Eklektizismus („die eigentliche Verkündigung Jesu"). Zur Paulus-Forschung dagegen hat Wrede etwas zu sagen. Mit dem meisten steht er zwar im Erbe der nachbaur'schen freien Theologie, aber die individualisierende Paulus-Deutung Holtzmanns läßt er nicht gelten. Die Frage ist vielmehr „so zu stellen: wie wurde die pharisäisch-jüdische Theologie des Paulus durch das Erlebnis seiner Bekehrung und dessen Folgen umgebildet zu einer christlichen Theologie"[27]? Von dieser Frage aus kommt Wrede zu neuen Überlegungen über „Paulus und Jesus".

Wredes Frage zur Geschichte der paulinischen Theologie ist so gemeint: Es könnte sein, daß sich die Theologie des Paulus als die christliche Variante einer fertigen nichtchristlichen (nämlich „pharisäisch-jüdischen") Theologie herausstellt. Was Gunkel und Bousset an Motiven der Johannesapokalypse beobachteten, vermutet Wrede nun für den Paulinismus insgesamt. Deshalb erteilt er den bisherigen Erklärungen eine Absage, hauptsächlich der Herleitung des Paulinismus von Jesus

---

24 *Rade,* Religionsgeschichte Sp. 2186.
25 Zur Programmatik s. auch *William Wrede:* Das theologische Studium und die Religionsgeschichte. (1903). In: *Wrede,* Vorträge S. 64–83; außerdem *Hermann Gunkel:* Rez. zu: Max Reischle, Theologie und Religionsgeschichte, Tübingen 1904. DLZ 25 (1904), Sp. 1100–1110.
26 *Wrede,* Das theol. Studium S. 73.
27 *Wrede,* Aufgabe S. 65.

her. „Paulus bezeichnet einen sehr weiten Abstand von Jesus und ist von der Predigt Jesu aus schlechthin nicht genügend zu verstehen, wie denn überhaupt niemand neutestamentliche Theologie als Entwicklung und Fortbildung der Lehre Jesu zu schreiben vermöchte"[28]. Die gebräuchlichste Antwort der freien Theologie der zweiten Phase auf die Frage nach „Paulus und Jesus" ist außer Kraft gesetzt. Alles was den Abstand von Jesus zu Paulus überbrücken sollte, wird beiseite geschoben[29]. Wrede korrigiert auch die Annäherung des Paulinismus an die Urgemeinde und macht Paulus wieder zur scharf umrissenen Figur. *Paulus* war „der Schöpfer einer christlichen Theologie", *Paulus* war „in der Geschichte des ältesten Christentums *die* epochemachende Gestalt"[30]. In Wredes Augen kann darum keine der bisherigen auch die religionsgeschichtliche Verhältnisbestimmung „Paulus und Jesus" sein. Die Religionsgeschichtliche Schule muß eine eigene finden, und Wrede stellt sie ihr als „eine durchaus unerläßliche Aufgabe"[31].

Er täuscht sich also nicht: Die Hypothese außerchristlicher Ursprünge des Paulinismus erledigt das Problem „Paulus und Jesus" noch nicht. Wrede möchte nicht bloß eine *Herleitung* durch eine andere ersetzen, womöglich um Paulus damit ad absurdum zu führen. Er will einen *Vergleich in der Sache*. Aber dem steht zweierlei im Weg. Erstens kommt ihm die paulinische „Sache" im Spiegel ihrer vermuteten Vorgeschichte in den Blick. Und zweitens sieht er Paulus zugleich eher in der Nähe des kirchlichen griechischen Dogmas als an der Seite Jesu[32]. So wird es schwer für ihn sein, die spezifisch „*christliche* Neubildung und [...] *christliche* Umschmelzung jenes [vorchristlichen] Erbes" durch Paulus ganz ernst zu nehmen[33]. Groß wird die Versuchung sein, rasch von „Metaphysik" zu sprechen. Und wirklich, Wrede beurteilt Paulus als einen Metaphysiker. Es gelingt ihm nicht, ihn darin von der Vorgeschichte und der Wirkungsgeschichte zu unterscheiden.

Bei „Paulus steht im Mittelpunkt der Glaube an ein System erlösender, zugleich im Himmel und auf Erden geschener Thatsachen [...]"[34]. Bei Jesus dagegen war alles ethischer Imperativ aus religiösem Individualismus heraus. Wrede entdeckt den grundsätzlichen Unterschied zwischen Jesu eigener Verkündigung und der christlichen Predigt, die diesen Jesus als den Christus verkündigt; er entdeckt, was sich die freie Theologie nach Baur nicht eingestehen wollte[35]. Vor diesem

---

28 Ebd. S. 67.
29 Namentlich nennt Wrede nur Wendt (s. o. § 13): „Mit Recht hat neuerdings Wendt [...] die Aufmerksamkeit auf dieses Thema [d. i. ‚Paulus und Jesus'] gelenkt. Seiner Behandlungsweise und seinen Ergebnissen vermag ich allerdings nicht zuzustimmen" (ebd. S. 67, Anm. 3).
30 Ebd. S. 64.
31 Ebd. S. 68.
32 S. ebd. S. 67, Anm. 4. Beachtenswert ist die Abweichung Wredes von dem Zitat, das er benützt.
33 Ebd. S. 66 (Hervorhebung v. Verf.).
34 Ebd. S. 67.
35 "The liberal view contained within itself the seeds of its own dissolution. The central message of the Gospel is not the teaching of Jesus but Jesus himself", formuliert *Stephen Neill:* The Interpretation of the NT 1861–1961. The Firth Lectures, 1962. London usw. 1964. Zit. S. 191.

Unterschied aber nützen die alten Herleitungen und Begütigungen nichts mehr.
Auch Wrede selbst erträgt ihn nur so, daß er Paulus und Jesus scheidet[36]: „Paulus bezeichnet einen sehr weiten Abstand von Jesus [...]." Er erträgt den Unterschied
nur, indem er zugleich sein Recht aufhebt. So offenbart sich *der innere Zwang
des jesuanischen Historismus: Er muß den Unterschied zwischen Jesus und Paulus so oder so aufheben,* entweder indem er ihn verharmlost oder indem er ihn
für unselig erklärt und Paulus verwirft. Das eine tat die freie Theologie in ihrer
zweiten Phase, das andere will Wrede, ohne es klipp und klar auszusprechen. Wer
aber auf den Tenor seiner Aussagen achtet, kann sich keinen anderen Reim auf
das Problem „Paulus und Jesus" machen als den: Das paulinische Christentum
ist mit Jesu Evangelium unvereinbar. Hier spricht es Wrede nicht aus, doch soll
er schon um 1894 herum in einem Gespräch gesagt haben, Paulus sei der „Verderber des Evangeliums Jesu"[37]. Das klang nach Lagarde

1898 schrieb Wrede[38]: „Und wenn manche eine Frage mit dem Scheltworte Radikalismus zum Schweigen bringen wollen, so wird es sich eben darum handeln,
ob nicht zuweilen die Dinge selber radikal sind." Was er 1897 zu „Paulus und
Jesus" sagte, zeigte seine Radikalität noch nicht vor, aber es trug sie in sich. Es
waren erst Anregungen, die Wrede gab. Immerhin war das Thema „Paulus und
Jesus" damit in der Religionsgeschichtlichen Schule angeschnitten. Wrede schrieb
es in ihr Programm. Gleichzeitig verstellte er den Ausweg, den die freie Theologie
gefunden hatte, die Herleitung des Paulinismus von Jesus. So war die Aufgabe
einer *neuen* Verhältnisbestimmung gestellt. Ehe sie erfüllt werden konnte, mußte
in den nächsten Jahren noch erhärtet werden, was Wrede bloß vermutete. Man
machte sich an die Erforschung der Herkunft paulinischer Gedanken. Wredes Programmschrift verursachte diese Entwicklung sicherlich nicht im strengen Sinn,
aber sie gab Impulse. Offenkundig sprach sie aus, was die Religionsgeschichtliche
Schule insgesamt an der Zeit fand. Die folgenden Jahre bewiesen es.

(C) Ab 1897 erschienen mehrere religionsgeschichtliche Untersuchungen zur Geschichte neutestamentlicher Theologumena, insbesondere der paulinischen[39]. Manche von ihnen nahmen keinerlei Bezug auf das Thema „Paulus und Jesus". Trotzdem wird die eine oder andere im Folgenden berücksichtigt. Ich will damit die
Mühseligkeit des Weges aufzeigen, der die Religionsgeschichtliche Schule zu diesem Thema brachte. Zu diesem Weg gehörte auch das Ausweichen und das Lavieren zwischen den fortschreitenden Erkenntnissen und den Unannehmlichkeiten
ihrer Konsequenzen. Die Haupteinsicht, die damals mehr und mehr gewonnen
wurde, war die: Die paulinische Theologie war anscheinend tatsächlich von sehr
vielen Quellen entscheidend beeinflußt, die mit der Predigt des historischen Jesus

---

36 S. o. Anm. 28.
37 S. *Paul Wernle* (Autobiographischer Abriß). In: Die Religionswissenschaft in Selbstdarstellungen, hrsg. v. Erich Stange. Bd. 5. Leipzig 1929, S. 207–251. S. 217.
38 *William Wrede:* Die biblische Kritik innerhalb des theologischen Studiums (1898). In:
Wrede, Vorträge S. 40–63. Zit. S. 61.
39 Jetzt kamen auch ähnlich gerichtete ältere Untersuchungen zu ihrem Recht, s. *Schweitzer,*
GdPaulF S. 43ff. (über Otto Everling), 45–50 (über Richard Kabisch); *Bultmann,* Zur
GdPaulF S. 41f. (über Kabisch); *Kümmel,* Das NT S. 261–309 passim.

nichts zu tun hatten. Die religionsgeschichtliche Forschung seit 1897 lief damit auf die Falsifizierung des seither Üblichen hinaus. Die freie Theologie nach Baur hatte rund vierzig Jahre lang (auch sich selbst) beteuert und beteuerte noch: „Die paulinische Verkündigung kann in ihren wesentlichen Zügen von Jesu Predigt hergeleitet werden." Sie hatte dadurch im Grunde den stillen Jesuanismus bestätigen wollen. Zugleich aber hatte sie sich auf diese Art mit der neutestamentlichen und paulinischen Theologie abgefunden — der irdische Jesus die tiefste Quelle auch der paulinischen Theologie. Der Religionsgeschichtlichen Schule gingen jetzt ganz *andere* Quellen paulinischer und neutestamentlicher Theologie auf.

Ich habe vorgegriffen. Die Vorwegnahme macht indessen die Schwierigkeiten der religionsgeschichtlichen Arbeit verständlicher. Sie erklärt auch die Unsicherheit über das Problem „Paulus und Jesus": Das eine beherrschende Grundmuster „Herleitung" wurde unter ihren Händen hinfällig. Seit Baurs Position aufgegeben war, hatten alle Antworten zur Frage „Paulus und Jesus" zuletzt darauf hinauslaufen müssen. Das aber ging nun zunehmend nicht mehr. Damit entfiel auch die Sicherheit des Herkömmlichen. So begegnen in dem Zeitraum von 1897 bis 1904 verschiedene tastende Lösungsversuche der Religionsgeschichtler zum Problem „Paulus und Jesus". Sie lösten einander nicht Schritt für Schritt ab, sondern liefen nebeneinander her und blieben sogar bis zum Ende der freien Theologie im Umlauf. Es fällt schwer, darin Wechselwirkungen oder eine Entwicklung zu erkennen. Die folgenden Überlegungen möchten trotzdem in streng chronologischer Abfolge so etwas wie einen Weg der Religionsgeschichtlichen Schule zum Problem „Paulus und Jesus" entdecken. Um aber das Hin und Her beobachten zu können, gehe ich hier mehr als sonst auf eine Vielzahl einzelner Veröffentlichungen ein. Hier war nicht das einzelne Buch exemplarisch, sondern der Weg der Forschung.

Ehe wir uns damit beschäftigen, betrachten wir kurz noch den Hintergrund der religionsgeschichtlichen Arbeit. Die freie Theologie in ihrer dritten Phase, die Theologie der Religionsgeschichtlichen Schule, vertiefte mehr und mehr die Kluft zwischen Jesu Predigt und der Verkündigung der Gemeinde. Sie zerstörte in den Jahren seit 1897 allmählich die ehedem wichtigste Voraussetzung für die historische Erledigung des christologischen Problems. Und nicht zufällig wurde sie auf diese Frage geführt: Sie erlebte die Christologie nicht als Harmlosigkeit. Das lag hauptsächlich an ihrer *Herkunft von Ritschl*. Außerdem spielte wohl auch Lagardes Einfluß eine Rolle. Ich erinnere außerdem an den Apostolikumsstreit von 1892[40]. Er entzündete sich an einem der zahlreichen kirchlichen „Fälle" jener Jahre: Wiederholt sollte mit Machtmitteln die Bejahung und liturgische Beachtung des christologischen Bekenntnisses erzwungen werden. Seine unverhohlene historisch-kritische Interpretation wurde mit einem Verdikt belegt. Vor allem seit Bismarcks Abgang drohten einer freimütigen freien Theologie kirchliche und staat-

---

40 S. *Zahn-Harnack*, Harnack S. 190–214, u. *Rathje*, Freier Protestantismus S. 64–74. Der Kreis um die „Christliche Welt" schlug sich nach großen Auseinandersetzungen auf die Seite Harnacks, der das Ziel heftigster öffentlicher Kritik war. Die Religionsgeschichtler gehörten zu diesem Kreis und waren insofern Mitbeteiligte, denen der Zwangscharakter des kirchlichen Bekenntnisses vor Augen geführt wurde.

liche Strafmaßnahmen bis hin zum Berufsverbot[41]. Daraus bildete sich der Erleb-
nishintergrund der Religionsgeschichtlichen Schule von Anfang an. Ernst Troeltsch
erläuterte beispielsweise 1895 zum erstenmal seinen Kirchenbegriff und rechnete
prompt die „Notwendigkeit der Anwendung äußerer Zwangsmittel" unter die
Wesenszüge der Kirche[42]! Etliche Religionsgeschichtler bekamen die strafende
kirchliche Macht selbst zu spüren; sie wurden auf Jahre hin von den theologischen Lehrstühlen Preußens ferngehalten[43]. Man mag dergleichen vielleicht ge-
ringschätzen, jedenfalls gestaltete sich die dritte Phase der freien Theologie in einem anderen kirchlichen und politischen Klima als die zweite; die hatte jahrzehn-
telang eine recht gute Zeit erlebt. Ritschls Ernst mit der Christologie, Lagardes
Zorn auf die Christologie und die Erfahrung einer erzwungenen Christologie mußten jetzt aber zusammenwirken: Die verharmlosende Hinnahme einer Christologie
kam für die Religionsgeschichtliche Schule kaum noch in Frage wie für die zweite
freie Theologie. Doch nun zur eigentlichen Geschichte des Themas „Paulus und
Jesus" in den Jahren 1897 bis 1903.

(a) Heinrich Julius Holtzmann trieb 1897 die liberale Haltung zur paulinischen
Theologie auf die Spitze. Er teilte den Paulinismus prinzipiell in Theologie und
Religion auf. Die Religion wollte er behalten, die Theologie aber beiseite legen.
Dieser Weg zur Bewältigung der paulinischen Verlegenheit war nicht bloß der
nachbaur'schen freien Theologie recht. Religionsgeschichtler versuchten sich eben-
falls damit.

Noch im selben Jahr 1897 legte Paul Wernle (1872–1939) seine Erstlingsarbeit
vor, „Der Christ und die Sünde bei Paulus"[44]. Wernle hatte bei Bousset und Weiß
in Göttingen studiert und engeren Kontakt zu ihnen gefunden; durch sie hatte er
außerdem Troeltsch und Wrede persönlich kennengelernt. Seine Untersuchung
mißt den Abstand zwischen der Theologie Ritschls und der Reformation einerseits und der paulinischen Theologie andererseits nach. Sie unterscheidet die „Theorie" von der „Praxis" des Apostels und kommt zu dem Ergebnis, daß bei klarer
exegetischer Einsicht der theoretische „Paulinismus für uns unbrauchbar wird"[45].

---

41 Einen Überblick über diese Ereignisse bieten *Martin Rade:* Vierzig Jahre Fälle. ChW 40
(1926), Sp. 1100–1103, u. *Nigg*, Liberalismus S. 261–279.

42 *Bodenstein*, Neige des Historismus S. 72. Er bezieht sich auf *Ernst Troeltsch:* Religion
und Kirche (1895). In: GS II S. 146–182.

43 So wurde beispielsweise Gunkel erst 1907 (in Gießen) Ordinarius, als er schon längst be-
rühmt war, fast dreißig Jahre nach seiner Habilitation, und Bousset sogar erst im Jahr
1916 als über Fünfzigjähriger. *Gressmann*, Eichhorn S. 27, beklagt allgemein die Behin-
derung der Religionsgeschichtler. Noch einige Eindrücke ihrer ersten Jahre: Als Studenten
erlebten sie 1888, daß eine Hannoversche Landessynode eine förmliche Warnung vor der
Theologie ihres Lehrers Ritschl beschloß, s. *Heinrich Benckert:* „Ohne Christus wäre ich
Atheist". Zur Frage nach der natürlichen Gotteserkenntnis. EvTh 18 (1958), S. 445–460;
ebenfalls 1888 war die Berufung ihres wissenschaftlichen Idols Adolf Harnack nach Berlin durch äußeren Druck stark gefährdet, s. *Zahn-Harnack*, Harnack S. 156–172.

44 *Paul Wernle:* Der Christ und die Sünde bei Paulus. Freiburg u. Leipzig 1897. Eine berechtigte Kritik des dürftigen Werkchens bietet *Adolf Hilgenfeld:* Paulus vor dem Richterstuhl
eines Ritschlianers (Paul Wernle). ZWTh NF 6 (1898), S. 161–171. Die biographischen
Daten entstammen der autobiographischen Skizze *Wernle*, Autobiographie.

45 *Wernle*, Christ und Sünde S. 96.

Als Theoretiker dachte Paulus katholisch. Die reformatorische Theologie wich sachlich (gerade in der Rechtfertigungslehre) mit gutem Grund von ihm ab. Dasselbe gilt von Ritschl[46]. Erst die Reformation fand auch wieder „die Form der Religion [...], die Aussicht hat, sich dem Charakter der Indogermanen dauernd einzuprägen"[47]. Anknüpfungspunkte für die Theologie der Gegenwart bestehen jedoch in der Praxis des Apostels und in seiner Religion. Damit hielt er die innere Verbindung zur Verkündigung Jesu[48]. Zuletzt tröstet sich Wernle[49]: „Man darf die Theologie des Apostels nicht ohne Weiteres zum Maßstab seiner Frömmigkeit machen [...]." Die religionsgeschichtliche Forschung nimmt hier also zunächst Zuflucht zu Holtzmanns Hilfskonstruktion. Neu ist die unverblümte Ablehnung des paulinischen Denkens und eine gewisse forsche Grobheit. Manches erinnert an den Antipaulinismus; Wernle war durch Bousset für Lagarde begeistert worden[50]. Das Problem „Paulus und Jesus" klingt aber nur nebenbei an. Kurz danach warf Wredes Programmschrift es für die Religionsgeschichtliche Schule auf.

(b) Ein Jahr später berichtete Wrede in einem Vortrag von der Situation der neutestamentlichen Wissenschaft[51]: „Man begegnet heute nicht selten der Ansicht, daß das Christentum der apostolischen Kirche mehr und wesentlich anderes enthalte, als aus der Einwirkung Jesu begreiflich sei. Man kann lesen, daß es einen Christen, der wirklich wie Paulus denke, heute nicht gebe und nicht geben könne [...]". Wieder war es Wrede, der somit auch auf das Thema „Paulus und Jesus" hinwies. Immerhin stand es nach gut einem Jahrzehnt endlich so, daß dergleichen in einen Bericht über die Exegese des Neuen Testaments gehörte. Doch erschien weder 1898 noch 1899 eine religionsgeschichtliche Untersuchung zum Problem „Paulus und Jesus".

Die Arbeit ging an anderen Stellen weiter. Wilhelm Lueken, ein Schüler Boussets und Freund Wernles, beschäftigte sich 1898 mit den Traditionen über den Erzengel Michael[52]. Er beobachtete eine „Beeinflussung der Christologie durch angelologische Vorstellungen", auch bei Paulus[53]. Lueken ist durch Boussets Hinweis auf die Vorgeschichte der paulinischen Christologie angeregt (s. o.). Ebenfalls 1898 untersuchte Albert Eichhorn „Das Abendmahl im Neuen Testament"[54]. Er arbeitet den gnostisch-orientalischen sakramentalen Charakter dieses Mahles heraus. Jesus selbst traut er ihn freilich nicht zu. Hugo Greßmann berichtet darüber[55]:

---

46 Ebd. S. VIIf., 4f., 54, 77f., u. ö.
47 Ebd. S. 25.
48 Ebd. S. 99f., 121f.
49 Ebd. S. 138.
50 *Wernle,* Autobiographie S. 217.
51 *Wrede,* Biblische Kritik S. 46.
52 *Wilhelm Lueken:* Michael. Eine Darstellung und Vergleichung der jüdischen und der morländisch-christlichen Tradition vom Erzengel Michael. Göttingen 1898.
53 Ebd. S. 133—166.
54 *Albert Eichhorn:* Das Abendmahl im Neuen Testament. Leipzig 1898 (= HChW 36). S. dazu *Schweitzer,* GdPaulF S. 160, Anm. 2, u. *Kümmel,* Das NT S. 319—322 (mit Textauszügen).
55 *Greßmann,* Eichhorn S. 17.

„Er findet keine Brücke, die man [in dieser Sache!] von Jesus zu Paulus [und fast der gesamten ältesten Christenheit] schlagen könnte, sondern entdeckt nur eine abgrundtiefe Kluft." Die alten Herleitungen des Paulinismus von Jesus kamen in Bedrängnis.

(c) Im nächsten Jahr, 1899, wichen Paul Wernle, Wilhelm Bousset und Heinrich Weinel (1874–1936) vor dem immer neuen Befremdlichen über Paulus zurück: Sie sprachen in Vorträgen zu ihrem jeweiligen Publikum, statt über die paulinische Theologie, über „Paulus als kirchlicher Organisator" (Weinel), „Paulus als Heidenmissionar" (Wernle), über den „Apostel Paulus" (Bousset)[56]. Das heißt, sie sprachen über den Praktiker Paulus und die gelebte Religion. Die Themenwahl richtete sich sozusagen nach Holtzmanns Empfehlung – die paulinische Theologie liefert Stoff für die historische Wissenschaft, die paulinische Religion aber ist erbaulich und hat „religiös-praktisches Interesse"[57]. Die Absicht der Erbauung ist allen drei Werkchen tatsächlich abzuspüren, aber trotzdem verlangte die paulinische Theologie wenigstens beiläufige Beachtung. Jede der drei Arbeiten macht ein paar Andeutungen zum Problem „Paulus und Jesus".

Weinel war mehr Sympathisant als Mitarbeiter der Religionsgeschichtlichen Schule; er hat sie im Lauf der Jahre durch Popularisierung unterstützt und ihr als Herausgeber Raum für Veröffentlichungen gegeben[58]. In seinem Vortrag beschäftigt er sich mit der organisatorischen Leistung des Apostels. Uns interessiert nur ein Zug: Nach seiner Darstellung erhielt Paulus mit größter Mühe die Verbindung zur Urgemeinde aufrecht „um der Tradition von Jesus willen"[59]. Seine apostolische Arbeit wehrte aus „einem sozusagen instinktiven Gefühl" heraus der Gefahr, daß „die Gestalt Jesu ganz verblassen und der historische Zusammenhang mit seinem Stifter sich lösen werde"[60]. Die kirchliche Praxis des Apostels soll eine Beziehung zu Jesus nahelegen, von der Weinel ansonsten nichts zu berichten weiß.

Ganz so versteckt tut Bousset das Problem „Paulus und Jesus" nicht ab. Obwohl er die historische Verantwortung für „alle Dogmatik und alle Systeme der Theologen" auf Paulus lädt, drückt allerdings auch er im selben Atemzug die Bedeutung der paulinischen Theologie herab[61]: „Nicht darin, in erster Linie, besteht die Be-

---

56 *Heinrich Weinel:* Paulus als kirchlicher Organisator. Antrittsvorlesung. Freiburg usw. 1899 (= SgV 17). *Paul Wernle:* Paulus als Heidenmissionar. Ein Vortrag. Freiburg usw. 1899 (= SgV 14). *Wilhelm Bousset:* Der Apostel Paulus. Als Manuskript gedruckt. Halle a. S. u. Tübingen 1906. Der Vortrag lag mir also nur in einer späteren Ausgabe vor. Boussets Bibliographie nennt jedoch das Jahr 1899; sie geht auf eigene Aufzeichnungen Boussets zurück, s. *Gunkel,* Bousset S. 24. Das Jahr 1898 nennt *Heinrich Holtzmann:* Zum Thema „Jesus und Paulus". PrM 11 (1907) S. 313–323. Dort S. 313.

57 *Holtzmann,* NTTheologie II S. 225.

58 Zur Person s. *Erich Beyreuther:* Weinel, Heinrich. RGG³ VI, Sp. 1573f.

59 *Weinel,* Organisator S. 24f.

60 Ebd. S. 19.

61 *Bousset,* Apostel Paulus S. 2. Harnack konnte mit solchen Konstruktionen nicht einverstanden sein; sie schrieben Paulus eine Wirkung zu, die er gerade bestritten hatte, vgl. *Schweitzer,* GdPaulF S. 180; u. *Zahn-Harnack,* Harnack, S. 297–299. Trotzdem begriffen die Religionsgeschichtler anscheinend nie, wieso sich Harnack sehr bald von ihnen distanzierte.

deutung des Paulus [...]." Bousset will von der Heidenmission reden, der eigentlichen Tat des Apostels. Das bringt ihn aber doch auf die besondere paulinische Predigt, und dabei streift er die Frage nach „Paulus und Jesus". Lapidar stellt er fest, daß das paulinische Heiden-Evangelium die wahre treue „Fortsetzung des Werkes Jesu" war[62]. Universalismus und Gesetzesfreiheit sind die Verbindungspunkte. Die Behauptung erinnert an die Aufklärer (s. o. § 7), denen die Taten des Apostels so viel wichtiger erschienen, daß sie seine Theologie weithin auf sich beruhen ließen. Bousset ersetzt die damalige Naivität durch Skepsis. Inzwischen war ja sehr viel über die Theologie des Paulus bekannt geworden. Er aber erklärt, die Wirrnis der paulinischen Gedanken sei kaum oder höchstens in Teilbereichen überschaubar. „Wir bescheiden uns dabei [...][63]."

Wernles Bescheidenheit schließlich geht noch weiter. Er vermerkt eingangs eine Polarisierung im theologischen Urteil über Paulus: Die einen Theologen halten es mit Paulus, während die andern von einer Verfälschung des Christentums reden. Dann aber kümmert er sich nicht länger darum und schildert den unermüdlichen Missionar. So soll der Übergang des Christentums nach Europa „die tiefste innere Umwandlung bewirkt, aus der semitischen eine indogermanische Religion" erweckt haben[64]. Man wird wieder an Lagarde erinnert.

Dies waren 1899 die Randnotizen der Religionsgeschichtlichen Schule in Sachen „Paulus und Jesus". Ihre Dürftigkeit liegt auf der Hand. Außer Bousset beteiligte sich denn auch keiner der führenden Religionsgeschichtler an diesen Ablenkungen. Der Fortgang ihrer eigenen Arbeit schloß es aus, daß ihnen solche Winkelzüge auch nur für eine Weile helfen würden. Etwa gleichzeitig oder bald nach den drei Vorträgen erschienen Untersuchungen, die das Wissen über das Spätjudentum vertieften[65]. Neben den Beschwichtigungen wurde also Wredes Programm befolgt[66]: „Die Theologie des Paulus ist völlig unverständlich ohne die Kenntnis der spätjüdischen Theologie."

(d) Das Jahr 1900 brachte dann durch Adolf Harnacks Säkularschrift „Das Wesen des Christentums" heftigen öffentlichen Streit um die Christologie[67]. Er entzündete sich an Harnacks Jesuanismus. Dabei war Harnack durchaus gewillt, auch der christlichen Verkündigung der Urgemeinde und des Paulus ihr Recht zu geben[68]. Von religionsgeschichtlichen Mutmaßungen oder von Behauptungen über eine orientalische Vorgeschichte der neutestamentlichen Christologie ist bei ihm

---

62 *Bousset*, Apostel Paulus S. 11.

63 Ebd. S. 15.

64 *Wernle,* Heidenmissionar S. 6. Das paßte gut in die Zeit. Im selben Jahr 1899 erklärte Houston Stewart Chamberlain (1855–1927) die Religion zu einer Frage der Rasse. Er entwickelte „Die Grundlagen des 19. Jahrhunderts", s. *Heinrich Weinel:* Chamberlain, Houston Stewart. RGG² I, Sp. 1481f.

65 Vgl. die Bibliographien *Gunkel*, Bousset S. 24f.; *Hempel*, Gunkels Bücher S. 214.

66 *Wrede*, Aufgabe S. 76f.

67 *Harnack*, Wesen.

68 Ebd. S. 90–92; vgl. *Zahn-Harnack*, Harnack S. 246f., insgesamt S. 240–249.

keine Rede[69]. Er tastet aber eine Voraussetzung für die gewöhnliche Behandlung des christologischen Problems durch die Exegeten an: Er zählt Jesu eigene „Christologie" nicht zum Inhalt des Evangeliums. „Nicht der Sohn, sondern allein der Vater gehört in das Evangelium, wie es Jesus verkündigt hat, hinein"[70]. Das wurde Harnack verübelt. Eigentlich hatte die Schrift zwar irenische Absichten, aber ihren Feinden bewies sie Harnacks Abfall vom christlichen Glauben. „Es erschienen Aufsätze gegen ihn mit dem Motto: ‚Judas, verrätst du des Menschen Sohn mit einem Kuß?' Eine Mecklenburger Pastoralkonferenz beantragte förmlich, Harnack zu verfluchen"[71]. Diese Ereignisse verdeutlichen einmal mehr den inneren und äußeren Druck, der auch auf der Religionsgeschichtlichen Schule lastete, wenn sie an eine jesuanische Neubestimmung des Verhältnisses „Paulus und Jesus" ging. Dadurch wird ihr Ausweichen und Tasten verständlicher.

(e) Verständnis braucht der erste große neutestamentliche Geschichtsaufriß aus dem Kreis der Religionsgeschichtlichen Schule: Er prellt vor, um dann doch wieder zurückzuweichen, und er verleiht der dritten Phase der freien Theologie ein scharfes Gepräge, um schließlich doch nur vor diesen Möglichkeiten zur zweiten umzukehren. 1901 verabschiedete sich Paul Wernle als Neutestamentler mit der popularwissenschaftlichen Darstellung „Die Anfänge unserer Religion"[72]. Ihrer Absicht und Anlage nach gibt sie sich als Gericht über die christliche Theologie. Ihren normativen Maßstab dafür nimmt sie von einem bewußt eklektischen Jesusbild[73]. Der theologische Historiker will zum Erlöser von der Theologie werden. „Wenn Jesus vor allem auch ein Erlöser von den Theologen war, so sind wir Theologen dann seine Jünger, wenn wir dies sein Befreiungswerk erneuern", sagt das Vorwort[74]. Die historische freie Theologie bekennt sich damit offen zu ihrem Gefühl der Überlegenheit über die systematische Theologie, und sie tut es mit Gereiztheit. Der „Christologie satt bis zum Überdruß" sucht sie im historischen Jesus den Führer zum Vatergott[75]. Der Weg ist der bevorzugte der nachbaur'schen freien Theologie. Ungewohnt ist die Neigung, der Position lautstarke Negationen hinzuzufügen.

Ferdinand Christian Baurs „Vorlesungen über neutestamentliche Theologie" ließen sich dadurch verstehen, daß ihre zwei Schemata des Geschichtsverlaufs nicht vermengt wurden (s. o. § 8). Tatsächlich stehen sie nebeneinander und sind räum-

---

69 Vgl. *Kümmel*, Das NT S. 394f., wo auch die Haltung von Julius Wellhausen besprochen ist; s. auch o. Anm. 61.

70 *Harnack*, Wesen S. 91 (im Original hervorgehoben).

71 *Zahn-Harnack*, Harnack S. 245f.

72 *Paul Wernle:* Die Anfänge unserer Religion. Tübingen u. Leipzig 1901. S. dazu *Schweitzer*, GdPaulF S. 121f., *Kümmel*, Das NT S. 376f., Textauszüge ebd. S. 368–372. Wernle wechselte zur Kirchengeschichte über.

73 Ebd. S. V: „Alle theologischen Gedanken kamen für mich nur unter dem Gesichtspunkt in Betracht, wie sie sich zum Evangelium Jesu verhalten." Zur bewußten Eklektik s. *Paul Wernle:* Die Anfänge unserer Religion. 2., verbess. u. vermehrte Aufl. Tübingen u. Leipzig 1904. S. IXf.

74 *Wernle*, Anfänge S. VI.

75 *Paul Wernle:* Die Quellen des Lebens Jesu. Halle 1904 (= RV). Zit. S. 87.

lich voneinander gesondert. Auch Wernle verfolgt in gewissem Sinn *zwei* verschiedene Schemata. Sie könnten das Problem „Paulus und Jesus" zu einer jeweils eigenen Lösung bringen. Doch das erste wird durch das zweite an seiner Entfaltung
gehindert, und das zweite wird durch das erste in seiner Überzeugungskraft ge-
schmälert. Ihre Trennung in der folgenden Analyse dient dazu, die jeweilige Tendenz zu verdeutlichen, ehe die Trennung wieder aufgegeben wird.

Ein Mitarbeiter der Religionsgeschichtlichen Schule durfte nicht im Zweifel darüber sein, daß Paulus sehr wohl eine Theologie und insbesondere eine Christologie hatte und es ihm auch ernst damit war. Entsprechend fällt *die eine Seite* von
Wernles Paulusbild aus. Paulus soll es gewesen sein, der vollends alles Heil an die
historisierte mythologische Geschichte eines himmlischen Christus band[76]. Wernle
beurteilt das als jüdische „Vergötterung der einmaligen Geschichtsthatsache" und
redet damit Lagarde nach[77]. Überdies verengte Paulus den Zugang zum Heil noch
einmal: Er sah außerhalb der Kirche kein Heil[78]. Und ohne sich der Bedenklichkeit seines Tuns bewußt zu werden, forderte er im Kampf mit den Judaisten statt
des alten ein neues „Werk" von den Christen; er verlangte die Bejahung des Kir-
chenglaubens, forderte das kirchliche Bekenntnis[79]. Nicht die Forderung nach
einem Werk überhaupt war verkehrt, sondern dieses bestimmte Werk.

Die Darstellung des Kirchenmannes Paulus erweist so ihre Ambivalenz. Wernles
Vortrag von 1899 zeigte nur die gefällige Seite. Jetzt aber greift er auf seine Thesen von 1897 zurück und erklärt Paulus gerade in seiner Kirchlichkeit zum Weg-
bereiter des Katholizismus. Paulus gerät zum Mittelglied zwischen Urgemeinde
und katholischer Kirche. Man muß sich des kräftigen Anti-Katholizismus erinnern,
der (vollends seit dem Kirchenkampf) im deutschen Protestantismus lebendig war.
Nichts deutet darauf hin, daß Wernle ihn nicht teilte. Desto mehr ist sein Paulusbild ein Affront, wenn es den „protestantischen" Apostel mit dem Katholizismus
in Verbindung bringt. Seine These gehört in gewisser Hinsicht in die Nähe der
Deutung der Reformation, die Ernst Troeltsch in diesen Jahren ausbildete: Er arbeitete an Luthers Reformation mehr und mehr den Aspekt einer spätmittelalter-
lichen katholischen Bewegung heraus[80]. Die Absage an die Gegenwart der protestantischen Kirchen zog die kritische Distanzierung von deren Ahnherren und
Gewährsleuten nach sich.

Daß der Unterschied zwischen Protestantismus und Katholizismus (oder Paulinismus und Frühkatholizismus) relativ sei, ist uns schon als Behauptung der Antipauliner begegnet (s. o. § 11). Daß Jesus als Zeuge gegen Soteriologie und Christologie angerufen wurde, fand sich gleichfalls bei ihnen; auch für sie sollte er Gewährsmann gegen die unabdingbaren historischen Heilsereignisse zwischen Gott und
Mensch sein und die menschliche Unmittelbarkeit zu Gott bestätigen. Wernles
Darstellung trägt Züge des Antipaulinismus. Außerdem fällt er auch an vielen Ein-

---

76 *Wernle,* Anfänge S. 153, vgl. S. 329.
77 Ebd. S. 146. Wernle stützt sich gelegentlich ausdrücklich auf Lagarde, so S. 70.
78 Ebd. S. 134.
79 Ebd. S. 187f.
80 Vgl. *Bodenstein,* Neige des Historismus S. 70–140, bes. S. 70–101.

zelpunkten negative Urteile über die paulinische Theologie, sobald er sie an Jesu Evangelium mißt. Werner Georg Kümmel denkt wohl an diese Aussetzungen, wenn er vermutet, Wredes Wort von Paulus, dem „Verderber des Evangeliums Jesu", habe „offensichtlich [...] den Forscher Wernle nicht mehr losgelassen"[81]. Die eine Seite von Wernles Paulusbild läuft scheinbar auf die Entgegensetzung zwischen Paulus und Jesus hinaus. Man würde als Ergebnis erwarten: Jesu Predigt und des Paulus Christentum sind unvereinbar. Darin geht Wernle weiter als je zuvor ein Religionsgeschichtler außer Wrede, und ihn übertrifft er in der Aufzählung anstößiger Anschauungen und Lehren des Paulus.

Aber das ist nur die eine Seite des Paulusbildes, gewissermaßen die „reine Beschreibung". *Die andere Seite,* die „Deutung", zielt gar nicht auf Unvereinbarkeit ab. Die vermeintliche Konsequenz der Beschreibung bleibt aus. Man glaubt, Beweisführungen zu hören und zu wissen, was bewiesen werden soll. Doch fallen die Beweisschlüsse überraschend anders aus: Wernle gibt auch Paulus recht.

Die angestrebte Lösung nützt Holtzmanns Unterscheidung von Theologie und Religion aus. Hinter und neben der paulinischen Theologie spürt Wernle die paulinische Religion auf. Das geschieht unmittelbar durch die Beschreibung der „Frömmigkeit des Paulus selbst"[82]. Mittelbar gewinnt er die Religion des Paulus durch Abstraktion von seiner Theologie. Dafür werden so allgemeine Begriffe von den Gedanken abstrahiert, daß sie das Befremdliche der Theologie zudecken: „Gotteskindschaft" und „sittliche Freiheit" sind zugleich Inbegriffe der Religion Jesu[83]. Auf diesem Weg erreicht Wernle den gütlichen Vergleich „Paulus und Jesus". Die *Religion* des Apostels kam mit Jesu Religion überein: „überall gelangt Paulus schliesslich zu den Gedanken Jesu [...]", und das heißt, zu dessen Religion, denn Gedanken und Religion waren bei Jesus eins[84]. Bezeichnenderweise verweigert Wernle allerdings jede Auskunft darüber, wie denn diese Übereinstimmung historisch möglich wurde[85]. Gerade diese Antwort war der freien Theologie nach Baur sehr wichtig gewesen. „Paulus hat Jesus zu seinen Lebzeiten gar nicht gekannt und trotzdem ihn am besten verstanden", schreibt Wernle, „ein Geheimnis der Geschichte, wie sie Sprünge macht, Brüche und Risse zeigt, nie geradlinig fortschreitet und daher aller Konstruktion spottet"[86]. Der Scharfsinn der freien Theologie ist hier auf eine ungute Weise bescheiden geworden und bemüht dort das Geheimnis, wo er keine Antworten weiß. Die Anerkennung des Geheimnisses widerspricht allerdings der sonstigen Haltung von Wernles Arbeit, denn er erklärt sonst sehr viel an Paulus kausal und bagatellisiert es, mit Vorliebe durch die Lebenszusammenhänge. Das Problem „Paulus und Jesus" jedoch möchte er meistern, ohne das vermittelnde

---

81 *Kümmel,* Das NT S. 367; s. auch o. Anm. 37. Vgl. auch *Eberhard Vischer:* Jesus und Paulus. ThR 9 (1905), S. 129–143, 173–188. Er spricht ausführlich über Wernle, S. 173–180, 186f.

82 *Wernle,* Anfänge S. 209.

83 Ebd. S. 208.

84 Ebd. S. 153.

85 Nach Belieben vertauscht er die Worte „Jesus" und „Christus"; dadurch bleibt der Bezugspunkt der paulinischen Theologie im Ungewissen.

86 *Wernle,* Anfänge S. 96.

Moment zu nennen. Paulus kam in seiner Religion mit Jesus überein — irgendwie. Das ist die andere Seite von Wernles Paulusbild. Sie ist es, die seiner Absicht nach gelten soll.

Das Lösungsschema der schroffen Entgegensetzung darf sich also nicht durchsetzen. Immerhin ist es stark genug; es schmälert die Überzeugungskraft der angebotenen Lösung. So wiederholen sich die Schwierigkeiten, die schon Holtzmanns Unterscheidung zwischen Theologie und Religion hatte. Sie verstärken sich sogar noch. Erstens mißt Wernle Paulus durchgehend am Evangelium Jesu. Das ist sein Programm, und deshalb muß er häufig einen Dissens vermerken. Das hatte Holtzmann gerade vermieden. Zweitens flicht er in seine Darstellung zahlreiche tadelnde oder abschätzige Urteile über den Paulinismus ein. Holtzmann hatte sich mehr auf bloßes einfühlendes Beschreiben beschränkt und eher stillschweigend vorausgesetzt, daß dies und jenes nun doch wirklich ein für allemal vergangen sei. Wernle ist lauter. Er sagt zu oft: „Das da ist Theologie, schlechte Theologie". Er macht die paulinische Theologie zu unübersehbar und zu fremd, als daß ihm Holtzmanns Unterscheidung ernsthaft gelingen könnte. Wenn er hinter der paulinischen Theologie mittelbar die Religion aufspürt, steht die Theologie viel eindrücklicher da als die blassen Abstraktionen, die er Religion nennt. Und wenn er die paulinische Frömmigkeit, beziehungsweise Religion, unmittelbar erheben möchte[87], drängen sich theologische Elemente unverkennbar bis in sie hinein. Deshalb mutet es wie Willkür an, daß Wernle das untergründige Votum „Unvereinbar" mit seiner Antwort übertönt: „Paulus sowohl als Jesus, aber ausschließlich die paulinische Religion — und lieber doch Jesus"[88]. Ein gutes Ergebnis ist ausgeschlossen.

Wernles Entwurf reizt zum Vergleich mit Baurs „Neutestamentlicher Theologie", so weit sie auch qualitativ auseinander liegen. Dort war der Duktus propaulinisch und die widersprechende Verabsolutierung des historischen Jesus eine überraschende und „lokal" beschränkte Störung. Hier ist der Duktus eher antipaulinisch und die Rechtfertigung des Apostels eine wiederholte kaum glaubhafte Zurücknahme ohne genügende Anbahnung. Dort schützte es das eigentlich beherrschende Verständnis der christlichen Geschichte, wenn auf die historischen Kausalitätsbezüge von Jesus zu Paulus hin keinerlei Gewicht fiel. Hier dient es der Brechung des eigentlich beherrschenden Verständnisses der christlichen Geschichte, wenn diese Kausalitätsbezüge bewußt übergangen werden. Baurs Buch trug versprengte Anzeichen einer Wende. Wernles Arbeit steht ganz im Zeichen des Übergangs.

Erzählung und Pointe passen nicht zueinander, die Rede geht von „Sprüngen, Brüchen und Rissen" — sollte das der religionsgeschichtliche Aufriß der frühen christlichen Geschichte sein? Die Antwort heißt: nein. Wernle war außerstande, die religionsgeschichtliche Lösung des Problems „Paulus und Jesus" zu geben. Seine Arbeit steht auch nicht voll im Zusammenhang der religionsgeschichtlichen Forschung. So bestreitet er ausdrücklich den Sinn der Frage nach den vorchrist-

---

87 Frömmigkeit und Religion sind bei Wernle zumindest sehr nahe beieinander; manchmal sind die Begriffe austauschbar.
88 Das ist kein Zitat. Vgl. aber *Wernle*, Autobiographie S. 225.

lichen Gedanken des Paulus[89]. Die paulinische Theologie war eine ganz *persön-liche* Schöpfung auf Grund gewisser Erlebnisse und Eindrücke. Ohne Wrede zu erwähnen, verwirft Wernle damit dessen Programm. In der Selbstdarstellung von 1929 unterstreicht er, niemals habe er der Religionsgeschichtlichen Schule angehört, „sofern diese [...] eine Erklärung des Christentums von außen versuchte [...]"[90]. „Die Anfänge unserer Religion" sind eine Frucht der nachbaur'schen freien Theo-logie aus der Hand eines Religionsgeschichtlers. Sie bot der Religionsgeschicht-lichen Schule keine befriedigende Lösung des Problems „Paulus und Jesus". Die Ignorierung religionsgeschichtlicher Fragestellungen war unannehmbar.

Im selben Jahr 1901 unternahm William Wrede ebenfalls einen Vorstoß zugunsten eines strengen Jesuanismus. Bekannte sich Wernle zur *eklektischen* Benutzung des historischen Jesusbildes, so ergab sich bei Wrede eine *Korrektur* des Jesusbildes selbst. Wrede untersuchte „Das Messiasgeheimnis in den Evangelien" traditions-und redaktionsgeschichtlich[91]. Die freie Theologie räumte üblicherweise ein Mes-siasbewußtsein Jesu ein. Sie fand sich mit dieser, wie sie meinte, unangemessenen Gestalt eines berechtigten Anspruchs Jesu durch Spiritualisierung ab. Das Messias-bewußtsein gehörte auf diese Weise sogar zu ihrem Jesusbild. Es stellte einen An-knüpfungspunkt für die Christologie dar. Die urchristliche und die paulinische Christologie wurde dadurch historisch annehmbarer gemacht, hatte ja Jesus selbst sie provoziert. So ging auch Wernle vor[92]. Wredes Ergebnis dagegen lautet: Aller Wahrscheinlichkeit nach hat sich Jesus „nicht für den Messias ausgegeben [...]"[93]. Wrede entfernt einen der scheinbar sichersten christologischen Anknüpfungs-punkte aus dem Bild Jesu. Er bestätigt Harnacks umstrittenes Urteil umfassen-der, als dieser es gemeint hatte (s. o.). Das Buch erregte großes Aufsehen. Volle Zustimmung fand es nirgends, nicht einmal in der Religionsgeschichtlichen Schule selbst[94]. Wie ehemals bei Weiß zeigte sich die Empfindlichkeit der Schule, sobald es um *Jesus* ging.

Die Ausflüchte der Vorträge über den Kirchenmann Paulus waren ein Zwischen-spiel geblieben. Wernles und Wredes Arbeiten von 1901 erhöhten die Dringlich-keit des Problems „Paulus und Jesus" erneut.

(f) Anfang 1903 zog Wilhelm Bousset eine schöpferische Bilanz der neueren For-schung zur jüdischen und orientalischen Vorgeschichte des Christentums. Damit

---

89 *Wernle,* Anfänge S. 136.
90 *Wernle,* Autobiographie S. 228.
91 *William Wrede:* Das Messiasgeheimnis in den Evangelien. Zugleich ein Beitrag zum Ver-ständnis des Markusevangeliums. Göttingen 1901. Inzwischen liegt ein Nachdruck vor, ders.: Das Messiasgeheimnis in den Evangelien. Zugleich ein Beitrag zum Verständnis des Markusevangeliums. 3., unveränd. Aufl. (Fotomech. Nachdruck). Göttingen 1963. Über dies Buch äußern sich ausführlich *Schweitzer,* GdLJF S. 389—401; *Strecker,* Wrede S. 73—78; *Hans Jürgen Ebeling:* Das Messiasgeheimnis und die Botschaft des Marcus-Evangelisten. Berlin 1939 (= BZNW 19).
92 *Wernle,* Anfänge S. 77f.
93 *Wrede,* Messiasgeheimnis S. 229 (Im Original gesperrt).
94 Vgl. *H. J. Ebeling,* Messiasgeheimnis S. 1—113: „Die Geschichte der Wredekritik". Ebeling betont Wredes positives Anliegen, S. 8.

endete der erste Arbeitsabschnitt der Religionsgeschichtlichen Schule, soweit es die Materialerschließung betraf. Bousset unterbreitete eine umfassende Untersuchung über „Die Religion des Judentums im neutestamentlichen Zeitalter" und eine kleinere über „Die jüdische Apokalyptik"[95]. Eine erdrückende Fülle von Material untermauert die These eines jüdischen Synkretismus, auch für Palästina. Es drängt die Folgerung auf: Die paulinische Theologie ist auf dem Boden des synkretistischen Judentums erwachsen. Was Wrede nur vermutet hatte, war damit so gut wie *bewiesen*. Die herkömmliche freie Theologie geriet in Not[96]: „Es fragte sich nur, wie viel man der fremdartigen Weltanschauung, die den Paulinismus in ihren Bereich ziehen wollte, zugestehen müßte und was zu retten wäre." Die Vermutungen und Hypothesen der Religionsgeschichtlichen Schule hatten sich bestürzend bestätigt.

Noch im selben Jahr bezog Hermann Gunkel die Ergebnisse auf das Neue Testament und brachte sie auf schärfere, eingängige Formeln. Er äußerte sich zusammenfassend „Zum religionsgeschichtlichen Verständnis des Neuen Testaments"[97]. Und ebenfalls 1903 veröffentlichte Bousset eine Vortragsreihe „Das Wesen der Religion", worin er auch ausführlich auf das Verhältnis der Religionen zum ersten Christentum einging[98]. Bei Gunkel fällt eine Bemerkung auf. Er versichert eingangs, die hier entwickelten Ansichten stünden für ihn im Kern schon seit gut einem Jahrzehnt fest. Seither seien sie geprüft und ausgearbeitet worden[99]. Auch liegen Gunkels Schrift ältere Vorträge zu Grunde. All das belegt den wissentlichen *inneren Zusammenhang* der religionsgeschichtlichen Forschung: Bloß dem Anschein nach hatte sie sich an angebliche Nebensächlichkeiten verloren, wie Kritiker es ihr gerne vorwarfen[100]. Die scheinbaren Holzwege waren allenfalls Umwege zum Zentrum.

Ein gemeinsamer Grundzug der beiden Arbeiten ist wieder der eklektische Jesuanismus. Man bedauert Jesu Eschatologie als Tribut an seine Zeit und tut sie ab, aber darüber hinaus wird Jesus mit Ableitungen aus der religiösen Umwelt verschont. „Die Person Jesu und sein Evangelium bleiben ein schöpferisches Wunder"[101]! Jesus droht geradezu, in historische Isolation zu geraten. Weder soll er nämlich von der unmittelbar vorhergehenden jüdischen Geschichte, noch soll die nachfolgende christliche Geschichte wirklich in allem Wesentlichen von ihm her-

---

95 *Wilhelm Bousset:* Die Religion des Judentums im neutestamentlichen Zeitalter. Tübingen 1903. Ders.: Die jüdische Apokalyptik, ihre religionsgeschichtliche Herkunft und ihre Bedeutung für das neue Testament (Vortrag). Berlin 1903. S. auch *Schweitzer,* GdPaulF S. 127f., u. *Kümmel,* Das NT S. 328f., Textauszüge ebd. S. 329–332.

96 *Schweitzer,* GdPaulF S. 128.

97 *Hermann Gunkel:* Zum religionsgeschichtlichen Verständnis des Neuen Testaments. Göttingen 1903 (FRLANT I, 1). S. dazu *Schweitzer,* GDPaulF S. 181f., u. *Kümmel,* Das NT S. 325–328 (mit Textauszügen).

98 *Wilhelm Bousset:* Das Wesen der Religion, dargestellt in ihrer Geschichte. Halle u. Tübingen 1903.

99 *Gunkel,* Verständnis des NT S. V.

100 Vgl. *Greßmann,* Eichhorn S. 33f.

101 *Bousset,* Apokalyptik S. 66.

kommen. Gunkel proklamiert denn auch (wie ehedem Lagarde) die strikte Unterscheidung zwischen dem „Evangelium", der Verkündigung und Religion Jesu, und dem „Christentum", der Verkündigung und Religion der ersten christlichen Gemeinde [102]. Wredes Einsicht in die Diskrepanz zwischen Jesu Verkündigung und der Predigt von Jesus Christus stellt sich wieder ein. Gunkel selbst geht dann vor allem den historischen Voraussetzungen des Christentums nach. Bousset versucht außerdem noch eine Skizze Jesu. Uns interessiert die Verhältnisbestimmung „Paulus und Jesus".

„Unsere These ist [...], daß das Christentum aus dem synkretistischen Judentum geboren, starke synkretistische Züge aufweist", schreibt Gunkel [103]. Diese Formulierung trifft seine Erkenntnisse besser als die Überspitzung am Schluß seiner Arbeit; dort bezeichnet er das Christentum geradewegs als synkretistische Religion [104]. Diese Unausgeglichenheit der beiden Formulierungen verrät etwas über Gunkels Einschätzung dessen, wie wichtig jene synkretistischen Züge für das Christentum seien. Er betrachtet das Bekenntnis „Jesus ist Christus" als den Glaubensartikel des jungen Christentums, und gerade den Sinngehalt dieses Titels „Christus" hält er für synkretistisch. Insofern kann er das Christentum überhaupt eine synkretistische Religion nennen. Die Christologie und die vielfältige Erwartung an den Christus waren schon im jüdischen Synkretismus „fertig", und „fertig" war die Geschichte, in die der Christus gehörte, noch ehe Jesus erschien [105]. Also stand auch bereits fest, was den Menschen frommt, so daß Jesus nur den Anlaß bot, die Wirklichkeit dieses Heils zu glauben [106]. Besonders Paulus war von den religiösen Sehnsüchten seiner Zeit bestimmt. Er markiert den großen Einbruch des Synkretismus ins Christentum (allerdings veränderte sich dabei der Synkretismus ebenfalls). Denn Jesus war *kein* hinreichender Grund für eine derartige Religion wie die paulinische. Auch kein persönliches Erlebnis und keine eigene Denkarbeit oder Phantasie war es. Gunkel zählt die herkömmlichen Erklärungen des Paulinismus auf — sie sind allesamt ungenügend. „Woher aber diese Religion stammt", lehrt die Religionsgeschichte [107].

So weit war nun Wredes Programm erfüllt und befolgt. Gunkel und Bousset hätten sich jetzt noch zu der Aufgabe äußern müssen, die Wrede der neutestamentlichen Theologie so nachdrücklich gestellt hatte. Das Verhältnis „Paulus und Jesus" verlangte eine Klärung. Zu wichtig waren die Neuigkeiten über Paulus, als daß diese Klärung entbehrlich gewesen wäre. Trotzdem geschieht sie bei Gunkel so gut wie gar nicht und bei Bousset allzusehr kurzerhand. Nur unausgesprochen sind die Lösungswege zu ahnen.

---

102 *Gunkel,* Verständnis des NT S. 36. Vgl. *Bousset,* Apokalyptik S. 61. *Gunkel,* Geist S. 3f. u. ö., machte diesen Unterschied noch nicht.
103 *Gunkel,* Verständnis des NT S. 35 (im Original z. T. hervorgehoben).
104 Ebd. S. 95.
105 Gunkel und Bousset stimmen darin überein; *Gunkel,* Verständnis des NT S. 64 u. 93; *Bousset,* Apokalyptik S. 59: „Das Gehäuse ist fertig. Der Jesusglaube brauchte nur einzuziehen."
106 *Gunkel,* Verständnis des NT S. 94.
107 Ebd. S. 89–92. Zit S. 92.

Gunkel weiß zwar, daß das *Christentum* doch nicht ausschließlich vom jüdisch-orientalischen Synkretismus „herkommt", sondern *außerdem* vom Evangelium Jesu[108]. Doch seine Skizze der *paulinischen* Religion erwähnt keine derartige Beziehung zum Evangelium[109]. Eine bezeichnende Kleinigkeit illustriert dieses Schweigen zum Thema „Paulus und Jesus". Gunkel zitiert zustimmend Wernles Satz: „Was Paulus von Jesus aussagte, das war im Grund ein Mythus und ein Drama, zu dem Jesus den Namen hergab." Wernle jedoch schließt unmittelbar daran an: „Allein [,] Paulus vertritt daneben das ganze praktische Evangelium Jesu; er ist in allem, was er verlangt und erstrebt, ein treuer Jünger seines Herrn." Diese Fortsetzung läßt Gunkel aus[110]. Sein Schweigen zum Problem „Paulus und Jesus" ist ein beredtes Schweigen. So viel ist ersichtlich: Wernles Lösung mit der Unterscheidung von Religion und Theologie scheidet aus. Was Wernle als die Theologie des Paulus deklariert hatte, das heißt bei Gunkel die Religion des Paulus. Er weiß überhaupt von keinem besonderen Bereich der paulinischen Religion hinter und neben dessen Theologie. Wenn aber Theologie und Religion bei Paulus nicht zu unterscheiden wären, dann müßte jedenfalls Wernle für die Unvereinbarkeit, das Nicht-Verhältnis „Paulus und Jesus" plädieren. Daß es sich für Gunkel genauso verhält, kann weder bewiesen noch widerlegt werden. Es ist sehr wahrscheinlich.

Gunkel spricht allgemein von zwei Strömen, die sich im Christentum vereinigen, der eine von Jesus her, der andere vom Synkretismus her. Seine Paulusdeutung weiß aber nichts von jenem Strom von Jesus her. Anders Bousset, er hält beides auch für sein Verständnis des Paulus aufrecht. Beim Vergleich der Verkündigung des Paulus mit derjenigen Jesu beobachtet er sowohl „eine glückliche Weiterbildung" des Evangeliums wie „wesentliche Veränderungen und Verschiebungen seiner Elemente"[111]. Wir verfolgen beides. Die Weiterbildung oder Fortsetzung der Lebenstat Jesu in „vielen Punkten" bestand im Universalismus und der Gesetzesfreiheit[112]. Weitere Punkte zählt Bousset allerdings nicht auf als von den „vielen" eben bloß diese zwei. Darauf hatten schon die Aufklärer den Paulinismus zu reduzieren versucht (s. o. § 7). Für Bousset kommt eine naive Reduktion aber nicht in Frage: Er sieht zugleich die Größe des Schrittes vom Verkündiger Jesus zum verkündigten Jesus Christus. Eben dieser Schritt war die „Veränderung" schlechthin; „anstelle des Evangeliums (Tue das, so wirst du leben) [trat] das Vertrauen auf eine für uns vollzogene Heilstatsache in das Zentrum des Christentums [...]"[113]. Im Mittelpunkt schon des allerersten Christentums und erst recht des paulinischen stand das himmlische Wesen Christus[114]. Zum Christus-Glauben des Paulus gehörten sein Erlösungsglaube, der mit dem alten Äon gebrochen hatte, ferner „das Opfer- und Satisfaktionsdogma, die Sakramentsidee" und in lockerer Verbindung

---

108 Ebd. S. 95.
109 Ebd. S. 91–95.
110 *Gunkel,* Verständnis des NT S. 93; zit. ist *Wernle,* Anfänge S. 329.
111 *Bousset,* Wesen S. 216 (im Original z. T. hervorgehoben).
112 Ebd. Das vermittelnde Moment bleibt völlig außer acht.
113 Ebd. S. 221.
114 S. auch ebd. S. 217.

auch die Rechtfertigungslehre (für den Missionsgebrauch)[115]. Die beginnende Geschichte der Kirche brachte hernach im großen ganzen die Ausbildung dieser hauptsächlich „von Paulus an das Evangelium herangebrachten Elemente"[116]. Die Neuerungen entwickelten dabei solche Geschichtsmächtigkeit, daß sogar die Reformation außerstande war, sie wieder abzulegen[117].

Die Perspektiven erlauben es, Boussets scheinbar verträglichem Nebeneinander von
„Weiterbildung" und „Veränderung" des Evangeliums die innere Spannung abzuspüren. Einerseits war die Veränderung nach seinem Urteil immerhin so gewaltig,
daß ihretwegen Paulus, der Katholizismus, die Reformation und der kirchliche
Protestantismus seiner Gegenwart wie bei den Antipaulinern auf eine Seite gelangen. Es unterstreicht bloß das Ausmaß der Veränderung, wenn Bousset die Reformation auch mit großen Worten lobt: Selbst solch ein ungeheurer Aufbruch konnte den entscheidenden Schritt zu Jesus zurück nicht vollbringen. Um im Bild zu
bleiben — Paulus und die Reformatoren hielten sich bestenfalls an der Grenze
und sahen in das gesegnete Land, aber seine Bürger wurden sie nicht[118]. Andererseits hat Bousset merkwürdig wenig über die angebliche Weiterbildung des Evangeliums zu sagen. Er verfolgt diese Spur nicht einmal weiter, nicht ausdrücklich
bei Paulus und nicht in der Kirchengeschichte. Offenbar wäre das geradezu unnötig oder fruchtlos[119]. Es scheint, als sei das Evangelium kein Konstitutivum der
Kirchengeschichte gewesen, die Paulus so nachhaltig bestimmt haben soll. Offenkundig vertragen sich die paulinische „Weiterbildung" und „Veränderung" des
Evangeliums in Boussets Augen nicht oder nur schlecht miteinander, obwohl er
es nicht klar ausspricht. Aber für seinen historischen *Rückblick* ist das Evangelium seit Paulus aus dem Bild der Kirchengeschichte wie verschwunden. Wo sich
die „Veränderung" durchsetzt, gerät die „Weiterbildung" in Vergessenheit. Und
mit Boussets *Ausblick,* mit seiner Hoffnung, verhält es sich entsprechend: Das
Evangelium soll wieder zutage treten und die Neuerungen verdrängen. Das Ziel
der ausstehenden Reformation muß die reine wiederentdeckte Jesus-Religion sein.
Der Exeget will sie anbahnen helfen. „Was uns bleibt, ist das einfache Evangelium Jesu"[120]. Wo das Evangelium, vielleicht auch „weitergebildet", auf dem Plan
ist, haben die „Veränderungen", „Verschiebungen" und „Neuerungen" nichts mehr
zu suchen.

Sobald es nicht mehr nur um diesen oder jenen Zug, sondern um den „Mittelpunkt" des Christentums geht, kommt das Christentum und kommt Paulus nicht

---

115 Ebd. S. 223 (im Original hervorgehoben). Boussets Aufzählung knüpft an Thesen Wernles, Wredes und Eichhorns an.
116 Ebd. S. 224.
117 Zur Reformation s. ebd. S. 233—236.
118 Die reformatorischen Kirchen kommen, im Unterschied zu den Reformatoren selbst, viel
   schlechter davon, s. ebd. S. 236.
119 Ausdrücklich wird vielmehr vermerkt (ebd. S. 224ff.): Die Ostkirchen haben den Universalismus und der Katholizismus hat die Gesetzesfreiheit des Evangeliums aufgegeben.
120 Ebd. S. 262. Über „Die Zukunft des Christentums" handelt der Schlußvortrag, S. 233—
   269.

mehr mit Jesus und dem Evangelium überein. Genausowenig wie Gunkel weiß Bousset etwas von einer besonderen Religion des Paulus, die er von seiner Theologie absondern könnte. Genausowenig wie er hat er also diesen Ausweg, um das Problem „Paulus und Jesus" zu bewältigen. Was er als den Paulinismus skizziert, würde Wernle „nur Theologie" nennen und verwerfen. Trotz aller freundlichen Worte Boussets über Paulus[121] ist deshalb zu vermuten: Er würde sich für das Votum der Unvereinbarkeit zwischen Jesu Verkündigung und dem Paulinismus einsetzen, wenn es ihm mit dem Problem ernst genug wäre.

Es bleibt noch etwas nachzutragen. Bousset sucht, ähnlich wie Wernle, die Bedeutung des Paulus „in erster Linie" (!) in der Verpflanzung des Evangeliums „von der semitischen zur indogermanischen Rasse"[122]. Die Reformation feiert er als Tat des germanischen Geistes am Christentum[123]. Man ahnt Verbindungen des Lagarde-Verehrers Bousset zur dritten Welle völkischer Religion. Sie hatte um die Jahrhundertwende (Chamberlain!) weite Kreise des deutschen Bürgertums erfaßt[124]. Einer ihrer Vorreiter, Arthur Bonus (1864–1941), arbeitete mit den Religionsgeschichtlern an der „Christlichen Welt" mit[125]. Diese Welle führte wenig später zu der Kampfschrift „Vorwärts zu Christus! Fort mit Paulus! Deutsche Religion!" (1905) eines gewissen Oskar Michel[126]. Dieses Pamphlet erlebte allein bis 1915 fünf Auflagen. Michel gab vor, die stillschweigenden Konsequenzen der theologischen Forschung auszusprechen. Im Hinblick auf Gunkel und Bousset hatte er wahrscheinlich recht.

(g) Im selben Jahr 1903 untersuchte Wilhelm Heitmüller (1869–1926) im Anschluß an Eichhorn „Taufe und Abendmahl bei Paulus"[127]. Heitmüller habilitierte sich 1902 in Göttingen als Neutestamentler. Bousset lehrte damals immer noch dort; mit ihm gab Heitmüller seit 1899 die neubegründete „Theologische Rund-

---

121 Beispielsweise heißt Paulus Jesu „größter Jünger", ebd. S. 202.

122 Ebd. S. 216 (im Original z. T. hervorgehoben). Antisemitische Untertöne hat *Wilhelm Bousset:* Volksfrömmigkeit und Schriftgelehrtentum. Antwort auf Herrn Perels' Kritik an meiner „Religion des Judentums im N. T. Zeitalter". Berlin 1903.

123 *Bousset,* Wesen S. 233.

124 *Weinel,* Völkische Religion Sp. 1618.

125 Über Bonus s. *Heinrich Meyer-Benfey:* Bonus, 1. Arthur. RGG² I, Sp. 1198f.; über seine Mitarbeit an der „Christlichen Welt" s. *Rathje,* Freier Protestantismus S. 88f. u. 103. Das Todesdatum entnehme ich *Kürschners Deutscher Literatur-Kalender,* Nekrolog 1936–1970. Hrsg. v. Werner Schuder. Berlin u. New York 1973. S. 66.

126 *Oskar Michel:* Vorwärts zu Christus! Fort mit Paulus! Deutsche Religion! Berlin 1905. Dies Werk erreichte drei Auflagen; dazu darf man die beiden veränderten Auflagen unter neuem Titel rechnen, die nachfolgten, Ders.: Fort mit Paulus! Tl. 1 u. 2. 2. Aufl. Berlin 1915.

127 *Wilhelm Heitmüller:* Taufe und Abendmahl bei Paulus. Darstellung und religionsgeschichtliche Bedeutung. Göttingen 1903. Die Untersuchung berührt sich mit Ders.: „Im Namen Jesu". Eine sprach- und religionsgeschichtliche Untersuchung zum Neuen Testament, speziell zur altchristlichen Taufe. Göttingen 1903 (= FRLANT II,2). Zur Person s. *Werner Georg Kümmel:* Heitmüller, Wilhelm. RGG³ III, Sp. 206 (Literatur). *Ittel,* Religionsgeschichtliche Schule S. 41. S. auch *Schweitzer,* GdPaulF S. 129f., *Bultmann,* Zur GdPaulF S. 43f., u. *Kümmel,* Das NT S. 322–325 (mit Textauszügen).

schau" heraus[128]. Anders als Wernle oder Weinel bewährte er sich als einer der treuesten Mitarbeiter in der religionsgeschichtlichen Forschung. Seine Untersuchung kann sich als Beitrag zur erklärenden Beschreibung des Paulinismus mit den Arbeiten Boussets und Gunkels ohne weiteres messen. Sie läßt sich im Detail auf Paulus ein, statt nur anzudeuten und zu skizzieren, wie sie es tun. In ihren Ausflüchten aber fällt sie hinter jene zurück.

Boussets und Gunkels Ausweg angesichts des Problems „Paulus und Jesus" ist das Nichtssagen. Heitmüller redet und erklärt unzweideutig die Unvereinbarkeit des zutiefst sakramentalistischen Christentums des Paulus mit Jesu Verkündigung[129]. Und trotzdem will er mit ein paar Worten glauben machen, daß die verborgene eigentliche paulinische Religion mit diesem Sakramentalismus nichts zu schaffen hatte. Anscheinend sucht er bei Holtzmanns und Wernles Unterscheidung Zuflucht[130]. Gunkel und Bousset stehen einer Besinnung auf das Problem der paulinischen Theologie weniger im Wege als er, weil sie lieber beinahe nichts über das Verhältnis „Paulus und Jesus" sagen. Man bedenke, *in welcher Lage* die beiden schweigen: Die freie Theologie hatte das Thema „Paulus und Jesus" in ihrer zweiten Phase lange und gerne vernachlässigt, obwohl sie die paulinische Theologie verharmloste. Genau das trifft auf Gunkel und (mit Einschränkungen) Bousset nicht zu, verglichen mit allem bisher Üblichen. Ihr Nichtssagen unterscheidet sich deshalb von dem der nachbaur'schen freien Theologie. Nach den zahllosen zwischenzeitlichen Ausflüchten ist es ein Gewinn gegenüber der Wiederholung einer Ausflucht, womit sich Heitmüller behilft.

Ebenfalls noch 1903 legte der Karlsruher Pfarrer Martin Brückner (1868–1931) eine Monographie über „Die Entstehung der paulinischen Christologie" vor[131]. Brückner war entscheidend von Wrede beeinflußt. Er stand in persönlicher Verbindung mit ihm und verdankte ihm sogar einige Passagen seines Buches. Die Forschungsgeschichte lobt seine Arbeit zu Recht[132]. Sie versucht nämlich sehr klar, die paulinische Christologie als christianisierte Gestalt einer vorchristlichen (jüdischen) Christologie auch wirklich nachzuweisen. Gunkel beispielsweise reiht bloß Einzelzüge der Christologie des Paulus aneinander; er illustriert die religionsgeschichtliche Arbeitsweise und suggeriert mehr, als daß er beweist. Brückner dagegen entwickelt Zug um Zug ein Bild. Er setzt bei der Beobachtung an, daß Paulus die Menschwerdung und das Todesleiden des Christus als die unerhörte außer-

128 Seit 1903 veröffentlichte die Religionsgeschichtliche Schule außerdem die „Forschungen zur Religion und Literatur des Alten und Neuen Testaments"; Herausgeber waren Bousset und Gunkel.
129 *Heitmüller,* Taufe S. 38f. *Schweitzer,* GdPaulF S. 129, schreibt: „Die liberale Vorstellung vom Paulinismus war ins Herz getroffen."
130 *Heitmüller,* Taufe S. 36f.; vgl. *Schweitzer,* GdPaulF S. 130, Anm. 1. Ich betone, daß Heitmüller selbst die Unterscheidung „Religion" und „Theologie" (ohne diese Begrifflichkeit) *nicht* auf das Problem „Paulus und Jesus" bezieht. Einiges weist jedoch in diese Richtung.
131 *Martin Brückner:* Die Entstehung der paulinischen Christologie. Straßburg 1903. Über das Verhältnis zu Wrede s. Vorwort, o. p., und S. 8, Anm. 3, u. passim. Zur Person s. *Arnold Meyer:* Brückner, Martin. RGG² I, Sp. 1274.
132 *Schweitzer,* GdPaulF S. 134f.; *Kümmel,* Das NT S. 372.

ordentliche Liebestat rühmte. Daraus zieht er zwei Christusbilder des Paulus heraus, erstens sein vorchristliches — es berichtete nichts von einem Erdenleben, umso
mehr aber vom Himmelswesen des Christus —, zweitens sein christliches — es lebte
von der „gewaltsam in dieses Bild eingefügte[n] Episode" des irdischen Lebens
Jesu [133]. Vergleiche aus der Religionsgeschichte stützen die Beobachtungen, und
das Ergebnis lautet schließlich, „dass das Christusbild des Paulus fast ganz unabhängig von der geschichtlichen Persönlichkeit Jesu entstanden ist" [134]. Die Christologie des *Christen* Paulus hing aber trotzdem vom Daß des Lebens Jesu ab.

Solche Überlegungen stehen im Vordergrund der Untersuchung. Die Forschungs-
geschichtler begnügen sich auch damit, und dadurch mißachten sie etwas Wichtiges: Brückner erwartet einen Effekt über die bloße historische Klärung hinaus.
„Habe ich Recht", schreibt er im Vorwort, „dann ist damit der geschichtliche
Beweis dafür geliefert, daß die christliche Religion in ihrem Kern unabhängig von
‚zufälligen Geschichtswahrheiten' ist" [135]. Diese Selbsteinschätzung führt zu Brückners Gedanken über das Problem „Paulus und Jesus". Die folgende Auslegung
stützt sich freilich notgedrungen auf eine äußerst schmale Textbasis [136]. Außerdem verläßt sie bewußt Brückners Terminologie; sie will seine Gedanken wichtiger nehmen als seine Terminologie. So hat sie insgesamt etwas Spekulatives.

Jesu *Persönlichkeit* blieb für die paulinische Theologie ohne Belang, meint Brückner. Er sieht darin keinen Grund zur Anklage auf Abfall vom Evangelium. Und
das kommt so: Anders als die Religionsgeschichtler sonst trennt er anscheinend
das Geschehen des Lebens Jesu nicht von den Inhalten der Predigt Jesu [137]. Seine
Formulierungen kennen jedenfalls keine abgezogenen ewigen Wahrheiten, wie sie
für den Jesuanismus gang und gäbe sind. Die göttliche Wahrheit „ist" für ihn nicht,
so scheint es, sondern sie ist in Jesu Leben und Sterben *geschehen*. In der christlichen paulinischen Christologie ereignete sich wiederum die göttliche Wahrheit,
weil Paulus am Tode Jesu die göttliche Wahrheit begriff. Solchermaßen wahr geworden, kam die Christologie des Paulus mit der Wahrheit des Lebens Jesu überein. Brückner spricht angesichts dessen von einer „kongeniale[n] Empfindung der
höchsten und einfachsten religiösen und sittlichen Werte" durch Paulus [138]. Die
Einheit der gelebten [139] „Empfindung der höchsten religiösen und sittlichen Werte" oder (in meiner bewußt anderen Terminologie) die Einheit der gelebten Wahrheit ließ Jesu Lebenstat und die seines Apostels übereinkommen. Deshalb darf
die apostolische Arbeit des Paulus die Fortsetzung des Werkes Jesu heißen (dieser Ausdrucksweise bedient sich Brückner selbst) [140]. Insofern mag Brückner auch
hoffen, er habe die Rede von den „zufälligen Geschichtswahrheiten" widerlegt:

---

133 *Brückner,* Christologie, S. 40.
134 Ebd. Vorwort o. p.
135 Ebd.
136 Es sind die folgenden Stellen: ebd. S. 63f., S. 222, Anm. 1, u. S. 236f.
137 Ich beziehe mich insbesondere auf ebd. S. 237.
138 Ebd. S. 64. Der philosophie- und theologiegeschichtliche Hintergrund soll hier ganz außer
    acht bleiben.
139 Vgl. ebd. S. 237.
140 Ebd. S. 222, Anm. 1.

Die Christologie des Paulus hängt keineswegs an vergangenen mirakulösen, zweifelhaften „Fakten“, sondern sie bringt die göttliche Wahrheit zur Geltung; die „ist“ nicht ungeschichtlich, sondern ist geschehen und geschieht.

Tiefe Unterschiede zwischen Jesu Predigt und der paulinischen Verkündigung auf der einen stehen der Einheit des Werkes Jesu und seines Apostels auf der anderen Seite gegenüber. Das führt Brückner zum Begriff des Wunders[141]. Schon Ferdinand Christian Baur hatte ihn in ähnlicher Lage gebraucht, sehr zum Ärger der zweiten freien Theologie. Brückners Lösungsversuch zum Problem „Paulus und Jesus“ ist, wie der Baurs, ein unbeschönigter Vergleich. Ans Herleiten ist überhaupt nicht mehr zu denken. Aber während die Kluft zwischen Paulus und Jesus noch viel größer geworden ist, sind zugleich die verbindenden Linien viel schwächer geworden als bei Baur. Diese verhaltenen Andeutungen waren darum außerstande, eine Wende der theologischen Besinnung einzuleiten. Es kam noch hinzu, daß Brückner nur einen Ausschnitt der paulinischen Theologie berücksichtigte[142]. Wie verhielt es sich zum Beispiel mit der Pneumalehre oder dem Sakramentalismus[143]? Inzwischen war zu viel über Paulus bekannt, als daß ihm sein Recht gegenüber Jesus noch allein über die Christologie zu sichern gewesen wäre.

Heinrich Weinel legte 1904 für ein breites Publikum die Darstellung „Paulus, Der Mensch und sein Werk“ vor[144]. Sie beschönigt und zerredet das paulinische Problem durchweg kräftig. Einiges spricht dafür, daß Weinel sich leichthin mit Holtzmanns Unterscheidung von Theologie und Religion behilft. An dieser Arbeit ist bloß die schlechte Gefälligkeit des Paulusbildes bemerkenswert.

Damit ist der Verlauf der Religionsgeschichtlichen Forschung von 1888 bis 1903 (1904) nachgezeichnet, soweit er für das Thema „Paulus und Jesus“ von Belang war. Ganz allmählich kam die Religionsgeschichtliche Schule auf dies Problem zurück. Es mußte ihr eigentlich schon durch Lagarde bewußt geworden sein. Auch bot ja die Theologie der achtziger und neunziger Jahre einige Hinweise darauf (s. o. §§ 11–13). Trotzdem nahm die Religionsgeschichtliche Schule zu diesem Thema nur zögernd das Wort. Aber dann hatte sie Neues für die freie Theologie zu sagen.

Ich fasse zusammen. Am Anfang der religionsgeschichtlichen Arbeit brachten zwei Untersuchungen fremdartige Züge an Paulus und an Jesus zutage, die eine von Gunkel, die andere von Weiß. Es stellte sich heraus, daß die Religionsgeschichtler nur einen fremden Paulus ertragen wollten. Ich habe in diesem Zusammenhang vom eklektischen Jesuanismus der Religionsgeschichtlichen Schule gesprochen.

Zunächst wählte sie den Umweg über die Erforschung der christlichen Apokalyptik. Sie erwartete, dabei auch die Hintergründe der neutestamentlichen Chri-

---

141 Ebd.
142 Im selben Jahr erschien *Otto Pfleiderer:* Das Christusbild des urchristlichen Glaubens in religionsgeschichtlicher Beleuchtung. Vortrag Berlin 1903. Das Schriftchen stellt die bisherigen Resultate und Hypothesen zusammen. Für uns ergibt es nichts von Belang.
143 Vgl. *Bultmann,* Zur GdPaulF S. 43.
144 *Heinrich Weinel:* Paulus. Der Mensch und sein Werk. Tübingen 1904 (= Lebensfragen 3). S. *Schweitzer,* GdPaulF S. 121f.

stologie zu erkennen. 1897 entwarf Wrede ein Programm der religionsgeschichtlichen Arbeit. Es verwertete die erkennbaren Tendenzen, und von ihm gingen seinerseits Impulse aus. Die nächsten Jahre sahen die Beschäftigung mit den Lehren
des Judentums zur Zeit Jesu und mit den Mythologien des Orients; diese hatten
angeblich auf das Judentum eingewirkt. Mehr und mehr erhärtete sich der Eindruck, die paulinische Theologie sei tatsächlich die christianisierte Gestalt einer
jüdischen Theologie. Das war so beherrschend und eindrucksvoll, daß die *Veränderung* dieser jüdischen Theologie im und durchs Christentum beinahe ganz vernachlässigt wurde. Die herkömmlichen Ableitungen des Paulinismus erledigten
sich jedenfalls. Der Weg der Forschung führte von der Beobachtung religionsge-
schichtlich interessanter Einzelzüge zur radikalen These, das paulinische Christentum sei eine synkretistische Religion.

Was das Problem „Paulus und Jesus" betraf, so war der Fortschritt der Paulus-
Forschung von Ausflüchten und Winkelzügen begleitet. Die nach wie vor häufig-
ste Verlegenheitslösung arbeitete mit der Unterscheidung zwischen Theologie und
Religion. Wenigstens die paulinische Religion sollte mit derjenigen Jesu überein-
gestimmt haben. Wernle setzt einmal typisch hinzu, freilich liege „bei Jesus und
seinem Unservater eine viel einfachere Lösung" der religiösen Frage vor[145].
Diesen Überlegungen stand der Versuch nahe, der auf den Kirchenmann Paulus
ablenkte. Er wollte die Theologie des Paulus vor lauter praktizierter Frömmigkeit
vergessen machen und so leichter die Brücke zu Jesus schlagen.

Beide „Lösungen" befriedigten allerdings nicht recht. Zu heftig war der Fortschritt
der religionsgeschichtlichen Entdeckungen. Holtzmann hatte 1897 jene Unterscheidung von Theologie und Religion proklamiert. Damals mochte sie vielleicht noch
angehen, um Paulus und Jesus doch zusammenzubringen. Zu der Zeit war Wredes
Hinweis auf Vorgeschichte und Kontext des Paulinismus noch kaum mehr als eine
Hypothese. Doch nach der Jahrhundertwende stand es damit ganz anders. Wrede
hatte recht bekommen. Ein deutliches Beispiel der gestiegenen Schwierigkeiten
gab Wernle, der es mit Holtzmann halten wollte. Er mußte ein dermaßen fremdartiges Bild der paulinischen Theologie zeichnen, daß die Unterscheidung von Theologie und Religion in Wirklichkeit nichts mehr half, um den Paulinismus und Jesu
Predigt zu versöhnen.

So wurde *unausgesprochen* die Unvereinbarkeit zwischen Jesu Evangelium und
dem paulinischen Christentum zur religionsgeschichtlichen Lösung des Problems
„Paulus und Jesus". Boussets und Gunkels Ausführungen liefen darauf hinaus, als
die beiden 1903 die Herkunft des Paulinismus inzwischen für bewiesen hielten.
Wredes Bemerkungen zu „Paulus und Jesus" hatten bereits 1897 auf die Unvereinbarkeit abgezielt. Sieben Jahre danach stand fest: Holtzmanns Einfall hatte das
untergründige drohende Nein zu Paulus nicht bannen können. Die freie Theologie
der Religionsgeschichtlichen Schule wußte kaum mehr, wie sie Jesu Evangelium
bejahen sollte, ohne den Paulinismus verneinen zu müssen. Der vereinzelte Lösungsversuch Brückners änderte daran nichts mehr. Er versuchte zwar, das Gewicht der

---

145 *Wernle*, Autobiographie S. 219.

religionsgeschichtlichen Forschungsergebnisse zu ertragen (anders als Wernle) und trotzdem sowohl Jesus als auch Paulus recht zu geben (anders als Wrede, Gunkel und Bousset). Aber seine Konturen waren nicht einmal deutlich zu erkennen.

Bei all diesem Vorwärtsgehen und Ausweichen, bei diesem Taktieren und Wagen fehlte eines, eine offene, klare, ausdrückliche und ausführliche religionsgeschichtliche Erörterung zum Problem „Paulus und Jesus". Vieles deutete auf die These der Unvereinbarkeit hin. Die Antipauliner schienen recht zu bekommen. Doch war diese These noch nicht ausgesprochen. Von Ritschl hergekommen, ausgebildet an den Vorbildern der zweiten Phase der freien Theologie, unter dem Eindruck der christlichen Tradition scheute die Religionsgeschichtliche Schule vor dem erklärten antipaulinischen Jesuanismus zurück. 1904 endlich beendete Wrede das Ausweichen, Drumherumreden und beredte Schweigen. Als erster Religionsgeschichtler sprach er sich eindeutig für die Unvereinbarkeit zwischen Jesu Evangelium und dem Christentum des Paulus aus. Das war für ihn der Ertrag der ersten Phase religionsgeschichtlicher Forschung. Es fragte sich nur, ob auch die andern Religionsgeschichtler diesem Fazit zustimmen würden. Warteten ihre Kompromisse und ihr Schweigen bloß darauf, daß eines Tages das Urteil der Unvereinbarkeit gewagt werden würde? Oder waren sie das Äußerste, wozu man sich fähig und bereit fand? Sollte die vorwärtsweisende kritische oder die rückwärtsweisende verharmlosende Perspektive gelten? Das war noch nicht ausgemacht. Es mußte sich erweisen, sobald die radikale Antwort auf die Frage „Paulus und Jesus" ausgesprochen war.

§ 15. „Paulus und Jesus" in William Wredes „Paulus" (1904)

1904 erschien mit William Wredes „Paulus" der markanteste Beitrag der Religionsgeschichtlichen Schule zum Thema „Paulus und Jesus"[1]. Wrede starb schon 1906, sein Buch aber erreichte 1907 noch eine zweite Auflage und die erstaunlich hohe Gesamtauflage von zwanzigtausend Stück. In der neuen Sammlung „Religionsgeschichtliche Volksbücher für die deutsche christliche Gegenwart" stand es in der ersten Reihe, „Die Religion des Neuen Testaments"[2]. Es gab sich, bis auf das letzte Kapitel, als bloße Paulus-Monographie und ist doch als ganzes ein Votum zum Thema „Paulus und Jesus". Nicht umsonst urteilte Wilhelm Bousset 1907, daß Wrede damit „energischer und umfassender als alle vor ihm, das große Problem ‚Jesus oder Paulus' aufrollte [...]"[3].

---

1 *William Wrede:* Paulus. Tübingen 1904 (= RV I, 5 u. 6). Ders.: Paulus. 2. Aufl. (mit einem Geleitwort v. Wilhelm Bousset). Tübingen 1907 (= RV I, 5 u. 6). Nachgedruckt bei *Rengstorf/ Luck,* Paulusbild S. 1–97. *S. Schweitzer,* GdPaulF S. 130–134, *Bultmann,* Zur GdPaulF S. 46–49, *Jüngel,* Paulus und Jesus S. 8f., *Strecker,* Wrede S. 80–82. Ausführliche Textauszüge bringt *Kümmel,* Das NT S. 377–382.
2 Diese populärwissenschaftliche Reihe erschien ab 1904 und diente der weiten Verbreitung religionsgeschichtlicher Überlegungen.
3 *Wrede,* Paulus 2. Aufl. S. V.

Boussets „Oder" verrät etwas über den Stand der Dinge im engeren Kreis der Religionsgeschichtlichen Schule, wie er sich nach Wredes „Paulus" darstellte. Die
neutestamentliche Wissenschaft war seit der Aufklärung einen weiten Weg gegangen, ohne allzu viel von einem Problem „Paulus und Jesus" zu wissen oder wissen
zu wollen (s. o. §§ 7–9 u. 13). Oft hatte sie sich nur unsicher und zögernd darauf
eingelassen, und mit einiger Unsicherheit und Unschlüssigkeit hatte sich schließlich auch die Religionsgeschichtliche Schule dieser Frage genähert (s. o. § 14). Es
wurde ihr vor allem schwer, die Konsequenzen ihrer neuen Einsichten zu denken
und auszusprechen. Da veröffentlichte Wrede seinen „Paulus". Er brachte das Problem „Paulus und Jesus" auf den Nenner eines Entweder–Oders. Erst jetzt kam
es Bousset so vor, als ob es schon immer um ein Entweder–Oder gegangen wäre;
in seinen vorangegangenen Veröffentlichungen war das noch anders. Historisch
gesehen hieß das Problem in Wahrheit aber gar nicht „Paulus *oder* Jesus". „Paulus *oder* Jesus" hieß nur Wredes Lösung – die Abschaffung des Problems mit
Hilfe der Alternative. Denn Wrede ersetzte die historische Aussage zuletzt durch
eine Parole für die Gegenwart. Unter dem Eindruck dieser Wendung verwechsel-
te auch Bousset die Parole mit dem historischen Problem. Daß einer das Thema
„Paulus und Jesus" so ansprach wie Wrede, war in der Theologie dermaßen unerhört, daß es die Perspektiven im nachhinein veränderte: Es schien, als ob es schon
immer um ein Entweder–Oder gegangen sei.

Wredes Arbeit macht nicht viel von sich her, und sie hat äußerlich nichts Spekta-
kuläres an sich. In vier Kapitel ist sie unterteilt, „Die Persönlichkeit", „Das Lebenswerk", „Die Theologie" und „Die Stellung des Paulus in der Geschichte des
entstehenden Christentums"[4]. Was Wrede über seine Absichten sagt, entspricht
dem im großen ganzen[5]: „Die folgende Darstellung beabsichtigt [, ...] seine [d. i.
des Paulus] Persönlichkeit, Wirksamkeit, Religion und geschichtliche Bedeutung
zu charakterisieren." Diese Absichtserklärung kann leicht auf die genannte Glie-
derung des Buches bezogen werden, und dabei ergeben sich Paare: Persönlichkeit/
Persönlichkeit, Wirksamkeit/Lebenswerk, Religion/Theologie, geschichtliche Be-
deutung/Stellung in der Geschichte. Dreimal stimmt die erklärte Absicht offenbar mit der Benennung des jeweiligen Kapitels überein. Umso mehr sticht die Abweichung ins Auge: „Seine Religion", aber „Die Theologie". Der erste Abschnitt
des Kapitels „Die Theologie" klärt rasch auf, daß diese Diskrepanz kein Versehen
ist. Im Gegenteil, sie ist geradezu programmatisch, und das war doch beinahe eine
„spektakuläre" Abwendung von den Gepflogenheiten der nachbaur'schen Exegese.

Wrede charakterisiert das paulinische „Christentum" dort als einen „Gedankenbau"
und setzt hinzu, die paulinische Religion sei davon überhaupt nicht zu trennen[6].
Um trennen zu können, müßte man unterscheiden, und eben diese Möglichkeit
bestreitet Wrede für Paulus. Er fährt nämlich fort und hebt den Doppelsatz aus

---

4 *Wrede*, Paulus S. 5, 28, 47, 89.
5 *Wrede*, Paulus 2. Aufl. S. XI.
6 *Wrede*, Paulus S. 48. Hier und im Folgenden beziehe ich mich auf diese Seite, bis ausdrücklich etwas anderes vermerkt ist. Auch Wörter in Anführungszeichen sind diesem Text entnommen.

allen anderen heraus: „Die Religion des Apostels selbst ist durchaus theologisch, seine Theologie ist seine Religion." Dieser Gedanke ist die tragende Voraussetzung für sein Urteil über Paulus. Wrede entzieht der Konstruktion Holtzmanns, Wernles und der anderen ausdrücklich die Grundlage. Was Bousset oder Gunkel unausgesprochen, bewußt oder unbewußt, bloß demonstriert hatten, das formuliert Wrede: Niemand ist imstande, Theologie und Religion bei Paulus zu unterscheiden. Die Ungereimtheiten und Bemühtheiten solcher Konstruktionen sind keine Mängel, die ein geschickter Exeget eines Tages beheben könnte; sie beruhen auf einem grundsätzlichen Fehlurteil. Die wahre Ursache für die Schwierigkeiten der Abgrenzung besteht darin, daß Begriffe wie „Religion" und „Theologie" im Hinblick auf Paulus nicht mehr im strengen Sinn zu begreifen sind, denn die Grenzen, von denen jede Definition und Abgrenzung lebt, sind nicht erkennbar. Deshalb können „Theologie" und Religion in der Absichtserklärung und in der Kapitelüberschrift als Wechselbegriffe auftreten, ohne daß etwas Verschiedenes gemeint wäre.

Mit anderen Worten wiederholt Wrede die Identifikation sofort noch einmal. Er möchte das Gesagte einschärfen. So kommt er auf „Frömmigkeit" und „Lehre", beziehungsweise „Gedanken" zu sprechen. „Frömmigkeit" und „Gedanken" lassen sich bei Paulus nicht auseinander dividieren. Die paulinischen Gedanken sind fromm, und die Frömmigkeit des Apostels hat Gedanken. Wrede illustriert das mit einem Satz, der für ihn den Inhalt der paulinischen Bekehrung zusammenfaßt: „Jesus ist der Messias." Der Satz ist als Satz ein Gedankengebilde, und doch hatte er als dieses Gedankengebilde prägende Kraft für das Leben des Paulus. Das Ineinander von Frömmigkeit und Gedanken ist unauflösbar.

Da Wrede hier noch einmal seine Hauptthese wiederholt, bietet sich eine Parallelisierung seiner Aussagen an. Wenn sie nicht täuscht, rückt Wrede auch die Begriffe „Frömmigkeit" und „Religion" eng zusammen oder gebraucht sie sogar synonym, ebenso wie die Wörter „Gedanken", „Gedankenbau" und „Theologie"[7]. Doch liegt ihm nicht sonderlich an präzisen Begriffen; er will vor allem ineinssetzen. Die entscheidende Voraussetzung seines Vergleichs „Paulus und Jesus" wird trotzdem klar: Wenn Wrede die paulinische *Theologie* mit Jesu Predigt und Auftreten konfrontiert, dann hängt für ihn daran das ganze Urteil über das Verhältnis „Paulus und Jesus". Es gibt keinen gesonderten Bereich der *Religion,* für den der Vergleich womöglich glimpflich ausgehen könnte, falls er in Bezug auf die Theologie die Unvereinbarkeit ergeben sollte. Die Rellgionsgeschichtliche Schule hatte aber schon seit einiger Zeit gerade an der Übereinstimmung der paulinischen *Theologie* mit Jesu Predigt ihre Zweifel. Das läßt Wredes Votum zur Frage „Paulus und Jesus" im voraus ahnen, sobald man seine Grundvoraussetzung kennt, die Einheit von Theologie und Religion bei Paulus.

Im Folgenden geht es zunächst um Wredes historisches Urteil über „Paulus und Jesus" (A). Seine Äußerungen führen darüber hinaus zu der Frage nach seinem

---

7 Wir brauchen diese Beobachtung, um argumentieren zu können. Man kann sich auf Wredes Äußerungen oft nur dann einen Reim machen, wenn man mit einer gewissen Lässigkeit der Begriffe rechnet.

eigenen Urteil, abgesehen von jener Verhältnisbestimmung (B). Beide Male gehört die Geschichte des Themas „Paulus und Jesus" mit in die Überlegungen hinein. Wrede zeigt äußerste Möglichkeiten dieser Geschichte.

(A) Ehe wir uns den eigentlichen Aussagen über „Paulus und Jesus" zuwenden (b), gehen wir aber noch kurz auf Wredes Paulusbild ein (a). Es ist die Voraussetzung seines historischen Urteils.

(a) Was er selbst und seine Freunde vermutet und gesichert, im einzelnen erwiesen und im allgemeinen angenommen hatten, verarbeitet Wrede im „Paulus" zu einem Gesamtbild. Was er hier sagt, ist in vielem eine Ausfüllung des Programms von 1897. Wenn man ihm folgt, ist der Zentralbegriff des paulinischen Systems jener der Erlösung[8]. Die Welt war seit Adams Zeit unter die Macht dämonischer Kräfte verfallen. Dieser Abfolge des Verderbens vermochte sich kein Mensch zu entziehen. Da wurde ein himmlisches Wesen, der Christus, ein Mensch. Jesus wandelte auf Erden, starb und wurde als der Christus wieder zum Himmelswesen. Aber sein Leben hatte Folgen. Es begründete eine neue Abfolge, wie es einst Adam getan hatte. Was so durch ihn geschah, war „etwas Objektives, eine Veränderung des Daseins selbst und der Daseinsbedingungen"[9]. Sein Tod war ein weltzeitlicher Neubeginn, die geschichtliche Erlösung (und Rechtfertigung) der Menschen. Gott hatte das Heil hergeschenkt und auf Vorbedingungen verzichtet. Wer fortan in der neuen Abfolge steht, ist erlöst (und gerechtfertigt). Allerdings rettet die neue Daseinsbedingung augenscheinlich doch nicht jeden Menschen: Wrede nennt den Glauben an die Tatsächlichkeit des Heils als die eine Voraussetzung, die Paulus macht.

Die Schwierigkeiten dieser Paulus-Deutung können hier nicht erörtert werden[10]. Eines jedenfalls ist deutlich: Der Paulinismus wird hier zur mythologischen Religion, die mit einer kosmischen Göttergeschichte rechnet. Es paßt dazu, wenn Wrede es inzwischen für sicher hält, daß Paulus seine Theologie tatsächlich schon hatte, ehe er Christ wurde. So wenig wie in seinem früheren Programm macht er jetzt mit seiner Beobachtung Ernst, daß die Episode des Erdenlebens des Christus ein völliges Novum gegenüber der vorchristlichen paulinischen Theologie bedeutete. Die Faszination der religionsgeschichtlichen Forschung seit 1897 überfordert an diesem Punkt sein Unterscheidungsvermögen, und nicht nur das seine[11]. Er sieht den Paulinismus mit den orientalischen und jüdischen Mythologien zusammen.

---

8 Ich beziehe mich in dieser Skizze hauptsächlich auf *Wrede,* Paulus S. 47–88, besonders S. 53–68.

9 Ebd. S. 66.

10 Weder die Rechtfertigungslehre beispielsweise noch die paulinische Lehre vom Geist oder vom Glauben finden eine angemessene Interpretation. Auch wird selten klar, wie es mit dem inneren Zusammenhang oder den Gründen für die etwaige Zusammenhangslosigkeit der paulinischen Gedanken stand. Doch muß man bei Paulus eben „von einer eigenen Logik sprechen, die von der unseren wesentlich abweicht", meint Wrede (*Wrede,* Paulus S. 50). Zum Verhältnis von Glaube und Christusfrömmigkeit in Wredes Paulusbild s. *Erwin Wissman:* Das Verhältnis von ΠΙΣΤΙΣ und Christusfrömmigkeit bei Paulus. Göttingen 1926 (= FRLANT NF 23). S. 14–16.

11 S. ebd. S. 86. Wenn Julius Wellhausen die Kenntnis des ursprünglichen Sinns neutestamentlicher Theologumena für uninteressant erklärte, förderte solche Kritik das Unter-

Interessanterweise läßt sich dieses Paulus-Verständnis Wredes in wichtigen Zügen auch als Spiegelung der Theologie Albrecht Ritschls deuten. Ritschl lehrt „Die Rechtfertigung der Gemeinde" als das „für sich selber [...] objektiv schon Gültige"[12]: Die geschichtliche Stiftung der Gemeinde war der Zeitpunkt ihrer Rechtfertigung, und der einzelne tritt nurmehr je und je mit seinem Glauben in diesen Bereich der Gnade ein[13]. Darüber hinaus kommt dem Glauben in Ritschls System keine wesentliche Bedeutung zu[14]. Wrede „überträgt" nun m. E. Grundzüge dieser Auffassung in seine Interpretation der paulinischen Erlösungslehre, wobei er allerdings von Erlösung statt von Rechtfertigung spricht. Ist bei Ritschl die Rechtfertigung das Entscheidende, so ist für Wrede die Erlösung das Herzstück des Paulinismus. Paulus faßte die Erlösung der Menschheit als eine objektive Veränderung ihrer Daseinsbedingungen auf. Die Heilsereignisse um den Christus schufen in seinen Augen sozusagen einen neuen Stand der Dinge, und man könnte auch hier formulieren: als das „für sich selber [...] objektiv schon Gültige". Der einzelne aber tritt mit seinem Glauben dieser „naturhafte[n] Veränderung der Menschheit" jeweils erst bei[15]. Und damit schreibt Wrede Paulus eine Ungereimtheit zu, die aber *aus einer Übertragung Ritschl'scher Gedanken verständlich* werden könnte. Bei Ritschl nämlich hätte diese Aussage einen Sinn, weil für sein Denken der Bundesgedanke konstitutiv ist[16]. Zum Gedanken eines Bundes gehören zugleich solche, die er ausschließt: Es gibt Menschen *im* Neuen Bund und Menschen, die *draußen* bleiben. Auf dem Hintergrund des Alten Testaments ist diese Aussage für Ritschl selbstverständlich, und so hat der Glaube bei ihm als Eintrittsvorgang wirklich seine Bedeutung. Anders ist es bei Wrede. Er spricht von einer ungeteilten Menschheit, der die Erlösung gilt, und weiß nichts von einer paulinischen Bundestheologie. Wieso also brauchte es im Paulinismus überhaupt den Glauben, wenn die Heilsereignisse für Paulus naturhaft *alle* betrafen? Wrede kann das nicht erklären. Der Paulinismus, den er darstellt, sieht wie eine Bundestheologie aus, der er den Bundesgedanken genommen hat. Und diese Veränderung ist nicht zufällig. Die Religionsgeschichtliche Schule mochte allgemein die Linienführung vom Neuen zum Alten Testament nicht, und ihre Forschungsergebnisse verstellten ihr auch den Blick dafür: Endlich sollten die vielen anderen geschichtlichen Linien zur Geltung kommen, die so lange vernachlässigt worden waren. Außerdem faßt Wrede speziell die paulinische Theologie ja von einer Vorgeschichte her ins Auge, die den Bundesgedanken nicht kennt. Seine unbewußte Ritschl-Parodie gerät ihm zum Bild einer seltsamen, ungereimten paulinischen Mythologie. Und wie er sich von Ritschl getrennt hatte, so kann ihm auch diese Mythologie nur mißfallen[17].

---

scheidungsvermögen nicht. Sie nahm die religionsgeschichtliche Forschung gar nicht ernst; s. *Kümmel*, Das NT S. 394.

12 *Schäfer*, Ritschl S. 129 u. 137.

13 Ebd. S. 132.

14 Insgesamt s. ebd. S. 137–139.

15 *Wrede*, Paulus S. 67 (im Original hervorgehoben).

16 *Schäfer*, Ritschl S. 45, 129ff., 137–143 u. ö.

17 Auf Verbindungslinien zwischen Ritschls Theologie und der religionsgeschichtlichen Theologie ist oft hingewiesen worden, so auch bei *Erich Schaeder:* Theozentrische Theologie.

(b) Das letzte Kapitel der Untersuchung will dann für den Vergleich zwischen Jesus und Paulus nützen, was die vorangegangenen erarbeitet haben[18]. Wrede kann selbstverständlich unmöglich noch einmal alles aufrufen, nicht die Ausführungen über Jugend und Bekehrung des Apostels, nicht den Kampf um die missionarische Arbeit und nicht dieses Lebenswerk selbst. Trotzdem geht dem Leser auch so im nachhinein auf, wie verschieden die Welt Jesu von der des Paulus war. Wrede darf vieles voraussetzen, was er bereits entwickelt hat, und jetzt bezieht er es auf Jesus. Paulus gehörte einer Schicht des Judentums an, die mit den Scharfsinnigkeiten der Rabbinen vertraut war, eingeweiht in die Spekulationen der Apokalyptiker, nicht ganz unkundig der hellenistischen Philosophie. Wer könnte dergleichen von Jesus sagen? Paulus war religiös ein Mann der Konstruktion und der Begriffe, ein Theologe. Wer hätte das jemals an Jesus beobachten können?

Wrede behauptet weiter, ein Vergleich zwischen Jesu Worten und den Briefen des Paulus erbringe kaum eine einzige wirklich gesicherte literarische Abhängigkeit. Was bisher dafür gelten sollte, war nach seinem Urteil meistens nur eine Übereinstimmung, die aus der gemeinsamen jüdischen Herkunft Jesu und des Paulus resultierte. Mehr noch, Wrede urteilt, daß selbst die Entdeckung solcher Abhängigkeiten für die Verhältnisbestimmung „Paulus und Jesus" bedeutungslos wäre: Diese Anklänge und Bezugnahmen könnten nichts daran ändern, daß das historische Lebensbild Jesu für das *Zentrum* der paulinischen Theologie keine Rolle spielte. Den Mittelpunkt des Paulinismus bildete vielmehr die mythologische Figur des Christus mit seinen Heilstaten, und diese Figur stand für Paulus unabhängig von Jesu Lebensbild fest, schon als er noch Pharisäer war. Solange ein Vergleich „Paulus und Jesus" aber nicht gerade das Zentrale ins Auge faßt, wird er weder Paulus noch Jesus gerecht. Es ist Willkür, wenn stattdessen jeweils nur das bevorzugt verglichen wird, was einen Brückenschlag erleichtert: So werden die inneren Gewichte verschoben, und die vermeintliche Lösung des Problems „Paulus und Jesus" beruht auf einem Selbstbetrug. Wer aber die Mitte des Paulinismus als Mitte gelten läßt, der kann die Anklänge an Jesu Worte nicht mehr sehr wichtig nehmen. „Die Frage nach dem Einfluß der Predigt Jesu auf Paulus bringt schwerlich viel wesentliche Tatsachen zutage. Aber sie ist überhaupt nicht die entscheidende. Die Hauptsache ist vielmehr, wie der objektive Abstand der paulinischen Lehre von der Predigt Jesu zu bemessen ist"[19].

Wrede erteilt den Herleitungsversuchen der nachbaur'schen freien Theologie eine Absage. Er geht aber auch über die Beobachtungen Boussets und Gunkels hinaus. Es genügt ihm nicht, den Mittelpunkt der paulinischen Theologie zu erkennen und dann trotzdem einige Verbindlichkeiten über das Verhältnis „Paulus und Jesus" zu sagen. Solche Verbindlichkeiten stützen sich doch nur auf Nebenmotive des Paulinismus und übergehen jene Mitte geflissentlich. Und es genügt Wrede nicht,

---

Eine Untersuchung zur dogmatischen Prinzipienlehre. 1., geschichtlicher Teil. 3., umgearb. u. vermehrte Aufl. Leipzig 1925. Hier S. 175f., zur Religionsgeschichtlichen Schule allgemein s. S. 175–191.
18 *Wrede*, Paulus S. 89–106; s. zunächst bes. S. 89–93.
19 Ebd. S. 92f. (im Original z. T. hervorgehoben).

Paulus stillschweigend ins Unrecht zu setzen. Wrede will einen offenen, unbeschö-
nigten Vergleich „Paulus und Jesus".

Der Vergleich von Kernsätzen soll „das Zentrale auf beiden Seiten" vergleichbar
machen[20]. Eine Darstellung Jesu bietet Wrede allerdings nicht; die Zusammenstel-
lung der Kernsätze ist insoweit darauf angewiesen einzuleuchten. Anscheinend
setzt Wrede dabei für Jesus ebenfalls voraus (wie für Paulus), daß seine Lehren
schon alles enthalten, auch seine Religion. Erst so nämlich bekommt der Vergleich
der Kernsätze sein volles Gewicht: Wenn sie einander gegenüberstehen, paarweise
Satz gegen Satz, ist wirklich der ganze Jesus und der ganze Paulus auf dem Plan.
Es gibt keinen Ausweg mehr in die Unterscheidung von theologischer Uneinigkeit
und religiöser Einheit, wie immer der Vergleich auch ausgeht.

Vier Sätze Jesu konfrontiert Wrede mit vier Sätzen des Paulus. Sie weisen jeweils
einheitlich in eine Richtung. So haben alle vier Sätze Jesu mahnenden Charakter[21].
Rigoros schärfen sie die Unbedingtheit des göttlichen Anspruchs auf den Menschen
ein. Der einzelne steht vor Gott und soll Gottes Willen befolgen. Folgerecht behauptet Wrede, daß das „meiste in der Predigt Jesu" Imperativ sei[22]. In Wredes
Jesusbild wird der Indikativ der Herrschaft Gottes als des Vaters vom Imperativ
verdrängt. Jesu Botschaft von der Gnade Gottes gerät aus dem Blick[23]. Umgekehrt kommt der Imperativ der paulinischen Predigt nicht zur Geltung, sondern
allein der Indikativ. Wrede sieht bloß den Kontrast: bei Jesus der Imperativ, an
jeden als einzelnen gerichtet, bei Paulus der Indikativ, die Behauptung eines besorgten kollektiven Heils; bei Jesus im Mittelpunkt der geforderte Mensch vor
Gott, bei Paulus die Menschheit nach der Heilstat des Gottmenschen; bei Jesus
also die erwarteten Werke des Menschen und bei Paulus das vollzogene Heilswerk
Gottes durch ein Himmelswesen. Alles läuft auf Gegensätze hinaus. Man könnte
sie auf zwei Formeln bringen, einmal: „Tue das Entscheidende!", das andere Mal:
„Er hat das Entscheidende getan." So endet der Vergleich „Paulus und Jesus",
wenn das Zentrale verglichen wird. Angesichts dieses Unterschiedes schärft Wrede
ein[24]: „Jesus weiß von dem, was für Paulus das ein und alles ist, – nichts." Paulus und Jesus kommen nicht überein[25].

Wrede bricht den Weg der freien historisch-kritischen Forschung in Sachen „Paulus und Jesus" als Irrweg ab. Weder die Neologie noch der Rationalismus traf
offenbar das Richtige. Nicht die kühne erste Phase der freien Theologie und nicht
die vorsichtige zweite behält recht. Auch die bisherigen eigenen Ausflüchte und

---

20 Ebd. s. 93.
21 Ebd. Verglichen sind Mt 5,48 u. Röm 8,32, Mk 9,47 u. 1 Kor 1,30, Mt 6,24 u. Röm
   4,25, Lk 9,62 u. Kol 1,13.
22 Ebd. In diesem Sinn äußerte sich Wrede schon 1896, *William Wrede:* Rez. zu: Eugen Ehrhardt, Der Grundcharakter der Ethik Jesu, Freiburg 1895. ThLZ 21 (1896), Sp. 75–79.
23 „Jesus kam [...] um zu sagen, wie es sich mit der angebrochenen Basileia verhält, daß
   nämlich Gott dem Menschen *in Gnade* und Forderung nahegekommen sei", schreibt beispielsweise *Käsemann,* Problem des hist. Jesus S. 212 (Hervorhebung v. Verf.).
24 *Wrede,* Paulus S. 94.
25 *Strecker,* Wrede S. 81: „Aus allem folgt, daß die Frage nach dem Verhältnis Paulus-Jesus
   negativ, im Sinn der historischen Diskontinuität beantwortet werden muß."

Halbheiten der Religionsgeschichtlichen Schule müssen aufhören. Was das Problem „Paulus und Jesus" angeht, sind *die Antipauliner im Recht*[26]. Im Recht war also wohl schon Reimarus, der am Anfang der historischen Evangelienforschung zwar ein Thema, aber kein Problem „Paulus und Jesus" bemerkte und das Entweder-Oder proklamierte. Selbstverständlich kennt Wrede selbst nicht alle jene Stationen der Geschichte des Themas „Paulus und Jesus". Aber was er darüber weiß, genügt ihm, um diese Geschichte beenden zu wollen. Er sieht die Möglichkeiten der freien Theologie erschöpft, und weder ihre letzten Auskünfte noch ihr Schweigen kann vor seinem Urteil bestehen. Alle Vermittlungen beruhten auf Irrtümern, alles Schweigen vermied die entscheidende Klärung. Für die liberale Verhältnisbestimmung „Paulus und Jesus" ist weiter kein Weg mehr; er endet in Aporie[27]. Aporie ist für Wrede das Resümee der Geschichte des Themas „Paulus und Jesus" in der freien Theologie des 19. Jahrhunderts. Was immer gesagt wurde, in Wahrheit war Paulus „der zweite Stifter des Christentums"[28]. Das vermeintliche Problem löst sich auf.

(B) Zuletzt stellt Wrede den theologischen Streit der Gegenwart unter die Parole „Jesus oder Paulus"[29]. Er verschweigt jedoch, wie er selbst sich entscheiden möchte. Dabei bringt schon die Alternative „Jesus oder Paulus" das Problem „Paulus und Jesus" auf den Stand: „Jesus *für uns* oder Paulus *für uns.*" „Jesus *und* Paulus" mag noch offenlassen, ob es um eine „rein historische" Frage geht. „Jesus *oder* Paulus" muß den Schreiber und den Leser einbeziehen. Tatsächlich werden am Schluß „die mancherlei ernsten Fragen [...] der eigenen Erwägung des Lesers anheimgegeben [...]"[30]. Diese Wendung an den Leser gesteht ein, daß die Alternative für das Heute gilt und heute zu entscheiden ist — und entschieden werden muß. Die historische Beobachtung, daß Jesus und Paulus nicht übereinstimmten, hebt diese Pflicht keineswegs auf. Es ist nicht so. als dächte Wrede, eigentlich sei die „*theologische* Entscheidungsfrage mit *geschichtlichen* Mitteln" bereits beantwortet[31]. Er leistet zwar keine zusammenhängende theologische Argumentation, doch werden immerhin zwei theologische Gründe gegen Paulus deutlich. Das gibt uns zugleich Anlaß, noch einmal über die theologische Haltung der historisch-kritischen Theologie nachzudenken. Wir verlassen deshalb das engere Thema der Verhältnisbestimmung „Paulus und Jesus" und fassen am Ende der geschichtlichen Entwicklung auch die Hintergründe nochmals ins Auge.

(a) Wredes erster Grund gegen Paulus ist die unüberbrückbare Distanz. In seiner Paulus-Darstellung beschwört er hin und wieder den „modernen Menschen". Gelegentlich ersetzt er die Formulierung „Der moderne Mensch" auch durch ein

---

26 Nur einmal bezieht sich Wrede ausdrücklich auf Lagarde, *Wrede,* Paulus S. 80. Sachlich dankt er ihm trotzdem weit mehr.

27 Vgl. auch *Jüngel,* Paulus und Jesus S. 5f.

28 *Wrede,* Paulus S. 104 (im Original hervorgehoben).

29 Ebd. S. 105.

30 Ebd.

31 *Kümmel,* Das NT S. 329. Kümmel spricht allerdings von Bousset, neigt aber anscheinend dazu, diesen Verdacht allgemein auf die Religionsgeschichtliche Schule zu beziehen.

„Wir" oder umgekehrt. Beides meint nämlich dasselbe. Aus diesen „Wir-Modernen-Aussagen" ist der Widerspruch gegen Paulus klar herauszuhören. Die meisten
passen unter die Überschrift: „Wir — im Unterschied zu Paulus." Würde man sie
zusammenstellen und verknüpfen, so entstünde via negationis ein rudimentärer
Abriß der paulinischen Theologie[32]. Paulus bekennt beispielsweise, daß ein göttliches Wesen Mensch wurde; Wrede merkt an, daß die Menschheit (nach heutiger
Einsicht) zur Natur eines göttlichen Wesens schlechterdings nicht passen würde[33].
Oder Paulus sieht den *ganzen* Menschen vor Christi Kommen unter der Gewalt
der Sünde; Wrede hält fest, uns Modernen sei die Sünde nur eine Angelegenheit
des persönlichen Willens, und wir könnten Natur und Sittlichkeit unterscheiden[34].
Er empfindet eine *Distanz der geschichtlichen Ferne* und eine *Distanz in der Sache*. Die paulinische Theologie ist eine alte Lehre einer vergangenen Weltenstunde,
und sie verträgt sich nicht mit dem, was der moderne Christ von Gott und Mensch
weiß und was gilt. Wrede setzt das unbestrittene Recht einer gewissen liberalen
Normaldogmatik voraus. Durch Paulus läßt sie sich jedenfalls nicht bestreiten; Sie
setzt ihn ins Unrecht.

Diese Urteile fallen ohne eine Berufung auf Jesus. Der Ausgangspunkt für den
Widerspruch ist bloß das Wissen und Verstehen des heutigen Menschen, kein irgendwie als maßgeblich behaupteter Jesus. Trotzdem glaubt Wrede offenbar, die
christliche Modernität stehe im Einklang mit Jesus. Seine Parole „Jesus oder Paulus" wendet sich eben nicht nur gegen Paulus, sondern ruft zugleich positiv zu
Jesus hin. Jesu Imperative in den vier ausgesuchten Kernsätzen des Vergleichs
dürften Wredes Erwartungen an eine ethische Religion genügen. Und doch bleibt
es bemerkenswert, daß er ohne einen Rückhalt an Jesus auskommt. Er braucht
Jesus zur Begründung der modernen Theologie (oder Christlichkeit) nicht, zumindest nicht ausdrücklich. Und er kann mit ihrer Hilfe Urteile fällen, ohne daß er
von Jesus sprechen muß. Nun ist aber wiederholt vom Jesuanismus der Religionsgeschichtlichen Schule die Rede gewesen. Wredes Vorgehen steht dazu scheinbar
im Widerspruch. Und doch ist seine Argumentation ohne Jesus weder ein Zufall
noch eine bedeutungslose Einzelheit. Im Verzicht auf Jesus als unentbehrlichen
Gewährsmann wird ein Zug der freien Theologie sichtbar, an dem die freie Theologie der dritten Phase ebenfalls teilhatte.

Die freie Theologie meinte nämlich nicht nur, viel besser als Paulus über den authentischen Jesus Bescheid zu wissen (s. o. § 8). Sie glaubte außerdem, sie wisse
von sich aus recht genau, was über Gott und Mensch zu sagen sei. An der Religionsgeschichtlichen Schule ist das leicht erkennbar. Wohl rühmte sie Jesus besonders
laut, aber zugleich traute sie damit sich selbst die Maßstäbe für ein Lob zu. Woher
hätte sie sonst gewußt, daß Jesus dermaßen rühmenswert war? Je höher sie ihn
pries, desto höher mußte sie über ihre eigene Urteilskraft denken. Deshalb durfte

---

32 Ein solcher Abriß könnte sich z. B. auf Sätze der folgenden Textstellen berufen (implizite
„Wir-Modernen-Aussagen" eingeschlossen), *Wrede*, Paulus S. 48, 50f., 54f., 58, 66f., 75,
77f., 83f., 104.
33 Ebd. S. 55.
34 Ebd. S. 66.

sie auch unverblümt selber entscheiden, was sie an Jesus gelten ließ: Sie spielte ihn nicht nur gegen christliche Traditionen aus, sondern behandelte auch seine Predigt wählerisch. Ihr Jesuanismus war offen eklektisch. Sie ließ sich sogar von Jesus nur sagen, was ihr gefiel[35]. Wredes Verzicht auf den Gewährsmann Jesus ist eine andere Ausprägung dieser selben Grundhaltung.

Die Religionsgeschichtliche Schule kam damit der deistischen Selbstsicherheit wieder nahe, die die geschichtliche Religion am Maßstab der wahren und eigenen Religion gemessen hatte (s. o. § 2). Es überrascht nicht, daß dieser Zug der freien Theologie in ihrer ersten und zweiten Phase kaum so deutlich hervorgetreten war. Sie waren der biblischen Überlieferung gegenüber „befangener". Sie hatten noch nicht so klipp und klar mit der „Schrift" gebrochen, wie schon Wredes Programm von 1897 es tat.

(b) Wredes zweiter Grund gegen Paulus hängt mit seinem Religionsverständnis zusammen. Wrede ist um der Religion willen gegen Paulus. Wie gesagt, sieht er die paulinische Gestalt des Christentums als eine zweite Stiftung an. Der Schritt von Jesus zu Paulus war ein Schritt von der reinen Religion weg zur Theologie hin. Er führte vom Einfachen, Unmittelbaren und Urlebendigen zum Komplizierten, Vermittelten und Reflektierten, das in jeder Religion eine sekundäre Erscheinung ist[36]. Über ein besonderes Verhältnis des Christentums zur Theologie verlautet nichts[37]. Am Anfang war auch hier die Religion, dann erst die Theologie. Wrede hebt das nicht nachdrücklich ins Allgemeine. Es ist für ihn eine selbstverständliche historische Beobachtung.

Ihr läßt sich eine Bemerkung entgegensetzen, wonach bei Paulus „Nuancen religiöser Gefühle [...] den Reflex der Lehre" bildeten[38]. „Lehre" und „Theologie" sind für Wrede Wechselbegriffe (s. o.), und unmittelbar vor der angeführten Stelle verwendet er statt der Wendung „religiöse Gefühle" offenbar gleichbedeutend die Worte „sein Gemüt, seine Frömmigkeit" und „Religion"[39]. Daraus ergibt sich ein gewisses Recht, die Begriffe „Theologie" und „Religion" in der zitierten Bemerkung einzusetzen. Demnach wäre bei Paulus zuerst die Theologie gekommen, dann ihre Wirkung auf die Religion. Ich verallgemeinere: Wrede gibt seiner Ineinssetzung von paulinischer Theologie und Religion eine nicht vertauschbare Ordnung. Er

---

35 Ein typisches Beispiel dieses Jesuanismus bietet *Wilhelm Bousset:* Jesus. Tübingen 1904 (= RV I, 2 u. 3). Das Buch ist das Gegenstück zu Wredes „Paulus". In seinem Lob für Jesus wird immer wieder sichtbar, wie die Einsicht in Gottes Sein und Wesen, genau besehen, von der Anschauung Jesu losgelöst verfügbar ist. Der Exeget weiß selbst Bescheid über Gott. Seine Erkenntnis geht so weit, daß er Jesus Erkenntnis bescheinigen kann, beispielsweise so (S. 51): „[...] wie niemand vor ihm hat Jesus das dem endlichen menschlichen Wesen zugewandte Sein und Wesen Gottes erfaßt und festgehalten."

36 *Wrede,* Paulus S. 102.

37 Vgl. dazu *Ebeling,* Begriffsgeschichte „Theologie" und ders., „Biblische Theologie"? Interessanterweise geht der letztgenannte Aufsatz von Wredes Programmschrift des Jahres 1897 aus.

38 *Wrede,* Paulus S. 66.

39 Ebd. S. 66.

räumt der paulinischen Theologie einen zeitlichen Vorsprung und sachlichen Vorrang vor der Religion ein.

Diese Beobachtung ist nicht an die vereinzelte Formulierung gebunden. Sie wird dadurch bestätigt, wie sich Wrede die Entstehung der christlichen paulinischen Theologie erklärt. Schon dem Juden Paulus standen seine Vorstellungen von der Situation des Menschen in der Welt fest. Längst war Paulus auch von einer jüdischen Christologie durchdrungen, bevor er Jesus als Christus anerkannte. Nach Damaskus empfand er allerdings eine niegefühlte Demut, Dankbarkeit und Freude wegen Gottes Heilstat[40]. Trotzdem änderte sich damit nichts am Grundgefüge der paulinischen Theologie. Nun ist es aber zweifellos ein *zeitlicher* Vorsprung der paulinischen Theologie vor seiner Religion, wenn die mitgebrachte Theologie im wesentlichen fortbestand, während sich nach der Bekehrung die „religiösen Gefühle" wandelten. Zuerst war eben die Theologie des Paulus, und dann kam es zu seiner christlichen Religion. Der *sachliche* Vorrang ist der: Eine Veränderung im Gedankenbau, die Einfügung Jesu ins System (allerdings visionär begründet), rief die Veränderung der Frömmigkeit erst hervor. Eine Neuerung in der Theologie gestaltete die „religiösen Gefühle" neu. Eine Systemkorrektur veränderte die religiöse Haltung. Also muß der Historiker die paulinische Theologie zwar mit der paulinischen Religion identifizieren, doch darf er ihr inneres Gefälle nicht außer acht lassen. Die Gleichsetzung ist unumkehrbar: „Seine Theologie ist seine Religion", nur so lautet sie korrekt[41]. Es handelt sich sozusagen um eine geordnete Identität.

Der Vergleich mit Wredes historischer Beobachtung über das allgemeine Verhältnis zwischen Religion und Theologie ergibt eine deutliche Unstimmigkeit. Während normalerweise die Theologie als das Sekundäre auf die Religion folgt, ist die Regel bei Paulus faktisch auf den Kopf gestellt. Allerdings müßte der große Ablauf der christlichen Geschichte dadurch nicht unbedingt gestört sein. Aufs Ganze gesehen stand am Anfang doch Jesus und damit die Religion, und die Theologie des Paulus kam erst später. Fragt sich nur, ob es für das Christentum nicht von Schaden war, wenn bei seinem ersten Theologen das Verhältnis von Religion und Theologie von der Regel abwich. Wir sehen also einmal davon ab, daß Wrede die Theologie des Paulus ohnedies nicht als eine Theologie anerkennt, die von Jesu Religion herkam. Wir untersuchen vielmehr, wie Wrede das Verhältnis von Religion und Theologie versteht und was das für seine Einschätzung des Paulinismus bedeutet.

Eine verklausulierte Äußerung erlaubt einen Einblick in Wredes Auffassung vom Wesen der Religion. Wrede kommt im Zusammenhang mit der Rechtfertigungslehre beiläufig darauf zu sprechen und schreibt unter anderem[42]: „[...] das eigentlich Reli-

---

41 Eine Umkehrung findet sich nirgends. Es ist mir bewußt, daß sich der sachliche Vorrang und zeitliche Vorsprung der Theologie aber nur beobachten läßt, wenn man Wredes Regel für das Verständnis des Paulinismus einmal außer Kraft setzt. Das tut jedoch auch Wrede immer wieder, weil er in seinem eigenen Denken von der Nicht-Identität ausgeht. Die Begrifflichkeit selbst trägt solche Dynamik in sich. Gerade eine Formel wie die folgende bestätigt das (ebd. S. 66): „Seine Theologie ist ihm wirklich Religion."

42 Ebd. S. 76.

40 Ebd. S. 11.

giöse in der Religion, wie es dem Bewußtsein jedes wirklich Frommen entspricht,
ist der Gedanke, daß der Mensch Gott gegenüber ganz der Empfangende, Gott
allein der Gebende ist." Was Wrede hier das „eigentlich Religiöse in der Religion"
nennt, könnte er ebenso gut als das Wesen der Religion bezeichnen[43]. Wrede de-
finiert es als einen bestimmten Gedanken des Menschen über den Menschen vor
Gott. Sollte das Wesen der Religion in einem Gedanken bestehen? Uns ist es bisher im Gegenteil so vorgekommen, als ob Wrede die Religion gerade nicht auf
die Seite des Denkens setzen wolle. Man muß nun berücksichtigen: Er spricht vom
Wesen der Religion, „wie es dem Bewußtsein jedes wirklich Frommen entspricht";
diese Wendung konstituiert die Wesensbestimmung mit. Sie deutet an, was der religiöse menschliche Gedanke über den Menschen tatsächlich ist, nämlich nur eine
Äußerung des frommen Selbstbewußtseins. Der Gedanke verleiht dem frommen
Selbstbewußtsein Worte, und die Definition hält sich notgedrungen an diese Abstraktion, denn sie muß auf Abstraktion aus sein. Ihre Wahrheit hat sie aber einzig darin, daß das Selbstbewußtsein jedes Frommen verifizieren kann, was sie als
Gedanken formuliert. Auf der Ebene der Definitionen mag daher ein bestimmter
Gedanke als das Wesen der Religion gelten; im Vollzug des Lebens dagegen ist
das besondere Selbstbewußtsein das „eigentlich Religiöse in der Religion"[44].

Versuchen wir, aus diesen Beobachtungen etwas für Wredes Verständnis von Religion und Theologie zu gewinnen. Religion ist für ihn wesensmäßig ein bestimmtes Bewußtsein des Frommen von sich selbst vor Gott. Zugleich spielt Wrede die
Religion in den Gefühlsbereich des Menschen hinüber. Es hat also eher mit dem
Fühlen, dem Gemüt zu tun, wenn der Mensch in seiner Religion die Wahrheit seines Lebens erfaßt. Er kommt sich sozusagen von innen her ganz nah. Wrede nennt
die Religion denn auch das „Unmittelbare" und „Urlebendige"[45]. Die Gedanken
sind demgegenüber immer ein Zweites, das „Vermittelte" und „Reflektierte". Deshalb hat die Religion selbstverständlich und unumstößlich die Dominanz vor jeder
Theologie. Sie hat historischen *und* sachlichen Vorrang. Wenn Wrede theologisch
so urteilt, muß für ihn bei Paulus etwas grundverkehrt sein. Er beobachtet an ihm
die Dominanz der Gedanken über die Frömmigkeit, der Theologie über die Religion.
Aber so soll es nicht sein.

Bei Paulus ist die Ordnung verkehrt, in der Religion und Theologie beieinander sein
könnten[46]. Die paulinische Theologie verschlang gewissermaßen die Religion, und
auf so fatale Weise waren sie dann eins: Die paulinische Einheit von Theologie und
Religion ging auf Kosten der Religion. Wrede könnte sich aber durchaus Religion
ohne Theologie vorstellen (Jesus!), während jede Theologie ein Unding ist, die
nichts mehr von ihrem religiösen Grund erkennen läßt. Und was er auch bei Paulus sieht, es ist fast immer Theologie, nur Theologie. Unter den Händen seines

---

43 Wenn anders „Wesen" das ist, „wodurch ein Ding ist, was es ist"; so *Joseph Klein:* Wesen.
   RGG³ VI, Sp. 1653–1655. Zit. Sp. 1653.
44 S. auch *Wolfgang Trillhaas:* Frömmigkeit (1.–4.). RGG³ II, Sp. 1158–1162. Bes. Sp. 1158.
45 S.o. Anm. 36.
46 Daß sie es eigentlich könnten, setzt Wrede voraus, nur erklärt er nicht, wie; vgl. *Wrede,*
   Paulus S. 102.

zweiten Stifters ist das Christentum zur Theologie mißraten. Deshalb war es ein ungeheurer Schaden für das Christentum, daß bei seinem ersten Theologen das Verhältnis von Religion und Theologie von der sachgemäßen Ordnung abwich. Er brachte das Christentum damit auf einen verkehrten Weg. Darum muß Wrede den Paulinismus verneinen und den Antipaulinern recht geben – um der Religion willen. Die neutestamentliche Theologie schwenkt in die Bahnen des Antipaulinismus ein – damit das Christentum wieder Religion sein kann. Dieser zweite Grund gegen Paulus gibt auch dem ersten vollends Schärfe: Die sachliche (und historische) Distanz zu Paulus ist für Wrede deshalb unüberwindlich, weil er Paulus für irreligiös hält.

An diesem Punkt kommt noch einmal zum Vorschein, daß sich die Unterscheidung von Religion und Theologie in der neutestamentlichen Exegese von Anfang an gegen die Theologie richtete und nur an der Religion interessiert war. Schon Semler wandte sie mit der Absicht auf die neutestamentliche Überlieferung an, deren *theologischen* Gehalt zu relativieren (s. o. § 4). Die Unterscheidung war bereits bei ihm zumindest auch ein Instrument der Schläue; mit ihrer Hilfe konnte die Überlieferung zwar zum Sprechen gebracht, aber doch auch gemeistert werden. Und ebenfalls mit der bewußten oder unbewußten Absicht der Verharmlosung handhabte später die freie Theologie nach Baur diese Unterscheidung. Holtzmanns „Lehrbuch der neutestamentlichen Theologie" zeigte schließlich extrem, wie sich die Theologie des Paulus damit beiseite schieben ließ, in die Bedeutungslosigkeit hinein. So half die Unterscheidung zwischen Religion und Theologie je und je, Paulus hinzunehmen, trotz seiner Theologie und wegen seiner Religion. Das aber hört mit Wrede auf. Nicht daß er die Unterscheidung zwischen Religion und Theologie als exegetisches Hilfsmittel mißbilligt oder die Bevorzugung der Religion ablehnt; so ist es nicht. Er erkennt ihre Aussichtslosigkeit im Hinblick auf Paulus. Er sieht hier nur Theologie, und damit ist schon das Urteil gesprochen. Sobald bei Paulus kein theologiefreier Bereich wahrer Religion mehr erkennbar ist, wird der Paulinismus unerträglich. Als bloßes Lehrsystem ist er eine Zumutung. In dem Moment, wo die Theologie des Paulus wieder unausweichlich zum Gegenstand werden müßte, wendet sich Wrede deshalb ganz von Paulus ab[47]: Nicht die Unterscheidung zwischen Religion und Theologie wird in Frage gestellt, sondern der verworfen, an dem sie mißglückt.

(c) Wrede weiß nur diese Antwort auf seine Einsicht: Er bricht mit Paulus. Die Bemühungen der Paulusforschung waren umsonst, wenn sie Paulus bejahen wollten. Und auch der Aufwand von über einem Jahrhundert theologischer Gedanken über „Paulus und Jesus" lehrt bloß, daß sie gescheitert sind. Sie wollten in Einklang bringen, was unvereinbar ist. Sie wollten eine gütliche Lösung finden, wo einzig der Bruch helfen kann, damit endlich der Irrweg endet und das Christentum zu seinem *ersten* Stifter zurückfindet. Die Parole muß heißen: „Jesus oder Paulus", *für* die wahre Religion und *gegen* eine irreligiöse Theologie. Es ist bei

---

47 *Bultmann,* Zur GdPaulF S. 46–49, lobt Wrede sehr dafür, daß er die paulinische Theologie endlich wieder als Theologie verstehe. Wrede meint es freilich ganz anders als Bultmann.

Wrede wie bei den Antipaulinern: Ihn treibt keine theologische Spannung zwischen „Schrift" und „Bibel", „Jesus" und „Christus", die er selbst positiv anerkennen würde. Aber ihn treibt umso mehr der Wunsch, diese unnützen Spannungen in Alternativen aufzulösen. Sein Antipaulinismus hat so lange Interesse am Thema „Paulus und Jesus", wie das zweite, paulinische Christentum noch fortbesteht und das erste Christentum, Jesu Christentum, verdrängt.

Die historisch-kritische Forschung hatte sich nie als bloß antiquarisches Unternehmen verstanden; darin unterschied sie sich von den Antipaulinern nicht. Auch sie dachte um des *gegenwärtigen* Christseins willen über „Paulus und Jesus" nach. Und immer setzte sie dabei unvermeidlich eigene Urteile über die rechte christliche Religion stillschweigend voraus, wie Wrede. Man könnte dazu neigen, diese Urteile für ausschlaggebend zu halten. Dann hätte sich die Exegese mit ihrer Verhältnisbestimmung „Paulus und Jesus" letztlich ihnen fügen müssen. Doch diese Sicht wäre zu einfach. So war beispielsweise Wredes Religionsverständnis alles andere als originell, und seine liberale Normaltheologie wies keine Besonderheiten auf. Trotzdem aber kam *nur er* zu einem Urteil über „Paulus und Jesus", das vor ihm kein einziger liberaler Exeget so klar gefällt hatte, auch keiner aus der Religionsgeschichtlichen Schule. Man denke etwa an Wernle und Bousset; höchstwahrscheinlich unterschied sich Wredes unausgesprochene Dogmatik kaum von der ihrigen. Trotzdem deutete bloß er Paulus ganz als Theologen, anders als sie.

Man sollte wohl mit dem Gewicht des historischen Sachverstandes rechnen. Wrede „ist soweit gekommen, wie man ohne Revision der Grundbegriffe kommen kann [...]", urteilt Rudolf Bultmann[48]. Und Georg Strecker schreibt[49]: „Wenn auch Wredes wissenschaftliches Werk nicht den Anstrich der Originalität besitzt, vielmehr die Anregungen aufnimmt, die um die Jahrhundertwende lebendig waren, so stellt es gleichwohl etwas Neues dar; es verarbeitet die Erkenntnisse der historischen Kritik in methodischer Weise und bringt sie mit Konsequenz zur Anwendung." Wrede war als einziger bereit, es dahin zu bringen, *wohin es in der ersten Epoche der historisch-kritischen Theologie mit Paulus eben kommen mußte.*

Mit Wredes Sachverstand allein läßt sich das allerdings auch wieder nicht erklären. Was darüber hinaus noch eine Rolle spielte, ist aber nur zu vermuten. Wrede hatte offenbar weniger Scheu vor der Konsequenz als selbst seine Freunde in der Religionsgeschichtlichen Schule. Wie hatte sich, zum Beispiel, Bousset gewunden und sich einem klaren Votum zu „Paulus und Jesus" entzogen! Wrede fand den Mut zur Radikalität. Man möchte bei ihm ein besonders starkes antipaulinisches Vorurteil vermuten. Längst bevor er sich seine großen exegetischen Untersuchungen erarbeitete, nannte er Paulus schon den „Verderber des Evangeliums Jesu"[50], und eine solche Äußerung ist von keinem anderen der Religionsgeschichtler überliefert. Zu diesem Erbe Lagardes bekannte sich Wrede mit seinem „Paulus". Die Zeitströmungen erleichterten das auch. Trotzdem war er der erste, der offen den

---

48 Ebd. S. 49.
49 *Strecker,* Wrede S. 84.
50 S. o. § 14, Anm. 37.

Antipaulinismus in die Theologie einführte. Weshalb er das konnte, läßt sich nicht restlos erklären.

Die Geschichte des Themas „Paulus und Jesus" in der ersten Epoche historisch-kritischer Theologie hatte ihr Ende erreicht. Was folgte, lebte von den beigebrachten Argumenten bis hin zu Wredes „Paulus". Rund eineinhalb Jahrzehnte blieben der freien Theologie noch, aber ihre sachlichen Möglichkeiten zur Lösung des Problems „Paulus und Jesus" waren ausgeschöpft. Der Bruch mit Paulus war die äußerste Möglichkeit gewesen. Sie fand keine neue mehr.

§ 16. „Paulus und Jesus" am Ausgang der ersten Epoche der historisch-kritischen Theologie

Wrede hatte sein Urteil gefällt, und es sollte das Urteil der religionsgeschichtlichen Forschung sein. Aber es wurde es nicht. Nicht allein die herkömmliche, auch die religionsgeschichtliche freie Theologie versagte ihm die Zustimmung. „Noch beherrschen derartige Urteile keineswegs die Situation [...]", schrieb 1906 der konservative Theologe Ludwig Ihmels (1858–1933) über Wredes „Paulus", und dabei blieb es[1].

Allerdings löste Wrede mit seinem radikalen Votum eine lebhafte Diskussion aus, und insofern erreichte er etwas. Nie zuvor wurde so viel über „Paulus und Jesus" geschrieben wie in diesen Jahren. Aber insgeheim war es eine widerwillige Diskussion. Das meiste lief darauf hinaus, das Problem schnellstmöglich im versöhnlichen Sinn zu entproblematisieren und wieder beiseite zu schieben. Oft hat es den Anschein, als wurde das Gespräch bloß aufgenommen, weil man das nunmehr Unvermeidliche erledigen wollte, also nicht aus Einsicht in die Problematik. In diesen Fällen legte man dar, was man ohnedies schon zu wissen meinte, allein um Wredes „ebenso lehrreichem wie irrendem Scharfsinn" eine Antwort zu geben[2]. Die alte freie Theologie ließ sich nicht erschüttern; sie hielt an der hergebrachten Denkweise und den erprobten Lösungswegen fest. Die Religionsgeschichtliche Schule aber erschrak, als sie Wredes Spiegelbild ihrer eigenen Paulusforschung zu Gesicht bekam. Vielleicht war auch der eine oder andere, der jegliche Stellungnahme vermied, mit Wrede einverstanden, so etwa Hermann Gunkel. Die Mehrzahl der Religionsgeschichtler jedoch bestritt, daß Wredes Urteil das unvermeidliche Ergebnis der religionsgeschichtlichen Forschung zu „Paulus und Jesus" sei. So lenkten sie die religionsgeschichtliche Arbeit wieder auf die Lösungswege der nachbaur'schen freien Theologie zurück, die Wrede verlassen hatte. Die Kompromisse und Halbherzigkeiten waren doch das Äußerste gewesen, wozu man sich fähig und bereit fand (s. o. § 14). Wrede hatte an der religionsgeschichtlichen Arbeit die vorwärtsweisende Perspektive gesehen, die in der Frage „Paulus und Jesus" über die

---

1 *Ludwig Ihmels:* Jesus und Paulus. NKZ 17 (1906), S. 452–483, 485–516. Zit. S. 454. Zur Person s. *Wilhelm Link:* Ihmels. 2) Ludwig. CKL I, S. 929f. Ich bin mir der Identität Ihmels nicht ganz sicher.

2 *Rade,* Religionsgeschichte Sp. 2188.

Antworten der zweiten Phase der freien Theologie hinausführte. Als er aber die Konsequenz zog, erinnerte sich die Religionsgeschichtliche Schule in ihrem Schrekken fast nur mehr der rückwärtsweisenden Perspektive[3]. In Sachen „Paulus und Jesus" rückte diese neuere freie Theologie mit ihrem Verzicht auf die vorwärtsweisende Perspektive wieder in die Reihen der überkommenen freien Theologie ein.

Wrede fand in der Theologie nirgends Zustimmung für sein Fazit der Unvereinbarkeit zwischen Jesus Predigt und der paulinischen Theologie. Zumindest meldete sich niemand zu Wort, der ihn unterstützte. Allerdings war auf der andern Seite der Widerspruch oft erstaunlich milde, und manchmal ging sogar die Zustimmung sehr weit. Doch am entscheidenden Punkt wurde eindeutig widersprochen: Leugnete Wrede jedes vermittelnde Moment zwischen Jesu Religion (und Lehre) und der Theologie (und Religion) des Paulus, so entdeckten seine Kritiker doch eine Brücke, und davon waren sie nicht abzubringen.

Eine Entwicklung dieses Widerspruchs gegen Wrede ist nicht erkennbar. Argumente wurden aufgenommen und an anderer Stelle wiederholt, und das wieder und wieder. Es war, als sollte die Wiederholung die Überzeugungskraft erhöhen. Denn offenbar stellte sich der Eindruck entscheidender, wirklich schlagender Argumente nicht so recht ein, und das war auch unvermeidlich. Nicht nur, daß sich Wredes Gegner gelegentlich selber die Stichhaltigkeit ihrer Gegengründe bestritten; das hätte allmählich einige anerkannte Überlegungen erbringen können. Viel schwerwiegender war, daß es gegen Wrede keine schlagenden Argumente geben *konnte*. Ohne daß seine Gegner es bemerkten, war nämlich das Problem „Paulus und Jesus" unter ihren gemeinsamen Voraussetzungen nicht mehr mit Argumenten zu lösen. Was half es, wenn der eine diese, der andere jene Beobachtung als hinreichend ansah, um Paulus mit Jesus im Einklang zu finden, und Wrede deklarierte sie als ungenügend? Er dachte 1906 unerschüttert an eine weitere Auflage seines Buches, obwohl bereits eine Fülle kritischer Stimmen laut geworden war, mit fast allen Einwänden, die sein Buch überhaupt hervorrief[4]. Im Grunde hatte er sie schon 1904 verworfen, denn es waren aufgefrischte alte Argumente. Die Situation war verfahren. Gedanken, die sich ausschlossen, konnten einander doch nicht überwinden. Behauptung stand gegen Behauptung, Wertung gegen Wertung. Das läßt die damaligen Stimmen zur Frage „Paulus und Jesus" im Rückblick so seltsam willkürlich und fruchtlos erscheinen. Damals allerdings galt rasch als ausgemacht, daß Wrede widerlegt sei. Er selbst war nicht mehr da, um sein Urteil zu verteidigen (er starb 1906), und niemand sonst wollte seine Sache führen.

Ein überraschender Tatbestand: Als sich die Theologie endlich ausdrücklich und rege mit dem Thema „Paulus und Jesus" beschäftigte, bot sie im großen ganzen bloß ein Sammelsurium alter Antworten. Ein ausführlicher Bericht darüber lohnt

---

3 Meine obige Darstellung in § 14 hat bewußt die vorwärtsweisende Perspektive betont. Erst so wird der Unterschied zur zweiten Phase der freien Theologie deutlich, ebenso aber auch die restaurative Wendung nach Wredes „Paulus".

4 S. *Wrede*, Paulus 2. Aufl. S. III u. XII.

sich nicht[5]. Das Folgende ist daher nur ein unvollständiger Überblick. Er gruppiert die Beiträge locker nach den Lösungsversuchen. Eine streng chronologische Aufarbeitung würde das Bild unnötig komplizieren, ohne weitere Einsichten zu vermitteln; trotzdem bleibt die Chronologie nicht völlig außer Betracht[6]. Auch die Trennung zwischen den Beiträgen der beiden Gruppierungen der freien Theologie wird nicht länger beibehalten. Sie waren sich in der grundsätzlichen Entschlossenheit zur Vermittlung einig. An der Reihenfolge und an den Einzelheiten jener Untersuchungen liegt wenig. Entscheidend ist die Beobachtung, wie unergiebig und monoton fortan um „Paulus und Jesus" verhandelt wurde. Man darf sich durch die vielen Stimmen nicht täuschen lassen.

(a) Es gab konservative Versuche, die paulinische Theologie noch einmal geradewegs von der Predigt Jesu herzuleiten. Ihre tollste Ausprägung fanden sie schon 1904 in Alfred Reschs (1835–1912) „Der Paulinismus und die Logia Jesu"[7]. Resch versucht mit immensem Fleiß den Nachweis, daß Paulus fast alle synoptischen Herrenworte Perikope für Perikope voraussetzte. Er sei nichts als der erste Exeget Jesu gewesen. Von solchen Überlegungen her beurteilt, mußte Wrede geradezu als verblendet erscheinen, aber es waren anachronistische Überlegungen[8].

Allenfalls an der Peripherie der freien Theologie stand auch der Beitrag „Jesus und Paulus" von Julius Kaftan (1848–1926)[9]. Das Buch erschien 1906 als „freundschaftliche Streitschrift" gegen Boussets „Jesus" und Wredes „Paulus". Kaftan hatte einige Jahre lang zusammen mit den Religionsgeschichtlern an der „Christlichen Welt" mitgearbeitet, bis es zur Trennung kam[10]. Der Vergleich „Paulus und Jesus" gelingt ihm hauptsächlich durch zwei Maßnahmen. Erstens schreibt er Jesus ein

---

5 So spricht beispielsweise *Jüngel*, Paulus und Jesus S. 9, zwar von einer „Flut" von Untersuchungen, die Wrede auslöste; *Bultmann*, Zur GdPaulF S. 27, notiert, daß sich die Diskussion erst durch Wredes „Paulus" belebte, und *Schweitzer*, GdPaulF S. 133, Anm. 3, weiß dasselbe. Aber keiner von ihnen hält es für angebracht, diese Diskussion ausführlich zu besprechen. Sie verdient es tatsächlich nicht.

6 Einen äußerst knappen Überblick bietet *Peter Dausch:* Jesus und Paulus. Münster 1914 (= Bibl. Zeitfragen III, 1). Hier S. 3–7. Dausch ist Katholik.

7 *Alfred Resch:* Der Paulinismus und die Logia Jesu in ihrem gegenseitigen Verhältnis. Leipzig 1904 (= TU NF 12). S. auch o. § 13, Anm. 13. Zur Person s. *Arnold Meyer:* Resch, Alfred. RGG² IV, Sp. 1990f.

8 Gegen Wredes Geringschätzung der Rechtfertigungslehre wendet sich als einziger *Carl Clemen:* Die Grundgedanken der paulinischen Theologie, mit besonderer Rücksicht auf Kaftan und Wrede. Tübingen 1907 (= Theol. Arbeiten aus d. rheinischen wiss. Prediger-Verein NF 9). Damals nicht im Druck erschienen ist *Adolf Schlatter:* Jesus und Paulus. Eine Vorlesung (1906) und einige Aufsätze. 3. Aufl. m. e. Geleitwort v. Paul Althaus. Stuttgart 1961 (= Kleinere Schriften 2). Ich bin auf Schlatters berühmte Abhandlung „Der Glaube im Neuen Testament" (1885) hingewiesen worden. Ohne diese Arbeit selbst einbeziehen zu können, gebe ich den Hinweis weiter. Ich habe mich jedoch überzeugt, daß Schlatters Gedanken auf die Geschichte des Themas „Paulus und Jesus" im neunzehnten Jahrhundert keinen Einfluß genommen haben.

9 *Julius Kaftan:* Jesus und Paulus. Eine freundschaftliche Streitschrift gegen die Religionsgeschichtlichen Volksbücher von D. Bousset und D. Wrede. Tübingen 1906. Zur Person s. *Eberhard Hermann Pältz:* Kaftan, 1. Julius. RGG³ III, Sp. 1087f.

10 S. *Rathje*, Freier Protestantismus, Register!

starkes Messiasbewußtsein zu, eine mehr als bloß implizite Christologie. Von da ist für ihn der Schritt zur Christologie der Gemeinde leicht, und schließlich wird auch noch der zur Christologie des Paulus überbrückt. Zweitens will Kaftan Paulus auf keinen Fall als theologischen Systematiker anerkennen. Seine Briefe sind eher eine Anhäufung disparatester Gedanken, in denen seine Religion mehr oder minder unbeholfen zu Wort kommt. Die Gedanken selbst mißfallen Kaftan großteils. Und so nimmt er sich praktisch die Freiheit, mit der paulinischen Theologie eklektisch zu schalten und zu walten. Im übrigen stellt Kaftan alles auf das religiöse Erlebnis des Apostels ab. Diese paulinische Religion bringt er ohne weiteres mit Jesu Religion in Einklang. Das vermittelnde Moment wird aber nirgends klar. Anscheinend besorgte vor allem das Bekehrungswunder die Kontinuität von Jesus zu Paulus hin.

Diese Lösungsvorschläge sind uns im Kern schon vertraut. Der eine unterstreicht kräftig die Ansätze zu einer Christologie Jesu, um schließlich Paulus recht geben zu dürfen[11]. Der andere entwertet die paulinische Theologie zugunsten seiner Religion, die dann den positiven Entscheid erlauben soll.

(b) Die letztgenannte Lösungs-Variante arbeitete Adolf Jülicher (1857–1938) 1907 weiter heraus[12]. Seine Untersuchung „Paulus und Jesus" ist der klarste Entwurf nach dem Muster der Trennung von Religion und Theologie. Sie unternimmt den Vergleich sozusagen über eine Subtraktion: Vom Paulinismus als ganzem wird die Theologie so abgerechnet, daß allein noch die Frömmigkeit übrig ist. Sie aber hält dem Vergleich mit Jesu Frömmigkeit stand. Die Eindeutigkeit dieses Ergebnisses ist allerdings mit bedeutenden Mängeln erkauft[13]. So stimmt Jülicher zwar Wredes Auffassung vom Paulinismus als einem befremdlichen theologischen System zu, läßt sich jedoch wohlweislich auf keine ausreichende Beschreibung ein. Er muß sich dem Eindruck der ganzen Fremdartigkeit des Paulinismus entziehen. Und trotzdem haben die vernachlässigten Gedanken noch genug eigene Kraft, um sich irritierend an die ermittelte „reine" Frömmigkeit heranzudrängen. Es nützt wenig, daß Jülicher kategorisch erklärt[14]: „[...] wir dürfen uns nicht von Paulus vorschreiben lassen, was der eigentliche Kern seiner Frömmigkeit sei [...]". Das ist ein untauglicher Versuch, die paulinische Theologie vom Bereich der Frömmigkeit fernzuhalten, denn genau besehen bleibt die gedanken-lose Frömmigkeit sichtlich eine Fiktion. Die Formulierung vom „eigentlichen Kern" der Frömmigkeit verrät denn auch die Schwierigkeiten.

Wrede hatte die Einheit von Theologie und Religion für Paulus behauptet und zwischen Jesus und Paulus eine unüberbrückbare Kluft konstatiert. Jülicher versucht

---

11 *Ihmels,* Jesus und Paulus, bietet eine noch konservativere Spielart des Unternehmens und entdeckt „sachliche Identität" zwischen der Predigt Jesu und der des Apostels (S. 516).

12 *Adolf Jülicher: Paulus und Jesus.* Tübingen 1907 (= RV I, 14). Zur Person s. *Erich Fascher:* Jülicher, Adolf. RGG³ III, Sp. 1008. Zum Buch s. *Jüngel, Paulus und Jesus* S. 9f., u.*Kümmel,* Das NT S. 396–399 (mit Textauszügen).

13 Ich verstehe deshalb nicht ganz, daß *Kümmel,* Das NT S. 396, von einer „methodisch vorbildlichen Schrift" sprechen mag.

14 *Jülicher.* Paulus und Jesus S. 36.

den Rückzug auf einen unberührten Restbezirk an paulinischer Frömmigkeit und schlägt von da aus die Brücke zu Jesus. Der Vergleich „Paulus und Jesus" gerät ihm aber nur deshalb so positiv, weil die Theologie des Paulus zu kurz kommt und weil er zwischen Theologie und Frömmigkeit eigenmächtig eine Grenze annimmt, als sei ihm die Grenzziehung tatsächlich geglückt[15].

Jülicher bietet außer dem Rekurs auf die Frömmigkeit des Paulus auch noch einen zweiten Lösungsweg zum Problem „Paulus und Jesus" an. Er glaubt zwar an keine Christologie Jesu, die den Schritt vom Verkündiger zum Verkündigten durch ihr bloßes Vorhandensein bagatellisieren könnte[16]. Er betont aber nachdrücklich: Worin Paulus Jesus nicht für sich hatte, in der Christologie und Soteriologie, darin stimmte er mit der apostolischen Urgemeinde überein. Ansatzweise weiß Jülicher auch den Grund dafür. Die „geschichtliche Wendung" des Todes und der Auferstehung Jesu Christi unterschied den Glauben und die Lehre der Christenheit notwendig von derjenigen Jesu[17]. Doch wird diese Überlegung schnell psychologisierend zugedeckt. Der bleibende Eindruck ist deshalb ein anderer: Die Problematik von Soteriologie und Christologie wird von Paulus weg zur Urgemeinde verlagert, und die wird Jesus doch wohl noch verstanden haben. Wieder einmal soll die Gemeinde als Mittelglied zwischen Paulus und Jesus fungieren. Bei der erstgenannten eigentlichen Antwort auf die Frage „Paulus und Jesus" liegt das vermittelnde Moment in der sachlichen Übereinstimmung der Frömmigkeiten, gleichgültig, wie sie historisch vermittelt war. Bei dieser zweiten erschöpft es sich im Hinweis auf die Urgemeinde.

(c) Beide Lösungen wurden auch sonst öfter versucht. Wir verfolgen sie getrennt und beschäftigen uns zuerst mit der Unterscheidung zwischen paulinischer Theologie und Religion, beziehungsweise Frömmigkeit. Am einfachsten trug sie 1915 Heinrich Weinel vor. In der zweiten Auflage seines popularwissenschaftlichen „Paulus" stellt er sie als völlig problemlos dar[18]. Er findet in ihr ein tüchtiges Mittel gegen Lagardes und Wredes Urteile zur Frage „Paulus und Jesus". Dermaßen knapp ließ sich das Thema zu diesem Zeitpunkt bereits wieder abtun. Inzwischen war jener Lösungsweg anscheinend durch häufige Wiederholung so gängig geworden, daß er von selbst einleuchten sollte. Von einer geduldigen, schlüssigen Begründung findet sich bei Weinel nämlich nichts. Es ist trotzdem nützlich, diesen Ausklang der Diskussion um „Paulus und Jesus" zu kennen, wenn wir uns jetzt den fachwissenschaftlichen Beiträgen ähnlicher Spielart zuwenden. Natürlich tendiert eine popularwissenschaftliche Schrift notgedrungen stärker zur Vereinfachung, und dazu kam auch noch die persönliche Neigung Weinels, der die Fragen und Ant-

---

15 Anscheinend unterscheidet sich Jülichers Sprachgebrauch etwas vom üblichen. Er nennt „Frömmigkeit", was die andern meist „Religion" nannten, weil er bei „Religion" auch die Gedanken, die Theologie, den Kult im Auge hat.

16 Vgl. *Jülicher*, Paulus und Jesus S. 26.

17 Ebd. S. 34; vgl. auch S. 23 u. 62.

18 *Heinrich Weinel:* Paulus. Der Mensch und sein Werk Die Anfänge des Christentums, der Kirche und des Dogmas. 2., gänzl. umgearb. Aufl. Tübingen 1915 (= Lebensfragen 3). Bes. S. 109–117. S. auch o. § 14, Anm. 144. Wie Jülicher schiebt Weinel außerdem betont die Urgemeinde zwischen Paulus und Jesus.

worten der Religionsgeschichtlichen Schule von Anfang an abgemildert hatte (s. o. § 14). Dennoch, man weiß ganz allgemein, wohin es letzten Endes eben auch mit der wissenschaftlichen Diskussion kam, wenn man Weinels „Paulus" kennt.

In den eigentlich wissenschaftlichen Beiträgen zum Thema „Paulus und Jesus" begegnet die Unterscheidung zwischen Religion und Theologie nach 1904 selten so klar. Meistens tritt sie nur in einer ganz versteckten, zurückhaltenden Gestalt auf. Die Absicht ist freilich dieselbe, nur daß die Schwierigkeiten einer Abgrenzung der beiden Bereiche „Religion" und „Theologie" umgangen sind. Je vager die Aussage ist, desto unangreifbarer mag sie sein. Hier heißt es nicht mehr: „Paulus stimmte in seiner Religion mit Jesus überein (aber schwerlich in seiner Theologie)." Hier heißt es: „Paulus stand unter dem Eindruck Jesu." Und damit soll gesagt sein, daß Paulus als Mensch, in seinem Innern, in seiner Religion ohne Jesus doch gar nicht zu denken wäre, wie immer man über seine Theologie urteilen muß. Zuinnerst war er von Jesus betroffen, sei es mehr indirekt durch den gemeinchristlichen „Geist Jesu", sei es direkter durch die Person Jesu selbst. Und die so redeten, waren meistens Sympathisanten oder Mitarbeiter der Religionsgeschichtlichen Schule[19]. Sie blieben bei den religionsgeschichtlichen Ansichten über die Vorgeschichte und den Sinn des Paulinismus, aber Wredes Lösung des Problems „Paulus und Jesus" übernahmen sie nicht. Die einen verweisen vor allem auf Jesu fortwirkenden Geist. Paulus habe allerdings eine äußerst befremdliche Theologie gelehrt, erklären sie, viel falsche Metaphysik, auch viel Jüdisches. Aber in seinem Innern sei er vom „Geiste Jesu" bestimmt gewesen. So sagt es 1905 verhalten Eberhard Vischer (1865–1946), so 1907 Arnold Meyer (1861–1934), so 1908 Wredes Schüler K. Weidel und ebenso, sehr zuversichtlich, Wilhelm Bousset im selben Jahr[20]. Als vermittelndes Moment denken sie sich Mitteilungen über den irdischen Jesus, die Paulus erreichten. Bousset will das Entweder–Oder also doch nicht anerkennen, nachdem es Wrede ausgesprochen hat; früher hatte er selbst darauf hingearbeitet (s. o. § 14).

Bei andern ist mehr an eine Wirkung der Persönlichkeit Jesu gedacht. Ihnen liegt in erster Linie daran, daß Paulus tief von der frommen Persönlichkeit Jesu ergriffen gewesen sei. Sie meinen einen religiösen Eindruck, wie ihn ähnlich die Abschilderung Jesu in der Leben-Jesu-Forschung bezweckte: Wem die Gestalt (die Persönlichkeit, das Lebensbild) Jesu aufgeht, der wird auf neue Weise fromm. Paul Kölbing (1843–1925) nennt das „Die geistige Einwirkung der Person Jesu auf Paulus" (1906)[21]. Kölbing harmonisiert auf beiden Seiten kräftig und will von

19 Im großen ganzen auf dem Stand seiner früheren Ausführungen blieb *Martin Brückner:* Zum Thema Jesus und Paulus. ZNW 7 (1906), S. 112–119. S. o. § 14, Anm. 131.
20 *Vischer,* Jesus und Paulus. Zur Person s. *Arnold Meyer:* Vischer, 1. Eberhard. RGG² V, Sp. 1594. *Arnold Meyer:* Wer hat das Christentum begründet, Jesus oder Paulus? Tübingen 1907 (= Lebensfragen 19). Zur Person s. *Paul Glaue:* Meyer, 1. Arnold. RGG² III, Sp. 2171. *K. Weidel:* Jesus und Paulus. ZevReligionsunterricht 19 (1907/08), S. 73–88. *Wilhelm Bousset:* Noch einmal Jesus und Paulus. ZevReligionsunterricht 19 (1907/08), S. 234–247.
21 *Paul Kölbing:* Die geistige Einwirkung der Person Jesu auf Paulus. Eine historische Untersuchung. Göttingen 1906. Zur Person s. *Wilhelm Jannasch:* Kölbing, Paul. RGG² III, Sp. 1115.

13 Regner

der religionsgeschichtlichen Forschung nichts wissen. Das Ganze wirkt ein wenig „altmodisch". Umso deutlicher zeigt es die Herkunft der Überlegungen: Sie sind eine bescheiden gewordene Variante der alten Herleitungsversuche. Eduard von Hartmann schrieb ein Jahr zuvor[22]: „Wenn die *Lehre* Jesu sich vor der historischen Kritik als ein viel zu schmaler Boden für die Errichtung eines religiösen Gebäudes erwiesen hat, so pflegen die Verteidiger des ,Christentums Christi' auf die *Person* Jesu sich als auf ihr letztes Bollwerk zurückzuziehen." Das war Holtzmanns Weg. Kein Wunder, daß der anerkannte Meister der zweiten Phase der freien Theologie selbst auf diese Lösung zurückkam. 1907 ergriff Holtzmann wieder das Wort „Zum Thema ,Jesus und Paulus' "[23]. Nach einem noblen Überblick über die bisherige Diskussion bestätigt er zuletzt seine eigene frühere Behauptung[24]: „[...] der paulinische Lehrbegriff [ist] durchaus ein Beweis für die übergreifende Geistesmacht und eminente Lebenskraft Jesu selbst." Holtzmann übergeht oder befeindet die religionsgeschichtlichen Thesen und Hypothesen nicht. Er kann sich ihnen stellen, und insofern argumentiert er „moderner" als Kölbing. Es ist, wie es schon in seinem „Lehrbuch der Neutestamentlichen Theologie" (1897) war: Über die Theologie des Paulus mag schlimmstenfalls zutage treten, was da will, so lange sich noch eine religiöse Gemeinsamkeit zwischen Paulus und Jesus behaupten läßt. Daran hält Holtzmann unbeirrt fest. Auch die paulinische Christologie hatte den Menschen Jesus im Sinn; die Metaphysik mußte sich nach seinem Bilde fügen, so weit sie das überhaupt konnte.

Johannes Weiß unterstützte diese Ansicht von 1909 an bis zu seinem Tode im Jahr 1914 durch mehrere Stellungnahmen zum Problem „Paulus und Jesus"[25]. Weiß wurde nach seinem aufsehenerregenden Erstlingswerk von 1892 (s. o. § 13) wohl der zurückhaltendste und am meisten vermittelnde aus dem ersten Kreis der Religionsgeschichtlichen Schule. Auch seine Voten in Sachen „Paulus und Jesus" vermitteln zwischen der zweiten und der dritten Phase der freien Theologie. Einerseits besteht er mit Wrede auf der großen Wichtigkeit des Schrittes vom Verkündiger Jesus zum verkündigten Jesus Christus und erinnert die Theologie daran. Außerdem unterstützt er Wredes These einer mitgebrachten vorchristlichen Christologie des Paulus[26]. Andererseits hilft er sich mit Holtzmann über die Kluft

---

22 *Hartmann,* Christentum des NT S. 15.
23 *Holtzmann,* „Jesus und Paulus"; s. auch § 15, Anm. 47 u. 50.
24 Ebd. S. 323.
25 *Johannes Weiß:* Paulus und Jesus. Berlin 1909. Ders.: Christus. Die Anfänge des Dogmas. Tübingen 1909. (= RV I, 18 u. 19). Ders.: Jesus im Glauben des Urchristentums. Vortrag. Tübingen 1910. Ders.: Das Problem der Entstehung des Christentums. ARW 16 (1913), S. 423–515. Ders.: Das Urchristentum. Nach dem Tode des Verf. hrsg. u. ergänzt v. Rudolf Knopf. Göttingen 1917; der Paulus-Teil erschien schon 1913 erstmals. Diese Ausgabe war mir nicht zugänglich.
26 Zumindest im Rahmen der liberalen Theologie „entschärft er die hier sichtbar werdende historische Aporie [...]" damit nicht notwendig, *Jüngel,* Paulus und Jesus S. 11 (zu Weiß insgesamt S. 10ff.). In diesem Rahmen war der Gedanke einer vorchristlichen Christologie vielleicht sogar *verschärfend,* denn man wollte die Christologie ja „irgendwie" hinnehmen können.

hinweg und entdeckt eine starke Einwirkung Jesu auf Paulus[27]. Genau besehen soll das Damaskuserlebnis eine frühere persönliche Begegnung der beiden sehr wahrscheinlich machen. Weiß nützt diesen Ansatz beim Damaskuserlebnis auch zu Überlegungen, was bei dem Christen Paulus aus der alten Lehre wurde. Er begreift die Aufgabe aber nicht radikal genug, und so gilt davon ebenfalls[28]: „[...] ausgezeichnete Beobachtungen vermischen sich mit psychologischen Begründungen, die den fruchtbaren Ansatz verstellen."

(d) Auch Jülichers anderer Lösungsversuch wurde aufgegriffen und weitergeführt. Gemeint ist der Hinweis auf die Bedeutung der Gemeinde für die Entstehung des Christentums und seine Theologie, ein Hinweis, der das Verhältnis „Paulus und Jesus" entlasten sollte. In seiner Allgemeinheit fügte er sich unterschiedlichen Deutungen. Bousset betonte 1908 die Fruchtbarkeit der Anregung[29]. Aber mit dieser Anerkennung hatte es kaum mehr auf sich, als daß der Gedanke so auch für die Religionsgeschichtliche Schule reklamiert war. Doch ein Jahr später schon machte Adolf Harnack ihn sich gegen die Religionsgeschichtliche Schule zunutze. In der vierten Auflage seines „Lehrbuchs der Dogmengeschichte" bekämpft er damit ihren milden oder schroffen Antipaulinismus[30]: Nicht Paulus, sondern die Urgemeinde müßte dafür haften, wenn wirklich bereits in der ersten Generation eine prinzipielle Abweichung vom Evangelium Jesu unterlaufen wäre. Albert Schweitzer anerkannte diese Gedanken 1911 mit dem ungerechten Lob[31]: „[...] das Ende des nutzlosen Geredes über ‚Jesus und Paulus' und ‚Jesus oder Paulus' angebahnt zu haben, ist das Verdienst Harnacks." Es mag sein, daß Schweitzer dabei wirklich nur an „*nutzlose*" Beiträge über „Paulus und Jesus" dachte. Selbst dann zeigte seine Äußerung an, wie das Interesse an der Verhältnisbestimmung „Paulus und Jesus" nachließ, und praktisch unterstützte sie selber diese Tendenz.

Wrede hatte das Problem „Paulus und Jesus" durch sein radikales Fazit aufheben wollen. Es war aber so radikal, daß es eine Diskussion dieser Frage erst recht anregte. Nie zuvor fand sie so viel Beachtung. Auch der Hinweis auf die Gemeinde

---

27 S. z. B. *Weiß*, Christus S. 32ff., 63f. u. ö.; eine gute Zusammenfassung bietet *Weiß*, Jesus im Glauben S. 38–46.

28 *Jüngel*, Paulus und Jesus S. 11. *Weiß*, Christus S. 88, kann sagen: „Je weniger wir die Christologie verstehen und uns aneignen können, um so stärker werden wir auf die Person Jesu zurückgewiesen." Vom Einfluß der Person Jesu auf Paulus spricht auch *Gerhard Kittel:* Jesus bei Paulus. ThStKr 85 (1912), S. 366–402.

29 *Bousset*, Noch einmal Jesus S. 235ff.

30 *Adolf Harnack:* Lehrbuch der Dogmengeschichte; Bd. 1. Die Entstehung des kirchlichen Dogmas. 4., neu durchgearb. u. verm. Aufl. Tübingen 1909. Über Paulus S. 100–107, gegen Wrede S. 106f. Das eigentliche Problem ist nach Harnack Jesu Messianitätsgedanke (S. 107): „Das große Problem ist also Jesus selbst in seinem Anspruch auf die Messianität." So wird das Problem verlagert. S. auch *Adolf Harnack:* Das doppelte Evangelium im Neuen Testament. In: Max Fischer u. Friedrich Michael Schiele (Hrsg.): Fünfter Weltkongreß für freies Christentum und religiösen Fortschritt. Berlin 1910. Protokoll der Verhandlungen. Berlin 1910, S. 151–159. Dort sagt Harnack (S. 153): „Somit ist das Problem zeitlich von Paulus bis zu den ersten Jüngern Jesu zurückzuschieben." Es bleibt aber nicht bei der zeitlichen Verschiebung.

31 *Schweitzer*, GdPaulF S. 126.

als Zwischenglied zwischen Jesus und Paulus wollte das Problem „Paulus und Jesus" aufheben, allerdings auf seine Weise: Er war so sehr auf die Leugnung des
Problems ausgerichtet, daß er die Gesprächsbereitschaft lähmte. Nichts konnte
dem Gespräch mehr schaden als die willkommene Auskunft, daß es ein Problem
„Paulus und Jesus" für rechte historische Erkenntnis sozusagen überhaupt nicht
gebe. Das Thema „Paulus und Jesus" verfiel wieder der Vernachlässigung. Es hatte
in der freien Theologie keine Zukunft mehr[32].

Als sich Wilhelm Heitmüller 1912 „Zum Problem Paulus und Jesus" äußerte, stellte er dementsprechend fest[33]: „In der Erörterung des Problems ‚Paulus und Jesus'
ist eine gewisse Stille und Ruhe eingetreten." Die Aufmerksamkeit war verflogen,
denn das Ergebnis der Diskussion war die beruhigte Ansicht, „daß Paulus und
Jesus als religiöse Größen zueinandergehören, daß Paulus durch das Mittelglied
der Urgemeinde irgendwie von Jesus abhängig ist, daß der große Heidenapostel
nicht eine neue Reihe anfängt [...]"[34]. Diese Überzeugungen schläferten das Gespräch
ein. Auch Heitmüller teilte sie anscheinend. Trotzdem erinnert er noch einmal
an die Unterschiede zwischen der Verkündigung Jesu und derjenigen des Paulus
und an den einen fundamentalen Unterschied zwischen Verkündiger und Verkün-
digtem. Und er verlangt eine Erklärung.

Dazu nun dient ihm Jülichers Hinweis auf die Gemeinde, diesmal wieder zugunsten
der religionsgeschichtlichen Forschung benützt. Tatsächlich geht es Heitmüller vor
allem um die Gemeinde selbst. Was er hier zu sagen hat, steht im Zusammenhang
mit dem vermehrten Interesse für den Hellenismus, das damals von den Religionswissenschaften her auf die Religionsgeschichtliche Schule übergriff[35]. Heitmüller
interessiert sich für die geschichtlichen Mittelglieder zwischen Jesus und Paulus
viel mehr, als er sich für das Verhältnis „Paulus und Jesus" interessiert: Es sind
die verschiedenen Stufen der christlichen Gemeinde, von Palästina bis in die hellenistische Welt hinein[36]. Deshalb heißt zwar das formulierte Thema noch „Paulus und Jesus", aber das eigentliche Thema ist die hellenistische Gemeindetheologie. Die Frage „Paulus und Jesus" kommt noch vor, aber der christliche Hellenismus ist das faszinierende neue Thema.

Kurz nach diesem Aufsatz erschien Wilhelm Boussets Monographie „Kyrios Christos" (1913)[37]. Was Heitmüller bloß skizziert, führt sie für die „Geschichte des

---

32 Mit diesen Beobachtungen soll nicht gesagt sein, daß der Hinweis auf die Rolle der ersten
   Gemeinde verkehrt war. Verkehrt war aber seine Benützung.
33 *Wilhelm Heitmüller:* Zum Problem Paulus und Jesus. ZNW 13 (1912), S. 320—337. Abgedruckt bei *Rengstof/Luck*, Paulusbild S. 124—143. Zit. S. 320. S. auch *Jüngel*, Paulus
   und Jesus S. 12f.
34 Ebd.
35 S. *Kümmel*, Das NT S. 310—313, u. *Ittel*, Religionsgeschichtliche Schule S. 47—78.
36 *Heitmüller*, Zu Paulus und Jesus S. 330: „Die Entwicklungsreihe lautet: Jesus — Urgemeinde — hellenistisches Christentum — Paulus."
37 *Wilhelm Bousset:* Kyrios Christos. Geschichte des Christusglaubens von den Anfängen des
   Christentums bis Irenaeus. Göttingen 1913 (= FRLANT NF 4). Neuerdings liegt ein Nachdruck vor, ders.: Kyrios Christos. Geschichte des Christusglaubens von den Anfängen des
   Christentums bis Irenaeus. 5. Aufl. Unveränd. 3. Abdruck der 2., umgearb. Aufl. Göttin-

Christusglaubens" im einzelnen aus. Sie hat ohne Zweifel große Bedeutung für die Geschichte der neutestamentlichen Wissenschaft. Ihr Beitrag zum Vergleich „Paulus und Jesus" ist aber nicht weniger kärglich als derjenige Heitmüllers. Bousset steht zu stark unter dem Eindruck der neuentdeckten historischen Prozesse, die nach Jesu Tod in der palästinensischen Urgemeinde und den hellenistischen Gemeinden abliefen, um noch einen Sinn für die Verhältnisbestimmung „Paulus und Jesus" zu haben. Die Spanne zwischen Jesus und Paulus füllt sich durch die neuen Beobachtungen an der Gemeinde mit so viel interessantem Leben, daß Paulus und Jesus weit auseinander gedrängt werden. Sie kommen kaum ernsthaft miteinander ins Spiel. Was doch darüber zu hören ist, scheint eine Abkehr Boussets von seinen früheren Harmonisierungen zu signalisieren[38]. Noch 1908 hatte er gegen Wrede geschrieben, bei Paulus sei, verglichen mit Jesus, keine fundamental neue Frömmigkeit zu beobachten („Noch einmal Jesus und Paulus", s. o.)[39]. Jetzt schreibt er[40]: „Für einen Grundzug des Personenbildes Jesu, ja eigentlich für dessen Fundament, nämlich seine Frömmigkeit und seinen Gottesglauben, hat Paulus in seiner Evangelienverkündigung überhaupt keinen Platz [...]." Bekommt Wrede im nachhinein recht, jetzt, wo sich die große Menge der freien Theologen längst endgültig von ihm abgewendet hat? Und wenn es so wäre, Wrede bekommt zu spät recht, als daß es das Gespräch über „Paulus und Jesus" noch einmal beleben könnte[41]. Ludovít Fazekaš meint[42]: „Paulus ist für Bousset [...] ein Verderber des Evangeliums Jesu." Es scheint tatsächlich, daß Bousset zuletzt wieder eher zu dem neigte, was er Jahrzehnte zuvor, wie Wrede, bei seinem Lehrer Lagarde gehört hatte. Vielleicht aber stimmt auch das nur halb: Bousset ließ es zu, daß seine zwiespältige Vorlesungsreihe „Das Wesen der Religion" mit ihrer Verharmlosung des paulinischen Problems 1920 zum vierten Mal erschien, im Wesentlichen unverändert (s. o. § 14)[43]. Die Religionsgeschichtliche Schule im ganzen erreichte Wredes Eindeutigkeit nie.

(e) Heitmüllers Neubelebung des Themas „Paulus und Jesus" hatte keine weitere theologische Klärung gebracht. Sie wies selbst in eine andere Richtung und führte vom Thema „Paulus und Jesus" fort zur Diskussion der frühchristlichen Gemeinde-

---

gen 1965. S. auch *Bultmann,* Zur GdPaulF S. 49–52; *Ludovít Fazekaš:* Wilhelm Bousset und sein „Kyrios Christos". ZdZ 20 (1966), S. 81–90; *Kümmel,* Das NT S. 342f. (mit Textauszügen S. 343–351). Aus der zeitgenössischen Kritik ist von Interesse *Paul Wernle:* Jesus und Paulus. Antithesen zu Boussets Kyrios Christos. ZThK 25 (1915), S. 1–92; u. *Wilhelm Heitmüller:* Jesus und Paulus. Freundschaftliche kritische Bemerkungen zu P. Wernles Artikel „Jesus und Paulus". ZThK 25 (1915), S. 156–179; Textauszüge u. Hinweise bei *Kümmel,* Das NT S. 403f.
38 Über Paulus allein spricht *Bousset,* Kyrios Christos S. 125–186, besonders über „Paulus und Jesus" nur auf S. 143f.
39 S. *Bousset,* Noch einmal Jesus S. 242, 246.
40 *Bousset,* Kyrios Christos S. 144.
41 *Fazekaš,* Bousset S. 82, berichtet über die Erörterungen, die Bousset auslöste. Bezeichnenderweise spielte das Thema „Paulus und Jesus" dabei keine Rolle mehr.
42 Ebd. S. 88.
43 *Wilhelm Bousset:* Das Wesen der Religion. Dargestellt an ihrer Geschichte. 4. Aufl. Tübingen 1920 (= Lebensfragen 28).

theologie. In der freien Theologie wurde es endgültig still um die Frage „Paulus und Jesus". Wrede hatte sie nur auf kurze Zeit zu „einer theologischen Tagesfrage ersten Ranges" machen können[44]. Über den Tag hinaus hielt das Interesse nicht lange an, und das war auch kein Wunder.

Erstens war die freie Theologie jener Jahre in ihrer theologischen Unklarheit und Unentschiedenheit zwischen „Schrift" und „Bibel", „Christus" und „Jesus", „Theologie" und „Religion" (s. o. §§ 2—5) nicht gewillt, sich durch das Thema „Paulus und Jesus" zur Klarheit und Entschiedenheit nötigen zu lassen. Und sie konnte Klarheit und Entschiedenheit hier auch nicht wünschen, wenn sie sich nicht selbst in Frage stellen wollte: Zu lange schon lebte ihre Freiheit von ihrer Kompromißbereitschaft. Gerade indem sie die Dinge systematisch-theologisch in der Schwebe ließ, erhielt sie sich den Spielraum für ihre exegetischen Entdeckungen und Neuerungen, auch vor sich selbst. Der Bruch mit Paulus aber hätte eine systematisch-theologische Rechenschaft unbedingt verlangt, und auch ein schroffes Entweder—Oder zwischen Jesus und Paulus hätte sie erfordert. Das aber ging offenbar über die Möglichkeiten der nachbaur'schen freien Theologie, und die Mehrzahl der Religionsgeschichtler entzog sich der Klärung ebenfalls, als Wrede sie erzwingen wollte. Die Religionsgeschichtliche Schule verweigerte ihrem Programmatiker die Gefolgschaft, als er sein Programm ausfüllte. Sie blieb in Sachen „Paulus und Jesus" der zweiten Phase der freien Theologie verhaftet.

Zweitens litt das Gespräch über „Paulus und Jesus" nach Wredes Impuls bald unter dem Mangel an neuen Gedanken. Was gesagt wurde, war schon zu oft gesagt worden, um das Interesse wach zu halten. Ohne eine Revision der Grundbegriffe kam nur die Wiederholung alter Argumente in Frage. Beispielsweise war die Anknüpfung bloß der paulinischen Religion (nicht aber seiner Theologie) an die Religion Jesu seit Jahren bekannt, und die Herleitung des Paulinismus von der Predigt oder der Persönlichkeit Jesu (oder beidem) war ein noch älterer, ausgetretener Weg, um mit dem Problem „Paulus und Jesus" zurechtzukommen. Das Gespräch mußte erlahmen, denn niemand fand sich, der an Wredes Stelle die Rolle des Widerparts gegen soviel Harmonisierung und Bagatellisierung übernahm. Die freie Theologie wiederholte also noch einmal, was längst gesagt war, die konservative nicht minder. Aber Wrede hatte allen diesen Gründen schon das Urteil gesprochen. So drehte sich das Gespräch im Kreise, bis es aufhörte. Die freie Theologie kam mit dem Problem „Paulus und Jesus" nicht mehr weiter. Die Zeit seiner Beachtung war vorbei. Es wurde wieder vernachlässigt.

§ 17. „Paulus und Jesus" im neuen „Rationalismus"
— Eine Randbemerkung —

Die zweite wie die dritte, religionsgeschichtliche Phase der freien Theologie wollte sich an den Menschen Jesus binden (s. o. § 9 u. 14). Die zweite tat es mehr im stillen, die dritte sprach es deutlicher aus. So oder so hatte ihr tendenzieller oder

---

44 *Holtzmann,* „Jesus und Paulus" S. 313.

ausgebildeter Jesuanismus Folgen dafür, was sie über Paulus und über „Paulus und Jesus" sagten oder nicht sagten[1]. *Eine* Folge war die lange Zurückhaltung bei der Paulusforschung. Sie ließ Paulus gar nicht erst klar vor das Auge treten. So ging sie der Frage nach dem Verhältnis „Paulus und Jesus" aus dem Weg. Eine *andere* Folge war der Versuch, bei Paulus eine ähnliche Bindung an den historischen Jesus nachzuweisen, wie man sie selber suchte. Dieser Versuch war zugleich auf Selbstbestätigung und auf Vermittlung aus. Er konnte Paulus, trotz mancher Einschränkungen, sogar als Gewährsmann des eigenen jesuanischen Denkens zeigen. Und er konnte die Distanznahme von Paulus mit einer gewissen Anerkennung verbinden, so daß er einen Bruch zwischen dem Jesuanismus und der christologisch-soteriologischen Theologie des Paulus vermied. Eine weitere Folge des Jesuanismus war schließlich die Absage an Paulus; sie sprach dem Paulinismus auch um Jesu willen sein Recht ab. Sie wollte weder den eigenen Jesuanismus noch gar Jesus selbst ins Unrecht setzen lassen, sondern setzte Paulus ins Unrecht, als ihr die Unvereinbarkeit feststand.

Noch während diese Lösungsversuche für das Problem „Paulus und Jesus" verfolgt wurden, wurden andere Überlegungen laut. Ohne daß es gesagt wurde, war die Frage „Paulus und Jesus" davon betroffen. Sie verlor dadurch auf eine andere Weise ähnlich radikal den Charakter eines theologischen Problems, wie schon Wredes Entweder—Oder ihn ihr abgesprochen hatte. Wilhelm Bousset propagierte 1910 für alle Überlegungen zur „Bedeutung der Person Jesu für den Glauben" eine Rückbesinnung auf den „Rationalismus"[2]. Sie gipfelt in dem Satz[3]: „Und wenn die Wissenschaft das äußerste Verdikt spräche, daß Jesu[s] nicht existiert habe, der Glaube kann nicht verloren gehen, denn er ruht auf seinen eigenen ewigen Fundamenten [...]". Mit einem Mal läßt sich der Maßstab entbehren, an dem Paulus bisher gemessen wurde[4]. Mit einem Mal soll zur Not auch Jesus verschmerzt werden, an dem im Liberalismus seit der zweiten Phase der freien Theologie scheinbar alle christliche Lehre und Predigt hing. Mit einem Mal darf das angebliche historische Fundament verlassen werden, weil andere und unantastbare, „ewige" Fundamente gegeben sind. Dann aber kann künftig weder „Christus" noch auch „Jesus" das ernsthafteste, eigentliche, zentrale Thema der Theologie sein. Wie einst das Thema „Christus", büßt jetzt das Thema „Jesus" seinen beherrschenden theologischen Rang ein. Und damit verliert zugleich die Frage „Paulus und Jesus" die

---

1 Was im Folgenden genannt wird, war zweifellos nicht *nur* eine Folge des Jesuanismus; so ist es von mir bisher auch nicht dargestellt worden. Es hing aber sehr wesentlich mit dem Jesuanismus zusammen, und auf diesen Zusammenhang kommt es im Augenblick an.

2 *Wilhelm Bousset:* Die Bedeutung der Person Jesu für den Glauben (Historische und rationale Grundlagen des Glaubens). In: Weltkongreß S. 291—305. Eine verwandte Thematik behandelt ders.: Religion und Geschichte. Groningen 1912 (= Bijlage tot het Jaarboek der Rijks-Universiteit te Groningen 1911/12. Aula-Voordrachten III); s. auch *Schweitzer,* GdLJF S. 520—525.

3 *Bousset,* Bedeutung Jesu S. 305.

4 Daß die freie Theologie schon länger nicht nur in Jesus ihren theologischen Maßstab hatte, wurde vor allem an Wredes „Paulus" sichtbar, s. o. § 15. Was Bousset sagte, war also zwar sachlich nicht völlig neu, es war in der freien Theologie aber bisher so noch nicht ausgesprochen.

Qualität eines theologischen Problems. Auf der einen Seite ein Jesus, der existiert hat oder vielleicht nicht und dessen ehemalige Existenz oder Nicht-Existenz theologisch letztlich unerheblich ist, auf der andern Seite Paulus, dessen viele Irrtümer auf der Hand liegen – diese Verhältnisbestimmung mag historisch interessieren, ein theologisches Problem dürfte sie für Bousset kaum mehr sein. Er leugnet nur die theologische Notwendigkeit des historischen „Daß" des Lebens Jesu. Ohne daß er es ausspricht, ist damit auch das Problem „Paulus und Jesus" theologisch abgewertet.

Diese seltsame Wendung eines Jesuaners kam nicht von ungefähr. Ein Jahr zuvor, 1909, hatte Arthur Drews (1865–1935) die vermeintliche „Christusmythe" des Neuen Testaments bloßgestellt[5]: Angeregt durch angelsächsische Untersuchungen und bestärkt durch Aussagen der Religionswissenschaften und der Religionsgeschichtlichen Schule, erklärte er den neutestamentlichen Jesus zur mythologischen Figur und bestritt die Geschichtlichkeit Jesu. Andere taten es ihm gleich, Theologen widersprachen, und es kam zu einer aufsehenerregenden Auseinandersetzung über die Historizität Jesu[6]. Das hat Bousset vor Augen. Anders als andere liberale Exegeten verzichtet er jedoch darauf, den historischen Gegenbeweis gegen Drews zu führen, obwohl ihm selbst die Geschichtlichkeit Jesu feststeht. Jesus hat existiert. *Darin* ist Drews im Irrtum, und seine Kontrahenten haben historisch recht. Aber Drews bestreitet die Historizität Jesu in Wahrheit nicht deshalb, weil er die bloße Historizität Jesu einen Streit wert fände; und die theologischen Verteidiger der Historizität Jesu verteidigen sie nicht deshalb, weil es ihnen um die bloße Historizität ginge[7]. Sie verteidigen sie, weil sie etwas damit machen wollen, und Drews leugnet sie, weil er gerade damit Schluß machen möchte. In *diesem* heimlichen Streit sieht Bousset eine Berechtigung für die These von Drews. Allerdings bricht er ihr die Spitze ab, falls dieser damit das Christentum insgesamt erschüttern wollte: Die Leugnung der historischen Existenz Jesu wird nur eine bestimmte Theologie irritieren, erklärt Bousset, das Christentum jedoch steht und fällt mit der Geschichtlichkeit Jesu nicht.

„Getroffen [...] wird eine weithin herrschende Form der liberalen, modernen Theologie. Charakterisiert ist diese Theologie durch ihren [...] Anti-Rationalismus. [...] Man sucht und findet im Historischen die fundamentale Grundlage, wie für alle höheren geistigen Anliegen der Menschheit, so für die Religion. Man faßt die Geschichte als den Schauplatz grundlegender, prinzipiell neuer Offenbarungen"[8]. Dann freilich kann auf Jesus die Würde eines Offenbarers oder Quasi-Offenbarers gehäuft werden, und dann kann sein Leben und Lehren als die geschichtliche

---

5 Zur Person s. *Johannes Wendland:* Drews, 1. Arthur. RGG² I, Sp. 2026f.; zur Sache vor allem *Schweitzer*, GdLJF S. 451–499, über Drews besonders S. 486–498.

6 Vgl. *Schweitzer*, GdLJF S. 500–560. Unter den liberalen Gegnern von Drews waren auch Adolf Jülicher, Heinrich Weinel und Johannes Weiß, s. ebd. S. 500f. (Literaturübersicht).

7 Vgl. ebd. S. 487 u. 525. Schweitzer bemerkt (S. 525): „Die Gegner von A. Drews kämen tatsächlich in Verlegenheit, wenn sie ausführliche und sachliche Auskunft geben sollten, warum sie die Geschichtlichkeit Jesu so leidenschaftlich verteidigen [...]".

8 Ebd. S. 293.

Neuerung erscheinen, „von der aller Glaube in seinen Fundamenten abhänge"[9]. Dann ist aber auch der unendliche, strömende Zusammenhang der Menschheitsgeschichte unterbrochen, von dem das moderne Geschichtsdenken ansonsten ausgeht, auch das theologische. Eine Theologie, die das tut, muß sich fragen lassen, mit welchem Recht sie dem geschichtlichen Ereignis „Jesus" jene einzigartigen Qualitäten zuspricht. Sie gerät in Verlegenheiten, wenn der historische Vergleich ihren Jesus immer tiefer in die Zusammenhänge seiner Zeit und Welt einzeichnet, und sie gerät in Not, wenn die Erkennbarkeit oder sogar die Geschichtlichkeit Jesu fragwürdig wird[10]. „Also sind alle diese Versuche, erkenntnisgemäß die Sicherheit und den Inhalt unseres Glaubens rein im Historischen zu begründen, von eigentümlichen Schwierigkeiten bedrückt"[11]. Drews rührt diesen wunden Punkt an, und darin hat seine These für Bousset ihre Berechtigung.

Die Vorgeschichte von Boussets Empfehlung eines neuen „Rationalismus" verdeutlicht zweierlei. Erstens hilft sie seine Wendung vom Historismus zum „Rationalismus" (oder Idealismus) verstehen. Die Schwierigkeiten einer theologisch-historischen Begründung des christlichen Glaubens auf Jesus waren Bousset offenbar zu deutlich geworden; er konnte nicht länger darauf vertrauen. Die Religionsgeschichtliche Schule hatte über die nachbaur'sche freie Theologie hinaus bereits den Schritt zum bewußten Eklektizismus im Jesuanismus getan. Bousset tut jetzt sozusagen den nächsten Schritt: Weil auch das geschmälerte historische Fundament nicht mehr sicher genug ist, fragt er nach einem neuen. Als Ernst Troeltsch ein Jahr später „Die Bedeutung der Geschichtlichkeit Jesu für den Glauben" (1911) untersuchte, zeichnete er ebenfalls dieselbe Linie nach: wie das historische Fundament mit dem Fortschritt der Exegese schmäler und schmäler wird und schließlich die Frage nach einer anderen Grundlage erzwingt[12]. „So weist die Historie, ernst und nachhaltend betrieben, über sich selbst hinüber und zwingt uns, ein anderes Fundament außerhalb ihrer zu suchen, und das wäre – die Ratio", schreibt Bousset[13].

Wie und wo Bousset und Troeltsch dieses Fundament jeweils finden und wem sie dabei folgen, kann hier außer acht bleiben[14]. Dahingestellt sei auch, welche Bedeutung bei ihnen der „Person" oder der „Geschichtlichkeit" Jesu für den Glau-

---

9 Ebd.

10 Das Wachsen dieser Bedrängnis wird sehr deutlich skizziert bei *Ernst Troeltsch:* Die Bedeutung der Geschichtlichkeit Jesu für den Glauben. Vortrag. Tübingen 1911. Dort S. 3f.

11 *Bousset,* Bedeutung Jesu S. 298.

12 S. o. Anm. 10.

13 *Bousset,* Bedeutung Jesu S. 298.

14 Es ist bekannt, daß Bousset sich dem Neufriesianismus anschloß. während Troeltsch dem Neukantianismus Rickerts folgte, s. *Herwig Blankertz:* Neufriesianismus. RGG[3] IV, Sp. 1411, u. *Hermann Lübbe:* Neukantianismus. RGG[3] IV, Sp. 1421–1425. Zeugnisse für Boussets Neufriesianismus sind etwa *Wilhelm Bousset:* Kantisch-Friessche Religionsphilosophie und ihre Anwendung auf die Theologie. Rez. zu: Rudolf Otto, Kantisch-Friessche Religionsphilosophie, Tübingen 1909. ThR 12 (1909), S. 419–436, 471–488; ders.: In Sachen des Neofriesianismus. I. Wider unsern Kritiker [d. i. Karl Bornhausen]. ZThK 21 (1911), S. 141–159. Zu Troeltsch s. auch *Bodenstein,* Neige des Historismus S. 16–69 u. passim.

ben verbleibt. Sehr vage könnte man sie in beiden Fällen als eine nurmehr praktische, nicht konstitutive Bedeutung bezeichnen. Hier aber geht es um die aus-
klingende Geschichte des Themas „Paulus und Jesus".

Damit hat das zweite wieder enger zu tun, was außerdem noch an der Vorgeschichte von Boussets Versuch eines neuen „Rationalismus" deutlich wird. Gemeint ist ihr antithetischer Charakter. Die Besinnung auf die religiösen Ideen,
die „mit selbsteigener Gewißheit" einleuchten, steht nicht bloß faktisch, sondern
ausdrücklich im Gegenzug zu einer freien Theologie, die „der Autorität der Geschichte" folgen will[15]. Und unausgesprochen steht sie so auch im Gegenzug zu
Paulus. Die freie Theologie nach Baur hatte den Apostel gerne nach dem Bild
ihres eigenen Jesuanismus gedeutet. Soll dieser Jesuanismus verworfen werden,
dann muß auch ein solcher Paulus verworfen werden. Nicht weniger unerträglich
muß dem neuen „Rationalismus" aber der Paulus sein, der schrieb: „Ist Christus
nicht auferweckt worden, so ist ja unsere Predigt leer, leer auch euer Glaube"
(1 Kor 15,14). Denn hier soll es für den Glauben gar nicht fundamental darauf
ankommen, ob es Jesus überhaupt gab. Die Aufhebung des theologischen Problems „Paulus und Jesus" durch Bousset verhält sich gegen Paulus also ebenso
wenig „neutral", wie Wredes radikale Aufhebung es getan hatte.

Der Deist Reimarus hatte das Thema „Paulus und Jesus" bemerkt, ein theologisches Problem war es für ihn nicht geworden (s. o. § 2 u. 11). Das war zu Beginn der Leben-Jesu-Forschung. Der Religionsgeschichtler Bousset hatte erlebt,
wie die Frage „Paulus und Jesus" zum Problem einer jesuanischen freien Theologie geworden war. Er besann sich — wie auch andere in jenen Jahren — auf den
„Rationalismus" zurück und propagierte eine Theologie, die der Frage „Paulus
und Jesus" den Charakter eines theologischen Problems nahm. Das war am Ende
der Leben-Jesu-Forschung. Das Thema „Paulus und Jesus" hatte seine Geschichte
vorerst *gehabt*.

§ 18. Rückblick auf die Geschichte des Themas „Paulus und Jesus"
in der Zeit größerer Beachtung
– Schluß –

Bis in die achtziger Jahre des neunzehnten Jahrhunderts wurde das Thema „Paulus und Jesus" in der neutestamentlichen Theologie vernachlässigt (s. o. Teil II A).
Aber auch dann fand es nur ganz langsam Beachtung. Die wissenschaftliche Theologie ließ sich von der Herausforderung des philosophischen Antipaulinismus nicht
aufschrecken (s. o. § 11). Es bedurfte neuer Entwicklungen in der Theologie selbst
und in ihrem Umkreis (s. o. § 12), ehe die Frage „Paulus und Jesus" vereinzelt
aufgegriffen wurde (s. o. § 13). Nicht von ungefähr machten dabei konservative
Theologen den Anfang. In ihrem Denken war die Spannung zwischen den Polen
„Bibel" und „Schrift" und „Jesus" und „Christus" noch nicht gelöst, und das
ließ sie für alle Anzeichen eines profilierteren historistischen Jesuanismus emp-

---

15 *Bousset,* Bedeutung Jesu S. 299.

findsam sein. Und gleichfalls nicht von ungefähr führten manche Äußerungen aus der Schule Ritschls auch auf das Thema „Paulus und Jesus" hin. In ihrer Mittelstellung zwischen Konservativismus und Liberalismus war diese Schule dafür gewissermaßen prädestiniert: Wer von hier aus zum Liberalismus und zum liberalen Jesuanismus fand, hatte doch etwas vom christologischen Ernst des Konservatismus mit auf den Weg bekommen. Das förderte die Frage nach dem Verhältnis „Paulus und Jesus".

Von ehemaligen Ritschlianern getragen war denn auch die Religionsgeschichtliche Schule, die gegen Ende des Jahrhunderts das Gespräch um „Paulus und Jesus" in ein neues Stadium brachte (s. o. § 14). Während aber bisher in der Theologie immer noch ein vermittelndes Moment zwischen Jesus und Paulus entdeckt worden war, entzog sie diesen Lösungen des Problems jetzt nach und nach die Grundlagen. Manche Konservative hatten sogar die ganze Lehre des Paulus als Auslegung und Fortschreibung der Predigt Jesu erklärt. Die Religionsgeschichtliche Schule dagegen spürte mehr und mehr Quellen des Paulinismus auf, die mit dem historischen Jesus nichts zu tun hatten. Andere Ausleger hatten immerhin über die Urgemeinde einen indirekten Einfluß Jesu auf Paulus gesehen und darin das vermittelnde Moment entdeckt. Die Religionsgeschichtliche Schule aber machte es zunehmend wahrscheinlich, daß nicht der Jesus der Historie, sondern der Christus einer jüdisch-orientalischen Dogmatik für Paulus bestimmend gewesen sei. Auch hatte man versucht, eine Gemeinschaft zwischen Jesus und Paulus wenigstens in der Religion nachzuweisen, und hatte dazu die Theologie des Paulus abgetan. Die Religionsgeschichtliche Schule jedoch setzte die Unterscheidung von Religion und Theologie für Paulus allmählich außer Kraft und entzog damit jener Verhältnisbestimmung „Paulus und Jesus" die Grundlage.

All diese Neuerungen geschahen zaudernd, abgesehen von den wenigen Ausnahmen. Die religionsgeschichtliche freie Theologie der dritten Phase strebte in Sachen „Paulus und Jesus" ebensosehr zu eigenen, neuen Ergebnissen vorwärts, wie sie sich immer wieder umsah und nach der herkömmlichen freien Theologie zurücksehnte. Ihre Überlegungen liefen anscheinend auf die These der Unvereinbarkeit zwischen Jesu Verkündigung und dem Paulinismus hinaus, und doch sprach sie das nicht aus, sei es, daß sie es sich selbst nicht eingestand, oder sei es, daß sie es bloß nicht aussprechen wollte. Erst William Wrede beendete 1904 die Unklarheit (s. o. § 15). Er erklärte, daß Jesu Predigt und die Lehre des Paulus sich eben nicht aufeinander reimen ließen, und er nahm die Parole „Jesus oder Paulus" auf.

Aber Wrede fand keinen Anklang (s. o. § 16). Wenn die freie Theologie (und erst recht die konservative) ihm recht gegeben hätte, hätte sie widerrufen müssen, was sie bislang über „Paulus und Jesus" gesagt hatte. Sie hätte sich dann darüber erklären müssen, was es mit ihrem stillen Jesuanismus auf sich habe, statt ihn weiter durch Begütigungen erträglich zu machen. Sie tat es nicht. Doch auch die Religionsgeschichtliche Schule ließ Wrede allein, obwohl er nur aussprach, worauf ihre Überlegungen anscheinend doch wirklich hinausliefen. Der eine oder andere aus ihrem Kreis stimmte sogar in den allgemeinen Widerspruch ein. Die neutestamantliche Theologie wurde sich in der Ablehnung von Wredes Ergebnis einig. Es

kam zu einer Scheinblüte der theologischen Diskussion um „Paulus und Jesus".
Ein letztes Mal wiederholte man die alten Argumente, denn neue fanden sich nicht.
Dann schwand allmählich das Interesse am Thema „Paulus und Jesus", und es
wurde still um diese Frage. Die Zeit ihrer Beachtung war vorbei. Das Thema „Paulus und Jesus" wurde wieder vernachlässigt.

Noch einmal drängt sich beim Rückblick die Frage auf, weshalb die Religionsgeschichtliche Schule dem Thema „Paulus und Jesus" nicht strenger und besser auf
den Grund ging und sich zu den alten Harmonisierungen bereit fand. Ich kann
diese Frage nicht schlüssig beantworten. Vielleicht hatte sich die Religionsgeschichtliche Schule allzu leicht von Ritschl entfernt und war allzusehr liberale Theologie
geworden, um dem christologischen Problem mit vollem Ernst nachzudenken. Vielleicht war ihr Impetus bei der Beschäftigung mit dem Problem der paulinischen
Christologie (und Soteriologie) von Anfang an zu überwiegend aversiv, und er
mußte deshalb erlahmen: Positiv lag ihr nicht sonderlich an Christologie und Soteriologie. Darum vielleicht konnte sie sich zuletzt mit einigen zusätzlichen Kor-
rekturen und Aussetzungen am Paulinismus begnügen und redete ansonsten den
liberalen Verharmlosungen das Wort. Aber das alles genügt nicht, um ihre Absage
an Wrede zu verstehen. Vielleicht schützte sie so ihren Jesuanismus davor, Rede
und Antwort stehen zu müssen, nicht unbedingt bewußt, aber tatsächlich. Vielleicht auch war sie konservativer geworden, seit sie im neuen Jahrhundert einen
festeren Stand in der freien Theologie gefunden hatte. Oder vielleicht empfand sie,
was es heißen würde, Jesus und Paulus radikal auseinander zu reißen: welche Fülle
von Überlegungen und Neubestimmungen nötig sein würden, zu denen ihr die Fähigkeit und die Kraft fehlte. Ich weiß es nicht. Jedenfalls gingen die Beiträge der
Religionsgeschichtlichen Schule zum Thema „Paulus und Jesus" nach 1904 in den
Stimmen der freien Theologie auf. Der Liberalismus insgesamt kam mit dem Thema „Paulus und Jesus" nicht mehr weiter und ließ es schließlich aus den Augen.
Und dieses Ende ist erklärlich.

Das Thema „Paulus und Jesus" wurde immer nur dann zu einem Problem der
neutestamentlichen Theologie, wenn sie unter der Spannung zwischen „Bibel"
und „Schrift" und „Jesus" und „Christus" stand. So war es in den achtziger Jahren des neunzehnten Jahrhunderts. Der bloße Kampf gegen „Schrift" und „Christus", um der „Bibel" und „Jesu" willen geführt, konnte jene Spannung immer
nur für eine Weile ersetzen; denn hier gab es eigentlich kein Problem, sondern
allenfalls ein Thema „Paulus und Jesus". So war es in der Religionsgeschichtlichen
Schule. Sie wurde viel zu leicht mit „Schrift" und „Christus" fertig, als daß sich
ihr Thema „Paulus und Jesus" nicht hätte erschöpfen müssen. So provozierend
Wredes Fazit klang, es stellte die Theologie gerade nicht vor ein Problem „Paulus und Jesus". Boussets Gedanke an den Verzicht auf die Historizität Jesu bestätigte schließlich nur, daß die Spannung zwischen „Bibel" und „Schrift", „Jesus" und „Christus" für diese Theologie keine positive Rolle spielte (s. o. § 17).
Diese freie Theologie durfte das Thema „Paulus und Jesus" ruhig beiseite legen,
als scheinbar alles gesagt war. Die Geschichte des Themas „Paulus und Jesus" in
der ersten Epoche der historisch-kritischen Theologie war zu Ende.

Wir haben versucht, diese Geschichte von ihren Anfängen an über einzelne Stationen bis zu ihrem Ausgang hin zu verfolgen. Freilich, ich „weiß nicht, ob die
Geschichte [...] erfunden oder ob sie tatsächlich so geschehen ist. Historiker wissen das sehr viel seltener, als andere Leute und häufig sie selber meinen"[1]. Es
könnte für die Theologie trotzdem gut sein, über die Geschichte der Leben-Jesu-
Forschung und die Geschichte der Paulus-Forschung hinaus, sich gründlich mit
der Geschichte des Themas „Paulus und Jesus" zu beschäftigen — und dann erst
recht mit dieser Frage selbst.

---

1 *Ernst Käsemann:* Der Ruf der Freiheit. Tübingen 1968. Zit. S. 29.

Literaturverzeichnis

Die verwendeten Abkürzungen entsprechen denen der dritten Auflage von „Die Religion in Geschichte und Gegenwart" (RGG[3]). Fehlende Angaben sind stillschweigend ergänzt. Kleine Auslassungen, zum Beispiel bei Untertiteln, sind nicht gekennzeichnet.

Aner, Karl: Zum Paulusbild der deutschen Aufklärung. In: Harnack-Ehrung. Beiträge zur Kirchengeschichte, Adolf von Harnack zu seinem siebzigsten Gedurtstage. Leipzig 1921, S. 366–376. (Zit. als: Paulusbild.)

–: Die Theologie der Lessingzeit. Halle a. S. 1929. Fotomechan. Nachdruck, Hildesheim 1964. (Zit. als: Lessingzeit.)

Baldensperger, Wilhelm: Rez. zu: William Wrede, Über Aufgabe und Methode der sogenannten Neutestamentlichen Theologie. Göttingen 1897. ThLZ 24 (1899), Sp. 265–268.

Barrett, C. K.: Die Umwelt des Neuen Testaments. Ausgewählte Quellen. Hrsg. u. übers. v. Carsten Colpe. Tübingen 1959 (= WUNT 4).

Barth, Karl: Die protestantische Theologie im 19. Jahrhundert. Ihre Vorgeschichte und ihre Geschichte. 2., verbess. Aufl. Zollikon/Zürick 1952. (Zit. als: Prot. Theologie.)

Baumgartner, Hans Michael, u. Jacobs, Wilhelm G.: I. G. Fichte-Bibliographie. Stuttgart–Bad Cannstatt 1968.

Baur. Ferdinand Christian: Paulus, der Apostel Jesu Christi. Sein Leben und Wirken, seine Briefe und seine Lehre. Ein Beitrag zu einer kritischen Geschichte des Urchristentums. Stuttgart 1845. (Zit. als: Paulus.)

–: Das Christentum und die christliche Kirche der drei ersten Jahrhunderte. 2., bearb. Aufl. Tübingen 1860. (Zit. als: Das Christentum.) Nachdruck mit e. Einf. v. Ulrich Wickert. Stuttgart 1966 (= Ausgewählte Werke in Einzelausgaben III. Hrsg. v. Klaus Scholder).

–: Vorlesungen über neutestamentliche Theologie. Hrsg. v. Ferdinand Friedrich Baur. Leipzig 1864. Nachdruck mit einer Einf. v. Werner Georg Kümmel. Darmstadt 1973. (Zit. als: NTTheologie.)

–: Vorlesungen über die christliche Dogmengeschichte. Bd. I, 1. Das Dogma der Alten Kirche. 1. Abschn. Hrsg. v. Ferdinand Friedrich Baur. Leipzig 1865.

Baur, Jörg: Salus Christiana. Die Rechtfertigungslehre in der Geschichte des christl. Heilsverständnisses. Bd. 1. Von der christlichen Antike bis zu Theologie der deutschen Aufklärung. Gütersloh 1968. (Zit. als: Salus Christiana.)

Die Bekenntnisschriften der evangelisch-lutherischen Kirche. Hrsg. im Gedenkjahr d. Augsburgischen Konfession 1930. 7. Aufl. Göttingen 1976.

Benckert, Heinrich: „Ohne Christus wäre ich Atheist." Zur Frage nach der natürlichen Gotteserkenntnis. EvTh 18 (1958), S. 445–460.

–: Troeltsch, Ernst. RGG[3] VI, Sp. 1044–1047.

Berndt, Bruno: Die Bedeutung der Person und Verkündigung Jesu für die Vorstellung vom Reiche Gottes bei Albrecht Ritschl. Ev.-theol. Diss. Tübingen (Masch.) 1959.

Beyreuther, Erich: Erweckung I. Erweckungsbewegung im 19. Jh. RGG[3] II, Sp. 621–629.

–: Reinhard, Franz Volkmar. RGG[3] V, Sp. 946.

–: Weinel, Heinrich. RGG[3] VI, Sp. 1573f.

Blankertz, Herwig: Neufriesianismus. RGG[3] IV, Sp. 1411.

Bodenstein, Walter: Neige des Historismus. Ernst Troeltschs Entwicklungsgang. Gütersloh 1959. (Zit. als: Neige des Historismus.)

Boehlich, Walter (Hrsg.): Der Berliner Antisemitismusstreit. 2. Aufl. Frankfurt/M. 1965 (= sammlung insel 6). (Zit. als Antisemitismusstreit.)

Bousset, Wilhelm: Jesu Predigt in ihrem Gegensatz zum Judentum. Ein religionsgeschichtlicher Vergleich. Göttingen 1892. (Zit. als: Jesu Predigt.)

–: Der Antichrist in der Überlieferung des Judentums, des neuen Testaments und der alten Kirche. Ein Beitrag zur Auslegung der Apokalypse. Göttingen 1895. (Zit. als: Antichrist.)

–: Die jüdische Apokalyptik, ihre religionsgeschichtliche Herkunft und ihre Bedeutung für das neue Testament. Vortrag vom 15. Okt. 1902. Berlin 1903. (Zit. als: Apokalyptik.)

–: Das Wesen der Religion, dargestellt in ihrer Geschichte. Halle und Tübingen 1903. (Zit. als: Wesen.)

–: Die Religion des Judentums im neutestamentlichen Zeitalter. Tübingen 1903.

–: Volksfrömmigkeit und Schriftgelehrtentum. Antwort auf Herrn Perels' Kritik an meiner „Religion des Judentums im N. T. Zeitalter." Berlin 1903.

–: Jesus. Tübingen 1904 (= RV I, 2 u. 3).

–: Der Apostel Paulus. Als Manuskript gedruckt. Halle a. S. und Tübingen 1906. (Zit. als: Apostel Paulus.)

–: Noch einmal Jesus und Paulus. Zeitschrift für den evang. Religionsunterricht 19 (1907/08), S. 234–247. (Zit. als: Noch einmal Jesus.)

–: Kantisch-Friessche Religionsphilosophie und ihre Anwendung auf die Theologie. Rez. zu: Rudolf Otto, Kantisch-Friessche Religionsphilosophie und ihre Anwendung auf die Theologie, Tübingen 1909. ThR 12 (1909), S. 419–436, 471–488.

–: Die Bedeutung der Person Jesu für den Glauben (Historische und rationale Grundlagen des Glaubens). In: Max Fischer und Friedrich Michael Schiele (Hrsg.): Fünfter Weltkongreß für freies Christentum und religiösen Fortschritt. Berlin 1910. Protokoll der Verhandlungen. Berlin 1910, S. 291–305. (Zit. als: Bedeutung Jesu.)

–: In Sachen des Neofriesianismus. I. Wider unsern Kritiker [d. i. Karl Bornhausen]. ZThK 21 (1911), S. 141–159.

–: Religion und Geschichte. Bijlage tot het Jaarboek der Rijks-Universiteit te Groningen 1911/12. Aula-Voordrachten vanwege het Oud-Studentenfonds van 1906 III. Groningen 1912.

–: Kyrios Christos. Geschichte des Christusglaubens von den Anfängen des Christentums bis Irenaeus. Göttingen 1913. (Zit. als: Kyrios Christos.) 5. Aufl. Unveränd. 3. Abdruck der 2., umgearb. Aufl. Göttingen 1965 (= FRLANT NF 4).

–: Das Wesen der Religion. Dargestellt an ihrer Geschichte. 4. Aufl. Tübingen 1920 (= Lebensfragen 28).

Brückner, Martin: Die Entstehung der paulinischen Christologie. Straßburg 1903. (Zit. als Christologie.)

–: Zum Thema Paulus und Jesus. ZNW 7 (1906), S. 112–119.

Büchner, Gottfried: Gottfried Büchners Biblische Real- und Verbal-Hand-Concordanz oder Exegetisch-homiletisches Lexikon. Durchges. u. verbess. v. Heinrich Leonhard Heubner. 20. Aufl. Braunschweig 1890. (Zit. als: Lexikon.)

–: Hand-Kondordanz. Biblische Real- und Verbal-Konkordanz. Exegetisch-homiletisches Nachschlagewerk. Durchges. u. verbess. v. Heinrich Leonhard Heubner. 29. Aufl. Leipzig 1927.

Büchsel, Friedrich: Paulus bei Fichte. ThBl 17 (1938), Sp. 119–132.

Bultmann, Rudolf: Johannes Weiß zum Gedächtnis. ThBl 18 (1939), Sp. 242–246.

–: Zur Geschichte der Paulusforschung. ThR NF 1 (1929), S. 26–59. (Zit. als: Zur GdPaulF.)

–: Zur Geschichte der Paulusforschung. In: Karl Heinrich Rengstorf und Ulrich Luck (Hrsg.): Das Paulusbild in der neueren deutschen Forschung. 2. Aufl. Darmstadt 1969 (= Wege der Forschung 26), S. 304–337.

–: Theologie des Neuen Testaments. 5., erw. Aufl. Tübingen 1965 (= Neue theologische Grundrisse). (Zit. als: NTTheologie.)

Clemen, Carl: Die Grundgedanken der paulinischen Theologie, mit besonderer Rücksicht auf Kaftan und Wrede. Tübingen 1907 (= Theol. Arbeiten aus d. rheinischen wiss. Prediger-Verein NF 9).

Cornehl, Peter: Die Zukunft der Versöhnung. Eschatologie und Emanzipation in der Aufklärung, bei Hegel und in der Hegelschen Schule. Ev. Theol. Diss. Mainz. Göttingen 1971. (Zit. als: Zukunft.)

Craig, Clarence T.: Biblical Theology and the Rise of Historicism. JBL 62 (1943), S. 281–294.

Dausch, Peter: Jesus und Paulus. Münster 1914 (= Biblische Zeitfragen III, 1).

Ebeling, Gerhard: Theologie I. Begriffsgeschichtlich. In: RGG³ VI, Sp. 754–769. (Zit. als: Begriffsgesch. „Theologie".)

–: Was heißt „Biblische Theologie"? In: Wort und Glaube. 3. Aufl. Tübingen 1967, S. 69–89. (Zit. als: „Biblische Theologie?")

–: Die Bedeutung der historisch-kritischen Methode für die protestantische Theologie und Kirche. In: ebda., S. 1–49.

Ebeling, Hans Jürgen: Das Messiasgeheimnis und die Botschaft des Marcus-Evangelisten. Berlin 1939 (= BZNW 19). (Zit. als: Messiasgeheimnis.)

Ecke, Gustav: Die theologische Schule Albrecht Ritschls und die evangelische Kirche der Gegenwart. Bd. 1. Die theologische Schule Albrecht Ritschls. Berlin 1897. (Zit. als: Ritschls Schule.)

Eichhorn, Albert: Das Abendmahl im Neuen Testament. Leipzig 1898 (= HChW 36).

Eißfeldt, Otto: Religionsgeschichtliche Schule. RGG² IV, Sp. 1898–1905. Tübingen 1930.

Ellis, E. Earle, u. Gräßer, Erich (Hrsg.): Jesus und Paulus. Festschrift für Werner Georg Kümmel. Göttingen 1975.

Fagerberg, Holsten: Luthertum II. Neuluthertum. RGG³ IV, Sp. 536–540.

Fascher, Erich: Jülicher, Adolf. RGG³ III, Sp. 1008.

Fazekaš, Ludovít: Wilhelm Bousset und sein „Kyrios Christos." ZdZ 20 (1966), S. 81–90. (Zit. als: Bousset.)

Feine, Paul: Jesus Christus und Paulus. Leipzig 1902. (Zit. als: Jesus Christus.)

Fichte, Johann Gottlieb: Die Grundzüge des gegenwärtigen Zeitalters. Dargestellt in Vorlesungen. In: Johann Gottlieb Fichte's sämmtliche Werke, hrsg. v. Immanuel Hermann Fichte. VII Leipzig o. J., S. 1–256. (Zit. als: Grundzüge.)

–: Die Anweisung zum seligen Leben, oder auch die Religionslehre. In: Vorlesungen. SW V, S. 397–580. (Zit. als: Anweisung.)

–: Beitrag zur Berichtigung der Urtheile des Publicums über die französische Revolution. SW VI, S. 37–288.

–: Reden an die deutsche Nation. SW VII, S. 257–502.

Fischer, Karl: Das Paulus- und Lutherbild Lagardes. ZZ 11 (1933), S. 78–93. (Zit. als: Paulusbild Lagardes.)

Foerster, Erich: Die Entstehung der Preußischen Landeskirche unter der Regierung König Friedrich Wilhelms des Dritten nach den Quellen erzählt. Ein Beitrag zur Geschichte der Kirchenbildung im deutschen Protestantismus. Bd. 1. Tübingen 1905.

Fraedrich, Gustav: Ferdinand Christian Baur, der Begründer der Tübinger Schule, als Theologe, Schriftsteller und Charakter. Gotha 1909. (Zit. als: Baur.)

Frank, Franz H. Reinhold v.: Geschichte und Kritik der neueren Theologie, insbesondere der systematischen, seit Schleiermacher. Aus dem Nachlaß hrsg. v. P. Schaarschmidt. Erlangen und Leipzig 1894.

Galling, Kurt: Greßmann, Hugo. RGG³ II, Sp. 1856.

–: Gunkel, Hermann. RGG³ II, Sp. 1908f.

Geiger, Wolfgang: Spekulation und Kritik. Die Geschichtstheologie Ferdinand Christian Baurs. Phil. Diss. Frankfurt a. M. München 1964 (= FGLP 10. Reihe, Bd. XXVIII). (Zit. als: Spekulation.)

Glaue, Paul: Meyer, 1. Arnold. RGG² III, Sp. 2171.

Gloatz, P.: Zur Vergleichung der Lehre des Paulus mit der Jesu, zugleich für Bestätigung der johanneischen Darstellung durch Paulus. ThStKr 46 (1895), S. 777–800. (Zit. als: Vergleichung.)

Gloege, Gerhard: Bibel III. Dogmatisch. RGG³ I, Sp. 1141–1147.

Graß, Hans: Liberalismus. III. Theologischer und kirchlicher Liberalismus. RGG³ IV, Sp. 351–355. (Zit. als: Liberalismus.)

Greßmann, Hugo: Albert Eichhorn und Die religionsgeschichtliche Schule. Göttingen 1914. (Zit. als: Eichhorn.)

Große-Brauckmann, Emil: Rahlfs, Alfred. RGG³ V, Sp. 769f.

Grundmann, Siegfried: Kirchenverfassung VI. Geschichte der ev. Kirchenverfassung. RGG³ III, Sp. 1570–1584.

Gunkel, Hermann: Die Wirkungen des heiligen Geistes nach der populären Anschauung der apostolischen Zeit und nach der Lehre des Apostels Paulus. Eine biblisch-theologische Studie. Göttingen 1888. (Zit. als: Geist.)

–: Sammelreferat. ThLZ 18 (1893), Sp. 39–45.

–: Schöpfung und Chaos in Urzeit und Endzeit. Eine religionsgeschichtliche Untersuchung über Gen 1 und Ap Joh 12. Mit Beiträgen von Heinrich Zimmern. Göttingen 1895.

–: Die Wirkungen des heiligen Geistes nach der populären Anschauung der apostolischen Zeit und nach der Lehre des Apostels Paulus. 2., unveränd. Aufl. Göttingen 1899.

–: Zum religionsgeschichtlichen Verständnis des Neuen Testaments. Göttingen 1903 (= FRLANT I, 1). (Zit. als: Verständnis des NT.)

–: Rez. zu: Max Reischle, Theologie und Religionsgeschichte, Tübingen 1904. DLZ 25 (1904), Sp. 1100–1110.

–: Wilhelm Bousset. Gedächtnisrede. Tübingen 1920. (Zit. als: Bousset.)

Häckermann: Hasert, Christian Adolf. ADB 10 (1879), S. 741f.

Harnack, Adolf: Lehrbuch der Dogmengeschichte. Bd. 1. Die Entstehung des kirchlichen Dogmas. Freiburg 1886.

–: Das Wesen des Christentums. Sechzehn Vorlesungen. Akademische Ausgabe. Leipzig 1900. (Zit. als: Wesen). Neuauflage zum fünfzigsten Jahrestag des Erscheinens, mit einem Geleitwort v. Rudolf Bultmann. Stuttgart 1950.

–: Lehrbuch der Dogmengeschichte. Bd. 1. Die Entstehung des kirchlichen Dogmas. 4., neu durchgearb. u. verm. Aufl. Tübingen 1909.

–: Das doppelte Evangelium im Neuen Testament. 1910. In: Fünfter Weltkongreß (s. o. Bousset, Die Bedeutung der Person Jesu . . .), S. 151–159.

Hartmann, Eduard v.: Das Christenthum des Neuen Testaments. 2., umgearb. Aufl. der Briefe über die christliche Religion. Sachsa 1905. (Zit. als: Christentum des NT.)

Hartmann, Heinrich: Die evangelische Geistlichkeit in Württemberg. Stuttgart 1853 (= Magisterbuch 16).

Heitmüller, Wilhelm: Taufe und Abendmahl bei Paulus. Darstellung und religionsgeschichtliche Bedeutung. Göttingen 1903. (Zit. als: Taufe.)

–: „Im Namen Jesu". Eine sprach- und religionsgeschichtliche Untersuchung zum Neuen Testament, speziell zur altchristlichen Taufe. Göttingen 1903 (= FRLANT II,2).

–: Zum Problem Paulus und Jesus. ZNW 13 (1912), S. 320–337.

–: Jesus und Paulus. Freundschaftliche kritische Bemerkungen zu P. Wernles Artikel „Jesus und Paulus". ZThK 25 (1915), S. 156–179.

–: Zum Problem Paulus und Jesus. In: Rengstorf/Luck, Paulusbild (s. o. Bultmann, Geschichte der Paulusforschung), S. 124–143.

Hempel, Johannes: Religionsgeschichtliche Schule. RGG³ V, Sp. 991–994.

–: Hermann Gunkels Bücher und Schriften. In: ΕΥΧΑΡΙΣΤΗΡΙΟΝ. Studien zur Religion und Literatur des Alten und Neuen Testaments. Hermann Gunkel zum 60. Geburtstage dargebracht. Tl. 2. Göttingen 1923 (= FRLANT NF 19,2), S. 214–225. (Zit. als: Gunkels Bücher.)

Hermelink, Heinrich: Das Christentum in der Menschheitsgeschichte von der französischen Revolution bis zur Gegenwart. 3 Bde. Tübingen und Stuttgart 1951 (I), 1953 (II), 1955 (III). (Zit. als: Christentum.)

Hilgenfeld, Adolf: Albrecht Ritschl's Darstellung der biblischen Lehre von der Rechtfertigung und Versöhnung. ZWTh 18 (1875), S. 338–383.

–: Jesus und Paulus. ZWTh 37 (1894), S. 481–541. (Zit. als: Jesus und Paulus.)

–: Paulus vor dem Richterstuhl eines Ritschlianers (Paul Wernle). ZWTh NF 6 (1898), S. 161–171.

Hintze, Otto: Die Epochen des evangelischen Kirchenregiments in Preußen. In: Geist und Epochen der preußischen Geschichte. Gesammelte Abhandlungen. Hrsg. v. Fritz Hartung. Leipzig 1943, S. 64–104.

Hirsch, Emanuel: Hilfsbuch zum Studium der Dogmatik. Die Dogmatik der Reformatoren und der altevangelischen Lehrer quellenmäßig belegt und verdeutscht. 4. Aufl. Berlin 1964. (Zit. als: Hilfsbuch.)

–: Geschichte der neuern evangelischen Theologie im Zusammenhang mit den allgemeinen Bewegungen des europäischen Denkens. 5 Bde. 4. Aufl. Gütersloh 1968. (Zit. als: Geschichte.)

Hodgson, Peter C.: The Formation of Historical Theology. A Study of Ferdinand Christian Baur. New York 1966 (= Makers of Modern Theology). (Zit. als: Historical Theology.)

Höß, Irmgard: Jena, Universität. RGG³ III, Sp. 576–580.

Hoffmann, Heinrich: Die Theologie Semlers. Ev. Theol. Diss. Leipzig 1905. (Zit. als: Semler.)

Hohlwein, Hans: Paulus, Heinrich Eberhard Gottlob. RGG³ V, Sp. 192.

–: Rationalismus II. Rationalismus und Supranaturalismus, kirchengeschichtlich. RGG³ V, Sp. 791–800. (Zit. als: Rationalismus.)

–: Reimarus, Hermann Samuel. RGG³ V, Sp. 937f.

–: Semler, Johann Salomo. RGG³ V, Sp. 1696f.

Holmström, Folke: Das eschatologische Denken der Gegenwart. Drei Etappen der theologischen Entwicklung des zwanzigsten Jahrhunderts. Neubearb. u. verkürzte Ausg. Aus dem Schwedischen übers. v. Harald Kruska. Gütersloh 1936.

Holsten, Carl: Zum Evangelium des Paulus und des Petrus. Altes und Neues. Rostock 1868.

Holsten, Walter: Lagarde, Paul Anton de. RGG³ IV, Sp. 200f.

Holtzmann, Heinrich Julius: Lehrbuch der neutestamentlichen Theologie. Bd. 1 u. 2. Freiburg und Leipzig 1897 (= Sammlung theologischer Lehrbücher). (Zit. als: NTTheologie.)

–: Rez. zu: William Wrede, Über Aufgabe und Methode der sogenannten Neutestamentlichen Theologie, Göttingen 1897. DLZ (1897), Sp. 1641–1644.

–: Zum Thema „Jesus und Paulus". PrM 4 (1900), S. 463–468. (Zit. als: Thema Paulus.)

–: Zum Thema „Jesus und Paulus". PrM 11 (1907), S. 313–323. (Zit. als: „Jesus und Paulus".)

–: Weizsäcker, Karl. RE³ XXI, S. 76–84.

Hornig, Gottfried: Die Anfänge der historisch-kritischen Theologie. Johann Salomo Semlers Schriftverständnis und seine Stellung zu Luther. Göttingen 1961 (= FSThR 8). (Zit. als: Semler.)

Huber, Max: Jesus Christus als Erlöser in der liberalen Theologie. Vermittlung. Spekulation. Existenzverständnis. Winterthur 1956. (Zit. als: Jesus Christus.)

Ihmels, Ludwig: Jesus und Paulus. NKZ 17 (1906), S. 452–483, 485–516. (Zit. als: Jesus und Paulus.)

Ittel, Gerhard Wolfgang: Urchristentum und Fremdreligionen im Urteil der Religionsgeschichtlichen Schule. Phil. Diss. Erlangen. Fotomech. Repr. 1956. (Zit. als: Religionsgeschichtliche Schule.)

Jannasch, Wilhelm: Kölbing, Paul. RGG² III, Sp. 1115.

Joest, Wilfried: Bekehrung IV. Systematisch. RGG³ I, Sp. 980f.

Jülicher, Adolf: Paulus und Jesus. Tübingen 1907 (= RV I,14). (Zit. als: Paulus und Jesus.)

–: Wrede, William. RE³ XXI, S. 506–510.

Jüngel, Eberhard: Paulus und Jesus. Eine Untersuchung zur Präzisierung der Frage nach dem Ursprung der Christologie. 3., durchges. Aufl. Tübingen 1967 (= HUTh 2). (Zit. als: Paulus und Jesus.)

Kamlah, Ehrhard: Bousset, Wilhelm. RGG³ I, Sp. 1373f.

Kähler, Martin: Der sogenannte historische Jesus und der geschichtliche, biblische Christus. Vortrag Leipzig 1892.

–: Der sogenannte historische Jesus und der geschichtliche, biblische Christus. Neu hrsg. v. Ernst Wolf. 2., erw. Aufl. (v. 1896). München 1956 (= ThB 2).

Käsemann, Ernst: Das Problem des historischen Jesus. In: Exegetische Versuche und Besinnungen. Bd. 1. 6. Aufl. Göttingen 1970, S. 187–214. (Zit. als: Problem des hist. Jesus.)

−: Der Ruf der Freiheit. Tübingen 1968.

Kaftan, Julius: Jesus und Paulus. Eine freundschaftliche Streitschrift gegen die Religionsgeschichtlichen Volksbücher von D. Bousset und D. Wrede. Tübingen 1906.

Kantzenbach, Friedrich Wilhelm: Protestantisches Christentum im Zeitalter der Aufklärung. Gütersloh 1965 (= Evangelische Enzyklopädie 5/6, hrsg. v. Helmut Thielicke u. Hans Thimme). (Zit. als: Aufklärung.)

Katzer: Zur Psychologie des Glaubens. 3. Der Glaube an Christus, Glaubensgedanken und Dogmatik. ChW 8 (1894), Sp. 755−758.

Kinder, Ernst: Sakramente I. Dogmengeschichtlich. RGG³ V, Sp. 1321−1326.

Kittel. Gerhard: Jesus bei Paulus. ThStKr 85 (1912), S. 366−402.

Klein, Joseph: Wesen. RGG³ VI, Sp. 1653−1655.

Knittermeyer, Hinrich: Atheismusstreit. RGG³ I, Sp. 677f.

−: Fichte, 2. Johann Gottlieb. RGG³ II, Sp. 932−934. (Zit. als: Fichte.)

Kölbing, Paul: Die geistige Einwirkung der Person Jesu auf Paulus. Eine historische Untersuchung. Göttingen 1906.

Krüger, Gustav: Das Dogma vom Neuen Testament. Programm Gießen 1896. (Zit. als: Dogma vom NT.)

Kümmel, Werner Georg: Das Neue Testament. Geschichte der Erforschung seiner Probleme. 2. überarb. u. erg. Aufl. Freiburg u. München 1970 (= Orbis academicus III,3). (Zit. als: Das NT.)

−: Albert Schweitzer als Jesus- und Paulusforscher. In: Albert Schweitzer als Theologe, zwei akademische Reden von Werner Georg Kümmel und Carl-Heinz Ratschow. Marburg 1966, S. 9−27.

−: Bibelwissenschaft II. Bibelwissenschaft des NT. RGG³ I, Sp. 1236−1251.

−: Heitmüller, Wilhelm RGG³ III, Sp. 206.

−: Weiß, 2. Johannes. RGG³ VI, Sp. 1582f.

Kürschners Deutscher Literatur-Kalender. Nekrolog 1936−1970. Hrsg. v. Werner Schuder. Berlin u. New York 1973.

Kupisch, Karl: Die deutschen Landeskirchen im 19. und 20. Jahrhundert. Göttingen 1966 (= Die Kirche in ihrer Geschichte 4, R 2). (Zit. als: Landeskirchen.)

Lagarde, Paul de: Über das verhältnis des deutschen staates zu theologie, kirche und religion. ein versuch, nicht-theologen zu orientieren. Göttingen 1873. (Zit. als: Über das verhältnis.)

−: Deutsche Schriften; Göttingen 1878. (Zit. als: Deutsche Schriften 1878.)

−: Deutsche Schriften. Gesammtausgabe letzter Hand. Göttingen 1886.

−: Deutsche Schriften. München 1924 (= Schriften für das deutsche Volk 1, hrsg. v. Karl August Fischer). (Zit. als: Deutsche Schriften.)

−: Ausgewählte Schriften. Als Ergänzung zu Lagardes Deutschen Schriften zusammengestellt v. Paul Fischer. 2., verm. Aufl. München 1934 (= Schriften für das deutsche Volk 2).

Landerer, Maximilian Albert: Rede bei der akademischen Trauerfeier. In: Worte der Erinnerung an Ferdinand Christian von Baur. Tübingen 1861, S. 32−83.

Lasson, Adolf: Die Entstehungsgeschichte des christlichen Dogmas. Rez. zu: Adolf Harnack, Lehrbuch der Dogmengeschichte, 1. Bd., 1886. PrJ 58 (1886), S. 359−398. (Zit. als: Entstehungsgeschichte.)

Lessing, Gotthold Ephraim: Die Religion Christi. (1780?). In: Gotthold Ephraim Lessing. Gesammelte Werke in zehn Bänden. Hrsg. v. Paul Rilla. VIII. Berlin 1956, S. 538f. (Zit. als: Werke.)

−: Anti-Goeze. D. i. Notgedrungener Beiträge zu den „Freiwilligen Beiträgen" des Hrn. Past. Goeze Vierter. (1778). GW VIII, S, 225−231.

−: Briefe. GW IX.

Liebing, Heinz: Ferdinand Christian Baurs Kritik an Schleiermachers Glaubenslehre. ZThK 54 (1957), S. 225−243.

−: Historisch-kritische Theologie. Zum 100. Todestag Ferdinand Christian Baurs am 2. Dezember 1960. ZThK 57 (1960), S. 302−317. (Zit. als: Hist.-krit. Theologie.)

Link, Wilhelm: Ihmels. 2. Ludwig. CKL I, S. 929f.

Loofs, Friedrich: Rez. zu: Carl Weizsäcker, Das apostolische Zeitalter der christlichen Kirche, Freiburg 1886. ThLZ 12 (1887), Sp. 51–61.

Lübbe, Hermann: Neukantianismus. RGG[3] IV, Sp. 1421–1425.

Lüdemann, Hermann: Die Anthropologie des Apostels Paulus und ihre Stellung innerhalb seiner Heilslehre. Nach den vier Hauptbriefen dargestellt. Kiel 1872.

Lueken, Wilhelm: Michael. Eine Darstellung und Vergleichung der jüdischen und der morgenländisch-christlichen Tradition vom Erzengel Michael. Göttingen 1898.

Magisterbuch. Hrsg. v. W. Breuninger. 28. Folge. Tübingen 1892.

–: 29. Folge. Tübingen 1894.

Mann, Otto: Lessing, Gotthold Ephraim. RGG[3] IV, Sp. 327–330.

Maurer, Wilhelm: Aufklärung III. Theologisch-kirchlich. RGG[3] I, Sp. 723–730. (Zit. als: Aufklärung.)

Mehlhorn, Carl: Holsten, Karl Christian Johann. RE[3] VIII, S. 281–286. (Zit. als: Holsten.)

Melanchthon, Philipp: Adversus anabaptistas iudicium. 1528. In: Melanchthons Werke in Auswahl. Hrsg. v. Robert Stupperich u. a. Bd. 1. Gütersloh 1951, S. 272–295. (Zit. als: Melanchthons Werke.)

–: Verlegung etlicher unchristlicher Artikel, welche die Widerteuffer fürgeben. 1536. In: Melanchthons Werke, Bd. 1, S. 301–322.

Merk, Otto: Biblische Theologie des Neuen Testaments in ihrer Anfangszeit. Ihre methodischen Probleme bei Johann Philipp Gabler und Georg Lorenz Bauer und deren Nachwirkungen. Marburg 1972 (= Marburger Theol. Studien 9).

Meyer, Arnold: Wer hat das Christentum begründet, Jesus oder Paulus? Tübingen 1907 (= Lebensfragen 19).

–: Brückner, Martin. RGG[2] I, Sp. 1274.

–: Feine, Paul. RGG[2] I, Sp. 535.

–: Resch, Alfred. RGG[2] IV, Sp. 1990f.

–: Vischer, 1. Eberhard. RGG[2] V, Sp. 1594.

Meyer, Johann: Geschichte der Göttinger theologischen Fakultät. ZGNKG 42 (1937), S. 7–107.

Meyer-Benfey, Heinrich: Bonus, 1. Arthur. RGG[2] I, Sp. 1198f.

Michel, Oskar: Vorwärts zu Christus! Fort mit Paulus! Deutsche Religion! Berlin 1905.

–: Fort mit Paulus! Tl. 1 u. 2. 2. Aufl. Berlin 1915.

Mulert, Hermann: Bornemann, Wilhelm. RGG[2] I, Sp. 1201.

Neill, Stephen: The Interpretation of the NT 1861–1961. The Firth Lectures, 1962. London usw. 1964.

Nestle, Erwin: Schmoller, Otto. CKL II, S. 873.

Nigg, Walter: Geschichte des religiösen Liberalismus. Entstehung – Blütezeit – Ausklang. Zürich und Leipzig 1937. (Zit. als: Liberalismus.)

Nösgen, Karl Friedrich: Die apostolische Verkündigung und die Geschichte Jesu. Neue JDTh 4 (1895), S. 46–94.

O. N.: Los von Paulus! AELKZ 27 (1894), Sp. 917–919. (Zit. als: Los von Paulus!)

O. N.: Nösgen, Karl Friedrich. CKL II, S. 383.

Ott, Heinrich: Kerygma II. Dogmatisch. RGG[3] III, Sp. 1251–1254.

Overbeck, Franz: Über die Christlichkeit unserer heutigen Theologie. Nachdr. d. 2., verm. Aufl. v. 1903. 3., unveränd. Aufl. Darmstadt 1963. (Zit. als: Christlichkeit.)

Pältz, Eberhard Hermann: Kaftan, 1. Julius. RGG[3] III, Sp. 1087f.

–: Goeze, Johann Melchior. RGG[3] II, Sp. 1682f.

–: Heubner, Heinrich Leonhard. RGG[3] III, Sp. 305.

Pannenberg, Wolfhart: Christologie II. Dogmengeschichtlich. RGG[3] I, Sp. 1762–1777.

Paret, Heinrich: Das Zeugniß des Apostels Paulus über die ihm gewordene Christus-Erscheinung. JDTh 4 (1859), S. 239–254.

–: Über die Möglichkeit einer christlichen Sittenlehre. Theol. Jahrbücher 5 (1846), S. 233–250; 6 (1847), S. 435–447.

–: Paulus und Jesus. Einige Bemerkungen über das Verhältniß des Apostels Paulus und seiner

Lehre zu der Person, dem Leben und der Lehre des geschichtlichen Christus. JDTh 3 (1858). (Zit. als: Paulus und Jesus.)

Paulus, Rudolf: Die Bedeutung der Person Jesu bei Fichte. In: Schwäbische Heimatgabe für Theodor Haering zum 70. Geburtstag. Hrsg. v. Hans Völter. Heilbronn 1918, S. 83–100. (Zit. als: Jesus bei Fichte.)

Pfleiderer, Otto: Das Urchristenthum, seine Schriften und Lehren, in geschichtlichem Zusammenhang beschrieben. Berlin 1887. (Zit. als: Urchristenthum.)

–: Das Christusbild des urchristlichen Glaubens in religionsgeschichtlicher Beleuchtung. Vortrag. Berlin 1903.

(Philosphotos Alethias) [d. i. Christian Adolf Hasert?]: Die Evangelien, ihr Geist, ihre Verfasser und ihr Verhältniß zu einander. Ein Beitrag zur Lösung der kritischen Fragen über die Entstehung derselben. Leipzig 1845. (Zit. als: Die Evangelien, ihr Geist.)

Planck, Karl: Judenthum und Urchristenthum. Theol. Jahrbücher 6 (1847), S. 258–293, 409–434. (Zit. als: Urchristenthum.)

Plitt: Büchner, Gottfried. ADB 3, S. 490.

Prantl: Planck, Karl Christian. ADB 26, S. 228–231.

Pross, Harry (Hrsg.): Die Zerstörung der deutschen Politik. Dokumente 1871–1933. Frankfurt a. M. 1959 (= Fischer Bücherei 264). (Zit. als: Deutsche Politik.)

Rade, Martin: Vierzig Jahre Fälle. ChW 40 (1926), Sp. 1100–1103.

–: Religionsgeschichte und Religionsgeschichtliche Schule. RGG[1] IV, Sp. 2183–2200. (Zit. als: Religionsgeschichte.)

–: Ritschlianer. RGG[1] IV, Sp. 2334–2338.

Rathje, Johannes: Die Welt des freien Protestantismus. Ein Beitrag zur deutsch-evangelischen Geistesgeschichte. Dargestellt an Leben und Werk von Martin Rade. Stuttgart 1952. (Zit. als: Freier Protestantismus.)

Ratschow, Carl Heinz: Lutherische Dogmatik zwischen Reformation und Aufklärung. Tl. 1 u. 2. Gütersloh 1964 u. 1966. (Zit. als: Dogmatik.)

–: Christentum V. Wesen des Christentums. RGG[3] I, Sp. 1721–1729.

–: Religion IV B. Theologisch. RGG[3] V, Sp. 976–984.

Regner, Friedemann: Johannes Weiß: „Die Predigt Jesu vom Reiche Gottes." Gegen eine theologiegeschichtliche fable convenue. ZKG 84 (1973), S. 82–92.

Reimarus, Hermann Samuel: Apologie oder Schutzschrift für die vernünftigen Verehrer Gottes. Im Auftrag d. Joachim Jungius-Ges. d. Wiss. Hamburg hrsg. v. Gerhard Alexander. Bd. 1 u. 2. Frankfurt a. M. 1972. (Zit. als: Apologie.)

Rendtorff, Trutz: Kirche und Theologie. Die systematische Funktion des Kirchenbegriffs in der neueren Theologie. Gütersloh 1966.

Rengstorf, Karl Heinrich u. Luck, Ulrich (Hrsg.): Das Paulusbild in der neueren deutschen Forschung. 2. Aufl. Darmstadt 1969 (= Wege der Forschung 26). (Zit. als: Paulusbild.)

Resch, Alfred: Agrapha. Außercanonische Paralleltexte zu den Evangelien. Tl. 2. Leipzig 1894 (= TU X,2).

–: Der Paulinismus und die Logia Jesu in ihrem gegenseitigen Verhältnis. Leipzig 1904 (= TU NF 12).

Roos, Friedrich: Die Briefe des Apostels Paulus und die Reden des Herrn Jesu. Ein Blick in den organischen Zusammenhang der neutestamentlichen Schriften. Ludwigsburg 1887. (Zit. als: Briefe des Apostels.)

Rott, Wilhelm: Predigerseminar. RGG[3] V, Sp. 514–516.

Sachs, Walter: Schweitzers Bücher zur Paulusforschung. In: Albert Schweitzer. Sein Denken und sein Weg. Hrsg. v. Hans Walter Bähr. Tübingen 1962, S. 178–183.

Schaeder, Erich: Theozentrische Theologie. Eine Untersuchung zur dogmatischen Prinzipienlehre. 1., geschichtlicher Tl. 3., umgearb. u. verm. Aufl. Leipzig 1925.

Schäfer, Rolf: Ritschl. Grundlinien eines fast verschollenen dogmatischen Systems. Tübingen 1968 (= BHTh 41). (Zit. als: Ritschl.)

Schaub, Edward L.: J. G. Fichte and Anti-Semitism. The Philosophical Review 49 (1940), S. 37–52.

Schettler, Rudolf: Die Stellung des Philosophen Hermann Samuel Reimarus zur Religion. Phil. Diss. Leipzig 1904.

Schlatter, Adolf: Jesus und Paulus. Eine Vorlesung (1906) und einige Aufsätze. 3. Aufl. mit e. Geleitwort v. Paul Althaus. Stuttgart 1961 (= Kleinere Schriften 2).

Schmid, Lothar: Paul de Lagardes Kritik an Kirche, Theologie und Christentum. Tübingen 1935 (= Tübinger Studien zur syst. Theol. 4). (Zit. als: Lagardes Kritik.)

Schmidt, H.: Baur und die Tübinger Schule. RE¹ XX, S. 762–794.

Schmidt, Hans: In memoriam Hermann Gunkel. Akademische Gedächtnisrede. ThBl 11 (1932), Sp. 97–103. (Zit. als: Gunkel.)

Schmidt, Hermann: Landerer, Maximilian Albert. RE³ XI, S. 238–242.

Schmidt, Martin: Heß, 2. Johann Jakob. RGG³ III, Sp. 288f.

–: Spener, Philipp Jakob. RGG³ VI, Sp. 238f.

Schmittner, Wolfgang: Kritik und Apologetik in der Theologie J. S. Semlers. München 1963 (= ThEx NF 106). (Zit. als: Semler.)

Schmoller, Otto: Die geschichtliche Person Jesu Christi nach den paulinischen Schriften. ThStKr 45 (1894), S. 656–705.

Schneemelcher, Wilhelm: Harnack, 1. Adolf. RGG³ III, Sp. 77–79.

Scholder, Klaus: Ferdinand Christian Baur als Historiker. EvTh 21 (1961), S. 435–458. (Zit. als: Baur.)

–: Albert Schweitzer und Ferdinand Christian Baur. In: Albert Schweitzer (s. o. Sachs, Schweitzers Bücher), S. 184–192.

–: Ursprünge und Probleme der Bibelkritik im 17. Jahrhundert. Ein Beitrag zur Entstehung der historisch-kritischen Theologie. München 1966 (= FGLP 10,33).

–: Grundzüge der theologischen Aufklärung in Deutschland. In: Geist und Geschichte der Reformation. Festgabe Hanns Rückert zum 65. Geburtstag dargebracht. Hrsg. v. Heinz Liebing, Klaus Scholder u. a. Berlin 1966 (= AKG 38), S. 460–486. (Zit. als: Aufklärung.)

–: Paulus und die Aufklärung. In: De dertiende apostel en het elfde gebod. Paulus in de loop der eeuwen. Hrsg. v. G. C. Berkouwer u. H. A. Oberman. Kampen 1971, S. 124–134. (Zit. als: Paulus.)

Schott, Erdmann: Pfleiderer, Otto. RGG³ V, Sp. 312f.

–: Ritschl. 1. Albrecht. RGG³ V, Sp. 1114–1117.

Schrage, Wolfgang: Soden, 2. Hermann Freiherr von. RGG³ VI, Sp. 114.

Schütte, Hans Walter: Lagarde und Fichte. Die verborgenen spekulativen Voraussetzungen des Christentumsverständnisses Paul de Lagardes. Ev. Theol. Diss. Göttingen. Gütersloh 1965. (Zit. als: Lagarde.)

Schulze, Wilhelm A.: Das Johannesevangelium im deutschen Idealismus. ZPhF 18 (1964), S. 85–118.

Schwegler, Albert: Das nachapostolische Zeitalter in den Hauptmomenten seiner Entwicklung. 2 Bde. Tübingen 1846.

Schweitzer, Albert: Von Reimarus zu Wrede. Eine Geschichte der Leben-Jesu-Forschung. Tübingen 1906.

–: Geschichte der Paulinischen Forschung von der Reformation bis auf die Gegenwart. Tübingen 1911. (Zit. als: GdPaulF.)

–: Geschichte der Leben-Jesu-Forschung. Bd. 1 u. 2. Nachdruck d. 6. Aufl. v. 1950. München u. Hamburg 1966 (= Siebenstern Tb. 77/78, 79/80). (Zit. als: GdLJF.)

Seeberg, Reinhold: Pfleiderer, Otto. RE³ XXIV, S. 316–323. (Zit. als: Pfleiderer.)

Semler, Johann Salomo: Versuch einer freiern theologischen Lehrart, zur Bestätigung und Erläuterung seines lateinischen Buchs [d. i. Institutio ad doctrinam Christianam liberaliter discendam, 1774]. Halle a. d. Saale 1777. (Zit. als: Lehrart.)

–: Lebensbeschreibung von ihm selbst abgefaßt. Tl. 1 u. 2. Halle a. d. Saale 1781 u. 1782. (Zit. als: Lebensbeschreibung.)

–: Über historische, gesellschaftliche und moralische Religion der Christen. Leipzig 1786. (Zit. als: Religion.)

Senft, Christoph: Wahrhaftigkeit und Wahrheit. Die Theologie des 19. Jahrhunderts zwischen Orthodoxie und Aufklärung. Tübingen 1956 (= BHTh 22). (Zit. als: Wahrhaftigkeit.)

Soden, Hermann v.: Das Interesse des apostolischen Zeitalters an der evangelischen Geschichte. In: Theologische Abhandlungen. Carl Weizsäcker zu seinem siebzigsten Geburtstage gewidmet v. Adolf Harnack, Emil Schürer u. a. Freiburg 1892, S. 111–169. (Zit. als: Interesse.)

Spener, Philipp Jacob: Pia Desideria. Hrsg. v. Kurt Aland. Berlin 1940 (= KIT 140).

Sprondel, Gottfried: Bibliographie Hugo Greßmann. ZAW 69 (1957), S. 211–228.

Staats, Reinhart: Der theologiegeschichtliche Hintergrund des Begriffs „Tatsache". ZThK 70 (1973), S. 316–345. (Zit. als: „Tatsache".)

Stephan, Horst: Geschichte der deutschen evangelischen Theologie seit dem deutschen Idealismus. 2. neubearb. Aufl. v. Martin Schmidt. Berlin 1960 (= Samml. Töpelmann I,9). (Zit. als: Geschichte.)

Steck, Karl Gerhard: Zeitschriften, wissenschaftlich-theologische I. Evangelische. RGG³ VI, Sp. 1885–1887. (Zit. als: Zeitschriften.)

Strathmann, Hermann: Die Krisis des Kanons der Kirche. Joh. Gerhards und Joh. Sal. Semlers Erbe. ThBl 20 (1941), Sp. 295–310.

Strauß, David Friedrich: Hermann Samuel Reimarus und seine Schutzschrift für die vernünftigen Verehrer Gottes. Leipzig 1862.

Strecker, Georg: Wrede, 2. William. RGG³ VI, Sp. 1821f.

–: William Wrede. Zur hundertsten Wiederkehr seines Geburtstages. ZThK 57 (1960), S. 67–91. (Zit. als: Wrede.)

Tetz, Martin: Baur, Ferdinand Christian. RGG³ I, Sp. 935–938.

Tholuck, Friedrich August? u. Georg Rietschel: Heubner, Heinrich Leonhard. RE³ VIII, S. 19–21.

Traub, Friedrich: Wendt, Hans Hinrich. RGG² V, Sp. 1858.

Trillhaas, Wolfgang: Frömmigkeit. RGG³ II, Sp. 1158–1162.

Troeltsch, Ernst: Die Bedeutung der Geschichtlichkeit Jesu für den Glauben. Vortrag. Tübingen 1911.

–: Zur religiösen Lage, Religionsphilosophie und Ethik. Tübingen 1913 (= Gesammelte Schriften II). (Zit. als: GS.)

–: Religion und Kirche. 1895. In: ebd., S. 146–182.

–: Die „Kleine Göttinger Fakultät" von 1890. ChW 34 (1920), Sp. 281–283. (Zit. als: Kleine Fakultät.)

–: Aufsätze zur Geistesgeschichte und Religionssoziologie. Hrsg. v. Hans Baron. Tübingen 1925 (= Gesammelte Schriften IV).

Vischer, Eberhard: Jesus und Paulus. ThR 8 (1905), S. 129–143, 173–188.

Wagenhammer, Hans: Das Wesen des Christentums. Eine begriffsgeschichtliche Untersuchung. Kath. Theol. Diss. Tübingen. Mainz 1973 (= Tübinger Theol. Studien 2).

Weidel, K.: Jesus und Paulus. Zeitschrift für den evang. Religionsunterricht 19 (1907/08), S. 73–88.

Weinel, Heinrich: Paulus als kirchlicher Organisator. Antrittsvorlesung. Freiburg usw. 1899 (= SgV 17). (Zit. als: Organisator.)

–: Paulus. Der Mensch und sein Werk. Tübingen 1904 (= Lebensfragen 3).

–: Paulus. Der Mensch und sein Werk: Die Anfänge des Christentums, der Kirche und des Dogmas. 2., gänzlich umgearb. Aufl. Tübingen 1915 (= Lebensfragen 3).

–: Chamberlain, Houston Stewart. RGG² I, Sp. 1481f.

–: Völkische Bewegung II A. Völkische Religion. RGG² V, Sp. 1617–1623. (Zit. als: Völkische Religion).

Weiß, Bernhard: Lehrbuch der Biblischen Theologie des Neuen Testaments. Berlin 1868.

Weiß, Johannes: Die Predigt Jesu vom Reiche Gottes. Göttingen 1892. (Zit. als: Predigt Jesu.)

–: Die Predigt Jesu vom Reiche Gottes. 2., völlig neubearb. Aufl. Göttingen 1900.

–: Paulus und Jesus. Berlin 1909.

–: Christus. Die Anfänge des Dogmas. Tübingen 1909 (= RV I, 18 u. 19). (Zit. als: Christus.)

–: Jesus im Glauben des Urchristentums. Vortrag. Tübingen 1910. (Zit. als: Jesus im Glauben.)

–: Das Problem der Entstehung des Christentums. ARW 16 (1913), S. 423–515.

–: Das Urchristentum. Nach dem Tode d. Verf. hrsg. u. ergänzt v. Rudolf Knopf. Göttingen 1917.

–: Die Predigt Jesu vom Reiche Gottes. 3. Aufl. Hrsg. v. Ferdinand Hahn. Göttingen 1964.

Weizsäcker, Carl: Das apostolische Zeitalter der christlichen Kirche. Freiburg 1886. (Zit. als: Apostol. Zeitalter.)

Wendland, Johannes: Drews, 1. Arthur. RGG² I, Sp. 2026f.

–: Lasson, 1. Adolf. RGG² III, Sp. 1496.

–: Albrecht Ritschl und seine Schüler im Verhältnis zur Theologie, zur Philosophie und zur Frömmigkeit unsrer Zeit dargestellt und beurteilt. Berlin 1899.

Wendt, Hans Hinrich: Die Lehre Jesu. Tl. 1 u. 2. Göttingen 1886 u. 1890. (Zit. als: Lehre Jesu.)

–: Die Norm des echten Christentums. Leipzig 1893 (= Hefte zur ChW 5).

–: Die Lehre des Paulus verglichen mit der Lehre Jesu. ZThK 4 (1894), S. 1–78. (Zit. als: Lehre des Paulus.)

Wernle, Paul: Der Christ und die Sünde bei Paulus. Freiburg u. Leipzig 1897. (Zit. als: Christ und Sünde.)

–: Paulus als Heidenmissionar. Ein Vortrag. Freiburg usw. 1899 (= SgV 14). (Zit. als: Heiden-missionar.)

–: Die Anfänge unserer Religion. Tübingen u. Leipzig 1901. (Zit. als: Anfänge.)

–: Die Anfänge unserer Religion. 2., verbess. u. verm. Aufl. Tübingen u. Leipzig 1904.

–: Die Quellen des Lebens Jesu. Halle 1904 (= RV).

–: Jesus und Paulus. Antithesen zu Boussets Kyrios Christos. ZThK 25 (1915), S. 1–92.

–: (Autobiographischer Abriß). In: Die Religionswissenschaft der Gegenwart in Selbstdar-stellungen. Hrsg. v. Erich Stange. Bd. 5. Leipzig 1929, S. 207–251. (Zit. als: Autobio-graphie.)

Wißmann, Erwin: Das Verhältnis von ΠΙΣΤΙΣ und Christusfrömmigkeit bei Paulus. Göttingen 1926 (= FRLANT NF 23).

Wrede, William: Rez. zu: Eugen Ehrhardt, Der Grundcharakter der Ethik Jesu. Freiburg 1895. ThLZ 21 (1896), Sp. 75–79.

–: Über Aufgabe und Methode der sogenannten Neutestamentlichen Theologie. Göttingen 1897. (Zit. als: Aufgabe.)

–: Das Messiasgeheimnis in den Evangelien. Zugleich ein Beitrag zum Verständnis des Markus-evangeliums. Göttingen 1901. (Zit. als: Messiasgeheimnis.) 4. unver. Aufl. 1969.

–: Paulus. Tübingen 1904. (= RV I, 5 u. 6). (Zit. als: Paulus.)

–: Paulus. 2. Aufl. Mit einem Geleitwort v. Wilhelm Bousset. Tübingen 1907 (= RV I, 5 u. 6). (Zit. als: Paulus 2. Aufl.) Wiederabgedruckt in: Rengstorf/Luck, Paulusbild (s. o. Bultmann, Geschichte der Paulusforschung), S. 1–97.

–: Vorträge und Studien. Hrsg. v. Adolf Wrede. Tübingen 1907. (Zit. als: Vorträge.)

–: Die biblische Kritik innerhalb des theologischen Studiums. 1898. In: ebda., S. 40–63. (Zit. als: Biblische Kritik.)

–: Das theologische Studium und die Religionsgeschichte. 1903. In: ebda., S. 64–83. (Zit. als: Das theol. Studium.)

Wucher, Albert: Theodor Mommsen. Geschichtsschreibung und Politik. Göttingen usw. 1956 (= Göttinger Bausteine zur Geschichtswissenschaft 26. Hrsg. v. H. Heimpel u. a.). (Zit. als: Mommsen.)

Zahn-Harnack, Agnes von: Adolf von Harnack. Berlin 1936. (Zit. als: Harnack.)

Zechlin, Egmont: Die Reichsgründung. Frankfurt a. M. u. Berlin 1967 (= Deutsche Geschichte 3/2. Hrsg. v. Walter Hubatsch).

Zscharnack, Leopold: Reformation und Humanismus im Urteil der deutschen Aufklärung. Zur Charakteristik der Aufklärung des 18. Jahrhunderts. PrM 12 (1908). S. 81–103, 153–171.

Personenregister

Baur, F. Ch. 52, *53–71*, 72–75, 77, 81–89,
    92, 95, 98–101, 127f., 135, 141f., 146,
    152, 160f., 163, 172
Bismarck, O. v. 73, 97, 122, 155
Bonus, A. 169
Bornemann, W. 124
Bousset, W. 125f., 149, 151f., 156f., *158f.,*
    164–170, 172f., 179, 181, 183, 187,
    190, 193, 195, *196f., 199–202,* 204
Brückner, M. *170–172,* 173f., 193
Büchner, G. *43–47*

Chamberlain, H. St. 159, 169
Clemen, C. 190

Drews, A. 200

Eichhorn, A. 124–126, *157f.,* 168f.
Everling, O. 154

Feine, P. *137f.*
Fichte, J. G. *105–109,* 110, 113, 116–121,
    125
Friedrich Wilhelm II 49

Gabler, J. Ph. 28f.
Gloatz, P. *141*
Goeze, J. M. 14–17, 19, 24
Greßmann, H. 124, 157f.
Gunkel, H. 124–126, *148–152,* 156, *165–*
    169, 170, 172–174, 176, 179, 188

Harnack, A. v. *130–133,* 150, 155f., 158,
    159f., 164, 195
Hartmann, E. v. 86, 141, 194
Hasert, Ch. A. 54f., 117
Hegel, C. W. F. 66
Heitmüller, W. *169f., 196f.*
Heß, J. J. 25
Heubner, H. L. 44
Hilgenfeld, A. 72, *141f.,* 143, 156
Hollaz, D. 16
Holsten, C. *72–80,* 81–84, 87, 92f., 95,
    97, 102, 135
Holtzmann, H. J. *142–147,* 148, 152,
    156, 162f., 170, 173, 176, 186, *194*
Hunnius, N. 15

Ihmels, L. 188, 191

Jülicher, A. *191f.,* 195f., 200

Kabisch, R. 154
Kähler, M. 135
Kaftan, J. *190f.*
Katzer 136
Kölbing, P. *193f.*
Krüger, G. 146

Lagarde, P. de *109–116,* 117–127, 133,
    150f., 154–157, 159, 161, 169, 172,
    181, 187, 192, 197
Landerer, M. A. 74
Lasson, A. 131
Lessing, G. E. 14, 16f., 23f., 32
Lüdemann, H. 128
Lueken, W. *157*
Luther, M. 161

Melanchthon, Ph. 21
Meyer, A. *193*
Michel, O. *169*
Mommsen, Th. 122f.

Nietzsche, F. 116
Nösgen, K. F. *136*

Overbeck, F. 71f., 116, 141

Paret, H. *80–87,* 89f., 92f., 94f., 134, 136
Paulus, H. E. G. *50f.,* 52
Pfleiderer, O. *128–130,* 133, 135, 172
Planck, K. Ch. *56*

Rahlfs, A. 126
Reimarus, H. S. 9, 14, *16–18,* 19, *22f.,*
    25f., 28f., 37, 39, *103–105,* 109f.,
    116–121, 202
Reinhard, F. V. 25
Resch, A. 136, *190*
Ritschl, A. 72, 124–127, *130–134,* 137–
    140, 142, 149, 151, 155f., 174, *178,*
    203f.
Roos, F. *134f.,* 143, 147

Schlatter, A. *190*
Schleiermacher, F. 41

Schmoller, O. *136*
Schumann, J. D. 24
Schwegler, A. 56
Semler, J. S. 9, 17, 28, *32–38*, 39, 186
Soden, H. v. *135f.*
Spener, Ph. J. 30
Stoecker, A. 122, 125
Strauß, D. F. 17, 23, 104

Treitschke, H. v. 122
Troeltsch, E. 125f., 156, 161, *201f.*

Vischer, E. 162, *193*
Volkmar 72

Wachler, L. *50*
Wagner, R. 123
Weidel, K. *193*

Weinel, H. 123, *158*, 170, *172*, *192f.*, 200
Weiß, B. *98*
Weiß, J. 125f., 135, *149f.*, 156, 164, 172,
    194f., 200
Weizsäcker, C. 71, *87–92*, 94, 97, 102,
    121, 127
Wellhausen, J. 177f.
Wendt, H. H. 132, *138–141*, 142–144,
    147, 150, 153
Wernle, P. 154, *156–164*, 167, 169f.,
    173f., 176, 187
Wette, W. M. L. de 52
Wichmann, A. 44
Wöllner, J. Ch. 49
Wrede, W. 9, 124–126, 147f., *152–154*,
    157, 159, 162, *164*, 165f., 168, 170,
    173, *174–188*, 189–198, 202–204

Zeller, E. 54

Studien zur Theologie und Geistesgeschichte des 19. Jahrhunderts

Forschungsunternehmen der Fritz Thyssen Stiftung

1 Erich Schneider · Die Theologie und Feuerbachs Religionskritik. Die Reaktion der Theologie des 19. Jahrhunderts auf Ludwig Feuerbachs Religionskritik. Mit Ausblicken auf das 20. Jahrhundert und einem Anhang über Feuerbach.

2 Franz Wolfinger · Der Glaube nach Johann Evangelist von Kuhn

3 Philipp Schäfer · Philosophie und Theologie im Übergang von der Aufklärung zur Romantik dargestellt an Patriz Benedikt Zimmer

4 Ingrid Engel · Gottesverständnis und sozialpolitisches Handeln. Eine Untersuchung zu Friedrich Naumann.

5 Jörg F. Sandberger · David Friedrich Strauß als theologischer Hegelianer

6 Erwin Quapp · Christus im Leben Schleiermachers. Vom Herrnhuter zum Spinozisten.

7 Wolfgang Ruf · Johann Sebastian von Dreys System der Theologie als Begründung der Moraltheologie

8 Hartmut Rudolph · Das evangelische Militärkirchenwesen in Preußen

9 Johannes Finsterhölzl · Kirche in der Theologie Ignaz von Döllingers bis zum ersten Vatikanum. Aus dem Nachlaß hrsg. von Johannes Brosseder, mit einem Geleitwort von Heinrich Fries.

10 Uwe Schott · Die Jugendentwicklung Ludwig Feuerbachs bis zum Fakultätswechsel 1825

11 Georg Schwaiger (Hrsg.) · Kirche und Theologie im 19. Jahrhundert. Referate und Berichte des Arbeitskreises „Katholische Kirche".

12 Peter Friedrich · Ferdinand Christian Baur als Symboliker

13 Franz Courth · Das Leben Jesu von David Friedrich Strauß in der Kritik Johann Evangelist Kuhns

14 Reinhard Leuze · Die außerchristlichen Religionen bei Hegel

15 Arnold Pfeiffer · Franz Overbecks Kritik des Christentums

VANDENHOECK & RUPRECHT IN GÖTTINGEN UND ZÜRICH

16 Henning Theurich · Theorie und Praxis in der Predigt bei Carl Immanuel Nitzsch

17 Christoph Keller · Das Theologische in der Moraltheologie. Eine Untersuchung historischer Modelle aus der Zeit des Deutschen Idealismus.

18 Franz Eichinger · Die Philosophie Jacob Senglers als philosophische Theologie

19 Martin Schmidt/Georg Schwaiger (Hrsg.) · Kirchen und Liberalismus im 19. Jahrhundert

20 Clemens Engling · Die Bedeutung der Theologie für philosophische Theoriebildung und gesellschaftliche Praxis. Historisch-systematische Untersuchung des theologischen, philosophischen und sozialtheoretischen Werkes Johann Nepumuk Ehrlichs (1810–1864).

21 Winfried Heizmann · Kants Kritik spekulativer Theologie und der Begriff moralischen Vernunftglaubens im katholischen Denken der späten Aufklärung. Ein religionsphilosophischer Vergleich.

22 Heinz Marquart · Matthäus Fingerlos (1748–1817). Leben und Wirken eines Pastoraltheologen und Seminarregenten in der Aufklärungszeit.

23 Georg Schwaiger (Hrsg.) · Aufbruch ins 20. Jahrhundert. Zum Streit um Reformkatholizismus und Modernismus.

24 Hermann Peiter · Theologische Ideologiekritik. Die praktischen Konsequenzen der Rechtfertigungslehre bei Schleiermacher.

26 Bernd Henningsen · Die Politik des Einzelnen. Studien zur Genese der skandinavischen Ziviltheologie Ludvig Holberg. Søren Kierkegaard. N.F.S. Grundtvig.

27 Hanjo Sauer · Ferment der Vermittlung. Zum Theologiebegriff bei Franz von Baader

28 Gerolf Schultzky · Die Wahrnehmung des Menschen bei Søren Kierkegaard

29 Horst Renz · Geschichtsgedanke und Christusfrage. Zur Christusanschauung Kants und seiner Fortbildung durch Hegel im Hinblick auf die allgemeine Funktion neuzeitlicher Theologie.

Jesus und Paulus
Festschrift für Werner Georg Kümmel zum 70. Geburtstag. Herausgegeben von E. Earle Ellis und Erich Gräßer. 1975. 411 Seiten, Register, kartoniert

Beiträge von Ch. K. Barrett, F. F. Bruce, R. Bultmann, C. E. B. Cranfield, O. Cullmann, N. A. Dahl, G. Delling, E. Dinkler, J. Dupont, E. E. Ellis, E. Gräßer, M. D. Hooker, H. C. Kee, E. Lohse, O. Merk, B. M. Metzger, Ch. F. D. Moule, F. Mussner, I. de la Potterie, R. Schnackenburg, E. Schweizer, P. Stuhlmacher, W. C. van Unnik, A. Vögtle, U. Wilckens.

VANDENHOECK & RUPRECHT IN GÖTTINGEN UND ZÜRICH